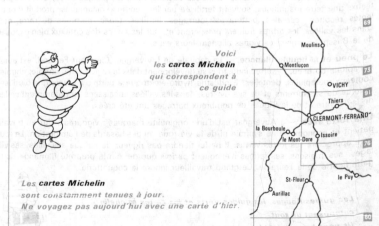

*Voici
les cartes Michelin
qui correspondent à
ce guide*

*Les cartes Michelin
sont constamment tenues à jour.
Ne voyagez pas aujourd'hui avec une carte d'hier.*

L'AUVERGNE ET LE BOURBONNAIS

Du point de vue historique, l'Auvergne, vieille province française, a des limites précises. Elle comprend : les pays de Basse-Auvergne qui couvrent le département du Puy-de-Dôme et l'arrondissement de Brioude en Haute-Loire ; les pays de Haute-Auvergne correspondant au département du Cantal. De Montluçon à Moulins et de la forêt de Tronçais à Vichy, le département de l'Allier épouse les contours du Bourbonnais.

Des paysages variés. — Au cœur du Massif Central, l'Auvergne dresse les plus hautes terres de la France intérieure. Mais comme leur point culminant, le Sancy, n'atteint que 1 885 m, le touriste ne doit pas s'attendre à un décor alpestre : il ne verra ni cimes géantes, ni glaciers, ni neiges éternelles ; c'est la pureté harmonieuse des horizons qui donne au paysage une grandeur sereine. En revanche, quelle fraîcheur dans ces paysages auvergnats, et quelle diversité de vues ! Ici l'on découvre un immense panorama ; là, une gorge encaissée ; plus loin, un plateau déroule ses cultures ou le bocage bourbonnais offre le damier de ses champs. Croupes herbeuses, d'un vert puissant, bois de sapins, de hêtres, de châtaigniers, bordures de saules ou de peupliers, rivières, lacs et cascades se succèdent, reposant et enchantant le regard.

Une terre de volcans. — Par-dessus tout, on trouve en Auvergne ce qu'on ne peut voir nulle part ailleurs en France : des volcans de tous âges qui font de ce pays un vrai musée de phénomènes éruptifs. Certains, comme les monts Dômes, ont des cônes que l'on dirait éteints d'hier, des coulées de lave qui semblent à peine refroidies ; d'autres, monts Dore et monts du Cantal, ont été démantelés par les éléments, mais leur forme générale transparaît malgré les ravages du temps ; d'autres enfin, monts d'Aubrac, presque nivelés, présentent l'aspect d'un plateau.

Villes du passé, belles églises, ruines pittoresques. — Les sites et les curiosités de la nature ne constituent pas les seuls attraits de la région. Des villes comme Clermont-Ferrand, le Puy, Moulins, Montluçon ou Thiers sont fort intéressantes à visiter. Autour d'elles, nombre de petites localités, dont la vie est aujourd'hui bien ralentie, conservent d'une époque plus brillante de beaux édifices qui retiennent le touriste curieux des choses anciennes.

Partout s'élèvent ces magnifiques églises dont le sol auvergnat et bourbonnais s'est couvert au Moyen Age et qui comptent parmi les productions les plus originales de l'art roman. Sur les buttes qui dominent les vallées et les plaines, comme sur les rebords des plateaux, les restes des châteaux féodaux évoquent le passé glorieux du pays. Dans les vallées, de plaisantes demeures Renaissance et classiques révèlent les trésors de leur mobilier et de leur décoration.

(D'après photo Arch. Phot., Paris)

St-Nectaire. — Chevet de l'église.

Villes d'eaux. — Déjà appréciée à l'époque romaine, la richesse thermale de la région est célèbre. Quelle affection n'est justiciable d'un traitement dans l'une de ses stations : verre d'eau, gargarisme, inhalation, douche, bain ou piqûre de gaz ? Vichy, Châtelguyon, Royat, le Mont-Dore, la Bourboule, St-Nectaire, Bourbon-l'Archambault et Néris-les-Bains reçoivent chaque année des milliers de curistes auxquels se joignent de nombreux visiteurs.

Pâturage et labourage. — Dans la «montagne», pendant la belle saison, la vie pastorale déroule ses scènes traditionnelles. Dans les bassins, dans les plaines et sur certains plateaux, une terre magnifique, souvent fertilisée par les cendres volcaniques, produit d'opulentes récoltes : céréales, betteraves, fourrages, lentilles, tabac, pommes de terre, etc. Dans les vallées, les arbres fruitiers prospèrent et, sur les flancs des coteaux bien exposés de la Basse-Auvergne, les vignes alignent leurs ceps.

Le pneu et la houille blanche. — La capitale de l'Auvergne, Clermont-Ferrand, est aussi la capitale du pneu. D'autres industries se développent dans la région : métallurgie, chimie, couteaux, parapluies, dentelles. L'industrie hydro-électrique a permis à l'Auvergne d'utiliser la force de ses torrents et de ses rivières ; dans les vallées encaissées, et notamment celles de la Truyère et de la Sioule, de nombreux barrages ont été créés.

Une forte race. — L'Auvergnat est d'une originalité marquée : vigoureux, dur au travail, patient et économe, il ne s'effraie ni de la vie rude, ni des hasards de l'émigration. Le touriste appréciera ses fortes vertus. Il ne lui tiendra pas rigueur de ce que ses villes, ses villages, ses maisons, ses fermes n'évoquent parfois que de loin la propreté flamande ou la gaîté fleurie de la Touraine. Ce grand travailleur ignore la coquetterie.

Les guides Rouges, les guides Verts et les cartes Michelin composent un tout.
Ils vont bien ensemble, ne les séparez pas.

4

RENSEIGNEMENTS PRATIQUES

LES SAISONS

Le trait marquant du climat auvergnat, c'est la fréquence et l'importance des variations de température. En un même endroit, le thermomètre peut monter ou descendre en quelques heures d'une vingtaine de degrés. Le record de la variation diurne a été de 41 °C à Clermont-Ferrand le 10 août 1885. Le touriste doit donc se munir de lainages, même en belle saison.

Printemps. — Il y a souvent en mai et juin des journées magnifiques. Les fleurs qui parsèment les prairies et couvrent les arbres fruitiers, les neiges qui subsistent sur les sommets donnent aux paysages un aspect particulièrement séduisant.

Été. — Juillet et août, parfois très chauds en Limagne, sont fort agréables en montagne. Si l'on veut séjourner à plus de 1 000 m d'altitude, août est le mois le plus favorable.

Automne. — Les premières semaines sont délicieuses à mi-altitude. Dans les plaines, on rencontre déjà les brumes et l'humidité; en montagne, au contraire, l'atmosphère est pure et le soleil luit.

Hiver. — Il est rigoureux et un certain nombre de routes sont rendues impraticables par la neige *(voir cartes Michelin Grandes Routes n°s* **916** *ou* **999** *- pli 11).* On pratique les sports d'hiver dans plusieurs stations d'Auvergne *(voir p. 39 à 45).*

LA PÊCHE

En rivière. — On pêche le saumon, comme la truite, à la mouche ou au lancer, dans les cours supérieurs de l'Allier et de ses affluents (Lignon, Sichon, Dore, Alagnon), de la Loire, la Besbre, la Dordogne, la Rhue, la Truyère, la Cère et l'Aveyron. La Lozère offre quelques «bons coins» : Marvejols, St-Chély-d'Apcher, le Malizeu, Langogne, etc.

Généralement le cours supérieur des rivières est classé en 1re catégorie (salmonidés dominants) et les cours moyen et inférieur en 2e catégorie (salmonidés non dominants). *Pour plus de détails, consulter : «Pêche en France», carte commentée, publiée par le Commissariat au Tourisme et mise en vente à la Fédération de Pêche de la Seine, 3 boulevard Morland, 75004 - Paris.*

Dans les lacs. — La plupart sont très poissonneux. On pêche surtout la perche, la tanche, le brochet, la truite et la carpe. Le lac Pavin, d'une profondeur de 92 m, abrite l'omble chevalier, si apprécié des gourmets. Ce poisson vorace, qui hante habituellement les lacs aux eaux très froides (lacs d'altitude et grands lacs d'Europe centrale), se pêche en bateau, en traînant une ou plusieurs cuillères ondulantes par 60 ou 80 m de profondeur.

LACS ET PLANS D'EAU

	Page du guide ou renvoi à la carte Michelin	Lieu de séjour le plus proche *(voir p. 42 à 45)*	Altitude	Superficie en ha	Profondeur maximum en m.	Versants boisés	Canotage	Baignade surveillée
Aydat (Lac d')	58	Aydat	825	65	15	▲▲	⚲	⌣⌣
Besserve (Barrage - EDF) .	165	Viaduc des Fades	505	400	68	▲▲	⚲	
Bort (Barrage - EDF) . . .	64	Bort-les-Orgues	542	1030	120	▲▲	⚲	
Bouchet (Lac du)	65	Langogne	1205	43	28	▲▲	⚲	
Bourdouze (Lac de)	**73**-⑬	Besse-en-Chandesse	1168	28	7	—	—	
Brommat (Barrage - EDF) .	163	Ste-Geneviève-sur-Argence	556	117	22	▲▲	⚲	
Cassière (Étang de la). . .	**73**-⑬⑭	Aydat	861	13	5	▲▲	—	
Chambon (Lac)	77	Chambon-sur-Lac	877	60	12	▲▲	—	⌣
Chauvet (Lac)	102	Besse-en-Chandesse	1192	56	86	▲▲	—	
Couesque (Barrage - EDF) .	176	Montsalvy	295	260	60	▲▲	⚲	
Crégut (Lac)	**76**-②	Champs-sur-Tarentaine	864	36	30	▲▲	⚲	
Les Essarts (Barrage - EDF) .	**76**-③	Condat	692	37	49	▲▲	—	
La Godivelle (Lac)	74	Égliseneuve-d'Entraigues	1235	15	45	—	—	
Grandval (Barrage - EDF) .	174	Chaudes-Aigues	742	1000	76	▲▲	⚲	
Guéry (Lac de)	100	Le Mont-Dore	1244	25	16	▲▲	—	
Landie (Lac de la)	**76**-③	Égliseneuve-d'Entraigues	1035	30	7	▲▲	—	
Lastioulles (Barrage - EDF) .	**76**-②③	Champs-sur-Tarentaine	852	210	27	▲▲	⚲	⌣
Malaguet (Lac de)	48	Allègre	1012	21	6	▲▲	—	
Montcineyre (Lac de) . . .	61	Besse-en-Chandesse	1182	40	18	—	—	
Pavin (Lac)	136	Besse-en-Chandesse	1197	44	92	▲▲	⚲	
Pulvérières (Étang de) . . .	**73**-③	Pontgibaud	880	35	3	—	—	
Queuille (Barrage - EDF) . .	166	Viaduc des Fades	429	36	32	▲▲	—	
Riols (Étang de)	**73**-⑯	Ambert	550	18	4,50	▲▲	—	
St-Bonnet (Étang de) . . .	172	St-Bonnet-Tronçais	224	45	5	▲▲	—	⌣
St-Rémy-sur-Durolle (Plan d'eau)	169	St-Rémy-sur-Durolle	648	12	9,50	▲▲	⚲	⌣
Sarrans (Barrage - EDF) . .	162	Ste-Geneviève-sur-Argence	647	1000	100	▲▲	⚲	
Servière (Lac)	100	Orcival	1200	15	26	▲▲	—	
Tazenat (Gour)	59	Châtelguyon	630	32	60	▲▲	—	
Tyx (Étang de)	**73**-⑫	Pontaumur	750	70	4	▲▲	—	
Vichy (Plan d'eau)	179	Vichy	251	100	5	—	—	

TARIFS ET HEURES DE VISITE

Les indications données dans ce guide concernant les conditions de visite (tarifs, horaires, jours ou périodes de fermeture) s'appliquent à des touristes voyageant isolément et ne bénéficiant pas de réduction. Les descriptions, de façon générale, ne tiennent pas compte des expositions temporaires ou itinérantes.

Dans certains monuments ou musées — en particulier lorsque la visite est accompagnée – il arrive que les visiteurs ne soient plus admis 1/2 h avant la fermeture.

Églises. – Elles sont souvent fermées entre 12 h et 14 h. Elles ne se visitent pas pendant les offices.

Groupes. – Pour les groupes constitués, il est généralement possible d'obtenir des conditions particulières concernant les horaires ou les tarifs avec un accord préalable.

Visites-conférences, visites organisées. — A Aurillac, Cusset, Montluçon, Riom, le Puy et Vichy, des visites de ville sont organisées de façon régulière, en saison touristique; s'adresser à l'Office de Tourisme ou au Syndicat d'Initiative.

PRINCIPALES MANIFESTATIONS RELIGIEUSES

DATES ET LIEU	Page	NATURE DE LA MANIFESTATION
Jeudi saint . . . . **Saugues**	163	Procession des Pénitents : voilés de cagoules, ils défilent dans les rues, à la tombée de la nuit.
Jeudi saint . . . . **Le Puy**	139	Procession des Pénitents : à partir de 20 h 30, à la lueur des torches, les pénitents, voilés de cagoules, défilent dans les rues de la vieille ville.
Dim. qui suit le 9 mai **Mauriac**	119	Pèlerinage de N.-D.-des-Miracles.
Dimanche qui suit le 15 mai **Clermont-Ferrand**	84	Fête de N.-D.-du-Port : grandiose procession qui se déroule l'après-midi à travers la ville.
Ascension . . . . **Orcival**	135	Pèlerinage à la Vierge : la veille au soir, procession aux flambeaux et messe de minuit.
Dimanche qui suit l'Ascension **Marsat**	151	Fête de N.-D.-de-Marsat : les populations de la Limagne y viennent honorer la Vierge noire.
Dernier dimanche de mai . **Volvic**	186	Pèlerinage à N.-D.-de-la-Garde.
Dernier dimanche de mai . **Usson**	177	Pèlerinage à N.-D. d'Usson.
Trinité . . . . **Salers**	161	Pèlerinage à N.-D.-de-Lorette.
Dimanche qui suit le 11 juin **Riom**	148	Fête de St-Amable : procession des «brayauds» en costumes du 17ᵉ s.
2 juillet . . . **Besse-en-Chandesse**	60	«Montée» de N.-D. de Vassivière : escortée d'une foule venue parfois de très loin, la Vierge est portée pour l'été dans son refuge de montagne.
15 août . . . . **Le Puy**	139	Procession de N.-D. du Puy : elle se déroule dans les rues de la ville.
Dernier jeudi d'août . **La Font-Sainte**	148	Pèlerinage des bergers : les jeunes pâtres s'y assemblent pour la procession et le «repas des bergers».
Dimanche qui suit le 21 sept. **Besse-en-Chandesse**	60	«Dévalade» de N.-D. de Vassivière : on ramène solennellement la statue dans l'église de Besse; fête religieuse suivie d'une fête civile très animée.

QUELQUES LIVRES

Les monographies relatives à une ville ou à une curiosité sont citées à l'article concerné, p. 47 à 186.

Ouvrages généraux — Géographie

L'Auvergne, par G. CONCHON (Arthaud, coll. Le Monde en images, Grenoble).
L'Auvergne, par A. VIALATTE (Éd. Sun, coll. Voir en couleurs, Paris).
Le Massif Central, par A. FEL, S. DERRUAU-BONIOL (Presses Universitaires, coll. Que sais-je, Paris).
Les Pays d'Auvergne, par A. COULAUDON (Éd. Delmas, coll. Pays, Églises et Châteaux de France, Paris).
Visages de l'Auvergne, par H. POURRAT, L. GACHON, A. BOSSUAT, H. CHARLIER, A. VIALATTE (Horizons de France, Paris).
Les Volcans d'Auvergne, par A. RUDEL (Éd. Volcans, Clermont-Ferrand).
Guide Bleu «Auvergne et Centre» (Hachette, Paris).

Histoire — Art — Folklore

Auvergne Romane-Rouergue Roman (exclusivité Weber, coll. Zodiaque).
Châteaux en Auvergne, par H. POURRAT (J. Delmas, Paris).
Châteaux vivants de Basse-Auvergne, par O. TRAVERS (de Bussac, Clermont-Ferrand).
Châteaux vivants de Haute-Auvergne, par O. TRAVERS (de Bussac, Clermont-Ferrand).
Châteaux en Bourbonnais, par M. GENERMONT (J. Delmas, Paris).
Châteaux vivants du Bourbonnais, par F. de LIGNY (de Bussac, Clermont-Ferrand).
En Auvergne, par H. POURRAT (Arthaud, Grenoble).

Fresques et Peintures Murales en Auvergne et Velay, par O. BEIGBEDER (de Bussac, Clermont-Ferrand).
Histoire de l'Auvergne, par R. RIGODON (Presses Universitaires, coll. Que sais-je, Paris).
Histoire du Bourbonnais, par A. LEGUAI (Presses Universitaires, coll. Que sais-je, Paris).
La vie quotidienne dans le Massif Central au 19ᵉ s., par J. ANGLADE (Hachette, Paris).
Sculpture Romane de Haute-Auvergne (U.S.H.A., Aurillac).

Littérature

ALAIN-FOURNIER : Le Grand Meaulnes.
GUILLAUMIN (E.) : La vie d'un simple (Éd. Stock, Paris).
POURRAT (H.) : Gaspard des Montagnes. Dans l'Herbe des trois vallées (Albin Michel, Paris).
Le Mauvais Garçon (Gallimard, Paris).

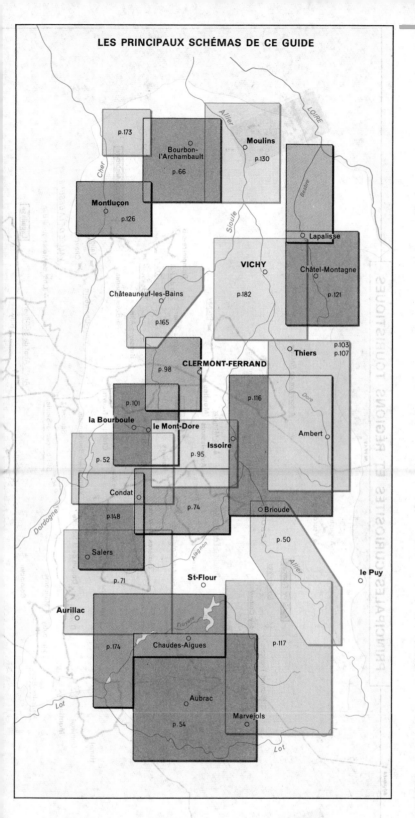

LES PRINCIPAUX SCHÉMAS DE CE GUIDE

p.173

Moulins
p.130

Bourbon-
l'Archambault
p.66

Montluçon
p.126

Lapalisse

VICHY
p.182

Châtel-Montagne
p.121

Châteauneuf-les-Bains

p.165

Thiers   p.103
          p.107

CLERMONT-FERRAND

p.98

p.116

p.101

la Bourboule   le Mont-Dore

p.52   Ambert

Issoire
p.95

Condat

p.74

p.148

Brioude

p.50

Salers

p.71

St-Flour   le Puy

Aurillac

p.174   p.117

Chaudes-Aigues

Aubrac

Marvejols

p.54

Allier — Loire — Cher — Sioule — Besbre — Dore — Dordogne — Alagnon — Truyère — Lot

GUIDES MICHELIN

Les guides Rouges (hôtels, restaurants) :

*France - Deutschland - España Portugal - Great Britain and Ireland - Italia
Benelux (avec description des curiosités)*

Les guides Verts (curiosités et routes touristiques) :

*Allemagne - Autriche - Espagne - Italie - Londres - Maroc - New York
Portugal - Suisse... et 19 guides sur la France.*

PRINCIPALES CURIOSITÉS ET RÉGIONS TOURISTIQUES

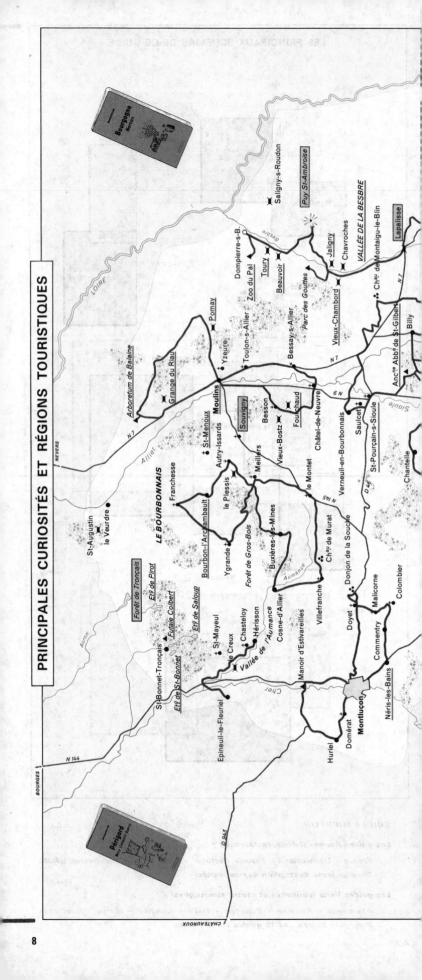

8

INTRODUCTION AU VOYAGE

LA PHYSIONOMIE DU PAYS

LA FORMATION DU PAYS

L'Auvergne actuelle est le résultat d'une évolution qui se poursuit depuis des millions de siècles.

Il y a, croit-on, environ 3 milliards d'années que, sphère incandescente, notre globe s'est détaché du soleil. Cette longue durée a été divisée en périodes ou «ères».

Rappelons à grands traits l'histoire du sol auvergnat durant les ères les plus récentes :

Ère primaire. — Début, il y a environ 600 millions d'années. Les eaux recouvrent la France ; puis se produit un bouleversement formidable de l'écorce terrestre, le plissement hercynien, qui fait surgir le sol granitique de l'Auvergne, sous forme de hautes montagnes.

Le climat chaud et humide développe une prodigieuse végétation. A cette époque vivent des insectes monstrueux, des batraciens, des sauriens, des oiseaux géants, mais pas encore d'oiseaux.

Les forêts sont soumises au ruissellement de pluies diluviennes. Les débris végétaux, entraînés dans les dépressions qui bordent l'Auvergne et enfouis sous une masse d'alluvions, subissent à l'abri de l'air une fermentation qui les transforme lentement en houille.

Ère secondaire. — Début, il y a environ 200 millions d'années. L'Auvergne, rabotée par l'érosion — action destructrice des pluies, du gel et des eaux courantes — n'est plus qu'un vaste plateau à peine ondulé entouré par la mer. Pendant cette période, le climat se soumet au rythme des saisons ; la végétation perd sa folle exubérance. Conifères et arbres à feuillage caduc voisinent avec les palmiers ; de gigantesques tortues, des reptiles nageurs colossaux peuplent les eaux.

A la fin de l'ère secondaire, le Massif Central est de nouveau recouvert entièrement par la mer. Des terrains sédimentaires, argiles et calcaires, s'empilent sur le sol granitique.

Ère tertiaire. — Début, il y a environ 60 millions d'années. Les forces qui agissent sur l'écorce terrestre provoquent un lent relèvement et une émersion de l'Auvergne. L'érosion déblaye en grande partie les dépôts secondaires.

La végétation, qui, au début de l'ère tertiaire, était encore très mélangée : peupliers, dattiers, vignes, séquoias, se trouve,

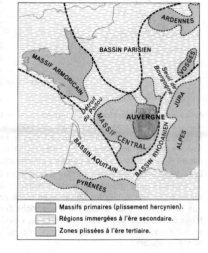

Massifs primaires (plissement hercynien).

Régions immergées à l'ère secondaire.

Zones plissées à l'ère tertiaire.

à la fin de l'ère, constituée d'essences sinon identiques, du moins très voisines des espèces actuelles.

Les chaînes des Pyrénées et des Alpes surgissent, ébranlant fortement le Massif Central, soulevant et basculant ses bordures Sud et Est, alors que le centre se lézarde et se disloque comme une dalle granitique.

Entre ces fractures du sol ou «failles», de vastes compartiments de terrain sont restés en relief, monts du Forez, du Livradois *(schéma ci-dessous)* ; d'autres, affaissés, représentent les plaines et les bassins où se sont accumulés les sédiments : Limagne, plaine d'Ambert, bassins d'Aurillac, de Brioude et du Puy.

A la faveur des fissures, le magma interne, en fusion, jaillit. Des **volcans** s'édifient. D'abord les grandioses et complexes massifs des monts Dore et du Cantal dont les coulées de lave se répandent sur l'Aubrac, puis les volcans de la Comté dont les intumescences surgissent en Limagne.

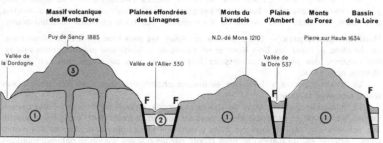

Coupe schématique de l'Auvergne, des monts Dore au Forez.

F) Principales failles. - 1) Terrains cristallins primitifs. - 2) Couches sédimentaires. - 3) Roches volcaniques.

Ère quaternaire. — Début, environ 1 million d'années. C'est l'ère actuelle caractérisée par l'apparition de l'homme sur la terre. De cette époque plus récente date la chaîne des volcans des Dômes remarquables tout autant par la variété et la fraîcheur de leurs formes que par leur nombre. Ils n'étaient pas encore éteints que des forces destructives nouvelles entraient en jeu.

Action des glaciers. — L'atmosphère du globe subit un refroidissement général. Les régions d'Auvergne les plus élevées et les plus exposées aux vents d'Ouest humides : monts Dore, Artense, Cantal, se couvrent à plusieurs reprises de glaciers. Par leur masse qui se déplace lentement, ceux-ci rabotent les plateaux, élargissent les vallées et en redressent les versants, modèlent de façon originale les cirques de montagne.

Ils laissent leur empreinte sur le pays : buttes rocheuses, surfaces moutonnées et striées, dépressions marécageuses; en abandonnant leurs dépôts morainiques ou en creusant de larges cuvettes, ils donnent naissance à des lacs, comme le lac Crégut dans l'Artense, très différents des lacs de volcans (p. 17).

(D'après photo Éd. du Lys, Clermont-Fd)

Roches Tuilière et Sanadoire.

Action des eaux courantes. — La température redevient normale. Les eaux reprennent leur rôle d'agent d'érosion prédominant. Elles dévalent les pentes des hauts massifs volcaniques et granitiques, et creusent de plus en plus le fond de leur lit. Peu à peu, par éboulement, ruissellement et glissement, les versants se modèlent, plus ou moins abrupts, suivant la nature de leurs roches; des gorges s'encaissent, c'est le «relief en creux» des géographes.

Les vallées. — Les différents modes d'érosion et la variété des roches ont donné aux vallées auvergnates une grande diversité d'aspect : larges vallées «en auge» creusées par les anciens glaciers et barrées de place en place par un étranglement appelé «verrou»; gorges aux parois verticales taillées dans une roche dure par un torrent; plus bas, vallée large dans laquelle ne coule qu'un mince filet d'eau, établie dans des terrains meubles en des temps plus humides; vallée alluviale, encombrée de sables et de cailloux qu'une rivière paisible remblaie encore.

Les cours d'eau. — De l'immense château d'eau de l'Auvergne s'échappent des rivières dont le réseau peut paraître déroutant. Au bassin de la Loire se raccorde l'Allier qui prend sa source au Sud de l'Auvergne, au pied du Moure de la Gardille et qui draine vers le Nord une succession de plaines intérieures tout comme la Dore son propre affluent; des massifs volcaniques, il reçoit surtout l'Alagnon descendu du Cantal et la Sioule qui contourne la chaîne des Dômes.

Inversement, tributaires de la Garonne et affluents de la Dordogne, née au Nord des monts Dore, on compte la Tarentaine, puis la Rhue, la Maronne et la Cère qui rayonnent des versants Nord, Ouest et Sud du Cantal; alors que la Truyère, née à l'Est de l'Aubrac et qui était à l'origine un affluent de l'Alagnon et de l'Allier se jette, depuis sa «capture» (p. 173) dans le Lot.

LES PAYSAGES

Grâce à la diversité de son relief et de ses roches, l'Auvergne offre au touriste une grande variété de paysages : hauteurs granitiques, plaines sédimentaires, massifs volcaniques présentent, en dépit de la variété de leurs «pays», des traits généraux caractéristiques.

Hauteurs granitiques. — Entre la Loire et l'Allier, les pays sont âpres et le climat rude. Le Livradois, le Forez, les Bois Noirs et les monts de la Madeleine présentent des vallées, des croupes, des plateaux couverts de forêts et de frais pâturages que l'on appelle «hautes chaumes».

Le touriste pourra y faire des excursions charmantes sans que soit troublé son tête-à-tête avec la nature.

La Margeride, plateau coupé de vallées profondes, rappelle les monts du Forez par ses formes, son climat et sa végétation. Le pays est couvert de forêts dont l'exploitation suscite des activités locales; l'élevage des ovins y tient une place importante. Adossé aux monts Dore, l'Artense est un plateau rocheux raboté par les glaciers sur lequel pâturent moutons et bêtes à cornes; les parties cultivées représentent des terrains conquis à grand-peine sur la bande par une population clairsemée.

Les Limagnes. — Plaines effondrées, basses, fertiles et chaudes, les Limagnes, drainées par la Dore et surtout par l'Allier et ses affluents, la Monge et le Bédat, sont presque entièrement consacrées à la culture.

A l'Est, les «mauvaises Limagnes» ou «Varennes», légèrement accidentées portent quelques marécages, des bois, des cultures et de riches pâturages sur les alluvions descendues des monts cristallins du Forez. A l'Ouest, les terres des «bonnes Limagnes», au sol brun sombre, presque noir, enrichies par le mélange de laves décomposées et de cendres volcaniques sont d'une admirable fertilité. Une population prospère et dense y cultive des produits riches : tabac, blé, betteraves, cultures maraîchères, semences et fruits; les villes sont de gros marchés.

Les Limagnes prennent toute leur valeur pittoresque quand, des hauteurs couvertes de vignes ou de vergers, qui les dominent : puy de St-Romain, Ravel, rocher de Borbes près de Thiers, ou des pitons qui hérissent sa plaine : buttes de Montgacon, de Montpensier, on a sur elles une vue plongeante. On y rencontre des villes célèbres par leur site et leurs monuments : Clermont-Ferrand, Riom, Thiers, Issoire, Brioude; et d'autres, renommées pour leurs eaux thermales : Vichy, ou minérales : St-Yorre.

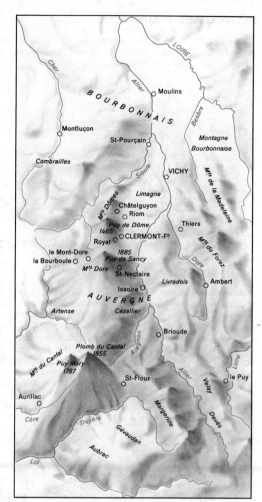

Les massifs volcaniques. — Dans les monts Dômes, les monts du Cantal, les monts Dore, on respire l'air salubre des hautes altitudes. Scènes de la vie pastorale ou forestière, vues panoramiques, bois, pâturages et cascades donnent à ces massifs un attrait incontestable. La Bourboule, le Mont-Dore, St-Nectaire offrent leurs eaux thermales et leurs distractions. Du haut du puy de Dôme, du Sancy, du puy Mary, du puy Griou et du Plomb du Cantal, c'est toute la variété des paysages auvergnats que l'on embrasse.

La population, assez dense, est groupée en une série de bourgs dans chaque vallée; les seules villes un peu importantes sont des marchés agricoles situés à la limite des pays de culture et des pays d'élevage, parmi les plus caractéristiques on peut citer : Brioude, Langogne, Mauriac, Riom-ès-Montagnes, St-Flour, Salers.

L'Aubrac, le Cézallier, le Velay et les monts du Devès sont, au contraire, le royaume monotone des pâturages; mais, en ces vertes solitudes et dans la simplicité campagnarde, peuvent se faire de vraies cures d'air et de repos.

Les lacs de volcans. — Les volcans ont donné aux paysages auvergnats l'originalité de leurs reliefs et l'agrément de magnifiques miroirs d'eau où ils se reflètent. En effet, bon nombre de lacs d'Auvergne doivent leur existence à des manifestations éruptives. Ici, une coulée de lave encore visqueuse est venue barrer une ancienne vallée et retenir ses eaux en amont, c'est le cas pour les lacs d'Aydat et de Guéry; là, un volcan a surgi, dans une vallée qu'il a obstruée de son cône, comme au Chambon et à Montcineyre; ailleurs, une série d'explosions volcaniques a provoqué un effondrement du sol dans lequel les eaux se sont rassemblées, lac Chauvet.

Un lac peut encore occuper la cuvette d'un cratère et en épouser la forme circulaire (lacs du Bouchet, Servière) ou s'installer dans un cratère d'explosion aux parois abruptes (Gour de Tazenat, lac Pavin). Souvent, les versants portant de belles sapinières, ajoutent au pittoresque du site.

Le Bourbonnais. — Le paysage du Bourbonnais, à l'image de ses habitants, est sage et mesuré, il marque l'apaisement du Massif Central vers le Nord. La campagne, doucement vallonnée, est recouverte d'un bocage serré dont les haies ou boûchures donnent au pays une allure très boisée.

Les vallées de la Besbre, du Cher et de l'Aumance, la basse vallée de l'Allier, larges et bien irriguées, forment de riches pays d'embouche et des axes de circulation privilégiés où se sont installés les centres les plus importants : Montluçon, Moulins, Lapalisse, Varennes-sur-Allier.

Le vignoble de St-Pourçain, l'imposante forêt de Tronçais et les conifères de la Montagne Bourbonnaise apportent de la variété à ce paysage tout entier dominé par l'herbe.

LES VOLCANS D'AUVERGNE

Le caractère original de l'Auvergne est dû à la présence d'un grand nombre de volcans qui sont éteints, mais dont l'existence joue un rôle important dans le paysage. Ils sont d'aspects variés selon leur formation, leur nature ou leur ancienneté.

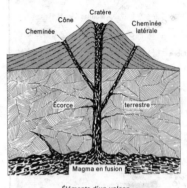

Éléments d'un volcan.

Volcan en éruption.

Volcans à projection. — Dans les profondeurs du globe, les roches à l'état visqueux, soumises à des pressions énormes, ont tendance à s'infiltrer par les fissures de l'écorce terrestre *(voir p. 15)*. Lorsque la pression devient trop forte, grondements intérieurs et tremblements de terre se font de plus en plus fréquents; une formidable explosion se produit et l'évacuation des matières incandescentes se fait par une éruption brutale. Une colonne immense de gaz, de fumées, de vapeurs s'élève, s'étale en parasol haut dans le ciel et se dissipe. Les matériaux de fusion, issus des profondeurs ou arrachés aux parois de la cheminée — bombes volcaniques en forme hélicoïdale, «pouzzolanes» boursouflées par les gaz prenant l'aspect d'une pierre sombre, rougeâtre, très légère et spongieuse, cendres et scories — retombent et s'accumulent autour de l'orifice, édifiant progressivement un «cône de débris». Ce sont ces divers matériaux qui sont actuellement exploités au-dessus de Royat, dans la carrière de Gravenoire *(voir p. 97)*.

Un volcan égueulé. — Le puy de la Vache.

Un volcan emboîté. — Le puy de Pariou.

Aux puys de Louchadière et de la Vache, l'explosion s'est produite latéralement et a emporté un morceau du cône; le cratère est alors dit «égueulé» et présente la forme d'un demi-entonnoir. Au Pariou et au puy de Côme (à 3 km à l'Ouest du Pariou), un nouveau cône, actuellement dénudé, s'est élevé dans un vaste cratère primitif dont les flancs sont aujourd'hui boisés. On dit que le volcan est «emboîté».

Volcans à dôme. — Il arrive aussi que le volcan ne s'exprime que par une simple boursouflure ou intumescence du sol. L'émission prend alors l'aspect d'une montée pâteuse se solidifiant aussitôt après sa sortie. La montagne forme un dôme massif aux versants presque dépourvus de cendres. Le puy de Dôme en est un exemple typique.

Necks et dykes. — La Limagne offre, éparpillées sans ordre, des appareils volcaniques qui se sont injectés et consolidés dans une masse sédimentaire actuellement déblayée. Il n'en reste que des pitons, «necks», ou des murailles, «dykes», dégagés de leur revêtement meuble. Le puy de Monton, près de Veyre, et le Montrognon, près de Ceyrat, sont des necks typiques. Montaudoux, au Sud de Royat, présente un bon exemple de «dyke».

Un neck. — Le Montrognon.

Volcans à épanchement. — Lorsque la pression intérieure est moins forte et que les matériaux rejetés par le volcan sont plus fluides, les émissions volcaniques se répandent au loin, formant des «cheires», coulées de basalte qui deviennent rugueuses et chaotiques en se refroidissant. Quand la masse de lave ainsi épanchée se présente sur une grande épaisseur, elle subit, en se solidifiant, une contraction qui la fragmente en prismes appelés «orgues basaltiques» *(voir à Bort-les-Orgues, Murat, Espaly).*

L'Aubrac est un immense champ de laves largement épanchées.

Les coulées ou fragments de coulée formant table se sont répandues dans les fonds des anciennes vallées. Elles ont protégé contre l'érosion les terrains sous-jacents, alors que le sol avoisinant était déblayé. Par une véritable «inversion de relief», ces tables se trouvent maintenant en saillie; elles forment des plateaux qui dominent la plaine : Gergovie, Polignac, montagne de la Serre. Avec le temps, ces basaltes se décomposent et libèrent leurs éléments fertilisants : chaux et potasse qui, sur les planèzes (Cantal), permettent de riches cultures.

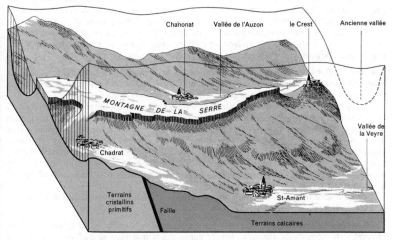

Un exemple d'inversion de relief. — La montagne de la Serre.

Sur ce croquis simplifié, l'ancienne vallée est esquissée en bistre.

État actuel des volcans d'Auvergne. — Soumis à l'érosion, les volcans d'Auvergne présentent aujourd'hui, suivant leur âge et la résistance de leurs matériaux, des édifices plus ou moins bien conservés. La chaîne des Dômes, avec ses cent douze volcans dominant la Limagne, est étonnante par la fraîcheur de ses formes. Plus anciens, les monts Dore ont un aspect plus démantelé. Trois centres d'action : Sancy, Aiguillier, Banne d'Ordanche, ont empilé leurs coulées sur plus de 1 000 mètres d'épaisseur; mais les eaux, les neiges et les glaciers en ont labouré les flancs. Avec ses soixante kilomètres de tour et ses 3 000 mètres d'altitude, le volcan cantalien était plus formidable encore *(voir p. 70).* Devant les puissants reliefs qui subsistent et qui ne représentent qu'une fraction du cône, l'imagination a de la peine à concevoir l'ampleur du massif primitif. Le schéma ci-dessous montre son état de démolition actuel.

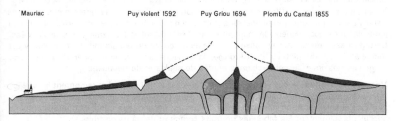

Coupe du volcan cantalien.

Le Parc des Volcans

Depuis 1967, le parc naturel régional des Volcans d'Auvergne prend forme et personnalité; son action se manifeste tout autant dans l'évolution des mentalités — il est l'œuvre des habitants du pays eux-mêmes — que dans ses réalisations concrètes.

Actuellement il intéresse, pour le Cantal et le Puy-de-Dôme seulement, 70 000 habitants, 200 000 ha, 100 communes.

Les objectifs principaux qu'il vise concernent l'ensemble d'une civilisation rurale vraie. Ils portent sur la prise de conscience par tous de la valeur d'une nature enrichie et modelée par le travail des générations successives; sur la préservation du paysage (géologie, botanique, entomologie...); sur le respect du milieu naturel dans son ensemble et sur le développement équilibré des régions agricoles dans notre monde d'aujourd'hui.

A son actif s'inscrivent : l'aménagement et le balisage de 200 km de sentiers, l'installation de panneaux documentaires, l'ouverture de maisons consacrées aux techniques et aux traditions rurales (herbage, forêt...), la publication de guides spécialisés aidant à la «Découverte de la nature» et au parcours d'«Itinéraires du parc».

LA VIE ÉCONOMIQUE

Une intense activité agricole et pastorale, prolongement de la vie rurale traditionnelle, va de pair en Auvergne avec un développement industriel qui se poursuit depuis la fin du 19e s. et qui a pris le relais des fabriques de jadis.

PÂTURAGE ET LABOURAGE

Avant l'introduction des moyens de transport modernes, l'économie auvergnate était surtout fondée sur l'exploitation agricole. Les terres siliceuses et froides destinaient le haut pays aux céréales pauvres : seigle et sarrasin. Au cours du 19e s., le chemin de fer apparaît et permet à la Haute-Auvergne de se ravitailler au-dehors et dans le bas pays, de se tourner davantage vers les herbages, sa vocation naturelle, et d'exporter les produits de son élevage. L'altitude détermine la physionomie de la vie paysanne. Les plateaux élevés et la montagne sont le domaine des éleveurs du Cantal, des Dômes et du Gévaudan qui ont succédé aux «buronniers» et aux pâtres de jadis; sur les versants bien exposés des collines et des vallées travaillent le vigneron et l'arboriculteur; dans les plaines des Limagnes, l'agriculteur, équipé d'un outillage approprié, produit des céréales riches.

L'estive. — Sur les pacages des Dômes et des Dore, on rencontre la vache ferrandaise à robe rouge clair tachée de blanc. Dans le Cantal, on élève l'Aubrac brune ou la Salers dont on prétend que la robe feu pâlit si la bête quitte les terrains volcaniques.

Au printemps, les étables s'emplissent de mugissements; les bêtes ont le nostalgie de la montagne. Vers le milieu de mai, elles quittent l'étable et, pendant les cinq mois d'«estive», vivent en plein air, dans les pâturages de la montagne appelés «aigades», clos désormais pour éviter la présence du vacher. Ce dernier avait, naguère encore, son habitation temporaire d'été, à la fois ferme et petite fabrique, le **«buron»** (illustration p. 37), construction de pierre, solide et basse, conçue pour résister au vent; un petit nombre seulement d'entre eux sont encore en service; là se préparaient le fromage et le beurre que le fermier faisait «descendre» de temps à autre.

De la même manière, les bœufs blancs de race charolaise restent au pré du printemps à l'automne, dans le bocage bourbonnais.

Le fromage de montagne. — Le fromage connu sous le nom de «Cantal» est ici appelé «fourme» du nom de la «forme» en bois mince qui le maintient et d'où est venu le mot «formage», puis «fromage».

Il faut le lait de vingt à trente vaches pour faire un «Cantal» de 40 kg par jour. Ce lait, recueilli dans la «gerle», cuve étroite et profonde, est additionné de présure-caillé, mis à tiédir, égoutté. La pâte s'appelle alors «tomme». Après l'avoir laissée se reposer de un à trois jours, on l'émiette et on la sale. On la met alors dans un moule, la «forme», où on la presse pour évacuer le petit lait. La «fourme» installée dans la cave du buron sera périodiquement retournée jusqu'à parfaite maturation.

Parmi les fabrications fermières figurent encore le «St-Nectaire», rond et plat, bien mûri, et la «fourme d'Ambert», au goût assez fin. Mais aujourd'hui la plus grande partie du lait est transformée, dans des coopératives, en cantal laitier et en «bleu d'Auvergne», fromage au lait de vache dont la pâte, fermentée et ensemencée de moisissures, imite celle du Roquefort, faite au lait de brebis.

Cultures. — Sur les planèzes humides de Salers, plus sèches de St-Flour, de grandes surfaces sont consacrées à la culture. Mais les meilleures terres sont dans les Limagnes (p. 17) : bassin du Puy, Limagnes d'Ambert, de Brioude, de Brassac, d'Issoire, Limagne Bourbonnaise et surtout Limagne de Clermont ou Grande Limagne. Ces pays de terres noires célèbres depuis l'antiquité sont traditionnellement ensemencés en blé, orge, avoine auxquels se sont joints la betterave sucrière, le maïs, le tabac, le tournesol et les semences sélectionnées. Cette richesse du sol est la cause d'une grande densité de population. La propriété y est morcelée : vue du plateau de Gergovie, la Limagne de Clermont apparaît comme une immense mosaïque de petits champs bordés de saules et de peupliers.

Vergers et vignes. — Les vergers s'étagent au-dessus de la plaine et remontent les vallées bien exposées. Dans les parties humides croissent pommiers et poiriers, au-dessus, sur les versants ensoleillés et abrités, cerisiers, abricotiers, pêchers et amandiers dont les produits succulents alimentent les fabriques de fruits confits et de pâtes de fruits.

Les flancs calcaires des coteaux qui encadrent les Limagnes sont souvent couverts de vignes dont certains crus ont eu une grande renommée : vins de Ris, honorés, dit-on, au baptême des rois, mais bien oubliés de nos jours, Chanturgue, Corent, Châteaugay. La renommée des vins de St-Pourçain-sur-Sioule, blancs, rosés et rouges, ne cesse, au contraire, de s'étendre. Le touriste remarquera la maison du vigneron toute en hauteur, comme soulevée par sa cave.

VILLES ET ÉCHANGES

L'absence de grandes voies naturelles ouvertes au cœur du pays a longtemps contrarié le développement de la vie rurale. A l'exception de Clermont, du Puy et d'Aurillac la plupart des villes auvergnates sont longtemps restées de paisibles cités moyennes; la précarité des communications a en effet rejeté les centres urbains dans les plaines (Clermont, Issoire, Brioude, Aurillac, Ambert, le Puy) ou les a adossés à la montagne (Thiers).

Les bourgs et villes-marchés situés au contact du «Bois» et de la «Montagne» comme Mauriac et Salers ont souffert du déclin des échanges locaux au profit des exportations lointaines. En regard de villes comme Murat qui sont des créations de la féodalité, ou St-Flour, des fondations ecclésiastiques, d'autres se sont développées autour des centres de communications, tel Gannat.

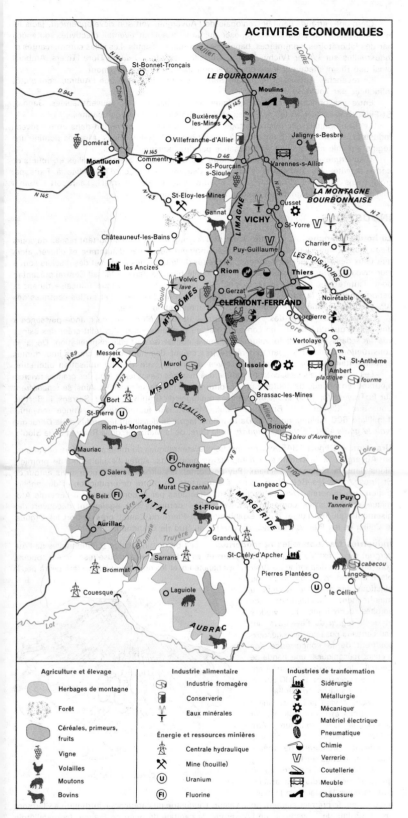

ACTIVITÉS ÉCONOMIQUES

St-Bonnet-Tronçais

LE BOURBONNAIS

Moulins

Buxières-les-Mines

Jaligny-s-Besbre

Villefranche-d'Allier

Domérat

Commentry

St-Pourçain-s-Sioule

Varennes-s-Allier

Montluçon

LA MONTAGNE BOURBONNAISE

St-Eloy-les-Mines

Cusset

Gannat

VICHY

St-Yorre

Châteauneuf-les-Bains

Charrier

Puy-Guillaume

LES BOIS-NOIRS

les Ancizes

Volvic lave

Riom

Gerzat

Thiers

Noirétable

Mⁱˢ DÔMES

CLERMONT-FERRAND

Courpierre

Vertolaye

FOREZ

Messeix

Murol

Issoire

St-Anthème

Ambert

plastique

fourme

Mⁱˢ DORE

Brassac-les-Mines

CÉZALLIER

Bort

St-Pierre

Brioude

bleu d'Auvergne

Riom-ès-Montagnes

Mauriac

Salers

Chavagnac

Langeac

le Puy

Tannerie

Murat *cantal*

le Beix

CANTAL

MARGERIDE

St-Flour

Aurillac

Grandval

cabecou

Sarrans

St-Chély-d'Apcher

Brommat

Pierres Plantées

Langogne

Couesque

Laguiole

le Cellier

AUBRAC

Agriculture et élevage

- Herbages de montagne
- Forêt
- Céréales, primeurs, fruits
- Vigne
- Volailles
- Moutons
- Bovins

Industrie alimentaire

- Industrie fromagère
- Conserverie
- Eaux minérales

Énergie et ressources minières

- Centrale hydraulique
- Mine (houille)
- Ⓤ Uranium
- Ⓕⓘ Fluorine

Industries de tranformation

- Sidérurgie
- Métallurgie
- Mécanique
- Matériel électrique
- Pneumatique
- Chimie
- Verrerie
- Coutellerie
- Meuble
- Chaussure

Alors que certaines localités jadis brillantes avaient décliné au début du 20ᵉ s., la plupart, surtout les grands centres urbains avec l'introduction de la grande industrie et l'afflux de la main-d'œuvre paysanne, connaissent depuis quelque 30 ans un regain d'activité et un essor démographique continu. Dans l'ensemble le chiffre de leur population a augmenté d'environ 10% entre 1962 et 1968. Le recensement de 1975 accuse cependant un léger recul pour certaines d'entre elles.

Le relief engendre de petites unités régionales entre lesquelles les communications sont souvent difficiles : massifs montagneux bien individualisés, plateaux séparés par de profondes vallées ou au contraire plaines cloisonnées par des lignes de crêtes.

Clermont-Ferrand, capitale régionale de l'Auvergne, voit son développement, jadis lié essentiellement au caoutchouc, reposer aujourd'hui sur un éventail d'activités soutenues par des laboratoires, commerces, banques et des éditeurs actifs. Les villes commerçantes et industrielles sur l'Allier (Vichy, Issoire, Brassac, Brioude) ou sur la Dore (Thiers, Ambert) ainsi que Riom effectuent leurs échanges principalement avec Clermont.

En revanche, Aurillac et le versant Sud du Cantal, de même que l'Aubrac, sont plutôt influencés par Toulouse et Montpellier.

Entre ces principaux centres, quelques petites villes rurales, souvent isolées, Gannat, St-Flour, Salers, vivent des échanges et du commerce de leurs campagnes.

Le Bourbonnais est mieux partagé. Montluçon entraîne sa région dans un renouveau industriel, assuré pour Commentry, à venir pour St-Éloy-les-Mines. Moulins domine une région agricole et maintient sa croissance par des industries légères.

L'Auvergne évolue : l'industrie pénètre les campagnes, anime les villes et, reflets de cette activité, les transports s'adaptent. Clermont est aujourd'hui reliée à Paris par trois trains rapides : «l'Arverne», «le Bourbonnais» et «le Thermal», l'aéroport d'Aulnat met la capitale auvergnate en contact avec toute l'Europe.

INDUSTRIES

La houille blanche. — La partie Ouest de l'Auvergne jouit d'un important réseau de cours d'eau qui donnent leur débit maximum au moment des pluies d'automne et d'hiver, alors que ceux des Alpes et des Pyrénées, tributaires de la fonte des neiges et des glaciers sont à leur niveau le plus bas. L'utilisation de la houille blanche dans le Massif Central présentait donc l'intérêt de fournir un gros appoint à la production électrique française durant la période même où la consommation d'électricité est la plus grande et où les centrales des Alpes et des Pyrénées sont soumises à une alimentation réduite.

La technique alpine des «hautes chutes», destinée à donner une grande puissance à une faible quantité d'eau, ne convenait pas au plateau central. Il a fallu créer des usines «de lac» dans lesquelles le volume accumulé compense la faible dénivellation. De là, la construction d'énormes «barrages-réservoirs» créant des hauteurs de chutes importantes et permettant la constitution de réserves d'eaux en vue de leur utilisation ultérieure.

Les lacs artificiels se succèdent comme des marches d'escalier le long des grandes rivières, ajoutant, en période de hautes eaux, au pittoresque naturel des vallées. Ainsi se rencontrent sur la Truyère *(p. 173)* et ses affluents les ouvrages de Grandval, Lanau, Sarrans, la Barthe, Couesque, Cambeyrac, Bromme, Goul, Maury, qui fournissent en année moyenne 1 milliard 600 millions de kWh. De la même façon se dessinent les profils de la Dordogne *(voir le guide Vert Michelin Périgord)*, de la Cère, de la Maronne, de la Rhue et de la Sioule.

Uranium. — Depuis 1945, des prospections systématiques du minerai uranifère ont abouti, en Auvergne, à la découverte d'importants gisements. Après l'exploitation de premiers filons dans la région de Lachaux (Puy-de-Dôme), les efforts se sont poursuivis autour de St-Priest, dans les Bois Noirs, où a été implanté un centre de production et de concentration des minerais. Des recherches sont effectuées par le commissariat à l'Énergie Atomique et différentes compagnies privées. Ces dernières ont également découvert des gisements qui font l'objet d'une exploitation : St-Pierre-du-Cantal, près de Bort-les-Orgues, le Cellier et les Pierres Plantées, en Lozère, au Sud de Grandrieu.

Industries traditionnelles et modernes. — Les petites industries traditionnelles de l'Auvergne, qui constituaient pour les paysans et les citadins une précieuse ressource d'appoint, sont en voie de disparition : à Ambert, les papeteries et les objets de piété cèdent peu à peu la place aux industries du bois et du plastique, les draps de St-Flour se maintiennent péniblement, les adroites dentellières du Livradois et de la région du Puy, travaillant «au carreau» posé sur leurs genoux, souffrent de la concurrence des métiers mécaniques, une bande de dentelle de 1 m de long sur 4 cm de large nécessitant 19 000 points.

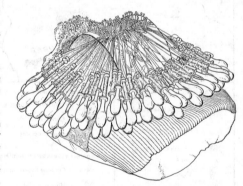

Carreau de dentellière.

Les chaudrons d'Aurillac disparaissent devant la quincaillerie à bon marché et les parapluies. Par contre, la lave continue d'être débitée à Volvic, et à Thiers la coutellerie prospère, de même que les tanneries au Puy.

Actuellement, l'industrie auvergnate s'oriente vers des articles pour lesquels la qualité de la main-d'œuvre est le premier élément de la valeur. L'industrie du caoutchouc introduite à Clermont en 1832 fait de la capitale de l'Auvergne, la capitale du pneu en France. La métallurgie traite aux Ancizes-Comps un grand nombre d'aciers spéciaux; à Issoire, les alliages légers; à Courpière, l'acier inoxydable.

Des produits pharmaceutiques sont fabriqués à Vertolaye dans la vallée de la Dore; le tabac, manufacturé à Riom. De puissantes verreries sont installées à St-Yorre et à Puy-Guillaume; de nombreuses petites villes voient se développer des ateliers, des fabriques qui manifestent l'essor économique contemporain de cette province.

De même, Montluçon connaît un nouveau développement dû au pneu et à la métallurgie; Commentry surmonte grâce à la chimie sa crise charbonnière; Moulins a vu s'installer l'industrie de la chaussure et celle de l'électro-ménager; Varennes-sur-Allier, celle du meuble.

THERMALISME ET TOURISME

Un des traits caractéristiques de l'Auvergne est sa richesse en sources minérales et thermales. Le département du Puy-de-Dôme et le bassin de Vichy comptent, à eux seuls, le tiers des sources françaises. Leur débit dépasse 90 000 hectolitres par jour. Environ 290 millions de bouteilles sont expédiées chaque année.

Les sources minérales et thermales. — On sait comment naissent les sources ordinaires : les eaux d'infiltration, traversant les terrains perméables, finissent par rencontrer une couche imperméable dont elles suivent la pente. Elles sortent là où cette couche affleure à l'air libre.

L'appellation de «source thermo-minérale» désigne, dans la pratique, soit des sources d'eaux infiltrées, soit des sources d'origine purement interne qui se sont chargées de certaines substances minérales au cours de leur passage dans les roches qui les ont retenues. Le qualificatif «thermal» s'applique plus particulièrement aux eaux qui sortent réchauffées de terre du fait de leur contact avec un magma encore chaud.

En Auvergne, la chaleur du sol croît avec la profondeur de 1 ºC par 13 m au lieu de 30 m en moyenne. Parmi les sources thermales, le record de la chaleur est détenu par Chaudes-Aigues avec 82 ºC; le maximum de Vichy est 66 ºC; celui de la Bourboule 57 ºC.

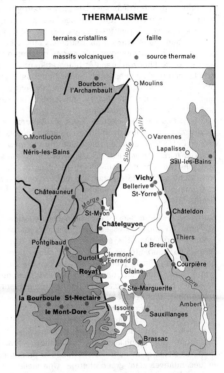

THERMALISME

terrains cristallins · faille

massifs volcaniques · source thermale

L'acide carbonique imprègne le sol de toute la région volcanique; la source Eugénie, de Royat, en dégage 4 000 litres à l'heure; il s'en perd 200 tonnes par jour en Limagne. Certaines sources, comme celle de Bellerive près de Vichy, sont dites «**intermittentes**»; elles ne jaillissent qu'à intervalles réguliers, par exemple toutes les huit heures. Le phénomène peut s'expliquer ainsi : la colonne d'eau, venant des profondeurs et débouchant à la surface, est soumise en un certain point de son parcours à une très forte élévation de température. La vapeur produite acquiert une pression suffisante pour projeter au-dehors toute la partie supérieure de la colonne d'eau. Le jaillissement s'interrompt pendant le temps nécessaire à l'échauffement d'une nouvelle colonne, puis recommence. Les sources thermo-minérales se rencontrent dans les zones faibles de l'écorce terrestre : régions injectées de roches éruptives, disloquées par des fractures.

Sur la carte ci-dessus, on voit que les sources auvergnates sont situées sur les failles qui encadrent le fossé d'effondrement de la Limagne ou à l'intérieur des massifs éruptifs.

Types des sources minérales et thermales. — Les «eaux minérales et thermales» sont douées de propriétés thérapeutiques; la plupart d'entre elles sont très instables et s'altèrent sitôt sorties de terre. Il est donc indispensable pour en tirer un profit thérapeutique maximum d'en user sur place. C'est la principale raison de l'existence des stations thermales.

Les sources auvergnates sont généralement pauvres en substances minérales mais riches en matières carbonatées. Leur composition est très variée, elle dépend de la nature des roches traversées et des émanations volcaniques qui leur ont donné naissance.

Cette variété les adapte à de nombreuses applications thérapeutiques sous forme de boisson, gargarismes, inhalations, bains, douches. A la sortie du sol, elles possèdent une radio-activité qui stimule l'organisme. Vichy, «la reine des villes d'eaux», soigne l'appareil digestif, Royat le cœur et les artères, Châtelguyon l'intestin, le Mont-Dore l'asthme et les voies respiratoires, la Bourboule les voies respiratoires et le lymphatisme, St-Nectaire le rein, Bourbon-l'Archambault les rhumatismes et les fractures, Néris-les-Bains les nerfs, Chaudes-Aigues et Châteauneuf-les-Bains les rhumatismes, Sail-les-Bains les affections de la peau.

Thermalisme et tourisme. — Les vertus des eaux thermales déjà connues des Romains, ont été redécouvertes aux 18e et 19e s. A cette époque, «aller aux eaux» était l'apanage d'une clientèle riche et oisive. Aujourd'hui de nombreuses cures thermales sont prises en charge par la Sécurité Sociale, mettant ainsi le thermalisme à la portée de tous.

L'ensemble des mesures thérapeutiques est donné sous forme de cure thermale maintenant les malades sur place pour quelques semaines. Les soins n'occupant qu'une partie de la journée, les stations thermales offrent à leurs visiteurs des activités diverses : sports, excursions, spectacles... qui en font souvent des lieux de séjour très agréables, attirant autant les touristes que les malades.

Aimer la nature,

c'est respecter la pureté des sources, la propreté des rivières,

des forêts, des montagnes...

c'est laisser les emplacements nets de toute trace de passage.

RÉGIONALISME ET ÉVOLUTION

Pour beaucoup de Français, l'Auvergnat est un paysan trapu, au teint coloré, au large collier de barbe, grand danseur de bourrées, isolé et renfermé dans sa montagne, et dont la conversation s'émaille de «fouchtras». L'Auvergnat ne ressemble que de fort loin à cette image de chromo : la barbe en collier ne se porte plus guère; le fameux «fouchtra» est inconnu et nul ne prononce «Chaint-Flour». Dès Clermont-Ferrand, au contraire, l'oreille perçoit une nette pointe d'accent méridional et la prononciation devient plus gutturale, surtout dans la montagne.

Foires. — C'est pour le campagnard une des principales raisons de «sortir». Pour le touriste, ce sera une amusante occasion d'observer de plus près la vie locale. Ces foires se tiennent le plus souvent dans des localités représentant par leur situation un centre naturel d'échanges entre plusieurs pays ou situées au cœur des pays d'élevage : Châteauneuf-de-Randon, Laguiole, Nasbinals. Les plus importantes ont lieu à la fin de l'été et en automne alors que les récoltes sont rentrées, les animaux, au pré depuis le printemps, suffisamment engraissés et que les travaux des champs laissent quelque répit.

De bon matin arrivent au «foirail», vaches, bœufs, veaux et, en moins grand nombre, chevaux, porcs et moutons. Les routes présentent alors un aspect extraordinaire : de tous les points de l'horizon, gens et bêtes affluent.

La matinée est consacrée, par les hommes — dont certains sont encore vêtus de la large blouse bleue (la biaude) et du chapeau de feutre noir — aux tractations sur les bêtes. On palpe, on discute, on finasse, finalement on «tope» en levant très haut la main pour conclure l'affaire et l'on trinque...

Une fois l'an, le vendredi avant les Cendres, se tient à Montferrand la foire à la Sauvagine groupant peaux de martres, fouines, putois, loutres, blaireaux, renards, écureuils... chats. Cette foire avait autrefois une grande renommée en France et à l'étranger.

Les foires aux volailles de Jaligny et les concours agricoles de Varennes-sur-Allier, Moulins et surtout Vichy sont encore autant de rendez-vous à ne pas manquer, pour connaître l'Auvergne et le Bourbonnais.

Bourrée. — Cette danse fameuse, malheureusement de plus en plus délaissée au profit des danses modernes, mérite d'être évoquée. Ses figures représentent la poursuite de la jeune fille coquette qui fuit puis rappelle le jeune homme amoureux. Son rythme galvanise les danseurs. Des couples de paysans en sabots, d'aspect lourd, témoignent subitement d'une légèreté bondissante et d'une grâce naturelle surprenante.

La bourrée était autrefois accompagnée par la «cabrette», sorte de cornemuse au son aigu et monotone qui rappelle celui du «biniou», mais dont les accents avaient une mélancolie prenante et des nuances d'un grand charme. Une vielle, un violon complétaient parfois l'orchestre. Les touristes, épris de couleur locale, regretteront que l'accordéon vienne concurrencer de plus en plus ces instruments.

(D'après photos 1 « La Bourrée », 2 « Apa-Poux », Albi)
Joueurs de vielle et de cabrette.

Émigration. — Au début de l'hiver, une fois les résoltes rentrées, des hommes et des garçons partaient dans les pays où l'on avait besoin de leurs bras, se faire de l'argent. Ils revenaient à la St-Jean participer aux travaux de la fenaison. Cet exode saisonnier a perdu beaucoup de son importance au profit de l'émigration définitive. Celle-ci dirige son principal courant vers Paris, la plus grande ville auvergnate, car les originaires de cette province y sont plusieurs centaines de milliers. Qu'ils soient marchands de vin, brocanteurs, charbonniers, fonctionnaires modestes ou qu'ils aient atteint les plus hautes situations, ces Auvergnats de Paris, groupés en associations florissantes, conservent au cœur l'amour de leur pays. A l'approche de la vieillesse, ils retournent dans leur village natal et finissent leurs jours dans la simplicité de la vie paysanne.

Décadence des caractères régionaux. — Comme toutes les provinces, l'Auvergne se modernise rapidement. La pièce unique entourée de lits clos et la vaste cheminée sous laquelle on passait autrefois la veillée tendent à disparaître, remplacées par une série de pièces. La généralisation progressive de l'eau courante développe partout un souci d'hygiène et de propreté qui, dans certaines régions déshéritées, ne s'introduisait naguère encore qu'avec une certaine lenteur.

Les costumes régionaux qui ajoutaient encore au pittoresque du pays, ont à peu près tous complètement disparu. Les costumes masculins n'apparaissent guère qu'à certaines cérémonies, en particulier à Riom où les «brayauds» vêtus de «braies» et de casaques de laine blanche, portent les reliques à la procession de St-Amable. Quant aux femmes, elles sont encore coiffées dans certaines contrées, de bonnets, de capelines, de canotiers plus ou moins garnis de rubans qui, par leur variété, témoignent des anciennes divisions de l'Auvergne.

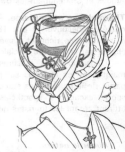

(D'après photo Éd. du Lys, Clermont-Fd)
Coiffe bourbonnaise.

QUELQUES FAITS HISTORIQUES

(en bistre : quelques jalons chronologiques)

AVANT J.-C.   **LES ARVERNES**

6ᵉ s.   Les Celtes envahissent la Gaule.

Dans le bastion naturel que forme l'Auvergne, les Arvernes ont créé un puissant royaume dont la capitale est Gergovie.

LA CONQUÊTE ROMAINE

53   Vercingétorix, chef des Arvernes, donne le signal de la lutte pour l'indépendance de la Gaule et rassemble, contre les Romains, les forces gauloises. Il oblige César à lever le siège de Gergovie *(détails p. 108)*.

APRES J.-C.

1ᵉʳ-5ᵉ s.   L'Auvergne et le Bourbonnais attirent les Romains par la richesse de leur sol, les bienfaits de leurs eaux thermales.

Milieu 3ᵉ s.   Le christianisme est introduit en Basse-Auvergne par deux compagnons de saint Denis : saint Austremoine et saint Nectaire, puis en Haute-Auvergne par saint Mary.

313   Par l'édit de Milan, Constantin accorde aux chrétiens la liberté du culte.

475   Invasion des Wisigoths.

507   Invasion des Francs de Clovis.

COMTES ET ÉVÊQUES

6ᵉ-12ᵉ s.   Les comtes d'Auvergne et leurs nombreux vassaux refusent de reconnaître la souveraineté du roi de France. Ils couvrent de forteresses tous les escarpements rocheux. En continuelle opposition avec cette féodalité seigneuriale, les gens d'église : évêques, abbés et chapitres jouent un grand rôle pacificateur et civilisateur. Ils mettent en valeur les Limagnes et le bassin du Puy.

800   Charlemagne est couronné empereur d'Occident.

9ᵉ s.   Les Normands remontent la vallée de l'Allier et saccagent la Limagne de Clermont.

916   Aymard, lieutenant du duc d'Aquitaine, cède sa terre de Souvigny aux moines de Cluny.

987   Hugues Capet est couronné roi de France.

999   Gerbert d'Aurillac est proclamé pape, sous le nom de Sylvestre II *(voir p. 56)*.

1066   Débarquement de Guillaume le Conquérant en Angleterre.

1095   Le pape Urbain II prêche à Clermont la première croisade *(voir p. 85)*.

TERRE ROYALE PUIS TERRE DUCALE

1213   Philippe Auguste réunit le comté d'Auvergne au royaume de France.

1270   Mort de Saint Louis à Tunis.

1276   Béatrice de Bourbon épouse Robert de Clermont, sixième enfant de Saint Louis.

1328   Le duché de Bourbon est érigé en pairie.

1337   Début de la guerre de Cent Ans qui durera jusqu'en 1453.

1360   L'Auvergne devient duché-pairie et échoit au fils de Jean le Bon, Jean de Berry *(détails sur ce prince, p. 149)*.

1380   Du Guesclin, traquant les bandes de pillards qui ruinent le pays, meurt devant Châteauneuf-de-Randon *(détails p. 79)*.

1416   A la mort de Jean de Berry, le duché passe à la maison de Bourbon.

1429   Jeanne d'Arc délivre Orléans.

1492   Découverte de l'Amérique par Christophe Colomb.

RETOUR A LA COURONNE

1531   Le Bourbonnais est rattaché à la Couronne.

1560   Après la trahison du connétable de Bourbon, la Couronne confisque le duché d'Auvergne.

1610   Assassinat de Henri IV.

1629   Le cardinal de Richelieu fait démanteler les châteaux forts auvergnats.

1643   Avènement de Louis XIV.

1665   Louis XIV fait tenir à Clermont les « Grands Jours d'Auvergne » *(détails p. 86)*.

18ᵉ s.   Les intendants royaux accomplissent une œuvre remarquable : ils ouvrent des routes, assèchent des marais, développent l'agriculture et l'industrie.

1793   Couthon décide la démolition des clochers de la province.

ÉPOQUE CONTEMPORAINE

1804   Sacre de Napoléon Iᵉʳ.

1815   Bataille de Waterloo.

1832   Barbier et Daubrée introduisent le travail du caoutchouc à Clermont-Ferrand.

1846   Début de la construction des voies ferrées qui vont tirer le pays de son isolement.

1870   Proclamation de la IIIᵉ République le 4 septembre, à l'Hôtel de Ville de Paris.

1940   Vichy devient la capitale de l'État français.

1944   Le mont Mouchet est le principal centre de la Résistance du Massif Central.

1946   IVᵉ République.
Avec l'aménagement de la Truyère, l'industrie hydro-électrique est en plein essor.

1958   Vᵉ République.

1973   Mise en service de la nouvelle aérogare de Clermont-Ferrand-Aulnat.

L'ART

ABC D'ARCHITECTURE

A l'intention des lecteurs peu familiarisés avec la terminologie employée en architecture nous donnons ci-après quelques indications qui leur permettront de prendre encore plus d'intérêt à la visite des monuments religieux, militaires ou civils.

ARCHITECTURE RELIGIEUSE

Plan-type d'une église. — Il est en forme de croix latine, les deux bras de la croix formant le transept.
1 Porche - 2 Narthex - 3 Collatéraux ou bas-côtés (parfois doubles) - 4 Travée (division transversale de la nef comprise entre deux piliers) - 5 Chapelle latérale (souvent postérieure à l'ensemble de l'édifice) - 6 Croisée du transept - 7 Croisillons ou bras du transept, saillants ou non, comportant souvent un portail latéral - 8 Chœur, presque toujours « orienté » en direction de Jérusalem - très vaste et réservé aux moines dans les églises abbatiales - 9 Rond-point du chœur - 10 Déambulatoire : prolongement des bas-côtés autour du chœur permettant de défiler devant les reliques dans les églises de pèlerinage - 11 Chapelles rayonnantes ou absidioles - 12 Chapelle axiale. Dans les églises non dédiées à la Vierge, cette chapelle, dans l'axe du monument, lui est souvent consacrée - 13 Chapelle orientée.

Coupe d'une église. — 1 Nef - 2 Bas-côté - 3 Tribune - 4 Triforium - 5 Voûte en berceau - 6 Voûte en demi-berceau - 7 Voûte d'ogive - 8 Contrefort étayant la base du mur - 9 Arc-boutant - 10 Culée d'arc-boutant - 11 Pinacle équilibrant la culée.

Les maîtres d'œuvre romans (11e-12e s.) savaient construire des églises vastes et hautes, mais leurs lourdes voûtes de pierre tendaient à écraser et à renverser les murs. Il leur fallait donc réduire les fenêtres au minimum et édifier, jusqu'à la retombée des voûtes, des bas-côtés surmontés de tribunes destinés à soutenir et à équilibrer la nef assez obscure.
Dans les églises gothiques (12e-15e s.) les poussées de la voûte sont supportées et transmises par des arcs ; les murs ne subissent plus d'efforts qu'aux points de retombée des ogives. Les parties intermédiaires peuvent être évidées sans danger et laisser la place à des vitraux ; l'église est très lumineuse.

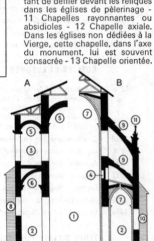

Coupe d'une église
romane (A) - gothique (B)

La plupart des monuments, grandes cathédrales ou modestes églises de campagne, forteresses féodales ou palais Renaissance et classiques, ont été construits en plusieurs époques, remaniés ou restaurés, soit en raison de difficultés financières, soit pour les agrandir, les moderniser ou les réparer. Aussi, un examen attentif des diverses parties d'un édifice, des remplois d'éléments anciens, des adjonctions d'un style plus récent, permet-il de retrouver dans la pierre toute l'histoire de la construction. Il rehausse l'intérêt d'une visite.

Cathédrale gothique. — 1 Porche - 2 Galerie - 3 Grande rose - 4 Tour clocher quelquefois terminée par une flèche - 5 Gargouille servant à l'écoulement des eaux de pluie - 6 Contrefort - 7 Culée d'arc-boutant - 8 Volée d'arc-boutant - 9 Arc-boutant à double volée - 10 Pinacle - 11 Chapelle latérale - 12 Chapelle rayonnante - 13 Fenêtre haute - 14 Portail latéral - 15 Gâble - 16 Clocheton - 17 Flèche (ici, placée sur la croisée du transept).

Façades

Romane

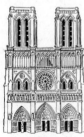

Gothique

Renaissance

Classique

Clochers

Clocher roman
toit en bâtière
1 Abat-son

Flèche romane
polygone sur
tour carrée

Flèche gothique
aiguë et
ajourée

**Clocher
Renaissance**
1 Lanternon

Dôme classique
avec coupole à lanterne
1 Pot à feu

Portail. — 1 Archivolte. Elle peut être en plein cintre, en arc brisé, en anse de panier, en accolade, quelquefois ornée d'un gâble, selon le style du monument - 2 Voussures (en cordons, moulurées, sculptées ou ornées de statues) formant l'archivolte - 3 Tympan - 4 Linteau - 5 Piédroit ou jambage - 6 Ébrasements, quelquefois ornés de colonnes ou de statues - 7 Trumeau - auquel est généralement adossé une statue - 8 Pentures.

La décoration des portails romans : motifs géométriques, floraux ou personnages fantastiques, est souvent d'un symbolisme difficile à interpréter. Celle des portails gothiques fait appel à des thèmes plus connus, tirés des Écritures : Ancien ou Nouveau Testament, vices et vertus, vies du Christ et des saints. La Renaissance mêle aimablement le mystique et le profane, la Bible et la mythologie, voire l'actualité de l'époque.

Avec le style classique le portail perd son caractère d'entrée mystique du paradis pour redevenir une simple porte.

Arcs et piliers. — 1 Nervures - 2 Tailloir ou abaque - 3 Chapiteau - 4 Fût ou colonne - 5 Base - 6 Colonne engagée - 7 Dosseret - 8 Linteau - 9 Arc de décharge - 10 Frise.

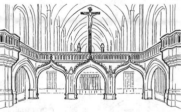

Poutre de gloire, ou tref. — Elle tend l'arc triomphal à l'entrée du chœur. Elle porte le Christ en croix : la Vierge, saint Jean et, parfois, d'autres personnages du calvaire.

Jubé. — Remplaçant la poutre de gloire dans les églises importantes, il servait à la lecture de l'épître et de l'évangile. La plupart ont disparu à partir du 17e s. : ils cachaient l'autel.

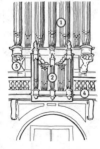

Stalles. — 1 Dossier haut - 2 Pare-close - 3 Jouée - 4 Miséricorde.

Autel avec retable. — 1 Retable - 2 Prédelle - 3 Couronne - 4 Table d'autel - 5 Devant d'autel. Certains retables baroques englobaient plusieurs autels ; la liturgie contemporaine tend à les faire disparaître.

Orgues. — 1 Grand buffet - 2 Petit buffet - 3 Cariatide - 4 Tribune.

Quelques termes d'archéologie

Arcatures : suite de petits arcs accolés.
Boudin : nervure semi-cylindrique en fort relief.
Crédence : petite niche aménagée dans le mur, où sont placées les burettes.
Enfeu : niche funéraire.
Géminé (e) : groupé (e) par deux (arcs géminés, colonnes géminées).
Gloire : auréole entourant un personnage ; en amande, elle est appelée aussi mandorle (de l'italien « mandorla », amande).

Litre : Bande peinte en noir, portant les armoiries du seigneur, et faisant le tour d'une chapelle. La litre était placée d'autant plus haut que la noblesse du seigneur était plus grande.
Meneau : traverse de pierre compartimentant une baie ou une lucarne.
Modillon : console soutenant une corniche.
Oculus : baie de forme circulaire (latin : œil).
Phylactère : banderole portant une inscription.
Pilastre : pilier plat engagé dans un mur.

Voûtes et fenêtres

Au Moyen Age beaucoup d'églises étaient couvertes de charpente. Les risques d'incendie leur firent préférer les voûtes de pierre dont le poids posa un grave problème aux architectes. Pour consolider les **voutes en berceau** — les plus simples — on utilisa le doubleau.

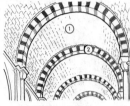

Voûte en berceau.
1 Voûte couvrant la nef - 2 Doubleau reposant sur les piliers.

Voûte d'arêtes.
L'un des principaux modes de couverture romans - 1 Grande arcade - 2 Arête - 3 Doubleau.

Voûte à clef pendante.
1 Croisée d'ogive - 2 Lierne - 3 Tierceron - 4 Clef pendante - 5 Cul de lampe.

Coupole sur trompes.
1 Coupole octogonale - 2 Trompe - 3 Arcade du carré du transept.

La **voûte d'arêtes** est formée par le croisement de deux voûtes en berceau qui se pénètrent à angle droit.

Dans la **voûte sur croisée d'ogive** la poussée est concentrée sur les arcs dont l'armature repose sur les piliers épaulés extérieurement par les arcs-boutants.

La **voûte d'ogive** était aisée à monter sur une travée carrée. Au 12e s., l'élargissement des nefs ne permit plus de faire des travées carrées : les piliers auraient été trop espacés. Les architectes tournèrent d'abord la difficulté en couvrant à la fois deux travées rectangulaires ou « barlongues », ce qui reformait le carré : un doubleau supplémentaire venant reposer sur des piles faibles alternant avec les piliers forts. Les voûtes portées par trois arcs d'ogives sont dites sexpartites.

A partir du 15e s. un souci de décoration amène à compliquer les nervures qui se ramifient en liernes et tiercerons ou en étoile. Les clefs de voûte s'allongent en stalactites.

L'emploi de **coupoles**, fréquent dans les églises romanes, abandonné à l'époque gothique, fut repris dans les constructions Renaissance et classiques.

Pour élever une coupole de plan octogonal sur le transept carré, on construit aux quatre angles de ce carré de petites voûtes, ou « trompes » destinées à supporter les faces complémentaires de l'octogone. S'il s'agit d'une coupole de plan circulaire on construit aux quatre angles du carré des surfaces concaves triangulaires ou « pendentifs » qui, en se rejoignant, forment un cercle complet.

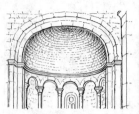

Voûte en cul de four.
Elle termine les absides des nefs voûtées en berceau.

Voûte sur croisée d'ogive.
1 Arc diagonal - 2 Doubleau - 3 Formeret - 4 Arc-boutant - 5 Clef de voûte.

Voûte à pénétration.
1 Voûte à pénétration - 2 Fenêtre à pénétration ou « lunette » - 3 Voûte en berceau.

Coupole sur pendentifs.
1 Coupole circulaire - 2 Pendentif - 3 Arcade du carré du transept.

Élévations romane et gothiques

12e s.
Roman

13e s.
Gothique à lancettes

Fin 13e - 14e s.
Gothique rayonnant

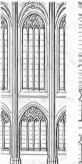

15e s.
Gothique flamboyant

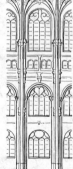

16e s.
Renaissance

ARCHITECTURE MILITAIRE

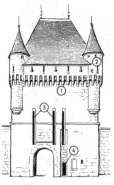

Enceinte fortifiée. — 1 Hourd (galerie en bois) - 2 Mâchicoulis (créneaux en encorbellement) - 3 Bretèche - 4 Donjon - 5 Chemin de ronde couvert - 6 Courtine - 7 Enceinte extérieure - 8 Poterne.

Tours et courtines. — 1 Hourd - 2 Créneau - 3 Merlon - 4 Meurtrière ou archère - 5 Courtine - 6 Pont dit « dormant » (fixe) par opposition au pont-levis (mobile).

Porte fortifiée. — 1 Mâchicoulis - 2 Échauguette (pour le guet) - 3 Logement des bras du pont-levis - 4 Poterne : petite porte dérobée, facile à défendre en cas de siège.

Fortifications classiques. — 1 Entrée - 2 Pont-levis - 3 Glacis - 4 Demi-lune - 5 Fossé - 6 Bastion - 7 Tourelle de guet - 8 Ville - 9 Place d'Armes.

Au Moyen Age, tant que les seigneurs conservent le droit de se battre entre eux, les châteaux sont des forteresses qui répondent à la nécessité de se défendre et d'assurer la subsistance de la population lors des sièges.

Avec la pacification du royaume, les châteaux forts sont détruits, abandonnés, transformés, ou remplacés par des châteaux conçus par des artistes. L'architecture civile se distingue de l'architecture militaire, qui devient l'affaire exclusive du roi, pour la défense des frontières. L'introduction de la poudre et des canons au 14e s., permit à Charles VII et à Louis XI, au 15e s. de venir à bout des dernières grandes forteresses féodales et entraîna, surtout au 16e s., une complète transformation de l'architecture militaire : pour s'adapter aux armes à feu les tours deviennent des bastions bas, très épais, les courtines s'abaissent et s'élargissent.

Au 17e s., Vauban, dont l'œuvre durera des siècles, porte ces nouvelles défenses à leur point de perfection. Son système *(croquis ci-contre)* est caractérisé par des bastions complétés par des demi-lunes et protégés par des fossés

ARCHITECTURE CIVILE

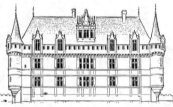

A partir du 15e s., les maîtres d'œuvre français, sous l'influence italienne, s'inspirent des proportions antiques. Les tours purement décoratives disparaissent dans la seconde moitié du 16e s. Statues et bandes sculptées décorent les façades. Les hautes cheminées et les fenêtres sont très ornées. La décoration intérieure est très riche : hauts lambris surmontés de panneaux peints, plafonds à poutres apparentes et à caissons.

Dès le règne d'Henri IV on adopte le style dit Louis XIII, caractérisé par l'emploi de panneaux de briques sertis de chaînages de pierre. Le plan, cessant d'entourer une cour, développe un corps de logis principal terminé par des pavillons. La décoration est réduite, l'aménagement discret. Au-dessus des lambris, des tapisseries ou des fresques couvrent le mur. Le plafond est à poutres apparentes décorées sans caissons.

Sous Louis XIV, François Mansart (1598-1666) recherche la grandeur des lignes : le château et le site dans lequel il s'inscrit revêtent un caractère monumental. Les façades sont sobrement ornées de colonnes, pilastres, mascarons. Le marbre décore les murs des appartements. Le plafond est divisé en grands compartiments peints d'allégories.

Dès 1700, la majesté des constructions s'adoucit, et sous Louis XV c'est le triomphe de la courbe ; les enjolivements baroques se compliquent jusqu'à ce que leur abus redonne, avant même la fin du règne de Louis XV, le goût des droites et du dépouillement. L'antiquité est remise à la mode. préparant le style pompéien puis le style Empire.

L'ART EN AUVERGNE

Après les grandes invasions et l'installation de la royauté capétienne, l'Auvergne connaît une ère de prospérité. Dès le 10e s., on se remet à construire : la vie religieuse se manifeste par d'importants pèlerinages qui nécessitent de vastes édifices et par la fondation de nombreux monastères qui deviennent des foyers de culture. Sous leur influence, la civilisation se raffine et au 12e s., dans les résidences seigneuriales, des cours d'amour se constituent comme en Aquitaine. La vie de cour se développe et l'auteur de la Chanson de Roland déclare que «parmi les gens courtois, les gens d'Auvergne sont les plus courtois». Le rayonnement intellectuel et artistique de l'Auvergne est alors intense.

L'ART ROMAN AUVERGNAT

Une école originale. — Le touriste, même peu curieux d'art et d'archéologie, remarquera l'air de famille d'un grand nombre d'églises auvergnates. De style roman, elles appartiennent à une école qui s'est développée aux 11e et 12e s. dans le diocèse de Clermont, et qui compte parmi les plus originales de l'art français. De dimensions réduites mais de proportions excellentes, elles donnent l'impression d'édifices plus vastes.

Paul Bourget a décrit l'aspect de ces églises, puissantes et rudes comme la race qui les a créées : «Quiconque en a senti une fois la beauté forte et simple n'oublie plus ces églises solides, trapues, ramassées, dont l'ordonnance extérieure, au lieu d'être un décor plaqué, reproduit en relief l'ordonnance intérieure. Vues du chevet, surtout avec l'hémicycle de leurs chapelles serrées, accolées contre la masse de l'édifice, elles donnent une saisissante impression d'aplomb et d'unité» (Le Démon de midi).

La beauté sobre et logique de ce style impressionna les pèlerins traversant l'Auvergne.

Les plus belles manifestations de cette école sont les églises de N.-D.-du-Port (Clermont-Ferrand), d'Issoire, d'Orcival et de St-Nectaire *(voir carte p. 14).*

Matériaux. — Les pierres employées sont les diverses pierres d'Auvergne. Les calcaires sont utilisés en Limagne. L'arkose, grès métamorphique jaunâtre, est employée jusqu'au 13e s. La lave volcanique fut d'abord utilisée en petit appareil sous les arcs de décharge, dans les parties hautes des édifices qui ne supportent pas le poids de la voûte et qu'elle décore par polychromie. Au 13e s., l'amélioration de la qualité des aciers qui permet de débiter les durs blocs de lave et le développement de la technique de la taille de la lave la matière première des constructions.

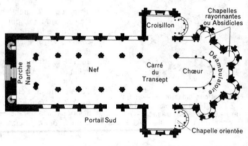

Plan de la basilique de N.-D.-du-Port.

Les grandes églises de Basse-Auvergne. — Le plan des églises a lentement évolué en fonction des besoins nouveaux (pèlerinages). De l'église carolingienne de Chamalières *(p. 91)*, on passe, par l'intermédiaire de celle de Glaine-Montaigut *(p. 62)*, à la famille des grandes églises dont le plan type, celui de N.-D.-du-Port, à Clermont, est figuré ci-dessus.

Extérieur

Façade Ouest. — Exposée aux intempéries et peu ornée, la façade contraste avec le magnifique chevet; elle est parfois surmontée d'un clocher central ou de deux clochers latéraux.

Flancs. — Sur les flancs de l'église, les fenêtres des bas-côtés s'ouvrent à l'intérieur de grands «arcs de décharge» qui soutiennent les murs; sous ces arcs, la pierre joue souvent un rôle décoratif par sa polychromie ou sa disposition. Au-dessus se déroule la file des fenêtres hautes reliées par des arcatures. Quelques portails sont décorés, la plupart possèdent le curieux linteau pentagonal particulier à l'école auvergnate. Ce linteau ne porte que rarement un tympan décoré, sculpté sous un arc en plein cintre.

Clocher octogonal. — Source de lumière, ajouré de deux étages, il émerge du massif qui entoure la coupole. Ses poussées sont contrebutées par le chevet, la nef et, latéralement, par les deux bras du transept. Il domine l'ensemble chœur et déambulatoire.

Clermont-Ferrand. — Portail latéral de N.-D.-du-Port.

Chevet. — Par l'ordonnance magnifique de son étagement, le chevet est la partie la plus belle et la plus typique des églises auvergnates. Chef-d'œuvre de sobriété élégante, il équilibre les poussées du clocher octogonal. Par lui, l'église possède une valeur plastique ; elle s'élève comme une pyramide soigneusement combinée, donnant à la fois une impression d'harmonie et de sécurité par la perfection de chacun de ses éléments et la régularité de leur progression.

Les corniches des absidioles ont été particulièrement travaillées, ornées de damiers, soutenues par de fines consoles appelées «modillons à copeaux» parce que leur ornementation rappelle les rognures de bois que fait voler le rabot du menuisier. Des «cordons à billettes» courent autour des fenêtres ou soulignent les moulures. Des mosaïques multicolores égaient les bandeaux de pierre. Des «arcatures» soutiennent les poussées obliques de la voûte et ornent les pans de muraille. De petits murs-pignons masquent la pénétration disgracieuse des toits des chapelles dans le déambulatoire.

Intérieur

Lorsqu'on entre dans une église romane d'Auvergne, on est frappé par l'aspect robuste du vaisseau. Seuls, les chapiteaux forment une ornementation que l'on ne distingue d'ailleurs qu'au bout d'un moment, en raison de l'obscurité qui règne dans la plupart de ces édifices.

A la façade Ouest, un porche précède parfois le narthex où se font les réceptions solennelles. De fortes voûtes soutiennent la tribune et portent le poids du clocher.

Nef et voûte. — Une grande nef, bordée latéralement de deux bas-côtés qui l'épaulent, est destinée à recevoir les nombreux pèlerins. Elle est voûtée en berceau. Le berceau roman a remplacé le toit en charpente trop inflammable, employé du 5ᵉ au 11ᵉ s., qui avait causé la destruction de nombreux monuments. La lourde voûte romane auvergnate est d'une solidité à toute épreuve, si bien qu'il est le plus souvent inutile de la soutenir par des doubleaux, même dans les plus grands sanctuaires. Les bas-côtés sont voûtés d'arêtes. Au-dessus de ces derniers courent des tribunes voûtées en demi-berceau ou quart de cercle qui ont un double rôle : étayer directement le vaisseau central de la nef et éclairer la partie haute de l'église par des fenêtres de petites dimensions. Elles décorent sobrement l'intérieur par leurs baies doubles ou triples soutenues par des

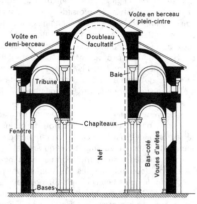

Coupe en élévation
d'une église romane auvergnate.

colonnes trapues. Souvent, ces baies sont triples du côté Sud ; elles permettent ainsi une plus grande pénétration de la lumière.

Chœur. — Le chœur, réservé au clergé, est la partie de l'église où se célèbre l'office. Une surélévation de quelques marches et une voûte plus basse l'agrandissent par le jeu de la perspective et font converger vers lui tous les regards. C'est sur lui que s'est déployé le talent du sculpteur et ses chapiteaux bien dessinés et admirablement travaillés sont souvent les plus beaux du monument.

Dans les grandes églises, le chœur comprend une travée droite en avant du rond-point. Autour de ce dernier de hautes colonnes, disposées de façon à ne pas arrêter la lumière se prolongent par de petits arcs surhaussés qui lui composent une sorte de couronne.

Déambulatoire. — Dans les grandes églises, un déambulatoire ou «carolle», prolonge les bas-côtés autour du chœur. Ses voûtes d'arêtes, savamment étudiées, suivent son tracé tournant. Des «chapelles rayonnantes», souvent appelées «absidioles», en nombre pair, forment une couronne autour du déambulatoire et permettent, les jours de grandes fêtes, de célébrer en même temps plusieurs offices ; elles sont séparées les unes des autres par des fenêtres.

Dans les églises non consacrées à la Sainte Vierge, une chapelle axiale, dite «absidale», lui est spécialement dédiée, comme à St-Julien de Brioude *(p. 68)* et à St-Austremoine d'Issoire *(p. 110).* Au-dessus du déambulatoire, les tribunes cessent ; les fenêtres hautes donnent directement sur le chœur.

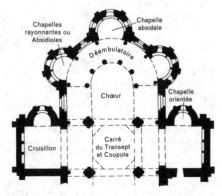

Chœur et déambulatoire.

Transept et coupole. — La construction du transept était un problème ardu pour les architectes de l'époque romane. Il fallait, en effet, entreprendre l'élévation d'une voûte d'arêtes de grandes dimensions, devant supporter tout le poids du clocher central, et formée par l'interpénétration des voûtes de la nef et des croisillons.

A Issoire et à N.-D.-du-Port par exemple, les voûtes des bras du transept s'élèvent à la même hauteur que celle de la nef. Puis des demi-berceaux contre-butent les parties supérieures et forment un premier gradin permettant de passer au second qui enferme la coupole et porte le clocher.

Crypte. — Au-dessous du chœur des grands sanctuaires s'étend souvent une crypte qui en reproduit le plan. Ses voûtes d'arêtes sont supportées par de fortes colonnes. Le chœur de la crypte, tout comme celui de l'église supérieure, est entouré d'un déambulatoire orné de chapelles rayonnantes. La crypte ne s'étend jamais au-delà du transept; on y vénère la Vierge ou des reliques de saints. La crypte de N.-D.-du-Port, communément appelée «la Souterraine», est un lieu de recueillement fréquenté par les Clermontois.

Chapiteaux. — Évasement de la partie supérieure d'une colonne qui supporte une ou plusieurs arcatures, le chapiteau est un élément important d'architecture. Il permet de réduire la section de la colonne sans amincir le doubleau et surtout, de recevoir plusieurs arcs de voûte sur un même pilier.

Les chapiteaux sont décorés de scènes sculptées avec une pittoresque fantaisie, principalement autour du chœur, partie la plus imposante de l'église. Les artistes, groupés dans des ateliers comme ceux de Mozac, Clermont (N.-D.-du-Port), Brioude, Thiers et Chanteuges, ont emprunté leurs sujets à l'Antiquité : aigles, sirènes, centaures, minotaures, atlantes, serpents, génies; à l'Orient : griffons affrontés, oiseaux buvant dans une coupe; à l'histoire récente de la province : scènes de fondation de l'église, St-Sépulcre ou chevaliers en armure évoquant la 1re croisade; aux traditions médiévales : saints locaux, singes enchaînés, ânes musiciens, anges et démons, vertus (générosité, justice) et vices (luxure, avarice représentée par un usurier portant sa bourse pendue à son cou et entraîné par elle).

(D'après photo Arch. Phot., Paris)

Clermont-Ferrand.
Chapiteau de N.-D.-du-Port.

De même abondent les thèmes religieux : Tentation et chute d'Adam et d'Ève, Annonciation de la Vierge, vie de Jésus, parabole du Bon pasteur, Multiplication des pains.

Souvent ces sujets sont groupés en cycles imprimant un thème particulier à un édifice ou du moins à une partie de celui-ci : caractère sacré de l'église souligné par l'évocation du temple ou de la Jérusalem céleste, symbolisme religieux, scènes de l'Ancien testament préfigurant celles du Nouveau, signes du Zodiaque...

Ces détails restent malheureusement peu visibles dans la plupart des églises, sauf à Mozac où deux magnifiques spécimens sont posés sur le sol.

Parmi les plus beaux chapiteaux, on peut citer ceux de N.-D.-du-Port à Clermont, de St-Nectaire, d'Orcival, de Brioude et de Mozac. Les personnages, disposés avec un art consommé de la perspective et de l'utilisation des volumes, sont petits et trapus mais pleins de vie.

Particularités régionales

Haute-Auvergne. — En Haute-Auvergne, d'anciennes églises monastiques occupent de très beaux sites; les églises rurales, de proportions modestes et de construction simple, présentent souvent des chevets étagés, intéressants.

La **nef**, petite et basse, est contre-butée simplement par les bas-côtés élevés non surmontés de tribunes. Le chœur n'est pas entouré d'un déambulatoire mais souvent précédé d'un arc triomphal.

La **façade Ouest** se termine par un simple mur-pignon, parfois percé de baies dans lesquelles on loge les cloches; ce type de clocher élémentaire, appelé «clocher à peigne», est une originalité marquée. Au lieu d'être placé sur la

(D'après photo Combier, Dijon)

Église de St-Urcize. — Clocher à peigne.

façade Ouest, le clocher à peigne peut surmonter la porte Sud ou le grand arc qui précède le chœur. Le clocher octogonal est exceptionnel.

La **décoration** et la polychromie sont rares, les portails sont généralement peu ornés mais parfois précédés d'un porche. La petite église d'Ydes *(p. 154)* et celle de Mauriac *(p. 119)* sont dotées des plus belles sculptures de la Haute-Auvergne.

Églises vellaves. — Il faut mettre à part le groupe des églises du Velay dont la magnifique cathédrale du Puy *(p. 140)* est la reine. Leur ressemblance avec l'école auvergnate se limite à quelques points : coupoles sur trompes, polychromie et claveaux de couleurs alternées qui, avec les arcs festonnés, les façades ornées et décorées de marqueterie (St-Michel d'Aiguilhe — *illustration p. 142*) manifestent également l'influence de l'art musulman.

La région de Brioude se signale par de nombreuses petites églises à nef unique, magnifiquement situées et séduisantes par la variété des couleurs de leurs pierres volcaniques. Leurs chevets inscrits dans une abside à cinq pans, des chapiteaux sculptés et des fresques romanes sont très décoratifs.

En Bourbonnais. — Le Bourbonnais possède autour de ses deux grands sanctuaires de Souvigny et de St-Menoux un grand nombre de petites églises où se combinent les influences auvergnates et bourguignonnes. Les pignons élevés qui cantonnent l'extrémité des croisillons ou marquent la transition entre le chœur et l'abside font leur originalité.

L'ART GOTHIQUE

Le style gothique semble apporter les solutions longtemps cherchées aux problèmes de l'équilibre, du voûtement et de l'éclairage des monuments. Désormais l'architecte profite des progrès réalisés dans chaque province, il travaille avec des matériaux différents selon les régions et apporte à son œuvre une note personnelle. Ainsi, l'architecture ne se développant plus en vase clos comme aux époques précédentes, le gothique ne connaît pas la floraison d'écoles du roman.

La voûte sur croisée d'ogives et l'emploi systématique de l'arc brisé, caractéristiques essentielles de l'art gothique, bouleversent l'art de construire. L'architecte, maître des poussées de l'édifice supportées et transmises par les arcs, les dirige où il veut et les reçoit extérieurement sur des arcs-boutants; les colonnes suffisent à soutenir l'église.

Avec la diffusion de la langue d'Oïl qui s'introduit après la conquête de la province par Philippe Auguste et s'implante sous Alphonse de Poitiers, les formules de l'Ile de France où le gothique connaît son plein épanouissement pénètrent en Auvergne, au détriment des sources d'inspiration méridionale jusque là prépondérantes. Mais ce nouveau style ne s'impose pas avant le 14e s., époque à laquelle s'élèvent encore des églises romanes auvergnates. En Auvergne, l'art gothique n'a pas connu le développement de l'art roman et n'offre pas de chefs-d'œuvre comparables à Chartres ou à Reims par exemple.

Clermont-Ferrand. — Arcs-boutants de la cathédrale.

Le gothique du Nord. — Sa plus belle manifestation en Auvergne est la cathédrale de Clermont des 13e et 14e s.; elle n'évoque que d'assez loin la cathédrale d'Amiens qui lui servit de modèle et elle dut attendre le 19e s. pour voir sa façade et ses flèches édifiées par Viollet-le-Duc sous Napoléon III. Malheureusement, la lave de Volvic, matériau solide et peu coûteux, employée pour sa construction, lui donne un aspect austère que le soleil n'illumine guère. La toiture des chapelles et des nefs latérales est faite de dalles qui forment une terrasse au-dessous des arcs-boutants, sans l'intermédiaire de combles; c'est là une disposition très originale, inconnue dans le Nord.

A cette école se rattachent au 14e s. le chœur de l'église d'Ennezat, l'église d'Ambert; au 15e s., les élégantes constructions de la Sainte-Chapelle de Riom, œuvre des Dammartin, architectes de Jean de Berry qui avaient travaillé au Louvre de Charles V et à Bourges, de la Sainte-Chapelle d'Aigueperse élevée par les ducs de Bourbon-Montpensier et au 16e s., celle de Vic-le-Comte.

En Bourbonnais, où la pierre calcaire se prête admirablement aux virtuosités de l'art flamboyant, le gothique est représenté par le chœur de la cathédrale de Moulins, la chapelle du château de Lapalisse et les chapelles du prieuré de Souvigny.

Le gothique languedocien. — Caractérisé par une large nef unique se prêtant bien aux prédications, et des chapelles latérales disposées entre les contreforts, c'est le plus répandu. Dès le 14e s., on le rencontre à l'église de la Chaise-Dieu; ramassée sur elle-même, elle domine un haut plateau balayé par les vents, à plus de 1 000 m d'altitude. C'est un chef-d'œuvre de l'art monastique, empreint de noblesse et de gravité. Le cloître, de la fin du 14e s., est une belle œuvre gothique dont il ne reste malheureusement que deux galeries.

Au 15e s., à la cathédrale de St-Flour, l'église du Marthuret à Riom, la nef de celle de Montferrand, puis St-Loup à Billom, Ste-Martine à Pont-du-Château, N.-D.-des-Oliviers à Murat, St-Gal à Langeac et St-Médard à Sauges témoignent de la diffusion de ce style.

Les églises de St-Dier et de St-Gervais-d'Auvergne et surtout celle de Royat, fortifiées pendant la guerre de Cent Ans, occupent en Auvergne une place à part.

(D'après photo Arch. Phot., Paris)

La Chaise-Dieu. — Le cloître

ARCHITECTURE CIVILE ET MILITAIRE

Les villes. — La fin du 12ᵉ s. marque en Auvergne l'octroi des premières chartes de libertés communales (1188, Nonette — 1196, Montferrand). Après celle de Clermont, puis celle d'Ambert (1239), le mouvement se développe lorsqu'en 1241, Alphonse de Poitiers, frère de Saint Louis, reçoit la terre d'Auvergne en apanage et trouve dans la vente de ces privilèges un moyen d'abaisser le pouvoir seigneurial. Alors les villes deviennent des centres de fabrication artisanale, des résidences de fonctionnaires royaux (Riom) ou des marchés animés comme Montferrand rebâtie au 13ᵉ s. selon le plan régulier des bastides du Sud-Ouest et ceinte d'un rempart.

Les maisons. — L'insécurité régnant en Auvergne n'a pas permis, pendant la Renaissance, la construction de châteaux de plaisance. En revanche dans de nombreuses villes s'est alors manifestée une véritable fièvre de bâtir : des maisons à pans de bois marquant l'influence du Nord de la France (Thiers, Châteldon); des maisons de pierre, matériau abondant et résistant, des maisons où l'un et l'autre se combinent, l'étage à colombage étant élevé sur un rez-de-chaussée de pierre (Montferrand). Dès le 15ᵉ s., les fenêtres s'élargissent et se cloisonnent de meneaux; les arcs en accolade ou en anse de panier apparaissent qui supportent d'élégantes galeries; des tourelles d'escaliers indépendants, des portes décorées de moulures ornent le logis.

Au 16ᵉ s., des hôtels particuliers s'élèvent à Riom et à Montferrand, des maisons aux toits en poivrière s'ordonnent autour de la fameuse place centrale de Salers. A Clermont, l'évêque Jacques d'Amboise installe la fine fontaine qui porte son nom et où se mêlent harmonieusement les caractères du gothique et de la Renaissance. Aux 17ᵉ et 18ᵉ s., des maisons consulaires, des hôtels nobiliaires ou bourgeois s'édifient à St-Flour, Murat, Aurillac.

(D'après photo Cap-Théojac, Limoges)

Salers. — Grande-Place.

Les châteaux. — Parmi les sites défensifs les plus anciennement occupés en Auvergne, les grottes de Jonas, avec leurs escaliers, leurs couloirs desservant des pièces creusées dans le tuf volcanique et s'ouvrant sur la falaise, sont un des plus originaux. Des places fortes comme celle de Gergovie, des villas gallo-romaines fortifiées, des «mottes» constituées autour de blocs de rochers composaient au temps de Sidoine Apollinaire, évêque de Clermont au 5ᵉ s., un tel ensemble qu'il voyait tout le pays «engemmé de châteaux»... dont subsistent quelques vestiges ou des légendes.

Des ruines pittoresques. — Pendant les périodes d'insécurité médiévale, le pays s'est couvert de châteaux : pas un piton de basalte, pas une butte qui n'ait porté sa forteresse. De puissantes maisons féodales comme les vicomtes de Clermont, les seigneurs de Mercœur, le «Comtour» de Nonette, les barons de Latour, les barons de Polignac, les sires de Bourbon ont, dès le 10ᵉ s., installé les marques de leur autorité en Auvergne, dans le Velay et le Bourbonnais. Cette noblesse indépendante et farouche sera soumise par les Capétiens opérant le patient rassemblement des terres de leur royaume, puis par les Bourbons, issus de ce sol qui ont, après les troubles de la Fronde, affirmé leur autorité dans les Grands-Jours d'Auvergne.

Les châteaux eux-mêmes s'adaptent par leur forme et leur disposition aux particularités des assises rocheuses qui les portent. Depuis le 13ᵉ s., ils ont été successivement attaqués par les troupes de Philippe Auguste qui en conquiert 120 dès 1210, détruits pendant la guerre de Cent Ans, démolis à la fin de celle-ci, par les villageois qui avaient réussi à en chasser à prix d'or les rouliers et les capitaines et qui trouvaient là les matériaux pour édifier leurs propres maisons, mutilés au moment des guerres de Religion, démantelés par Richelieu, puis par la Révolution. D'autres ont connu l'abandon ou les ravages causés par les intempéries, comme Usson.

Mais quelle allure; un petit effort d'imagination suffit pour sentir la puissance que représentaient au Moyen Age, Anjony, Alleuze, Léotoing en Haute-Auvergne; Allègre, Chavaniac-Lafayette, Polignac dans le Velay; Mauzun, Murol, Châteaugay qui a conservé son donjon intact; Tournoël entre les Dômes et la Limagne; les vingt tours de Bourbon-l'Archambault, les remparts de Billy ou les courtines de Hérisson.

Demeures Renaissance et classiques. — Avec la fin des guerres, le sourire de la Renaissance qui touche Moulins dès les dernières années du 15ᵉ s., pénètre lentement en Auvergne où un certain goût de mieux vivre se répand. Les places fortes se muent en charmantes demeures et l'ornement prend peu à peu la place des nécessités de défense, même si dans ce pays de volcans, l'austérité des constructions de lave subsiste. D'ailleurs, de nombreux châteaux passent aux mains de gens de robe — Michel de l'Hospital naît, dit-on, à la Roche — ou de bourgeois récemment enrichis par le négoce et plus attirés par les plaisants manoirs des vallées ou des plaines que par les forteresses de la montagne.

En Auvergne, des remaniements atténuent la sévérité des vieilles constructions. Si Pesteils et Pontgibaud transformés, continuent de surveiller les voies de passage de la Cère et de la Sioule, Davayat dans la plaine de Riom et Effiat en Limagne montrent déjà de belles pièces de style Louis XIII. Cordès reçoit son admirable parure de charmilles et de jardins due à Le Nôtre, Chazeron son perron et sa galerie d'honneur, Opme ses terrasses. Parentignat et la Batisse prennent leur physionomie classique et se meublent, Ravel voit s'édifier trois ailes nouvelles par l'amiral d'Estaing et sa décoration mise au goût du jour.

Entre le Cher, l'Allier et la Besbre, voici le robuste donjon de Vieux-Chambord, agrandi d'une aile percée de larges ouvertures, la vieille tour du Maréchal à Lapalisse qui voit surgir à ses côtés, une chapelle et un vaste corps de logis abritant de magnifiques salons. Chantelle transformée devient une des résidences préférées des ducs de Bourbon, Jaligny prend des airs de château de la Loire. De gracieux campaniles coiffent les tours de Beauvoir et de bien d'autres demeures.

Le cadre paisible du Bourbonnais devait également faire éclore au 17ᵉ s. d'harmonieux châteaux au bel appareil de briques rouges et noires comme celui de Pomay, tandis que d'autres, comme le Creux, portaient aux quatre coins des campagnes la belle ordonnance des façades du 18ᵉ s.

Grands ouvrages d'art. — Le 19ᵉ s. a vu lancer, au-dessus des profondes vallées auvergnates, des viaducs métalliques, chefs-d'œuvre de hardiesse et de légèreté. Les viaducs des Fades, sur la Sioule, et de Garabit, sur la Truyère, sont les plus remarquables.

Après la guerre, l'art des ingénieurs s'est exercé surtout dans la construction de grands barrages *(p. 22)*; ceux de Bort, sur la Dordogne, de Sarrans et de Couesque sur la Truyère et de St-Étienne-Cantalès sur la Cère sont d'audacieuses et élégantes réalisations.

De nos jours, l'architecture civile se manifeste surtout par la modernisation du réseau routier, par l'édification, autour des villes anciennes, de vastes quartiers nouveaux, par l'aménagement de plans d'eaux et de sites de montagne tels que Super-Besse et Super-Lioran, par la construction, au sommet du puy de Dôme, d'une gigantesque tour de télévision dont l'aiguille élancée fait maintenant partie de la silhouette des Dômes.

St-Augustin
la Baume
Bourbon-l'Archambault
Pomay
le Creux
Moulins
Hérisson
Toury
Beauvoir
Fourchaud
Jaligny
Huriel
Montluçon
Vieux-Chambord
Billy
Lapalisse
Chouvigny
Vichy
Effiat
Busset
la Roche
Châteldon
Chazeron
Davayat
Thiers
Tournoël
Châteaugay
Pontgibaud
Ravel
Clermont-Ferrand
Aulteribe
Opme
Montmorin
Cordès
Mauzun
la Batisse
Busséol
les Martinanches
Murol
Issoire
Buron
Ambert
Grottes de Jonas
Parentignat
Val
Villeneuve
Léotoing
Apchon
Allègre
la Vigne
Chavaniac-Lafayette
la Rochelambert
Anjony
Polignac
St-Flour
le Puy
Pesteils
Alleuze
Aurillac
Messilhac
la Baume
Marvejols

Château ou ruines : ouvert au public

Château ou ruines : fermé au public

(D'après photo Éd. du Lys, Clermont-Fd)

Château de Cordès.

ARTS DIVERS

Sculpture. — La résistance qu'opposent les pierres d'Auvergne au ciseau de l'artiste a conduit ce dernier à s'en tenir à l'essentiel; aussi la statuaire auvergnate n'en dégage-t-elle qu'avec plus de force la profondeur des sentiments ou la spiritualité des personnages. L'art du sculpteur se manifeste surtout dans les chapiteaux romans et dans les cartouches ou les linteaux des demeures Renaissance ou classiques *(voir p. 35).*

Statues-reliquaires. — Créations originales de l'Auvergne, ce sont d'admirables travaux d'orfèvrerie enrichis de pierres précieuses. Elles se rangent parmi les toutes premières manifestations de l'éveil de la sculpture en France, dès le 12e s. Les plus célèbres sont le buste de St-Baudime, le bras-reliquaire de St-Nectaire. Les reliquaires et les châsses de Mozac, d'Ébreuil, de Moissat-Bas, la pyxide d'Ennezat se rattachent à cet art.

(D'après photo Arch. Phot., Paris)

Mozac. — Châsse de saint Calmin.

Vierges de Majesté. — Répandues surtout dans le diocèse de Clermont où le culte de Notre-Dame a toujours été en honneur, elles frappent par leur attitude hiératique et par la dignité avec laquelle elles présentent l'Enfant Jésus. Elles sont très attachantes par la vérité de leur visage de paysanne et le symbolisme de leurs longues mains protectrices. Combien de sanctuaires en abritent! Chastreix, la Sauvetat, St-Gervazy, Ronzières, le linteau de Mozac et celui de N.-D.-du-Port à Clermont, Vassivière, Orcival, Marsat. Quel contraste entre ces statues romanes et les œuvres qui suivirent où la Vierge se fait plus gracieuse et plus maternelle. Au 14e s., Vierge à l'Oiseau de Riom souriant à l'enfant qui joue dans ses bras, au 15e s. N.-D.-du-Portail d'Auzon et Vierge allaitant (N.-D.-du-Port), au 16e s., Pietà d'Ambert.

Peinture. — L'Auvergne offre un intéressant panorama de la peinture murale au Moyen Age et de la fresque, procédé consistant à exécuter une peinture à l'eau sur une couche de mortier ou d'enduit encore frais (de l'italien : fresco) à laquelle elle s'incorpore. Aux fresques de St-Michel du Puy et de Chasteloy en Bourbonnais, aux peintures de Saulcet (Église triomphante, St-Nicolas) du 12e s., succèdent, au 13e s., la légende de St-Georges dans une chapelle du déambulatoire de la cathédrale de Clermont et, au 14e s., le Christ en Majesté de Saulcet, l'Assomption et le Couronnement de la Vierge à Billom. Du 15e s. datent les peintures murales de Chastel, le Jugement dernier d'Issoire, St-Georges terrassant le dragon d'Ébreuil et la magnifique Danse macabre de la Chaise-Dieu, ainsi que les fresques d'Ennezat, des Maîtres de Jenzat et des arts libéraux au Puy. A la même époque, la peinture sur bois est magistralement représentée par l'admirable triptyque à la gloire de la Vierge du Maître de Moulins.

(D'après photo Arch. Phot., Paris)

La Chaise-Dieu. — Fragment de la Danse macabre.

Vitrail, tapisserie, ferronnerie. — Aux grandes **verrières** du 13e s. qui illuminent le chœur et le transept de la cathédrale de Clermont succèdent les vitraux de l'église de Ravel, puis, aux 15e et 16e s., ceux des chapelles de la cathédrale de Moulins alliant la valeur artistique à l'intérêt historique. Les vitraux des Saintes-Chapelles de Vic-le-Comte et de Riom sont caractéristiques du 16e s.; ceux de l'église St-Blaise de Vichy, de l'église d'Étroussat et de l'abbaye de Randol montrent les tendances modernes et contemporaines.

Les **tapisseries** de la Chaise-Dieu (16e s.), de Riom (17e s.) sont de remarquables œuvres d'art. La **ferronnerie** se manifeste dans les grilles du chœur de Billom (12e s.), dans les pentures des portes des églises de St-Pardoux et d'Orcival.

D'ILLUSTRES ENFANTS DE L'AUVERGNE

Vercingétorix (72-46 av. J.-C.) — Chef de la coalition des tribus gauloises contre César.

Grégoire de Tours (538-594) — Théologien, historien, chroniqueur de l'époque mérovingienne.

Gerbert d'Aurillac (938-1003) — Sylvestre II, pape de l'an mille; il impose la Trêve de Dieu.

Michel de L'Hospital (1505-1573) — Juriste, chancelier; il lutte pour l'entente religieuse.

Henri de Latour d'Auvergne (1555-1623) — Maréchal de France, Duc de Bouillon, un chef calviniste.

Blaise Pascal (1623-1662) — Homme de science; écrivain, auteur des Provinciales et des Pensées.

Michel Rolle (1652-1719) — Mathématicien; auteur d'un Traité d'algèbre.

Georges Couthon (1755-1794) — Avocat, conventionnel, membre du Comité de salut public.

Marie-J. La Fayette (1757-1834) — Général, homme politique; défenseur de l'Indépendance américaine.

Desaix de Veygoux (1768-1800) — Général, participe à la Campagne d'Égypte; mort à Marengo.

Arsène Vermenouze (1850-1910) — Poète, chante le Cantal en vers français et en langue d'oc.

Fernand Forest (1851-1914) — Inventeur, a imaginé le moteur à explosion à quatre temps.

Marie-Émile Fayolle (1852-1928) — Maréchal de France, commande la 6e armée sur la Somme en 1916.

Les frères Michelin : André (1853-1931); **Édouard** (1859-1940) — Deux génies créateurs, sachant découvrir la réalité derrière l'accessoire; ont appliqué, les premiers, la méthode scientifique à l'industrie.

Pierre Teilhard de Chardin (1881-1955) — Paléontologue, philosophe; auteur du Phénomène humain.

Henri Pourrat (1887-1959) — Écrivain, peintre sensible de l'âme et de la terre auvergnates.

LA TABLE AUVERGNATE

L'Auvergne, pays rude, n'est pas naturellement portée vers une cuisine savante et recherchée, mais plutôt vers des recettes familiales dont l'abondance et la qualité des mets sont les traits dominants. La table locale dispose d'excellents produits, les fruits sont d'une saveur remarquable.

La sobriété du paysan auvergnat semblerait avoir pour conséquence l'absence de mets locaux appréciables. Il n'en est rien; et si le menu ordinaire est peu varié, les jours de fête, apparaissent sur les tables les plats locaux confectionnés avec amour par la maîtresse de maison et dont la composition n'a guère changé au cours des âges.

La soupe aux choux. — Ce mets traditionnel dans lequel on fait entrer une foule de choses appétissantes est rarement préparé suivant la recette qu'en donne le poète cantalien Vermenouze : «Prenez un chou d'abord, un gros et joli chou, pommé, dur et qui ne soit pas trop flétri par le gel, une jambe de porc du pays, au poil demi-roussi, deux morceaux de saindoux, deux bons morceaux, il les faut, du lard gras et maigre, rance un peu, mais bien peu, des navets de la Planèze, d'Ussel ou de Lusciade..., on ajoute encore dans la marmite un coq bien farci ou quelque vieille poule, un jarret de veau, une côte de bœuf; mettez-y de la viande, mettez-en, n'ayez pas peur...». Tout cela cuit lentement de quatre à cinq heures sur un feu de bois et, quand on découvre la marmite, la cuisine s'emplit d'un parfum inoubliable.

Viandes et poissons. — Le touriste ne manquera pas l'occasion de goûter le «coq au vin», délicieux quand un bon cru de terroir y apporte son arôme, les «tripoux» d'Aurillac, de St-Flour et de Chaudes-Aigues — pieds de mouton farcis, pliés dans des portions d'estomac de mouton —, les savoureux jambons de Maurs, les saucisses sèches, les fritures de goujons, les truites des torrents, les anguilles de la Dore et les saumons de l'Allier.

Légumes. — La «truffado» d'Aurillac, onctueux mélange de tomme fraîche et de pommes de terre écrasées, «file» sans se briser comme le plus napolitain des macaronis. Elle se retrouve, assaisonnée d'ail, sous le nom d'«aligot» dans le Rouergue, à Chaudes-Aigues et en Aubrac. Le pâté à la pomme de terre — une pâte légère rissolée au four, beaucoup de crème fraîche et des pommes de terre — est un plat recherché et apprécié de la région de Montluçon et de Gannat. Les morilles se préparent à la crème ou accompagnent l'omelette ou les volailles. Les petits pois de la Planèze et les lentilles vertes du Puy sont connus des gourmets.

Fromages. — St-Nectaire, fourme d'Ambert, bleu d'Auvergne et Cantal paraissent sur les tables; plus rarement on pourra apprécier la saveur particulière d'une fourme de montagne mûrie dans la cave d'un buron cantalien, d'une fourme de St-Anthème, d'un Murol, voir d'un gaperon à l'ail. Dans la Margeride comme autour d'Aurillac et de Salers, on goûtera le «cabecou», fromage de chèvre.

(D'après photo Éd. du Lys, Clermont-Fd)

Un buron.

Desserts. — La pâtisserie est excellente. On trouve tous les gâteaux classiques. Les familles de Basse-Auvergne et de la plaine d'Ambert font volontiers des «millards», tartes aux cerises entières non dénoyautées ou aux raisins, et des «clafoutis», flans fourrés eux aussi de fruits. Dans le Cantal, la «fouasse» rappelle la brioche; le «picoussel» de Mur-de-Barrez est un flan de farine de blé noir garni de prunes et assaisonné de fines herbes. On dégustera encore les «cornets de Murat», fourrés de crème fraîche, et les tartes à la crème de Vic-sur-Cère, les croquants de Bort ou de Mauriac.

Les pâtes de fruits, fruits confits et confitures de la Limagne et de Clermont sont des friandises recherchées. Les vergers de Limagne et de quelques fonds de vallées produisent des pêches et des pommes «Canada» estimées; la région de Courpière s'est spécialisée dans la culture des fruits rouges. Les amateurs de baies sauvages pourront cueillir mûres, framboises et myrtilles.

Vins. — Après l'apéritif à la gentiane dont on trouve les hautes fleurs jaunes en montagne, hôtels et restaurants servent le «Chanturgue», le «Châteaugay», le «Corent» et d'autres vins des coteaux de Limagne. Il faut toutefois s'attendre à quelques surprises; la production étant faible, des coupages peuvent suppléer la nature défaillante. On peut encore citer, au Nord de l'Auvergne, les vins de St-Pourçain. Pour terminer, il faut déguster les liqueurs du pays : verveine du Puy, framboise de Bort, fraise, myrtille.

OÙ GOÛTER DANS UN CADRE AGRÉABLE

	Page du guide ou renvoi à la carte Michelin	ÉTABLISSEMENT Nom et n° de téléphone	Très confortable ●●● Confortable ●● Simple ●	Cadre et agrément ≼ Vue étendue ou intéressante
Bort-l'Étang	73-⑮	Château de Codignat . . . . ☎ 70.43.03	●●●	Isolé en campagne, parc
Bort-les-Orgues - à Veillac (N : 4 km) . .	76-②	Maison Blanche ☎ 7 Lanobre	●	≼ jardin
La Chaise-Dieu	75	Cigogne (NO : 3 km par D 499) ☎ 00.01.45	●	≼ collines du Livradois
Chalvignac	76-①	Host. de la Bruyère ☎ 68.11.46	●	Parc
Chambon (Lac)	77	Plusieurs établissements . . .	●	Joli site, ≼ lac
Chantelle	77	Relais Vieux Moulin ☎ 90.62.22	●●	Ancien moulin, terrasse
Châteaugay	78	La Crémaillère ☎ 87.24.40 . .	●	Dans le château
Châteauneuf-les-Bains .	79	La Pergola ☎ 86.67.95 . . . Château ☎ 86.67.01 . . .	● ●	≼ Sioule ≼ Sioule
Châtel-de-Neuvre . . .	130	Belvédère ☎ 43.07.02 . . .	●	≼ vallée de l'Allier
Châtelguyon	80	Le Manoir Fleuri (Nord : 2,5 km par D 78 E) ☎ 86.01.27	●●	≼ plaine et montagne
Condat	92	Host. du lac des Moines (SE : 1,5 km sur D 679) ☎ 78.52.97	●●	≼ lac, terrasses
Curebourse (Col de) . .	185	Aub. des Monts ☎ 47.51.71	●	≼ collines boisées
Cusset	96	L'Ardoisière (par ⑤ : 7,5 km) ☎ 41.80.91	●●	Parc, terrasse en bordure du Sichon
Fades (Viaduc des) . . .	165	Gare ☎ 86.80.05	●	≼ vallée de la Sioule
Gergovie	108	Vercingétorix ☎ 79.40.33 . .	●	
Laguiole (SE : 5 km) . .	55	Chalet de la Source ☎ 44.34.53	●	≼ monts du Cantal
Menet	76-②	Lac ☎ 7	●	Au bord du Lac
Le Mont-Dore	123	Le Buron, rte Latour (par ③ : 2,5 km sur D 213) ☎ 21.01.94	●	≼ monts Dore
		Ferme de l'Angle, rte Besse : 3 km ☎ 21.02.11	●	Terrasses avec ≼ monts Dore
		Puy Ferrand (par ② : 4 km) ☎ 21.02.58	●●	≼ Sancy
- au Genestoux (N : 3,5 km)	73-⑬	Le Pitsounet ☎ 21.00.67 . .	●	≼ Bourboule, vallée
Montluçon	124	Château St-Jean ☎ 05.04.65	●●●	Parc
Moulins	127	Môtel Relais d'Avrilly ☎ 44.46.35	●●	
Prades	50	Chalet de la Source ☎ 5 St-Julien-des-Chazes .	●	≼ prairie et rivière
Puy Mary (au Col du Pas de Peyrol)	72	Chalet du Puy Mary	●	≼ monts du Cantal
Royat	151	Le Paradis ☎ 35.85.46 . . . Oasis ☎ 35.82.79	●●● ●●	≼ Royat et aggloméra- tion clermontoise ≼ Royat et Clermont
St-Didier-la-Forêt . . .	73-⑤	Abbaye de St-Gilbert ☎ 45.45.72	●	≼ parc et abbaye
St-Léon (au Puy St-Ambroise)	59	Le Petit Poucet ☎ 43.72.29 . .	●	≼ vallée de l'Allier
Tazenat (Gour de) . . .	79	Lac ☎ 86.63.01	●	Vaste terrasse sous les pins, ≼ lac de cratère
Tournoël	170	La Chaumière ☎ 97.50.37 . .	●	Terrasse ombragée, ≼ Limagne
Le Veurdre	179	Pont Neuf ☎ 1	●	Jardin

Le goûter est souvent l'occasion d'apprécier une pâtisserie régionale.
Lisez la p. 37 de ce guide.

LIEUX DE SÉJOUR

SPORTS ET DISTRACTIONS

Nous donnons, pages 40 à 45, une carte et deux tableaux distincts disposés en regard ; le premier (pages de gauche) concerne le séjour, le second (pages de droite) les sports et distractions.

Dans ces pages, les noms noirs distinguent les localités retenues comme lieux de séjour, les noms bistres comme centres de sports ou de distractions ; les grandes villes, écrites en majuscules bistres sur la carte, et disposant naturellement d'un très large éventail de ressources, ne sont pas rappelées dans les tableaux.

LIEUX DE SÉJOUR

Desserte ferroviaire. — Le signe  en noir signifie que la localité est desservie par des trains rapides ou express ; en bistre, qu'elle bénéficie d'une liaison directe avec Paris, chaque jour, en soirée, dans les deux sens.

Bureau de tourisme. — La lettre T signale l'existence d'un bureau d'informations touristiques ou d'un Syndicat d'initiative *(1)*.

Hôtellerie. — La lettre H signale des ressources hôtelières sélectionnées par le guide Michelin France *(1)*.

Camping. — La lettre C signale des terrains sélectionnés par le guide Michelin Camping Caravaning France *(1)*.

Locations. — On pourra se faire une idée des ressources en locations meublées pour touristes grâce aux signes ••• (nombreuses), •• (moyennes), • (faibles).

« Villages » et « clubs » de vacances. — La lettre V indique l'existence de « Villages » de vacances, de clubs, de maisons familiales et d'auberges de jeunesse. Se renseigner auprès des organismes intéressés ou des bureaux de tourisme locaux.

Plan d'eau. — Le signe ● en noir indique que la station est située au bord ou à proximité d'un lac, étang ou cours d'eau ; en bistre, que les caractéristiques de ce plan d'eau sont données p. 5.

SPORTS ET DISTRACTIONS

Société de pêche. — Le signe ⚲ signale l'existence d'une société de pêche dans la localité. Les responsables de ces sociétés ou les fédérations peuvent fournir tous renseignements utiles.

Sports d'hiver. — Le nombre en bistre indique que la station possède également une École de Ski Français.

Tennis. — Seuls figurent les courts en location ouverts aux touristes de passage.

Voile. — Seules sont mentionnées les stations possédant un club de voile affilié à une fédération.

Cinémas. — Le signe ▥ indique une ouverture au moins une fois par semaine.

---

(1) Pour plus de détails, consultez les guides Michelin France ou Camping Caravaning France.

LIEUX DE SÉJOUR...

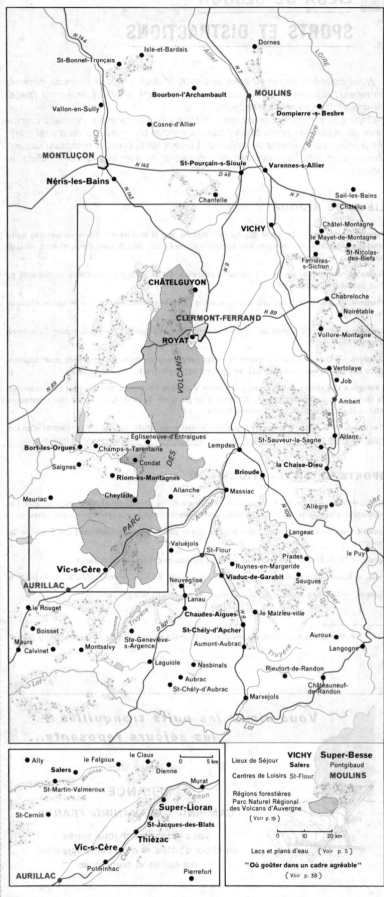

St-Bonnet-Tronçais
Isle-et-Bardais
N 144
Dornes
Bourbon-l'Archambault
MOULINS
N 7
Dompierre -s- Besbre
Vallon-en-Sully
Cosne-d'Allier
Cher
Besbre
MONTLUÇON
N 145
St-Pourçain-s-Sioule
D 46
Varennes-s-Allier
Néris-les-Bains
N 145
Chantelle
N 7
Sail-les-Bains
Châtelus
VICHY
Châtel-Montagne
le Mayet-de-Montagne
Ferrières-s-Sichon
St-Nicolas-des-Biefs
CHÂTELGUYON
Chabreloche
Noirétable
CLERMONT-FERRAND
N 89
ROYAT
Vollore-Montagne
VOLCANS
Vertolaye
N 89
Job
Ambert
Dore
N 106
Egliseneuve-d'Entraigues
St-Sauveur-la-Sagne
Arlanc
Bort-les-Orgues
Champs-s-Tarentaine
Lempdes
la Chaise-Dieu
Condat
DES
Saignes
Riom-es-Montagnes
Brioude
Mauriac
Cheylade
Allanche
Massiac
Alagnon
Allègre
PARC
Valuéjols
Langeac
Vic-s-Cère
St-Flour
Prades
le Puy
AURILLAC
Neuvéglise
Ruynes-en-Margeride
Viaduc-de-Garabit
Sauges
le Rouget
Lanau
N 9
le Malzieu-ville
Allier
Bromme
Truyère
Chaudes-Aigues
Auroux
Boisset
D 921
St-Chély-d'Apcher
Langogne
Maurs
Ste-Geneviève-s-Argence
Aumont-Aubrac
Truyère
Calvinet
Montsalvy
Laguiole
Nasbinals
Rieutort-de-Randon
Châteauneuf-de-Randon
Lot
Aubrac
St-Chély-d'Aubrac
Marvejols
Lot

Ally
le Falgoux
le Claux
0   5 km
Salers
Dienne
Maronne
St-Martin-Valmeroux
Murat
St-Cernin
Cère
Alagnon
Super-Lioran
St-Jacques-des-Blats
Thiézac
Vic-s-Cère
Cère
AURILLAC
Polminhac
Pierrefort

Lieux de Séjour   **VICHY**   **Super-Besse**
                         Salers   Pontgibaud
Centres de Loisirs   St-Flour   **MOULINS**

Régions forestières
Parc Naturel Régional
des Volcans d'Auvergne
(Voir p. 19)

0   10   20 km

Lacs et plans d'eau   (Voir p. 5)

"Où goûter dans un cadre agréable"
(Voir p. 38)

Itinéraires touristiques et lieux de séjour

① - ⑦ ... Numéros identifient les principaux schémas représentés p. 7 et disposés en regard des lieux de séjour particulièrement indiqués pour parcourir ces itinéraires.

① Gorges de l'Allier : p. 49
② L'Artense : p. 52
③ L'Aubrac : p. 53
④ Vallée de la Besbre : p. 59
⑤ Monts du Cantal : p. 70
⑥ Le Cézallier : p. 74
⑦ Vallée des Couzes : p. 94
⑧ Monts Dômes : p. 97
⑨ Monts Dore : p. 99

⑩ Vallée de la Dore : p. 102
⑪ Monts du Forez : p. 106
⑫ Le Livradois : p. 116
⑬ La Margeride : p. 117
⑭ La Montagne Bourbonnaise : p. 120
⑮ Vallée de la Rhue : p. 147
⑯ Gorges de la Sioule : p. 164
⑰ Gorges de la Truyère : p. 173

	Altitude	Services				Hébergement					Agrément				
		Desserte ferroviaire = 🚉	Bureau de Tourisme = T	Médecin = ⚕	Pharmacien = ℞	Hôtellerie = H	Camping = C	Locations = •	« Villages », « clubs de vacances... » = V	Ville d'eaux = ⚓	Bourg pittoresque = ◇	Belle vue = «	Bois à proximité = 🌲	Parc ou jardin public = 🌳	Plan d'eau = ●

Au-dessous de 800 m :

	Altitude	🚉	T	⚕	℞	H	C	•	V	⚓	◇	«	🌲	🌳	●
Ally	713	–	–	⚕	℞	H	–	–	–	–	–	–	–	–	–
Ambert	537	–	T	⚕	℞	H	C	••	–	–	–	–	–	🌳	–
Les Ancizes-Comps	703	–	T	⚕	℞	–	C	••	–	–	–	–	🌲	🌳	–
Arlanc	610	–	T	⚕	℞	–	C	–	–	–	–	–	–	–	–
Bellerive	280	–	T	⚕	℞	–	C	••	–	–	–	–	–	🌳	–
Boisset	425	–	T	–	–	H	–	–	–	–	–	–	–	–	–
Bort-les-Orgues	430	–	T	⚕	℞	H	C	•••	–	–	–	–	🌲	🌳	–
Bourbon-l'Archambault	260	–	T	⚕	℞	H	C	•••	–	⚓	–	–	–	🌳	–
Brioude	434	🚉	–	⚕	℞	H	C	••	–	–	–	–	–	–	–
Calvinet	600	–	T	⚕	℞	H	C	••	–	–	–	–	🌲	–	–
Ceyrat	560	–	T	⚕	℞	H	C	•	V	–	–	–	🌲	–	–
Chabreloche	620	–	T	⚕	℞	H	–	–	–	–	–	–	–	–	–
Champeix	456	–	–	⚕	℞	H	C	••	–	–	◇	–	–	–	–
Champs-sur-Tarentaine	495	–	–	⚕	℞	–	C	•••	V	–	–	–	–	–	–
Chantelle	324	–	–	⚕	℞	H	C	–	–	–	◇	«	–	–	–
Châteauneuf-les-Bains	390	–	T	⚕	–	H	C	••	–	⚓	–	«	🌲	🌳	–
Châteldon	281	–	–	⚕	℞	–	C	••	V	–	◇	–	–	🌳	–
Châtelguyon	409	–	T	⚕	℞	H	C	•••	V	⚓	–	«	🌲	🌳	–
Châtel-Montagne	526	–	T	–	–	–	C	•••	–	–	–	«	–	–	–
Châtelus	370	–	–	–	–	–	C	–	–	–	–	–	–	–	–
Chaudes-Aigues	750	–	T	⚕	℞	H	–	•••	V	⚓	◇	–	🌲	🌳	–
Condat	703	–	T	⚕	℞	–	C	•••	–	–	–	–	🌲	🌳	–
Condat-en-Combraille	730	–	–	–	–	–	C	•	–	–	–	–	–	–	●
Cosne-d'Allier	230	–	T	⚕	℞	H	C	•	–	–	–	–	–	🌳	–
Cournon d'Auvergne	400	–	T	⚕	℞	H	C	–	–	–	–	–	–	🌳	–
Cusset	274	–	–	⚕	℞	H	–	••	–	–	–	–	–	🌳	–
Dallet	320	–	–	–	℞	–	C	–	–	–	–	–	🌲	–	●
Davayat	369	–	–	–	–	–	C	–	–	–	–	–	–	–	–
Dompierre-sur-Besbre	234	🚉	–	⚕	℞	H	–	–	–	–	–	–	–	–	–
Dornes	228	–	–	⚕	℞	H	–	–	–	–	–	–	🌲	–	–
Ébreuil	316	–	T	⚕	℞	H	C	••	–	–	–	–	–	–	●
Viaduc des Fades	576	–	–	–	–	H	–	–	–	–	–	«	🌲	–	–
Ferrières-sur-Sichon	560	–	–	⚕	℞	–	–	••	–	–	–	–	–	–	–
Isle-et-Bardais	222	–	T	–	–	–	C	–	–	–	–	–	🌲	–	–
Issoire	386	🚉	T	⚕	℞	H	C	••	–	–	–	–	–	🌳	–
Jenzat	323	–	–	–	–	H	–	–	–	–	–	–	🌲	–	–
Job	630	–	T	–	–	H	–	••	–	–	–	–	–	–	–
Lanau	647	–	–	–	–	–	–	–	V	–	–	–	🌲	–	–
Langeac	507	🚉	T	⚕	℞	H	C	••	–	–	–	–	–	–	●
Lempdes	439	–	T	⚕	℞	–	C	••	–	–	◇	–	–	🌳	–
Marvejols	651	🚉	T	⚕	℞	H	C	–	V	–	–	–	–	🌳	–
Massiac	537	🚉	T	⚕	℞	H	C	••	–	–	–	–	🌲	🌳	–
Mauriac	722	–	T	⚕	℞	H	C	•••	–	–	–	«	–	🌳	–
Maurs	280	–	T	⚕	℞	H	C	••	–	–	–	–	🌲	🌳	–
Le Mayet-de-Montagne	545	–	T	⚕	℞	H	–	••	–	–	–	–	🌲	🌳	●
Néris-les-Bains	354	–	T	⚕	℞	H	C	•••	–	⚓	–	–	🌲	🌳	–
Noirétable	722	–	T	⚕	℞	H	–	•••	–	–	–	–	🌲	🌳	–
Polminhac	650	–	–	–	℞	H	C	••	–	–	–	–	–	🌳	–
Pontaumur	538	–	T	⚕	℞	H	C	••	–	–	–	–	🌲	🌳	–
Pont de Menat	358	–	–	–	–	H	–	•	V	–	–	–	🌲	–	●
Pontgibaud	672	–	T	⚕	℞	H	–	••	–	–	–	–	🌲	🌳	–
Prades	550	🚉	–	–	–	H	–	••	–	–	◇	–	–	–	–
Randan	407	–	T	⚕	℞	H	–	••	–	–	–	–	🌲	🌳	●
Le Rouget	606	–	T	⚕	℞	H	–	••	–	–	–	–	–	–	●
Royat	456	🚉	T	⚕	℞	H	–	•••	–	⚓	◇	«	🌲	🌳	–
Saignes	500	–	–	⚕	℞	H	C	–	–	–	◇	«	🌲	–	–
Sail-les-Bains	310	🚉	–	–	–	H	–	••	–	⚓	–	–	–	–	●
St-Bonnet-Tronçais	230	–	T	–	–	–	C	•	–	–	–	–	🌲	–	●
St-Cernin	767	–	–	⚕	℞	H	–	••	–	–	–	«	–	🌳	–
St-Dier-d'Auvergne	446	–	T	⚕	℞	H	–	••	–	–	–	–	🌲	–	–
St-Éloy-les-Mines	510	–	T	⚕	℞	–	C	–	–	–	–	–	–	🌳	●
St-Gervais-d'Auvergne	725	–	T	⚕	℞	H	C	••	–	–	–	–	–	🌳	–
St-Martin-Valmeroux	630	–	–	⚕	℞	H	–	••	–	–	–	–	🌲	–	–
St-Nectaire	760	–	T	⚕	℞	H	C	••	–	⚓	◇	«	🌲	🌳	–

	Sports de plein air										Distractions					
Société de pêche = 🐟	Piscine ou baignade surveillée = 🏊	Loc. de bateaux ou pédalos = L	École de voile = ⚓	Ski nautique = ⛷	Tennis = ✗	Équitation = ●	Location de bicyclettes = B	Sentiers de promenade balisés = 🏞	Sports d'hiver : nombre de remontées mécaniques	Casino = ♠	Cinéma = ▦	Théâtre = ⊗	Renvoi à la carte Michelin	Page du Guide	
															Au-dessous de 800 m :
🐟	–	–	–	–	–	–	–	–	–	–	–	–	76-①	–	Ally
🐟	🏊	–	–	–	✗	●	–	🏞	–	–	▦	–	73-⑯	51	Ambert
🐟	🏊	–	⚓	⛷	✗	–	–	🏞	–	–	▦	–	73-③	165	es Ancizes-Comps
🐟	🏊	–	–	–	✗	●	–	–	–	–	–	–	76-⑥	102	Arlanc
–	🏊	–	–	–	✗	–	–	–	–	–	▦	–	73-⑤	181	Bellerive
🐟	🏊	–	–	–	–	–	–	–	–	–	–	–	76-⑪	–	Boisset
🐟	🏊	L	⚓	⛷	✗	●	B	🏞	–	–	▦	–	76-②	64	Bort-les-Orgues
🐟	🏊	–	–	–	✗	–	–	–	–	♠	▦	–	69-⑬	65	Bourbon-l'Archambault
–	🏊	–	–	–	✗	●	–	–	–	–	▦	–	76-⑤	68	Brioude
–	–	–	–	–	–	–	–	–	–	–	–	–	76-⑪	–	Calvinet
–	–	–	–	–	✗	–	–	–	–	–	–	–	73-⑭	–	Ceyrat
🐟	–	–	–	–	–	–	–	🏞	–	–	▦	–	73-⑥	63	Chabreloche
🐟	🏊	–	–	–	✗	–	–	–	–	–	▦	–	73-⑭	94	Champeix
–	🏊	–	–	–	✗	–	B	–	–	–	–	–	76-②	–	Champs-sur-Tarentaine
–	🏊	–	–	–	✗	–	–	–	–	–	–	–	73-④	77	Chantelle
🐟	🏊	–	–	–	–	–	–	🏞	–	–	–	–	73-③	79	Châteauneuf-les-Bains
🐟	🏊	–	–	–	–	–	–	–	–	–	▦	–	73-⑤⑥	80	Châteldon
🐟	🏊	–	–	–	✗	–	B	🏞	–	♠	▦	⊗	73-④	80	Châtelguyon
–	–	–	–	–	–	●	–	🏞	–	–	–	–	73-⑤	82	Châtel-Montagne
🐟	–	–	–	–	–	–	–	–	–	–	–	–	73-⑤	–	Châtelus
🐟	🏊	–	–	–	✗	–	B	🏞	–	–	▦	–	76-⑭	83	Chaudes-Aigues
🐟	🏊	–	–	–	✗	–	–	–	–	–	▦	–	76-③	92	Condat
🐟	–	–	–	–	–	–	–	🏞	–	–	–	–	73-⑫	–	Condat-en-Combraille
🐟	–	–	–	–	✗	–	–	–	–	–	▦	–	69-⑫	93	Cosne-d'Allier
🐟	–	–	⚓	⛷	✗	–	–	–	–	–	–	–	73-⑭	–	Cournon-d'Auvergne
🐟	–	–	–	–	✗	●	–	🏞	–	–	▦	–	73-⑤	96	Cusset
–	–	–	–	–	–	–	–	–	–	–	–	–	73-⑭⑮	–	Dallet
–	–	–	–	–	–	●	–	–	–	–	–	–	73-④	–	Davayat
🐟	–	–	–	–	✗	–	–	–	–	–	▦	–	69-⑮	–	Dompierre-sur-Besbre
🐟	–	–	–	–	✗	–	–	–	–	–	–	–	69-④	–	Dornes
🐟	🏊	–	–	–	✗	●	B	🏞	–	–	▦	–	73-④	104	Ébreuil
🐟	–	–	–	–	✗	–	–	–	–	–	–	–	73-③	165	Viaduc des Fades
–	–	–	–	–	✗	–	–	–	–	–	–	–	73-⑥	–	Ferrières-sur-Sichon
🐟	🏊	–	–	–	–	–	B	–	–	–	–	–	69-⑫	–	Isle-et-Bardais
🐟	🏊	–	–	–	✗	●	B	–	–	–	▦	–	73-⑭⑮	110	Issoire
–	–	–	–	–	✗	–	–	–	–	–	–	–	73-④	183	Jenzat
–	–	–	–	–	–	–	–	🏞	–	–	–	–	73-⑯	103	Job
🐟	🏊	–	–	–	–	–	–	–	–	–	–	–	76-⑭	–	Lanau
🐟	🏊	–	–	–	✗	●	–	–	–	–	▦	–	76-⑤	50	Langeac
🐟	–	–	–	–	✗	–	–	–	–	–	–	–	76-⑤	–	Lempdes
–	🏊	–	–	–	✗	–	B	–	–	–	▦	–	80-⑤	118	Marvejols
🐟	🏊	–	–	–	✗	●	–	–	–	–	▦	–	76-④	48	Massiac
🐟	🏊	–	–	–	✗	–	B	–	–	–	▦	–	76-①	119	Mauriac
🐟	🏊	–	–	–	✗	–	B	–	–	–	▦	–	76-⑪	120	Maurs
🐟	–	–	–	–	✗	–	–	🏞	–	–	–	–	73-⑥	121	Le Mayet-de-Montagne
🐟	🏊	–	⚓	–	✗	●	B	🏞	–	♠	▦	–	73-②③	133	Néris-les-Bains
🐟	–	–	–	–	✗	–	–	🏞	–	–	–	–	73-⑯	134	Noirétable
–	–	–	–	–	–	–	–	🏞	–	–	–	–	76-⑫	–	Polminhac
🐟	–	–	–	–	✗	–	–	–	–	–	▦	–	73-⑬	–	Pontaumur
🐟	–	–	–	–	–	●	–	–	–	–	–	–	73-③	–	Pont de Menat
🐟	–	–	–	–	✗	–	–	–	–	–	▦	–	73-⑬	138	Pontgibaud
–	–	–	–	–	–	–	–	🏞	–	–	–	–	76-⑤	50	Prades
🐟	–	–	–	–	✗	–	–	–	–	–	–	–	73-⑤	115	Randan
–	🏊	–	–	–	✗	–	B	–	–	–	–	–	76-⑪	–	Le Rouget
🐟	🏊	–	–	–	✗	–	–	🏞	–	♠	▦	⊗	73-⑭	151	Royat
🐟	–	–	–	–	✗	–	–	–	–	–	▦	–	76-②	154	Saignes
🐟	–	–	–	–	✗	–	–	–	–	–	–	–	73-⑦	–	Sail-les-Bains
🐟	🏊	–	–	–	–	●	B	🏞	–	–	–	–	69-⑫	172	St-Bonnet-Tronçais
–	–	–	–	–	–	–	–	–	–	–	▦	–	76-②	154	St-Cernin
🐟	–	–	–	–	✗	–	–	–	–	–	▦	–	73-⑮	155	St-Dier-d'Auvergne
🐟	🏊	–	–	–	✗	–	–	–	–	–	▦	–	73-③	93	St-Éloy-les-Mines
🐟	🏊	–	–	–	✗	–	B	🏞	–	–	–	–	73-③	165	St-Gervais-d'Auvergne
–	–	–	–	–	✗	–	–	–	–	–	▦	–	76-②	154	St-Martin-Valmeroux
–	–	–	–	–	✗	●	–	🏞	–	♠	▦	⊗	73-⑭	158	St-Nectaire

	Altitude	Desserte ferroviaire	Bureau de Tourisme = T	Médecin	Pharmacien	Hôtellerie = H	Camping = C	Locations = ●	« Villages », « clubs » de vacances… = V	Ville d'eaux	Bourg pittoresque = ◇	Belle vue = ≪	Bois à proximité = ♣♣	Parc ou jardin public	Plan d'eau = ●
St-Pourçain-sur-Sioule	237	–	T	⚕	℞	H	C	–	–	–	–	–	–	◈	–
St-Rémy-sur-Durolle	650	–	–	⚕	℞	H	–	●●	V	–	–	≪	♣♣	–	●
St-Sauves-d'Auvergne	791	🚉	T	⚕	–	–	C	●●●	–	–	–	–	♣♣	–	–
Sauxillanges	450	–	T	⚕	℞	–	C	●	–	–	–	–	♣♣	–	–
Vallon-en-Sully	193	🚉	T	⚕	℞	H	C	●●	–	–	–	–	–	◈	–
Varennes-sur-Allier	248	🚉	T	⚕	℞	H	C	–	–	–	–	–	–	–	–
Vertolaye	512	–	–	–	℞	H	–	–	–	–	◇	–	–	–	–
Vichy	264	🚉	T	⚕	℞	H	C	●●●	V	💧	–	–	–	◈	●
Vic-le-Comte	470	–	–	⚕	℞	–	C	●	–	–	–	–	–	–	–
Vic-sur-Cère	681	–	T	⚕	℞	H	–	●●●	–	–	–	–	–	◈	●
Volvic	510	🚉	–	⚕	℞	–	C	●	–	–	–	≪	♣♣	–	–

Au-dessus de 800 m :

	Altitude	Desserte ferroviaire	Bureau de Tourisme = T	Médecin	Pharmacien	Hôtellerie = H	Camping = C	Locations = ●	« Villages », « clubs » de vacances… = V	Ville d'eaux	Bourg pittoresque = ◇	Belle vue = ≪	Bois à proximité = ♣♣	Parc ou jardin public	Plan d'eau = ●
Allanche	985	–	T	⚕	℞	H	C	●●●	–	–	–	–	–	◈	–
Allègre	1021	–	–	⚕	℞	H	C	●●	–	–	–	≪	–	◈	–
Aubrac	1300	–	–	–	–	H	–	●●	V	–	–	–	–	◈	–
Aumont-Aubrac	1043	🚉	T	⚕	℞	H	–	●●	V	–	–	–	♣♣	◈	–
Auroux	1000	–	–	–	–	H	–	●●●	–	–	–	–	–	–	–
Lac d'Aydat	825	–	–	–	–	H	–	●●	–	–	–	–	–	–	●
Bagnols	850	🚉	–	–	℞	H	–	●	–	–	–	–	–	◈	–
Besse-en-Chandesse	1050	–	T	⚕	℞	H	–	●●●	V	–	◇	–	–	◈	–
La Bourboule	852	🚉	T	⚕	℞	H	C	●●●	–	–	–	–	♣♣	◈	●
La Chaise-Dieu	1082	–	T	⚕	℞	H	–	●●●	V	–	–	≪	–	♣♣	●
Chambon-sur-Lac	877	–	–	–	–	H	C	●●●	–	–	–	–	♣♣	–	●
Châteauneuf-de-Randon	1178	–	T	⚕	℞	–	C	●●	–	–	–	–	–	–	–
Cheylade	970	–	T	–	℞	–	C	●●	–	–	–	–	–	–	–
Le Claux	1060	–	T	–	–	H	–	●●	–	–	–	–	–	–	–
Dienne	1050	–	–	–	–	H	–	●	–	–	–	–	–	–	–
Égliseneuve d'Entraigues	952	–	T	⚕	℞	H	–	–	–	–	–	–	–	◈	–
Le Falgoux	930	–	–	–	–	H	–	●	–	–	–	–	–	–	–
Viaduc de Garabit	835	🚉	–	–	–	–	–	–	–	–	–	–	♣♣	–	●
Laguiole	1004	–	T	⚕	℞	H	–	●●	–	–	◇	≪	–	◈	–
Langogne	912	🚉	T	⚕	℞	H	–	●●●	–	–	–	–	–	◈	–
Le Malzieu-Ville	860	–	T	⚕	℞	–	C	●●	V	–	–	–	♣♣	–	–
Le Mont-Dore	1050	🚉	T	⚕	℞	H	C	●●●	V	💧	–	≪	♣♣	–	–
Montsalvy	800	–	T	⚕	℞	H	–	–	–	–	–	–	–	◈	–
Murat	917	–	T	⚕	℞	H	C	●●	–	–	–	≪	–	◈	–
Murol	833	–	T	⚕	℞	H	C	–	–	–	–	≪	–	–	–
Nasbinals	1180	–	T	⚕	℞	H	–	–	–	–	–	–	–	◈	–
Neuvéglise	938	–	T	⚕	℞	H	–	●●	V	–	–	–	–	◈	–
Orcival	860	–	T	–	–	H	C	–	–	–	–	–	♣♣	◈	–
Pierrefort	930	–	T	⚕	℞	–	C	●●	–	–	–	–	–	–	–
Rieutort-de-Randon	1130	–	T	–	–	–	C	●●●	–	–	–	–	–	–	–
Riom-ès-Montagnes	842	–	T	⚕	℞	H	C	●●●	–	–	–	–	–	–	–
Rochefort-Montagne	850	–	T	⚕	℞	H	C	●●●	–	–	–	–	♣♣	–	–
Ruynes-en-Margeride	914	🚉	–	–	–	H	C	●	–	–	–	≪	♣♣	◈	–
St-Chély-d'Apcher	1000	🚉	T	⚕	℞	H	C	●●	–	–	–	–	–	–	–
St-Chély-d'Aubrac	800	–	T	–	–	H	–	●●	–	–	–	–	♣♣	–	–
St-Flour	881	🚉	T	⚕	℞	H	C	●●●	–	–	◇	≪	–	–	–
St-Germain-l'Herm	1000	–	T	⚕	℞	H	–	●●●	–	–	–	–	–	◈	–
St-Jacques-des-Blats	991	–	–	–	–	H	–	●●	V	–	–	–	♣♣	–	–
St-Nicolas-des-Biefs	1020	–	–	–	–	–	C	●●	–	–	–	–	♣♣	–	–
St-Ours	800	–	–	–	℞	–	C	●	–	–	–	–	♣♣	–	–
St-Sauveur-la-Sagne	814	–	–	–	–	H	–	–	–	–	–	–	♣♣	–	–
Ste-Geneviève-sur-Argence	800	–	T	⚕	℞	H	–	●●	–	–	–	–	–	–	●
Salers	951	–	T	⚕	℞	H	–	●●	–	–	◇	≪	–	◈	–
Saugues	963	–	T	⚕	℞	–	C	●●●	–	–	–	–	–	◈	–
Super-Besse	1350	–	–	–	–	H	C	●●●	V	–	–	≪	♣♣	–	–
Super-Lioran	1250	–	–	–	–	H	–	●●●	V	–	–	–	–	–	–
Thiézac	805	–	T	–	–	H	C	●●	–	–	–	–	–	◈	–
La Tour-d'Auvergne	990	–	T	⚕	℞	H	C	●●●	V	–	◇	–	–	◈	●
Valuéjols	1048	–	–	–	–	–	–	●●	–	–	–	–	–	–	–
Vernet-la-Varenne	817	–	T	⚕	℞	H	C	●	V	–	–	–	–	–	●
Vollore-Montagne	840	–	T	–	–	H	–	●●	–	–	–	–	♣♣	–	●

Société de pêche	Piscine ou baignade surveillée	Loc. de bateaux ou pédalos = L	École de voile	Ski nautique	Tennis	Équitation	Location de bicyclettes = B	Sentiers de promenade balisés	Sports d'hiver : nombre de remontées mécaniques	Casino	Cinéma	Théâtre	Renvoi à la carte Michelin	Page du guide	
✓	✓	–	–	–	✓	–	–	–	–	–	✓	–	69-⑭	159	St-Pourçain-sur-Sioule
✓	✓	L	–	–	✓	–	–	–	–	–	✓	–	73-⑤	169	St-Rémy-sur-Durolle
✓	–	–	–	–	–	–	–	–	–	–	–	–	73-⑫⑬	–	St-Sauves-d'Auvergne
–	–	–	–	–	–	✓	–	–	–	–	✓	–	73-⑮	116	Sauxillanges
✓	–	–	–	–	✓	–	–	–	–	–	–	–	69-⑪⑫	–	Vallon-en-Sully
✓	✓	–	–	–	✓	–	–	–	–	–	✓	⬡	73-⑯	–	Varennes-sur-Allier
–	–	–	–	–	–	–	–	–	–	–	✓	–	73-⑤	–	Vertolaye
✓	✓	L	✓	✓	✓	✓	–	–	–	♠	✓	⬡	73-⑤	179	Vichy
✓	✓	–	–	–	✓	–	–	–	–	–	✓	–	73-⑭⑮	183	Vic-le-Comte
✓	✓	L	–	–	✓	✓	B	✓	–	♠	✓	–	76-⑫	184	Vic-sur-Cère
–	–	–	–	–	–	–	–	–	–	–	–	–	73-⑭	186	Volvic
															Au-dessus de 800 m :
✓	✓	–	–	–	✓	–	–	–	–	–	✓	–	76-③	–	Allanche
✓	–	–	–	–	✓	–	–	✓	–	–	–	–	76-⑥	48	Allègre
✓	–	–	–	–	✓	–	–	✓	–	–	–	–	76-⑭	54	Aubrac
✓	–	–	–	–	✓	–	–	–	–	–	–	–	76-⑮	–	Aumont-Aubrac
–	–	–	–	–	–	✓	–	–	–	–	–	–	76-⑯	–	Auroux
–	✓	–	✓	–	✓	–	–	–	–	–	✓	–	73-⑭	58	Lac d'Aydat
✓	–	–	–	–	✓	–	–	✓	–	–	–	–	73-⑫	53	Bagnols
✓	✓	–	✓	–	✓	–	–	✓	–	–	✓	–	73-⑬⑭	60	Besse-en-Chandesse
✓	✓	–	–	–	✓	✓	B	✓	–	–	✓	–	73-⑬	67	La Bourboule
✓	–	L	–	–	✓	✓	–	✓	–	–	✓	–	76-⑥	75	La Chaise-Dieu
✓	✓	L	–	–	–	–	–	✓	7	–	–	–	73-⑬⑭	77	Chambon-sur-Lac
–	–	–	–	–	–	✓	B	–	1	–	–	–	76-⑯	79	Châteauneuf-de-Randon
✓	–	–	–	–	–	–	B	✓	–	–	–	–	76-③	148	Cheylade
✓	–	–	–	–	✓	–	–	✓	–	–	–	–	76-③	–	Le Claux
✓	–	–	–	–	–	–	–	–	–	–	✓	–	76-③	72	Dienne
✓	–	–	–	–	–	–	–	✓	–	–	✓	–	76-③	92	Égliseneuve d'Entraigues
✓	–	–	–	–	–	–	–	✓	2	–	–	–	76-②	–	Le Falgoux
–	–	L	–	–	–	–	–	–	–	–	–	–	76-⑭	108	Viaduc de Garabit
✓	–	–	–	–	✓	✓	–	✓	9	–	–	–	76-⑬	55	Laguiole
✓	–	–	–	–	✓	–	B	✓	–	–	✓	–	76-⑰	112	Langogne
✓	–	–	–	–	✓	–	–	✓	–	–	–	–	76-⑮	–	Le Malzieu-Ville
✓	✓	–	–	–	✓	✓	–	–	19	♠	✓	⬡	73-⑬	123	Le Mont-Dore
–	✓	–	✓	–	✓	–	B	✓	–	–	–	–	76-⑬	127	Montsalvy
–	–	–	–	–	✓	✓	–	✓	–	–	–	–	76-③	131	Murat
✓	✓	–	–	–	✓	✓	–	✓	–	–	✓	–	73-⑬⑭	132	Murol
–	–	–	–	–	–	–	–	✓	3	–	–	–	76-⑭	54	Nasbinals
✓	✓	–	–	–	–	–	–	✓	–	–	✓	–	76-⑭	–	Neuvéglise
✓	–	–	–	–	–	✓	–	–	–	–	✓	–	73-⑬	135	Orcival
–	–	–	–	–	✓	–	–	✓	–	–	–	–	76-⑮	–	Pierrefort
–	–	–	–	–	–	–	B	–	–	–	–	–	76-⑮	–	Rieutort-de-Randon
✓	✓	–	–	–	✓	–	–	✓	–	–	✓	–	76-②③	147	Riom-ès-Montagnes
✓	–	–	–	–	–	✓	–	✓	–	–	–	–	73-⑬	–	Rochefort-Montagne
✓	–	–	–	–	–	–	–	✓	–	–	–	–	76-⑭⑮	–	Ruynes-en-Margeride
✓	–	–	–	–	✓	✓	B	✓	–	–	✓	–	76-⑤	–	St-Chély-d'Apcher
✓	–	–	–	–	–	–	–	✓	–	–	–	–	80-③④	–	St-Chély-d'Aubrac
✓	✓	–	✓	✓	✓	✓	–	✓	–	–	✓	–	76-④⑭	155	St-Flour
✓	–	–	–	–	✓	–	–	✓	–	–	✓	–	73-⑯	–	St-Germain-l'Herm
✓	–	–	–	–	–	–	–	✓	–	–	–	–	76-③	–	St-Jacques-des-Blats
–	–	–	–	–	–	✓	–	✓	–	–	–	–	73-⑤	–	St-Nicolas-des-Biefs
✓	–	–	–	–	✓	–	–	✓	–	–	–	–	73-⑬	98	St-Ours
✓	–	–	–	–	–	–	–	–	–	–	–	–	73-⑥	–	St-Sauveur-la-Sagne
✓	–	–	–	–	✓	–	–	–	–	–	–	–	76-⑬	–	Ste-Geneviève-sur-Argence
✓	–	–	–	–	–	✓	–	✓	–	–	✓	–	76-②	161	Salers
✓	✓	–	–	–	✓	–	–	✓	–	–	✓	–	76-⑯	163	Saugues
–	✓	L	✓	–	✓	–	–	✓	17	–	–	–	73-⑬	60	Super-Besse
✓	–	–	–	–	–	✓	–	✓	19	–	–	–	76-③	115	Super-Lioran
✓	–	–	–	–	✓	–	–	✓	–	–	–	–	76-⑫⑬	169	Thiézac
✓	✓	–	–	–	✓	–	–	–	3	–	✓	–	73-⑬	102	La Tour-d'Auvergne
–	–	–	–	–	–	✓	–	✓	–	–	–	–	76-③	–	Valuéjols
–	–	L	–	–	–	–	B	✓	–	–	✓	⬡	73-⑮	–	Vernet-la-Varenne
✓	–	–	–	–	–	✓	–	✓	–	–	–	–	73-⑯	–	Vollore-Montagne

SIGNES CONVENTIONNELS

Curiosités

*** Vaut le voyage	**LE PUY**	*PUY DE DÔME*
** Mérite un détour	**Riom**	*Lac Chambon*
* Intéressant	**Super-Besse**	*Rocher de Carlat*
A voir éventuellement	Ébreuil	*G ges de la Bromme*

Les caractères penchés désignent des curiosités naturelles.
Les villes et curiosités décrites dans le guide sont indiquées en caractères noirs sur les cartes.

Plans de ville **Cartes** **Plans de ville**

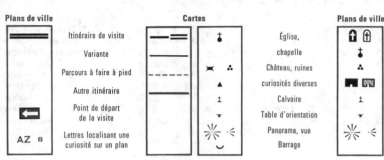

Itinéraire de visite	
Variante	Église,
Parcours à faire à pied	chapelle
Autre itinéraire	Château, ruines
Point de départ de la visite	curiosités diverses
	Calvaire
AZ B Lettres localisant une curiosité sur un plan	Table d'orientation
	Panorama, vue
	Barrage

Voirie

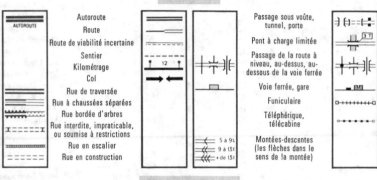

Autoroute	Passage sous voûte, tunnel, porte
Route	Pont à charge limitée
Route de viabilité incertaine	Passage de la route à niveau, au-dessus, au-dessous de la voie ferrée
Sentier	
Kilométrage	
Col	Voie ferrée, gare
Rue de traversée	Funiculaire
Rue à chaussées séparées	
Rue bordée d'arbres	Téléphérique, télécabine
Rue interdite, impraticable, ou soumise à restrictions	
Rue en escalier	Montées-descentes (les flèches dans le sens de la montée)
Rue en construction	

Signes divers

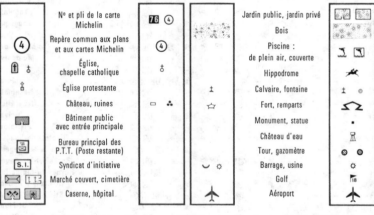

N° et pli de la carte Michelin	Jardin public, jardin privé
Repère commun aux plans et aux cartes Michelin	Bois
Église, chapelle catholique	Piscine : de plein air, couverte
Église protestante	Hippodrome
Château, ruines	Calvaire, fontaine
Bâtiment public avec entrée principale	Fort, remparts
Bureau principal des P.T.T. (Poste restante)	Monument, statue
Syndicat d'initiative	Château d'eau
Marché couvert, cimetière	Tour, gazomètre
Caserne, hôpital	Barrage, usine
	Golf
	Aéroport

14280 h.	Nombre d'habitants	P	Préfecture	N	Route nationale
AR	Aller et retour		Police (dans les grandes villes, commissariat central)	D	Chemin départemental
C	Chambre de commerce	POL.		RF	Route forestière
G	Gendarmerie			GR	Sentier de grande randonnée
H	Hôtel de ville	T	Théâtre	Cérilly	Localité repère
J	Palais de justice	U	Université	△ 1093	Cote d'altitude
M	Musée	Thiers (R.)	Rue commerçante		

Plan complet Quartier touristique		**Schéma de ville Quartiers périphériques**
Dessin détaillé comportant toutes les rues et de nombreux repères.		*Dessin généralisé donnant les grands axes et la physionomie d'ensemble.*
Teinte foncée		Teinte claire

VILLES
CURIOSITÉS
RÉGIONS TOURISTIQUES

AIGUEPERSE

Carte Michelin n° **73** - pli 4 — *Schéma p. 114* — 2 698 h. (les Aiguepersois).

Étirée sur près de 2 km, le long de la N 9, Aigueperse conserve deux églises : la Sainte-Chapelle qui s'élève à l'extrémité Nord de la localité, sur une grande place plantée d'arbres, et l'église Notre-Dame située au milieu du bourg, au bord de la Grande-Rue.

Mademoiselle de Montpensier. — Ancienne possession des Dauphins d'Auvergne, Aigueperse fut capitale du comté puis du duché de Montpensier. Anne-Marie-Louise d'Orléans (1627-1693), à qui le duché échut au 17e s., est plus connue sous le nom de Grande Mademoiselle. Elle nourrit la cour de France de ses déboires amoureux. Par sa faute, ou celle de Mazarin, ses projets matrimoniaux échouèrent avec les plus grands de l'époque : Louis XIV, Louis de Bourbon, le roi d'Espagne Philippe IV, l'Empereur Ferdinand III..., à 42 ans elle s'éprend de Lauzun. De même, elle remplit l'histoire de la Fronde de ses traits historiques.

Michel de l'Hospital. — Le grand homme d'Aigueperse est Michel de l'Hospital (1506-1573). Ce chancelier légiste, dont l'œuvre fut un monument de justice, se vit chasser du Conseil et destituer pour avoir fait preuve de tolérance vis-à-vis des Protestants. Lors du massacre de la St-Barthélemy (24 août 1572), il échappe de justesse aux coups des fanatiques qui avaient envahi son château de Vignay, au Nord-Ouest de Malesherbes; mais le chagrin qu'il ressentit de ces heures tragiques abrégea ses jours et il mourut six mois plus tard.

Louis de Marillac. — Plus dramatique encore fut la fin de son compatriote Louis de Marillac (1573-1632). D'abord ambassadeur, puis Maréchal de France sous Louis XIII à la suite de la part qu'il prit à la guerre contre les Protestants, il s'attira la haine de Richelieu, qui le fit arrêter pour concussion, condamner à mort et exécuter en 1632. C'était le père de Louise de Marillac, collaboratrice de saint Vincent de Paul et canonisée en 1934.

■ CURIOSITÉS *visite : 1/2 h*

Sainte-Chapelle. — 15e s. C'est l'ancienne chapelle du château. Une légende raconte que la rosace en a été volée par un audacieux amateur. En fait, les vitraux furent détruits en 1795, à l'exception de quatre écoinçons ornés de chardons.

Église Notre-Dame. — Le chevet et le transept sont du 13e s.; le reste est moderne.
A l'intérieur, sur un pilier à gauche du chœur, belle Pietà en bois polychromé du 15e s., d'inspiration bourguignonne. Dans la chapelle du Sacré-Cœur, au fond et à gauche, tableau de la Nativité, par Benedetto Ghirlandajo.

Hôtel de ville. — Ancien couvent des Ursulines construit au 17e s. Dans la cour, statue de Michel de l'Hospital.

EXCURSIONS

Château de la Roche-lès-Aigueperse. — *3 km — schéma p. 114. Quitter Aigueperse par le D 12 au Nord-Ouest. 1 km après Chaptuzat, prendre à gauche le chemin menant au château. Visite de 9 h à 12 h et de 14 h à 19 h. Fermé le mardi. Entrée : 5 F.*
Ce manoir féodal, à peine remanié au 16e s., était le fief de familles vassales des ducs de Bourbon. Il fut érigé en châtellenie par Charles III, le connétable rebelle, au profit de Jean de l'Hospital, son médecin. L'illustre Michel de l'Hospital naquit vraisemblablement à la Roche, qu'il reçut en dot en 1537.
On accède à la première cour, par une porte encadrée de deux tours crénelées. Franchissant un porche voûté, on entre dans la cour d'honneur entourée de bâtiments sur trois côtés. Le quatrième côté est clos depuis le 16e s. par une balustrade en pierre de Volvic ornée de figures de monstres. Une tour-escalier accolée au donjon conduit au 1er étage où se visitent le grand salon tendu de tapisseries d'Aubusson, l'oratoire dédié à Saint Louis et la chambre de Michel de l'Hospital. Des souvenirs historiques et des objets ayant appartenu au chancelier y sont conservés. Au deuxième étage, dans la salle des gardes, belle collection d'armes anciennes et verdures d'Aubusson. Les chemins de ronde et un étroit escalier, ménagé dans la tour du 12e s., ramènent dans la cour d'honneur.

Artonne. — 685 h. *5,5 km — schéma p. 114. Quitter Aigueperse par la N 685 au Sud-Ouest.*
L'église de vastes dimensions, mais très remaniée, possède une nef des 10e et 11e s. De belles grilles en fer forgé ferment le chœur reconstruit au 12e s. Autour du déambulatoire s'ouvrent trois chapelles sur plan carré.

Château d'Effiat ★. — *Circuit de 11 km — schéma p. 114. Quitter Aigueperse par la N 684. Description p. 105. Prendre le D 93 en direction de Gannat, puis le D 51 à gauche.* La route traverse Montpensier dont la «butte» (altitude 441 m) est un neck *(voir p. 18)* caractéristique : beau coup d'œil sur la plaine de la Limagne. Autrefois s'élevait là un château fort, l'un des plus puissants d'Auvergne, où mourut en 1226, le roi Louis VIII, père de Saint Louis, à son retour d'une croisade contre les Albigeois. Le château fut rasé sur l'ordre de Richelieu.

ALAGNON (Gorges de l') ★

Carte Michelin n° **76** - plis 4, 5.

Ces gorges du cours supérieur, creusées dans les gneiss, s'étendent entre le Babory et Lempdes. Le cours inférieur est décrit p. 115. C'est le déblaiement, sur une grande profondeur, des sédiments de la Limagne de Brioude par l'Allier qui a obligé la rivière à recreuser son lit pour rattraper son niveau de base.

CIRCUIT AU DÉPART DE MASSIAC

49 km — environ 2 h 1/2 — schéma ci-contre

Massiac. — 2 057 h. (les Massiacois). *Lieu de séjour, p. 42.* Situé dans un élargissement de la vallée, au débouché de son cours supérieur descendant du Lioran, ce bourg est le point de départ du circuit dans les gorges de l'Alagnon.

Quitter la N 9 au Babory pour gagner Blesle par le D 8.

Blesle ★. — *Page 63.*

Revenir au Babory et prendre à gauche la N 9. On aperçoit, au sommet du versant gauche, une tranche de prismes basaltiques : les orgues du Babory.

A 3 km du village, la vallée s'élargit. Plus loin apparaît, en avant et en haut sur la droite, le château de Léotoing, véritable nid d'aigle, juché sur un rocher, à la pointe d'un promontoire. La vallée s'étrangle ensuite et devient sauvage, le fond est très boisé; des colonnes, des pyramides, des falaises rocheuses se dressent sur les versants. La route qui contourne les éperons et la voie ferrée qui les traverse en tunnel se croisent dans les gorges à plusieurs reprises. Et c'est enfin le débouché dans la Limagne en arrivant à Lempdes.

Lempdes. — 6 562 h. (les Lempdais). *Lieu de séjour, p. 42.*

St-Gervazy. — 304 h. *8 km au départ de Lempdes par la N 9 au Nord, puis le D 35 à gauche et le D 141 à droite.* L'église romane de ce petit village niché au fond d'un vallon renferme dans la chapelle de droite, une très belle **Vierge** ★ en majesté, du 12ᵉ s. en bois, et dans la nef, des chapiteaux romans remarquables, ornés de feuillages.

A Lempdes prendre le D 653 et à droite, le D 655 qui mène au château de Léotoing.

Château de Léotoing ★. — Pour gagner à gauche l'ancienne forteresse (14ᵉ s.) qui se trouve à 150 m au-dessus de la rivière, passer sous une porte fortifiée, laisser la voiture près de l'église. Ce château appartenait aux dauphins d'Auvergne. Il en reste de très importants vestiges. Il offre une jolie vue sur les gorges de l'Alagnon, le Cézallier, la Limagne de Brioude, le Livradois, le plateau de la Chaise-Dieu, les monts du Velay.

Revenir au D 653 pour regagner Massiac par Grenier et la N 9.

(D'après photo Éd. du Lys, Clermont-Fd)

St-Gervazy. — Vierge romane.

ALLÈGRE

Carte Michelin n° **76** - pli 6 — 1 631 h. (les Allègras) — *Lieu de séjour, p. 44.*

A 1 021 m d'altitude, Allègre est une cité commerçante dont les foires sont très fréquentées.

Du château qui fut, au Moyen Age une forteresse redoutée, il ne subsiste que la ruine qui se détache sur le ciel, comme un portique : cette forme curieuse est due à l'effondrement du mur entre deux tours, les mâchicoulis formant pont.

De la table d'orientation, superbe **panorama** ★ sur les monts du Forez d'une part, le Mézenc et le Velay de l'autre.

EXCURSION

Lac de Malaguet. — *6 km. Quitter Allègre par le D 13 au Nord, à 5,5 km prendre à gauche le chemin d'accès, long de 600 m.*

Situé à 1 012 m d'altitude, le lac a une superficie d'environ 21 ha *(voir tableau des lacs, p. 5).* Il a pour déversoir la Borne occidentale, qui, après son confluent avec la Borne orientale, va baigner la ville du Puy avant de se jeter dans la Loire. Dans un cadre de prairies et de forêts de sapins, c'est un site très reposant.

ALLEUZE (Château d') ★★

Carte Michelin n° **76** - pli 14 — *Schéma p. 175.*

Il n'est guère, en Auvergne, de site plus romantique que celui-ci.

Bâtie au 13e s. par les connétables d'Auvergne, cette forteresse appartenait aux évêques de Clermont, quand, au cours de la guerre de Cent Ans, un aventurier du parti des Anglais, Bernard de Garlan, s'en empara. Pendant sept ans, il sema la terreur, pillant et rançonnant les pays voisins. Pour éviter que Garlan ait des successeurs, les habitants de St-Flour incendièrent le château.

On peut s'y rendre par le Nord en venant de St-Flour, par le D 40 et le D 48, ou par le Sud en suivant l'itinéraire décrit p. 174 entre le pont de Garabit et Chaudes-Aigues. Il est possible de descendre en auto jusqu'aux ruines par le D 48. Près de la butte qui porte le château, un calvaire moderne avoisine l'ancienne église d'Alleuze et le cimetière.

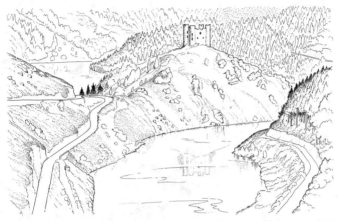

(D'après photo Éd. du Lys, Clermont-Fd)

Château d'Alleuze.

Le site ★★. — Le D 48, à l'Ouest de Barry, contourne le vallon du ruisseau d'Alleuze et offre des vues saisissantes sur le site du château et les ruines, vaste donjon flanqué de quatre tours rondes, qui se dressent sur une butte rocheuse et dénudée, d'où elles dominent de près de 30 m le plan d'eau formé par la retenue du barrage de Grandval.

On a une vue encore plus complète du site en allant jusqu'au village de la Barge. Laisser la voiture à hauteur du monument aux Morts et, prenant à gauche, gagner l'église et le calvaire où aboutit un Chemin de croix tracé sur l'arête d'un promontoire *(1/4 h à pied AR).*

ALLIER (Gorges de l') ★★

Carte Michelin n° **76** - plis 5, 6, 16.

L'Allier prend sa source, au Sud de l'Auvergne, sur le versant Sud du Moure de la Gardille (alt. 1 053 m) entre Châteauneuf-de-Randon et la Bastide. Il court d'abord à près de 1 000 m d'altitude sur le plateau de Lozère avant d'arroser Langogne. Plus bas, avant de déboucher dans la plaine de Langeac, l'Allier coule presque constamment dans une vallée étroite, resserrée en gorges magnifiques visibles de certaines routes sur une quarantaine de kilomètres entre le Pont-d'Alleyras et Langeac, mais seule la voie ferrée accompagne de bout en bout la rivière entre Langogne et Langeac.

A partir de Langogne, où il n'est encore qu'un gros ruisseau de montagne, l'Allier a taillé une vallée de plus en plus profonde dans les terrains cristallins que recouvrent les coulées de lave issues des volcans du Devès *(p. 96),* ou Velay occidental.

De chaque côté de la rivière, qui roule des eaux presque toujours limpides dans un lit encombré de rochers, se dressent des escarpements de granit ou de gneiss, entre lesquels s'intercalent, par endroits, des colonnades basaltiques. La couleur sombre des roches et des bois qui couvrent les versants donne aux gorges de l'Allier un caractère généralement sévère.

DE CHAPEAUROUX AU PONT-D'ALLEYRAS

20 km — environ 3/4 h — schéma p. 50

Chapeauroux. — Ce hameau est situé au confluent de l'Allier et du Chapeauroux dans un joli bassin que la voie ferrée traverse sur un viaduc courbe de 28 arches.
Le D 321 *(5 km)* vers St-Christophe-d'Allier, en montée sinueuse sur le versant abrupt, offre une magnifique vue, d'abord sur le site de Chapeauroux, à 1 km, puis sur les gorges de l'Allier.

Par le D 31, sur la rive droite de l'Allier, gagner St-Haon.

St-Haon. — 581 h. Bâti en bordure du plateau, le village possède une église qui présente une remarquable abside de la fin du 12e s.

Puis le D 40 très sinueux, serpentant à flanc de vallée sur les pentes boisées entre St-Haon et le Pont-d'Alleyras, offre également des vues pittoresques sur les gorges.

DU PONT-D'ALLEYRAS A LANGEAC

50 km — environ 2 h — schéma ci-dessous

Du Pont-d'Alleyras à St-Didier-d'Allier, petit village perché sur un roc abrupt, le D 40 longe la rive droite de l'Allier. La route s'élève ensuite en corniche et domine les gorges jusqu'à St-Privat. Puis le D 589 redescend vers Monistrol, offrant de nouveaux points de vue sur la vallée.

Monistrol-d'Allier. — 395 h. Ce village occupe l'un des plus beaux sites ** de la vallée de l'Allier.

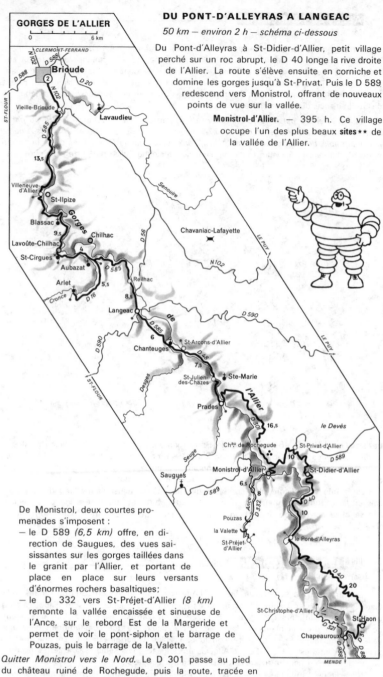

De Monistrol, deux courtes promenades s'imposent :
— le D 589 *(6,5 km)* offre, en direction de Saugues, des vues saisissantes sur les gorges taillées dans le granit par l'Allier, et portant de place en place sur leurs versants d'énormes rochers basaltiques;
— le D 332 vers St-Préjet-d'Allier *(8 km)* remonte la vallée encaissée et sinueuse de l'Ance, sur le rebord Est de la Margeride et permet de voir le pont-siphon et le barrage de Pouzas, puis le barrage de la Valette.

Quitter Monistrol vers le Nord. Le D 301 passe au pied du château ruiné de Rochegude, puis la route, tracée en moyenne corniche, offre sur la vallée des vues pittoresques en arrivant à Prades.

Prades. — 84 h. (les Pradeseïes). *Lieu de séjour, p. 42.* Village occupant un site très encaissé.

Au Nord de Prades, le D 48 suit l'Allier de près, offre, peu avant St-Julien, une vue à droite sur la chapelle romane de Ste-Marie, isolée au pied d'un beau rocher de basalte, et traverse St-Arcons.

Chanteuges. — 358 h. Sur un promontoire basaltique séparant les cours de l'Allier et de la Desges, au débouché des gorges de l'Allier dans la plaine de Langeac, s'élève l'imposante église romane de Chanteuges, de brèche volcanique aux teintes chaudes. Reste d'une ancienne abbaye, résidence d'été des abbés de la Chaise-Dieu, elle est éclairée par le grand vitrail de la façade, œuvre du 16e s. A l'intérieur, on remarque la décoration des piliers de la nef et de jolies stalles Renaissance. Dans la chapelle de l'Abbé (16e s.), voisine de l'église, de fines sculptures encadrent les portes. De la plate-forme de l'église, on jouit d'une jolie vue.

Langeac. — 5 040 h. (les Langeadois). *Lieu de séjour, p. 42.* Cette petite ville active est construite dans un large couloir bien cultivé, à la sortie des gorges de l'Allier. Elle conserve quelques maisons anciennes. Son église gothique abrite des stalles et une chaire du 16e s., dans le bas-côté droit des fonts baptismaux du 12e s. et dans le bas-côté gauche une Mise au tombeau du 15e s., derrière une belle grille en fer forgé du 14e s.

DE LANGEAC A BRIOUDE

49 km — environ 2 h — schéma p. 50

Au départ de Langeac *(p. 50)*, le D 585 épouse les méandres de l'Allier jusqu'à Vieille-Brioude. Il traverse d'abord la plaine de Langeac. Après Reilhac, la vallée se rétrécit; des falaises basaltiques s'élèvent sur la rive opposée, puis paraît Chilhac construit sur une plate-forme de basalte formant des orgues. *Prendre, à gauche, le D 41 vers Ferrussac puis, à droite, le D 16.*

Arlet. — 31 h. Bien nichée au fond du vallon de la Cronce, la petite église romane de ce modeste bourg renferme un remarquable Christ du 12ᵉ s.

Aubazat. — 169 h. Village bien situé qui possède dans son église une Pietà et d'intéressantes statues de bois polychrome représentant une Mise au tombeau.

St-Cirgues. — 191 h. A gauche de la route s'élève une charmante église au curieux clocher. Fresques intéressantes à l'intérieur. *Pour visiter, s'adresser à la mairie ou au presbytère.*

Lavoûte-Chilhac. — 262 h. Bâtie sur les rives de l'Allier qui baigne ses maisons, Lavoûte-Chilhac possède un pont élégant du 11ᵉ s. restauré au 15ᵉ s. et une église gothique autour de laquelle sont groupés les bâtiments d'une abbaye bénédictine. L'église, à large nef unique, présente, en face de la chaire, un grand Christ du 12ᵉ s., restauré. Son trésor renferme la belle porte en bois sculpté de l'ancienne église du 11ᵉ s., des parchemins, des vêtements sacerdotaux. *Visite de 8 h (9 h les dimanches et fêtes) à 12 h et de 14 h à 19 h; hors saison, de 9 h à 12 h (sauf dimanche) et de 14 h à 18 h.*

Après St-Cirgues, vue à droite sur le prieuré, puis sur le pont en dos d'âne qui franchit l'Allier dans le bourg de Lavoûte-Chilhac et, plus loin, sur St-Ilpize.

Blassac. — 146 h. L'église de ce village, construit sur une coulée basaltique, présente dans le chœur un ensemble de fresques du 14ᵉ s. On reconnaît, en particulier, le Christ dans sa gloire, saint Michel terrassant le dragon.

La vallée s'élargit mais reste intéressante à parcourir.

St-Ilpize. — 183 h. Agrippée aux flancs d'un rocher basaltique, cette cité médiévale, que couronnent les restes de son château et son église du 14ᵉ s., est reliée à Villeneuve-d'Allier par un élégant pont suspendu.

La N 102 atteint Brioude (p. 68).

Ne voyagez pas aujourd'hui avec une carte d'hier.

AMBERT

Carte Michelin n° **73** - pli 16 — *Schémas p. 107 et 116* — 8 059 h. (les Ambertois) — *Lieu de séjour, p. 42.*

Patrie du compositeur Emmanuel Chabrier, de l'historien Pierre de Nolhac et du romancier Henri Pourrat, cette calme petite ville, naguère renommée pour ses papeteries, 300 moulins existaient dans la région aux 15ᵉ, 16ᵉ et 17ᵉ s., et ses ateliers d'objets de piété, vit actuellement de la fabrication des tresses et des lacets, des chalets préfabriqués, des meubles ainsi que de diverses industries : confection, bonneterie, articles en matière plastique, etc.

Ambert a beaucoup souffert durant les guerres de Religion. Le redoutable capitaine protestant Merle *(p. 110)* s'en empare, le 15 février 1577, et fait fusiller les bourgeois prisonniers. Les catholiques accourent pour reprendre la place. Merle, qui n'est pas en force, a recours à une ruse : il coiffe de casques les statues enlevées aux églises de la ville et les poste sur les remparts. Étonnés de voir les défenseurs d'Ambert rester impassibles sous un feu d'enfer, et comme invulnérables, les assiégeants se troublent et finalement se retirent.

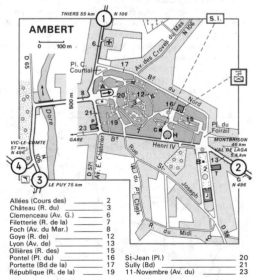

Allées (Cours des)	2
Château (R. du)	3
Clemenceau (Av. G.)	6
Fileterie (R. de la)	7
Foch (Av. du Mar.)	8
Goye (R. de)	12
Lyon (Av. de)	13
Ollières (R. des)	15
Pontel (Pl. du)	16
Portette (Bd de la)	17
République (R. de la)	19

St-Jean (Pl.)	20
Sully (Bd)	21
11-Novembre (Av. du)	23

■ CURIOSITÉS visite : 1/2 h

Église St-Jean ★ (A). — Construite entre 1471 et 1518, elle appartient au style flamboyant, à l'exception de la partie haute de la tour et d'une chapelle qui sont de la Renaissance; mais la dureté du granit dont elle est bâtie a tempéré la fantaisie décorative du sculpteur. La tour porte une ceinture de mâchicoulis. Un beau portail s'ouvre au flanc Sud.

A l'intérieur, restauré, remarquer l'inégalité des travées. Dans la première chapelle à gauche, Pietà du 16ᵉ s., vénérée sous le nom de N.-D.-de-Layre.

Hôtel de ville (H). — L'édifice, de forme circulaire, est assez surprenant. Jules Romains lui a donné la célébrité littéraire : c'est, en effet, autour de cette «grosse rotonde» que se retrouvent les héros des «Copains», venus à Ambert pour y jeter le trouble par de joyeuses mystifications.

Aiguille de granit (B). — Très beau bloc de granit, provenant des environs de Job.

EXCURSIONS

Moulin Richard-de-Bas. — *5,5 km — puis 3/4 h de visite. Quitter Ambert par ②, N 496, et prendre à gauche le D 57 qui remonte le val de Laga. A la sortie de Valeyre, tourner à droite.*
On remarque de vieilles maisons, anciennes papeteries, encore surmontées des étendoirs de pin où séchaient les feuilles de papier. Elles témoignent de l'importance industrielle de cette vallée qui fut, pendant plusieurs siècles, l'un des principaux centres français pour la fabrication du papier. Il ne reste plus aujourd'hui en activité que le moulin Richard-de-Bas dont l'entrée se trouve à gauche dans un hameau.
Pour visiter, passer sous la voûte et sonner la cloche, à droite. Visite de 8 h 30 à 11 h 30 et de 14 h à 18 h. Entrée : 4 F.
Ce moulin a été remis en activité par les soins de «l'Association de la Feuille Blanche», fondée par quelques amis des beaux livres et des vieux métiers. Un musée historique du papier y a été installé. Après avoir vu, au musée, un ancien intérieur de papetier et des documents retraçant l'histoire des supports de la pensée depuis les temps les plus reculés, les visiteurs assistent aux différentes phases de la fabrication du beau «papier à la main», suivant des méthodes et avec un matériel qui n'ont guère changé depuis cinq cents ans.
Un petit jardin botanique complète la visite, il est spécialisé dans la culture des plantes utilisées dans les différents pays du monde pour la fabrication des pâtes à papiers.

Les hauteurs du Forez et le col des Supeyres. — *Circuit de 43 km — environ 1 h 1/2. Quitter Ambert par ② du plan, N 496, et suivre jusqu'à Job la route décrite p. 106. De Job, regagner Ambert par le D 67 et la N 106.*

Versant oriental du Livradois. — *Circuit de 68 km — environ 2 h. Quitter Ambert par ③, N 106 et prendre à droite le D 56. La montée vers St-Germain-l'Herm est décrite p. 116. De St-Germain-l'Herm, une route pittoresque, la N 499A, descend sur la Limagne d'Ambert.*
Arlanc. — *Page 102.*
Marsac-en-Livradois. — *Page 102.*

L'ARTENSE

Cartes Michelin n° **73** - plis 12, 13 et **76** - plis 2, 3.

Ce plateau de roches granitiques, situé au Sud-Ouest des monts Dore, dans l'angle que forment la Dordogne et la Rhue, est entaillé par la Tarentaine, affluent de la Rhue, qui prend sa source au puy de Sancy. Il fut recouvert, au début de l'ère quaternaire *(voir p. 16),* par d'immenses glaciers descendus des monts Dore, du Cantal et du Cézallier. Après leur disparition, ces glaciers laissèrent de puissantes empreintes qui donnent à cette région un aspect original : relief tourmenté, où des buttes, hautes de 50 à 100 m et bosselées, séparent de multiples cuvettes, occupées aujourd'hui par des lacs, des tourbières ou des prairies marécageuses; gros rocs striés sous le poids de la glace qui se déplaçait lentement.
L'Artense, dont l'aspect riant est dû à de nombreux bosqueteaux, offre un paysage typiquement auvergnat; il fut longtemps connu pour la pauvreté de son sol. Ses habitants cultivent encore le sarrasin et le seigle, mais des méthodes nouvelles ont permis d'introduire la culture de l'orge et de l'avoine. En outre, l'assèchement progressif des marécages a facilité l'élevage des bovins rouge acajou de Salers et des veaux de boucherie, dans ce pays qui ne comptait naguère que des chèvres et des moutons. La production laitière des vaches est en grande partie utilisée pour la fabrication des fromages de Cantal et surtout des bleus d'Auvergne. La production fermière du St-Nectaire reste également importante.

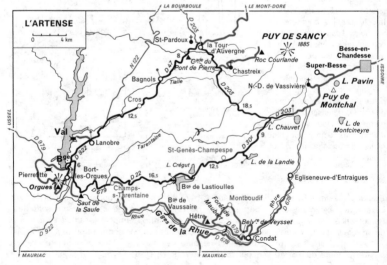

CIRCUIT AU DÉPART DE LA TOUR-D'AUVERGNE

83 km — environ 3 h — schéma p. 52

Quitter la Tour-d'Auvergne (p. 102) par le D 47 au Sud-Ouest. La route passe au pied de la cascade du Pont-de-Pierre qui bouillonne sur la gauche.

Bagnols. — 919 h. (les Bagnolais). *Lieu de séjour, p. 44.* Ce bourg est situé dans la vallée de la Tialle, région vallonnée couverte de prairies entrecoupées de bosquets.

Après Cros, la route redescend dans la vallée de la Tialle avant d'atteindre le D 922 où l'on tourne à gauche.

Lanobre. — *Page 64.*

Bort-les-Orgues. — *Page 64.*

Prendre à gauche le D 979 qui s'élève en offrant une jolie vue sur les orgues de Bort.

Champs-sur-Tarentaine. — 1 331 h. (les Champsois). *Lieu de séjour, p. 42.*

Tourner à gauche dans le D 22, route au parcours pittoresque qui serpente sur le plateau.

Barrage de Lastioulles. — *Voir tableau des lacs, p. 5.* Ouvrage-voûte faisant partie de l'aménagement de la Haute-Tarentaine.

La route longe la retenue, laisse le lac de Crégut sur la gauche, puis traverse St-Genès-Champespe.

Lac de la Landie. — *Voir tableau des lacs, p. 5.* Dans un cadre reposant de pâturages et de bois.

Faire demi-tour, tourner à droite dans le D 30^E, puis encore à droite dans le D 203.

Lac Chauvet. — *Page 102.*

Du lac Chauvet à la Tour-d'Auvergne, l'itinéraire est décrit p. 102.

L'AUBRAC ★

Cartes Michelin nos **76** - plis 13, 14 et **80** - plis 3, 4.

L'Aubrac, le plus méridional des massifs volcaniques d'Auvergne, présente des formes lourdes, émoussées. Il est couvert de pâturages peuplés de troupeaux à la belle saison. Ses paysages, aux vastes horizons, ne sont pas sans monotonie, ni d'ailleurs sans grandeur.

UN PEU DE GÉOGRAPHIE

Les monts d'Aubrac s'étendent du Nord-Ouest au Sud-Est, entre les vallées de la Truyère et du Lot. Ils sont constitués par de formidables coulées de basalte, épaisses de plusieurs centaines de mètres, qui recouvrent un socle granitique. Elles se sont épanchées, à l'ère tertiaire *(détails p. 15)*, par de nombreuses bouches éruptives qui se manifestent aujourd'hui par des reliefs arrondis, à peine saillants : la lave, très fluide, s'est en effet répandue sur de vastes surfaces au lieu de s'accumuler en forme de cône autour des orifices de sortie.

Le massif est dissymétrique. Tandis qu'au Nord-Est il s'abaisse doucement vers la Truyère et reste à une altitude voisine de 1 000 m, au Sud et au Sud-Ouest il présente un versant abrupt sillonné de ravins où coulent les «boraldes» descendant des points les plus élevés du massif (signal de Mailhebiau : 1 469 m) vers le Lot, à moins de 500 m d'altitude.

Au-dessus de 850 m d'altitude, l'Aubrac est un immense pâturage, la flore est cependant très variée, au printemps, les jonquilles et les narcisses abondent. Il est coupé dans sa partie Ouest de bois de hêtres, de landes et de quelques étangs. Les cultures y sont rares et pauvres. C'est la région d'Auvergne qui a la plus faible densité de population : 9 habitants au km²; moyenne de la France : 92 au km². L'hiver y est long et rigoureux et chaque année le plateau disparaît plusieurs mois durant sous la neige. De petites stations de sports d'hiver se créent : Brameloup, Laguiole, Nasbinals, St-Urcize. Pour qu'on puisse suivre le tracé de certaines routes, des obélisques de granit sont fichés en terre, sur les bas-côtés.

L'élevage est la ressource essentielle du pays. Naguère de grands troupeaux de moutons venaient du Bas-Languedoc estiver sur l'Aubrac; aujourd'hui les bovins occupent la totalité des herbages. Le 24 mai, selon les traditions, les vaches, qui ont hiverné sur le pourtour même de la montagne, arrivent au pré. Elles y resteront jusqu'au 13 octobre sans jamais rentrer à l'étable. Dans quelques burons, des fromagers (cantalès)

(D'après photo Léo Pélissier)

Laguiole. — Foire aux bestiaux.

fabriquent, encore, la «fourme de Laguiole» *(détails sur les burons et sur la fabrication des fromages, p. 20).* Les foires à bestiaux de Nasbinals et de Laguiole, surtout celles de printemps et d'automne, sont très importantes et offrent des spectacles hauts en couleur.

En traversant ce massif, remarquer les «drailles», sortes de pistes parfois délimitées par de petits murs de pierre sèche, suivies par les troupeaux lors de leurs déplacements.

L'AUBRAC

0   5 km

ST-FLOUR · ST-FLOUR · Chaudes-Aigues · St-Chély-d'Apcher · la Chaldette · St-Urcize · Malbouzon · Prinsuéjols · Roc de Peyre · Laguiole · Nasbinals · la Baume · Parc du Gévaudan · Bois de Rigambal · Aubrac · Grotte de Déroc · L. des Salhiens · Brameloup d'Aubrac · Marvejols · Bonnefon · Col de Bonnecombe · Prades-d'Aubrac · Col du Trébatut · les Hermaux · le Monastier · St-Côme-d'Olt · Espalion · St-Germain-du-Teil · St-Pierre-de-Nogaret · Lot · St-Geniez-d'Olt · MILLAU · MENDE · RODEZ · ENTRAYGUES

★ CIRCUIT AU DÉPART DE NASBINALS par Laguiole

117 km — compter 1/2 journée — schéma ci-dessus

Nasbinals. — 650 h. (les Nasbinalais). *Lieu de séjour, p. 44.* Nasbinals, dont la petite église romane mérite une halte, est un centre actif pour le commerce des bestiaux. Ses foires sont très animées, notamment celle du vendredi précédant le 2e dimanche de juillet, celles des 17 et 28 août, celles des 9 et 22 septembre et celle des chevaux du 7 novembre. C'est un curieux spectacle que de voir ces jours-là la cohue des bêtes dans le village et, sur toutes les routes qui y conduisent, d'innombrables troupeaux. Nasbinals eut, à la fin du siècle dernier, son heure de célébrité. **Pierrounet Brioude,** cantonnier du village, avait acquis dans l'art de «petasser» (raccommoder) les membres brisés ou luxés une réputation qui s'étendait bien au-delà des limites du canton et du département. De toute l'Auvergne, du Languedoc et du Rouergue affluaient les éclopés, les infirmes et jusqu'aux malades, car les clients du célèbre «rhabilleur» lui attribuaient des dons universels. La gare d'Aumont, où les gens débarquaient par dizaines pour gagner en diligence ou en carriole le domicile du rebouteux, était devenue la plus fréquentée de la ligne. Pierrounet, assure-t-on, recevait jusqu'à 10 000 clients par an. Mort en 1907, il a laissé un souvenir vivace à Nasbinals où un monument, dont le socle représente des béquilles, lui a été élevé.

Quitter Nasbinals par le D 987 au Sud-Ouest. On traverse les vastes pâturages de l'Aubrac coupés, aux alentours d'Aubrac, par les forêts domaniales d'Aubrac, de Rigambal.

Aubrac. — *Lieu de séjour, p. 44.* A 1 300 m d'altitude, Aubrac est une petite station estivale très ensoleillée et très aérée. Les Auvergnats de Paris aiment venir y boire «lo gaspo» ou petit-lait et y manger l'«aligot», plat de pommes de terre liées de «tomme» (fromage frais). L'air pur fait le reste et les «gasparous» repartent de la cure tout ragaillardis.

Une grosse tour carrée, une église romane et un bâtiment du 16e s., transformé en maison forestière, c'est tout ce qui reste de l'ancienne «dômerie» des frères hospitaliers d'Aubrac, moines-chevaliers qui, du 12e s. au 17e s., s'étaient donné pour mission d'escorter et de protéger, à travers ces régions désolées, les pèlerins qui se rendaient à Rocamadour ou à St-Jacques-de-Compostelle.

Suivre le D 533 qui descend dans la riante vallée de la Boralde de St-Chély, puis tourner à gauche dans le D 19 vers Bonnefon.

Bonnefon. — Hameau dominé par une tour carrée du 15e s., dite tour-grenier, construite par les moines d'Aubrac *(voir ci-dessus).*

A la sortie de Bonnefon prendre à gauche le D 629 et appuyer toujours à droite. La route serpente en corniche offrant de très belles vues sur le Sud, la vallée du Lot et le causse de Séverac. Elle passe auprès d'une maison forestière, puis pénètre dans la forêt d'Aubrac, haute futaie de hêtres agrémentée de sapins.

Brameloup. — Petite station de sports d'hiver aux pistes largement ouvertes dans la forêt.

Faire demi-tour et prendre à gauche le D 19.

Prades-d'Aubrac. — 570 h. L'église du 16ᵉ s. est surmontée d'un puissant clocher octogonal. De l'extrémité du village, la vue se porte sur la vallée du Lot.

Outre des vues très étendues sur les causses et les ségalas du Rouergue, la descente vers le Lot offre l'attrait d'une transformation rapide du paysage. Aux immenses pâturages qui couvrent les plateaux et où ne croissent, çà et là, que des hêtres rabougris, succèdent d'abord des landes, quelques prairies et de maigres cultures. A droite commence à se creuser la vallée de la Boralde. Puis les champs sont plus nombreux; des bois de châtaigniers sont traversés, bientôt remplacés par des arbres fruitiers. La culture de la vigne en terrasses, sur les versants bien exposés au midi mais trop accidentés, est aujourd'hui à peu près abandonnée.

St-Côme-d'Olt ★; Espalion ★. — *Descriptions dans le guide Vert Michelin Causses.*

Quitter Espalion par le D 121n au Nord, la route s'élève en direction de Laguiole. Des vues se révèlent à droite sur les monts d'Aubrac, à gauche sur le plateau de la Viadène.

Laguiole. — 1 320 h. (les Laguiolais). *Lieu de séjour, p. 44.* A plus de 1 000 m d'altitude, Laguiole (prononcer Laïole), la «capitale de la Montagne», est traditionnellement un centre de foires importantes (bétail et fromage). La ville est célèbre, en outre, pour ses très beaux couteaux, au manche d'ivoire ou de corne, de fabrication artisanale. Elle est devenue une station de sports d'hiver.

Laguiole s'étend au pied d'un piton de basalte qui porte l'église du 16ᵉ s. Du parvis, très beau **panorama ★** sur l'Aubrac et le Cantal; la cathédrale de Rodez, distante de plus de 40 km, est visible par temps clair.

A l'Est de Laguiole, la route, d'où la vue s'étend sur le plateau de la Viadène et le Rouergue, puis sur la Margeride, traverse de vastes pâturages et quelques bois de hêtres.

St-Urcize. — 652 h. *Visite : 1/2 h.* Ce petit village possède une **église ★** originale *(illustration p. 32).* De dimensions modestes, elle est le seul monument à déambulatoire que possède la Haute-Auvergne. Le joli chevet est roman (12ᵉ s.), la nef date des 13ᵉ et 14ᵉ s. Un clocher à peigne surmonte le mur Ouest. A l'intérieur, une pierre représentant saint Michel terrassant le démon orne la chapelle du bas-côté gauche et dans la petite chapelle derrière l'autel, on voit un remarquable Christ au tombeau, en pierre colorée (15ᵉ s.). La sacristie garde un calice en argent ayant servi à célébrer les messes dites à la prison du Temple devant Louis XVI. On peut encore voir à St-Urcize quelques vieilles demeures intéressantes, notamment une maison Renaissance abritant la gendarmerie.

Par le D 112 et le D 12 à droite regagner Nasbinals.

★ CIRCUIT AU DÉPART DE NASBINALS par le col de Bonnecombe
97 km — compter 1/2 journée — schéma p. 54

Le col de Bonnecombe et ses abords sont obstrués par la neige de décembre à avril.

Quitter Nasbinals (p. 54) par le D 900 au Sud-Est, puis prendre à droite le D 52.

Grotte et cascade de Déroc. — *1/2 h à pied AR. Laisser la voiture sur le D 52, prendre à gauche, en direction d'une ferme, un mauvais chemin bordé de murets.* Ce chemin aboutit à un ruisseau qu'on longe à gauche, puis que l'on franchit pour atteindre le bord du ravin où se précipite un affluent du Bès. La cascade tombe d'un rebord de basalte en avant d'une grotte dont la voûte est formée par les prismes de la roche.

Le D 52 s'élève bientôt vers la sauvage région des lacs, longe celui des Salhiens et traverse des pâturages pour gagner le **col de Bonnecombe.** La descente sur St-Pierre-de-Nogaret, par les Hermaux, offre de jolies **vues ★** sur la vallée du Lot et sur toute la région des Causses.

Par un parcours très sinueux et très pittoresque qui traverse, au milieu des bois, le vallon du Doulou, la route atteint St-Germain-du-Teil. *Prendre à gauche le D 52 pour gagner le col du Trébatut, carrefour de routes où l'on tourne à droite dans le D 56.* La route descend dans la vallée de la Colagne, que l'on suit jusqu'à Marvejols.

Le Monastier. — 666 h. L'église du 11ᵉ s., remaniée au 16ᵉ s., présente un très bel ensemble de chapiteaux historiés ou décorés de feuillages.

Marvejols ★. — *Page 118.*

Au cours de la montée, la N 600, au Nord-Ouest, offre une vue dégagée sur Marvejols, la Margeride, le mont Lozère, les Causses et, à l'horizon, les Cévennes; elle pénètre ensuite dans des bois de pins. Puis succèdent champs et prés irrigués, bientôt remplacés par les pâturages, très caractéristiques de l'Aubrac, avant d'atteindre Nasbinals.

DE CHAUDES-AIGUES A MARVEJOLS
51 km — environ 2 h 1/2 — schéma p. 54

Au départ de Chaudes-Aigues *(p. 83),* la route offre d'abord de jolies vues sur la vallée du Remontalou, puis sur les monts du Cantal. Elle remonte ensuite la vallée du Bès dans un paysage granitique, d'aspect le plus souvent sévère.

La Chaldette. — Cette petite station thermale aux eaux tièdes et sulfureuses est nichée dans la vallée du Bès.

A la sortie de la Chaldette, prendre à gauche le D 73 qui s'élève vers Malbouzon au milieu des pâturages; sur la gauche s'ouvre la vallée de la Rimeize. Puis la route traverse Prinsuéjols et entre dans la vallée de la Crueize.

Château de la Baume. — *Page 119.*

Parc du Gévaudan ★. — *Page 119.*

La N 9 mène à Marvejols (p. 118).

Cette paisible rivière prend sa source près du Montet et se jette dans le Cher à hauteur de Meaulne; elle draine une plaisante vallée. Elle peut se visiter au départ de Meaulne ou Hérisson. Selon le temps dont on dispose, ou pourra facilement organiser un itinéraire combinant les routes pittoresques de la vallée de l'Aumance et de la forêt de Tronçais.

DE HÉRISSON A MEAULNE

26 km — environ 2 h

Hérisson. — 979 h. Le peintre Harpignies (1819-1916), séjourna souvent à Hérisson et cette région lui inspira quelques-unes de ses plus belles toiles. La masse imposante des ruines de son château *(accès libre)*, aux belles couleurs orangées, dominent la ville. Construit au 13ᵉ s., il subit des travaux de fortification sous Louis II de Bourbon au 14ᵉ s.

De la chapelle du Calvaire, élevée sur la colline face à la ville, sur la rive gauche de l'Aumance *(franchir le pont et tourner à droite, rue du Calvaire)*, la **vue** ★ s'étend sur toute la ville, son clocher-porche, témoin de l'ancienne collégiale St-Sauveur, le château, aux tours envahies par le lierre, et la campagne environnante.

Quitter Hérisson par le D 157. Tourner 2 km plus loin, à droite.

Chasteloy. — L'église du 12ᵉ s. est hardiment campée sur les rochers qui dominent la vallée. Des fresques du 13ᵉ s. au 17ᵉ s., restaurées, ornent le chœur et la nef. Pénétrer dans le cimetière pour avoir une **vue** ★ sur l'élégant clocher et la vallée de l'Aumance.

Poursuivant le D 157, on laisse à gauche le château de la Roche.

Forêt de Tronçais ★ ★ ★. — *16 km au départ du D 157 par le D 110 en direction du Brethon. Description p. 171.*

Château du Creux. — *On ne visite pas.* Le style classique de ce grand édifice, surprend en cette région toute hérissée de forteresses. Le bâtiment du 18ᵉ s., flanqué de deux ailes en saillie, est précédé d'importants communs couverts à la Mansard.

Gagner Meaulne, prendre à gauche la N 144, puis bientôt à droite, le D 28.

Épineuil-le-Fleuriel. — 578 h. Situé à la limite du Bourbonnais, c'est le village où Alain-Fournier (Henri Alban Fournier) a passé son enfance (1891-1898). Il le décrit sous le nom de Ste-Agathe dans son livre «Le Grand Meaulnes». L'école avec sa cour, la classe de M. Seurel, la mansarde au milieu des greniers du premier étage, la ferme des Martin, font surgir plus d'un rêve. *Visite de l'école Alain-Fournier les mercredis et jours fériés et pendant les vacances scolaires, de 8 h à 12 h et de 14 h à 18 h, sinon les autres jours à 16 h 30. S'adresser par avance à M. Lullier, instituteur.* ☎ 23.

Faire demi-tour pour regagner Meaulne.

AURILLAC ★
Carte Michelin n° **76** - pli 12 - *Schéma p. 70* — 33 355 h. (les Aurillacois).

C'est la capitale commerciale et touristique de la Haute-Auvergne. Elle comprend une cité moderne édifiée autour de vieux quartiers aux ruelles tortueuses.

UN PEU D'HISTOIRE

Gerbert, le premier pape français - 10ᵉ-11ᵉ s. — C'est autour de l'abbaye fondée au 10ᵉ s. par saint Géraud, comte auvergnat, que la ville prospère. Cette abbaye a donné à la chrétienté le premier pape français, un homme d'une lumineuse intelligence et d'un renom universel, Gerbert.

Gerbert, petit pâtre des environs d'Aurillac, est remarqué par des moines de St-Géraud, qui ont vite fait d'apprendre à cet élève exceptionnel le peu qu'ils savent. Alors, Gerbert part pour l'Espagne, fréquente les universités arabes, apprend la médecine et les mathématiques. C'est lui qui, selon certains auteurs, aurait introduit l'usage des chiffres arabes dans le monde occidental. Il construit la première horloge à poids, invente un astrolabe pour les observations marines, perfectionne les orgues. Bref, son savoir le rend si célèbre que l'empereur Othon le choisit comme précepteur de son fils, et qu'il devient pape en 999 sous le nom de Sylvestre II. C'est «le pape de l'an mille».

Les orpailleurs. — La science de Gerbert est si prodigieuse que, pour ses contemporains, elle frise la sorcellerie. Comme on s'aperçoit que la Jordanne roule des paillettes d'or, on attribue ce «Pactole» à ses sortilèges. L'industrie des orpailleurs se crée, toute primitive encore : une toison de brebis est mise à l'eau et l'on recueille les parcelles d'or qui s'y accrochent.

Au 14ᵉ s., un enfant, élevé par un orpailleur et devenu moine de St-Géraud, invente un nouveau procédé : des tables inclinées sont recouvertes d'un drap grossier qui retient les paillettes dans sa trame. Ce moine, Jean de la Roquetaillade, ardent prédicateur, a un curieux don de prophétie : quatre siècles à l'avance, il annonce la ruine du clergé, de la noblesse et la chute de la royauté. Ces prédications ne sont pas du goût de l'autorité ecclésiastique : son évêque le met en prison; puis, sur récidive, le pape le fait enfermer pendant quatre ans dans les cachots d'Avignon.

Le baron des Adrets - 16ᵉ s. — Cependant, la ville, toujours en lutte avec son seigneur, abbé, finit par obtenir l'autonomie de son administration, ainsi qu'en témoigne sa maison consulaire. Elle prospère, quand les guerres de religion s'abattent sur elle. Les Protestants y sont nombreux; en 1561, le gouverneur en fait un massacre général. En 1569, le baron des Adrets, capitaine protestant célèbre par sa cruauté, se venge. Il commence par prendre les monastères des faubourgs; des moines sont brûlés ou écorchés vifs. Dans la nuit du 6 septembre, les huguenots font sauter la porte et s'élancent dans la ville : les bourgeois, réveillés en sursaut, ne peuvent résister. C'est un affreux carnage. Les principaux monuments sont incendiés.

De la dentelle au parapluie. — De cette secousse, la ville a du mal à se remettre. Colbert ramène la prospérité. Il fonde une manufacture de dentelles, où l'on travaille aussi l'or et l'argent. Il encourage les autres industries, comme la chaudronnerie et la tannerie, qui ont décliné depuis. De nos jours, c'est son rôle agricole qui fait vivre Aurillac, ainsi que la fabrication des parapluies, des meubles, des galoches et le commerce des fromages.

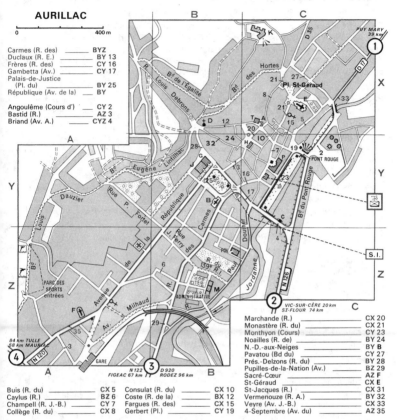

AURILLAC

Carmes (R. des)	BYZ
Duclaux (R. E.)	BY 13
Frères (R. des)	CY 16
Gambetta (Av.)	CY 17
Palais-de-Justice (Pl. du)	BY 25
République (Av. de la)	BY
Angoulême (Cours d')	CY 2
Bastid (R.)	AZ 3
Briand (Av. A.)	CYZ 4

Marchande (R.)	CX 20
Monastère (R. du)	CX 21
Monthyon (Cours)	CY 23
Noailles (R. de)	BY 24
N.-D.-aux-Neiges	BY B
Pavatou (Bd du)	CY 27
Prés.-Delzons (R. du)	BY 28
Pupilles-de-la-Nation (Av.)	BZ 29
Sacré-Cœur	AZ F
St-Géraud	CX E
St-Jacques (R.)	CX 31
Vermenouze (R. A.)	BY 32
Veyre (Av. J.-B.)	CX 33
4-Septembre (Av. du)	AZ 35

Buis (R. du)	CX 5
Caylus (R.)	BZ 6
Champell (R. J.-B.)	CY 7
Collège (R. du)	CX 8
Consulat (R. du)	CX 10
Coste (R. de la)	BX 12
Fargues (R. des)	CX 15
Gerbert (Pl.)	CY 19

■ PRINCIPALES CURIOSITÉS visite : 1/2 h

Château St-Étienne (CX K). — Le donjon seul est ancien (11ᵉ s.). De la terrasse supérieure, beau panorama sur la vallée de la Jordanne et les monts du Cantal ainsi que sur la ville et le bassin d'Aurillac. *Le château abrite une exposition.*

Maison des Volcans★★. — *Visite du 1ᵉʳ juillet au 15 septembre, de 10 h à 12 h et de 15 h à 19 h; le reste de l'année, de 9 h à 12 h et de 14 h à 18 h. Fermé le samedi après-midi, le dimanche toute la journée, le lundi matin et en novembre. Entrée : 4,50 F.*

Installée dans une aile du château, elle traite, au fil des étages, du volcanisme de France, du monde, et de l'espace. Cartes, photographies, collections de roches, diapositives, illustrent cette science et un ensemble de documents présente les techniques d'études. Des microscopes polarisants sont mis à la disposition des visiteurs. Dans une salle du rez-de-chaussée, trois fois par jour en été, sont projetés des films.

Point de vue sur la Jordanne (CY). — Du pont Rouge et du cours d'Angoulême, vue sur les vieilles maisons qui bordent la Jordanne. Près du pont Rouge, sur la place Gerbert, statue du pape Gerbert, par David d'Angers.

■ AUTRES CURIOSITÉS

Maison consulaire (CX A). — Cette construction de la Renaissance, transformée en musée, a été restaurée. Remarquer les sculptures de la porte donnant rue de la Coste.

Musée du Vieil Aurillac. — *Visite des Rameaux au 31 octobre, tous les jours sauf dimanche matin et mardi toute la journée, de 10 h à 12 h et de 14 h à 18 h; le reste de l'année, les lundis, mercredis et vendredis aux mêmes heures. Entrée : 1 F.*

Il renferme des souvenirs de la cité depuis l'époque gallo-romaine et surtout le Moyen-Age, des vestiges de l'église St-Géraud.

Musée J.-B.-Rames (BZ M). — *Installé au 2ᵉ étage du bâtiment de l'Horloge. Visite de 10 h à 12 h et de 14 h à 18 h. Fermé le dimanche matin et le mardi toute la journée.*

Il comprend des sections d'Histoire naturelle, d'Archéologie et de Folklore avec la reconstitution d'un intérieur cantalien et le diorama d'un buron.

Musée Hippolyte-de-Parieu (BZ M). — *Installé au 3ᵉ étage du bâtiment de l'Horloge. Mêmes conditions de visite que le musée J.-B.-Rames.*

Il présente des sculptures et des toiles de maîtres : Vernet, Nattier, etc. de même que des œuvres de peintres locaux. Une salle est consacrée à la peinture moderne.

Église N.-D.-aux-Neiges ou **des Cordeliers** (BY B). — Cette ancienne chapelle du couvent des Cordeliers, date du 14ᵉ s. et fut restaurée au 17ᵉ s. Dans la 3ᵉ chapelle à gauche, Vierge noire très vénérée, du début du 17ᵉ s. La sacristie de style gothique occupe l'ancienne salle capitulaire. Elle communique avec une élégante chapelle du 15ᵉ s. Beau lutrin du 14ᵉ s.

Chapelle d'Aurinques (BX D). — Elle fut édifiée à la fin du 16ᵉ s. Dans la chapelle haute ajoutée au 19ᵉ s., Chemin de croix traité en frise, belle œuvre moderne.

Église St-Géraud (CX E). — Reconstruite aux 15ᵉ et 16ᵉ s. sur l'emplacement d'une abbatiale de même nom. Un décapage des murs des croisillons Nord et Sud du transept vient de mettre au jour des vestiges romans, remarquer une triple arcature avec arc en mitre au centre. Dans une chapelle à gauche du chœur ont été déposés des fragments de sculptures : plaque de clôture de chœur du 11ᵉ s., richement décorée, chapiteaux à feuillages ou à entrelacs. A l'entrée de la nef, deux beaux chapiteaux romans ont été transformés en bénitier.

Place St-Géraud (CX). — Elle présente une fontaine, dont la vasque en **serpentine** (roche sombre et jaspée) date du 12ᵉ s., et une maison à arcatures supportées par des chapiteaux romans.

Église du Sacré-Cœur (AZ F). — *S'y rendre par l'avenue de la République.*

Construite de 1935 à 1937, elle se signale par la simplicité de son architecture et l'harmonie de ses proportions. Elle est curieuse par son Chemin de croix sculpté en frise dans la masse d'un bandeau de pierre blanche.

Palais de Justice (BY J). — *Visite de 9 h à 12 h et de 14 h à 18 h (17 h 30 le samedi). Fermé le dimanche.*

La salle de la Cour d'assises abrite trois panneaux de tapisseries des Flandres du 17ᵉ s.

Vieux hôtels. — Rue Vermenouze, portes Renaissance et des 17ᵉ et 18ᵉ s. Rue de Noailles, au nº 5, cour Renaissance. Rue du Consulat, au nº 4, tour d'escalier.

AUZON

Carte Michelin nº **76** - pli 5 — *Schéma p. 116* — 1 071 h. (les Auzonnais).

Le **site★** d'Auzon, bâti sur un éperon rocheux tombant à pic dans la vallée du ruisseau qui porte son nom, apparaît sous son meilleur aspect du D 5 en arrivant par la vallée de l'Allier. Cet ancien bourg fortifié conserve quelques vestiges de ses remparts et de son château.

Église (1). — *Visite : 1/2 h.*

Après avoir parcouru les ruelles du vieux bourg, on atteint une place dégagée sur laquelle se dresse l'église fortifiée, fichée sur un rocher, à l'emplacement d'une église du 5ᵉ s. dont on a conservé la pierre d'autel et une cuve baptismale.

Cet édifice a un beau chevet roman et un porche massif aux chapiteaux sculptés. Le portail du 12ᵉ s. est recouvert de cuir garni de pentures en fer.

A l'intérieur, remarquer dans la nef à droite, une statue de saint Pierre en pierre blanche (fin du 15ᵉ s.) et dans l'avant-chœur, à gauche, un Christ-reliquaire en bois du 12ᵉ s. Face à l'entrée, une petite chapelle à deux étages entièrement décorée de peintures murales du 14ᵉ s., abrite une gracieuse statue en pierre blanche de **N.-D. du Portail★★** de la fin du 15ᵉ s. *(minuterie à droite de l'autel).* Nombreuses statues anciennes; curieuse tribune du 15ᵉ s.

(D'après Arch. Phot., Paris)

Auzon.
N.-D. du Portail.

AVÈZE (Gorges d')★

Carte Michelin nº **73** - pli 12 — 12 km au Nord-Ouest de Tauves.

En aval et à l'Ouest de la Bourboule, la Dordogne a creusé, dans des roches granitiques, de belles gorges que franchit la N 687, route de Tauves à Bourg-Lastic, entre Avèze et Messeix. Tracée en corniche, la route domine d'abord la vallée puis s'engage dans les gorges dont les parois abruptes sont couvertes de bois. De place en place, de grands rochers apparaissent. Après le «Pont de fer», la route monte à travers une forêt de sapins, offrant de nouvelles vues sur les gorges.

AYDAT (Lac d')★

Carte Michelin nº **73** - pli 14 — *Schéma p. 98* — Lieu de séjour, p. 44.

Situé à 825 m d'altitude, ce lac, sur lequel on peut canoter et pêcher *(voir tableau des lacs, p. 5),* a une superficie de 65 ha et sa profondeur maxima est de 15 m. C'est le type parfait du lac de barrage volcanique. Ses eaux ont été retenues par la «cheire» d'Aydat *(p. 97),* coulée de lave descendue des puys de la Vache et de Lassolas. Près de la rive Nord, une petite île porte le nom de St-Sidoine, en souvenir de la maison de campagne qu'aurait possédée, au bord du lac, Sidoine Apollinaire, évêque de Clermont au 5ᵉ s.

(1) Pour plus de détails, lire : «Collégiale St-Laurent, Auzon» par B. Craplet (Le Puy, Mappus).

Cartes Michelin nᵒˢ **69** - pli 15 et **73** - pli 6.

La vallée de la Besbre surprend par le nombre et la variété des châteaux qui la bordent. Très peu se visitent, mais pour la plupart, leur simple approche est d'un grand intérêt.

Les pêcheurs trouveront sur le cours de cette paisible rivière qui prend sa source dans les Bois Noirs, au pied du puy de Montoncel et se jette dans la Loire au Sud de Bourbon-Lancy, maints endroits propices à l'exercice de leur passe-temps favori. Des tanches, carpes, brochets ou simplement des gardons et ablettes peuplent la Besbre. Par ailleurs, trois affluents, la Têche, le Charnay et le Graveron sont empoissonnés en truites.

DE LAPALISSE A DOMPIERRE-SUR-BESBRE

71 km — environ 2 h — schéma ci-contre

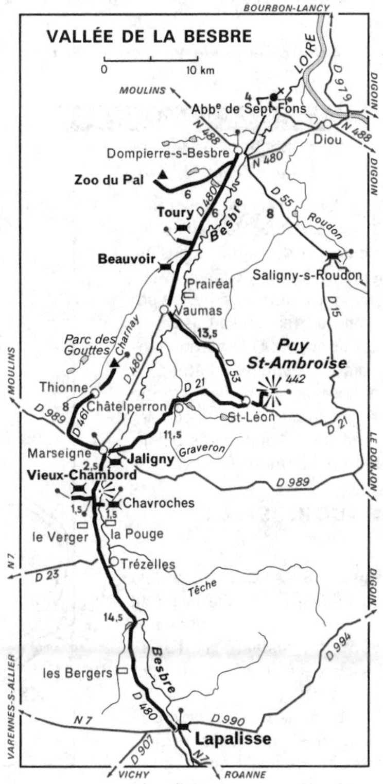

Quitter Lapalisse (p. 112), au Nord, par le D 480 qui longe la rivière. Peu après Trézelles, tourner à droite vers Chavroches. De la route, on jouit d'une agréable vue sur ce village.

VALLÉE DE LA BESBRE

    Chavroches. — 397 h. La montée au château laisse apercevoir le corps de logis du 15ᵉ s. La porte et les remparts datent des 12ᵉ et 13ᵉ s.

Regagner le D 480 et tourner bientôt à gauche vers le Vieux-Chambord.

    Château du Vieux-Chambord ★. — *On ne visite pas.* Le donjon du 13ᵉ s. surmonté de quatre échauguettes, domine la Besbre. Le corps de logis fut élevé aux 14ᵉ et 16ᵉ s.

Revenir au D 480; à Marseigne prendre à gauche le D 989, puis à droite le D 461, traverser Thionne pour atteindre les Gouttes.

    Parc des Gouttes. — *Ouvert du 15 mars au 30 avril et du 16 septembre au 15 novembre, de 11 h à 18 h; du 1ᵉʳ mai au 15 septembre, de 9 h à 20 h. Entrée : 8 F, enfants 5 F.*
Sur près de 250 ha et dans un site vallonné, ce parc étend ses nombreuses installations de sport et de loisirs : étangs réservés à la pêche, piscine, tir à l'arc, minigolf, pédalos, aires de pique-nique, de jeux pour les enfants. A été créé également sous de hautes futaies, un vaste parc animalier où vivent en totale liberté daims, cerfs, chevreuils, que l'on découvre au hasard de promenades à pied ou en voiture.

Revenir à Marseigne et suivre le D 989.

    Jaligny-sur-Besbre. — 779 h. Ce petit pays est bien connu pour ses marchés de volailles qui ont lieu tous les mercredis. A la mi-décembre, ce marché se spécialise et fait de Jaligny la capitale de la dinde en France, les foires les plus importantes commercialisent jusqu'à 5 000 paires de volailles. Chaque année, une dinde est envoyée à une personnalité française ou étrangère.
    Précédé d'une vaste prairie, le **château ★** de Jaligny que l'on découvre d'assez loin, présente deux tours massives percées d'ouvertures Renaissance, encadrant un corps de logis de la même époque. On peut approcher de la poterne d'entrée à droite de la façade.

On quitte un instant la vallée de la Besbre. Le D 21 par Châtelperron et St-Léon mène au Puy-St-Ambroise.

    Puy-St-Ambroise. — La **vue ★★** *(table d'orientation)* s'étend fort loin sur la vallée de la Besbre et, au Nord et à l'Ouest, sur toute la campagne uniformément plate : c'est une partie de la Sologne bourbonnaise au vert bocage.

Regagner St-Léon et par le D 53, la vallée de la Besbre que l'on rejoint à Vaumas.

    Château de Beauvoir ★. — *Visite des jardins de 9 h à 12 h et de 14 h à 18 h (16 h en hiver). Fermé le dimanche après-midi.*
Cette ancienne place forte du 13ᵉ s. porte les traces des restaurations effectuées au 15ᵉ s. par la famille La Fin. Son plan en équerre le différencie des autres châteaux de la région et l'ancienne tour de guet, aujourd'hui surmontée d'un campanile, est typiquement bourbonnaise. Monter l'allée centrale et suivre à gauche le chemin qui longe les anciennes douves et débouche sur les jardins.

Prendre à gauche le D 296.

    Château de Toury ★. — *On ne visite pas.* Lorsqu'au détour de la route, on découvre cette petite place forte, on est agréablement surpris par son harmonie et son état de conservation. De hautes courtines relient les deux corps de logis et la porte d'entrée avec mâchicoulis et poivrières.

A l'entrée de Dompierre prendre une petite route revêtue, à gauche.

Zoo du Pal★. — *Ouvert de 10 h à 19 h. Entrée : 9 F, enfants 5 F.*
Aménagé sur près de 30 ha, dans un cadre forestier vallonné, il présente en semi-liberté des animaux des cinq continents : fauves, cervidés, singes, manchots, oiseaux aquatiques, perroquets... (petit train, cafeteria, attractions pour enfants).

Faire demi-tour pour gagner Dompierre-sur-Besbre.

Dompierre-sur-Besbre. — 4 121 h. (les Dompierrois). *Lieu de séjour, p. 42.*

Saligny-sur-Roudon. — 992 h. *8 km au départ de Dompierre.* Le château, du 15e s., restauré en 1604, est entouré de larges douves.

Abbaye de Sept-Fons. — *4 km au départ de Dompierre.* Cette abbaye *(on ne visite pas)* est installée dans des bâtiments du 18e s., partiellement reconstruits au siècle dernier.

*Achetez le guide Vert Michelin **Corse**.*

BESSE-EN-CHANDESSE ★

Carte Michelin n° **73** - plis 13. 14 — *Schémas p. 95 et 101* — 1 926 h. (les Bessois) — *Lieu de séjour, p. 44.*

Centre agricole important, Besse conserve de vieilles demeures et des fortifications qui rendent le bourg curieux et pittoresque. La beauté de ses environs en fait un lieu de séjour fort apprécié. Une station biologique destinée à l'étude de la flore et de la faune de la région y est installée; elle dépend de la Faculté des Sciences de Clermont-Ferrand.

■ CURIOSITÉS
visite : 1/2 h

Église St-André★. — C'est un édifice roman de la fin du 12e s. dont le chœur datant de 1555 fut restauré au 19e s.; les chapelles latérales sont des 17e et 18e s.

L'intérieur est sombre, avec des bas-côtés étroits. Les chapiteaux, traités en faible relief, sont décorés de feuillages ou historiés. Remarquer les stalles du 16e s. dans le chœur (belles miséricordes) et, derrière le maître-autel, la statue vénérée de N.-D. de Vassivière *(voir p. 61)*.

Rue de la Boucherie★. — Très pittoresque avec ses maisons noires, bâties en lave. On y remarquera des «taules» ou boutiques du 15e s. et, près de la place de la Prairie, la **maison dite de la Reine Margot** (B). Selon une légende locale, Marguerite de Valois *(voir p. 177)* aurait séjourné dans cette maison, dont la porte gothique, surmontée d'un écusson, donne accès à un bel escalier à vis.

Porte de Ville★ (D). — Elle est protégée par une barbacane encore debout. Cette porte a été remaniée au 16e s. et adaptée à l'emploi des armes à feu; le beffroi a été ajouté après coup.

Tour de la Prison (E). — Restes de remparts *(à voir du chemin qui passe derrière l'église).*

■ SUPER-BESSE ★ (alt. 1 350 m)

Bien située au pied du Puy de la Perdrix, Super-Besse *(lieu de séjour, p. 44)*, annexe d'altitude de Besse, est fréquentée l'été pour son cadre reposant, mais se développe surtout comme station de sports d'hiver. De nombreux chalets et des résidences de vacances accueillent les touristes; les remontées mécaniques desservent un vaste domaine skiable exposé au midi. Un petit lac (14 ha) permet, suivant les saisons, le canotage ou le patinage.

(D'après photo Léo Pélissier)

Besse-en-Chandesse. — Porte de ville.

EXCURSIONS

Lac Pavin★★ et puy de Montchal★★. — *4,5 km au Sud-Ouest de Besse-en-Chandesse, puis 3/4 h à pied AR. Description p. 136.*

Puy Ferrand. — *1/4 h en télécabine, puis 3/4 h à pied AR au départ de Super-Besse.*
Le télécabine de la Perdrix part du cirque de la Biche et aboutit au sommet du puy de la Perdrix. De là on gagne, en suivant la crête, le sommet du puy Ferrand; vue sur les monts Dore, les lacs, la vallée de Chaudefour.

Chapelle de Vassivière. — *7 km à l'Ouest de Besse par la N 678 et une route à droite.*
Elle abrite pendant l'été la statue de N.-D. de Vassivière. Cette vierge noire quitte solennellement l'église St-André de Besse le 2 juillet, fête de la Montée, pour y redescendre le dimanche suivant le 21 septembre, fête de la Dévalade *(voir p. 6)*. La chapelle de pèlerinage s'élève dans un beau site pastoral.

Lac de Montcineyre. — *8 km — schéma p. 95. Quitter Besse-en-Chandesse par le D 36 au Sud. A 7 km, prendre à droite le chemin (en mauvais état) qui conduit au lac.*
Le lac de Montcineyre doit son existence au barrage d'une vallée par le puy boisé de Montcineyre, il a la forme d'un croissant. Ses eaux, qui s'infiltrent dans les laves, alimentent la Couze de Valbeleix *(p. 95)*.
Situé à 1 182 m d'altitude, il a une superficie de 40 ha et une profondeur de 18 m *(voir tableau des lacs, p. 5)*. En suivant la rive, au pied du volcan, on découvre une jolie vue sur les monts Dore.

BILLOM ★

Carte Michelin n° **73** — pli 15 — *Schémas p. 114 et 116* — 4 155 h. (les Billomois).

Billom, située au contact de la plaine de la Limagne et des monts du Livradois, eut son heure de célébrité au Moyen Age et, avant Clermont, posséda une Université. Celle-ci, transformée au 16ᵉ s., devint le premier collège dirigé par les Jésuites et réputé dans toute l'Auvergne.

C'est à Billom que, sous la Terreur, le conventionnel Couthon ordonna, par un édit célèbre, la démolition de tous les clochers de la province comme «contraires à l'égalité». L'église St-Cerneuf perdit alors son élégante tourelle.

Aujourd'hui, Billom connaît une activité industrielle variée : sciage et placage du bois, carrelages, tuilerie, briqueterie, éléments préfabriqués pour la construction, carrosserie automobile, brosserie. Mais c'est surtout le centre d'une région agricole spécialisée dans la culture de l'ail : environ 7 000 tonnes sont produites chaque année (dont près du 1/10ᵉ pour l'exportation), utilisées surtout pour la consommation en ail frais, une très faible quantité servant à la confection des produits pharmaceutiques et à la fabrication de poudre et de pâte d'ail.

■ **CURIOSITÉS** *visite : 1 h*

Par le quai du Terrail, gagner la place du Creux-du-Marché aux vieilles demeures. Franchir le pont du Marché-aux-Grains, à droite, sur le parapet, on peut encore voir taillées dans la pierre de Volvic, trois auges avec leurs goulottes sur lesquelles s'adaptaient des mesures pour les grains. *Suivre la rue Notre-Dame et prendre, à droite, la rue de l'Etezon.* Au n° 12, remarquer la **maison du Bailli** (B A) du 16ᵉ s.

Maison du Chapitre (B B). — *On ne visite pas.* Cette demeure du 15ᵉ s., reste de l'université médiévale, servit de prison pendant la Révolution.

Église St-Cerneuf★. — C'est un édifice gothique élevé sur une ancienne église romane dont il subsiste une crypte, une partie du chœur et le déambulatoire.
Le portail de façade conserve des portes aux curieuses pentures du 13ᵉ s.

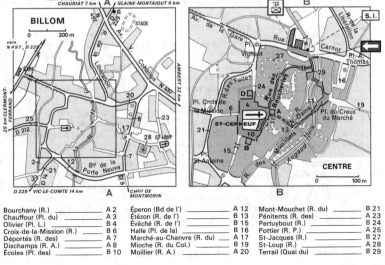

Bourchany (R.)	A 2	Éperon (Bd de l')	A 12	Mont-Mouchet (R. du)	B 21
Chauffour (Pl. du)	A 3	Étézon (R. de l')	B 13	Pénitents (R. des)	A 23
Olivier (Pl. L.)	B 4	Évêché (R. de l')	B 15	Pertuybout (R.)	B 24
Croix-de-la-Mission (R.)	B 6	Halle (Pl. de la)	B 16	Pottier (R. P.)	A 25
Déportés (R. des)	A 7	Marché-au-Chanvre (R. du)	A 17	St-Jacques (R.)	B 27
Dischamps (R. A.)	A 8	Mioche (R. du Col.)	B 19	St-Loup (R.)	A 28
Écoles (Pl. des)	B 10	Moillier (R. A.)	A 20	Terrail (Quai du)	B 29

L'intérieur abrite d'intéressantes **peintures murales** et de belles œuvres d'art. Autour du chœur, une **grille**★ en fer forgé date du 12ᵉ s., dans le déambulatoire un chapiteau relate l'histoire de Zachée, thème assez rare. A droite du chœur, la chapelle du Rosaire (ancienne chapelle des Aycelin de Montaigut dévastée par Couthon en 1793) est ornée d'un ensemble de peintures murales *(en cours de dégagement)* du 14ᵉ s. : l'Assomption et le couronnement de la Vierge, des anges musiciens; elle abrite dans un enfeu, au-dessus d'un tombeau d'archevêque, une **Nativité** naïve du 14ᵉ s.

Dans la chapelle absidale, ont été placés deux bas-reliefs en bois sculpté du 17ᵉ s. représentant, l'un la Flagellation, l'autre le Couronnement d'épines.

Au revers de la façade, à gauche de la porte d'entrée, remarquer une Mise au tombeau du 15ᵉ s., un bel ange sculpté, en pierre, et des peintures du 15ᵉ s., à droite une Pietà en pierre polychrome du 15ᵉ s. Dans la crypte, la plus ancienne d'Auvergne *(visite possible seulement sur rendez-vous pris par avance avec M. le Curé)* : trois épisodes de la vie de sainte Marguerite, vraisemblablement peints au 13ᵉ s.

Maison de l'Échevin (B D). — Du 15ᵉ s. Dans la cour : jolie tourelle d'escalier et puits avec sa roue.

Rue des Boucheries. — Étroite, pavée de cailloux pointus, sans trottoir, la rigole au milieu de la chaussée, elle a gardé ses maisons moyenâgeuses, celle du **Doyen,** avec une belle baie en anse de panier et une tour d'escalier Renaissance, et celle du **Boucher** (15ᵉ s.), en pierre sur un côté, en pans de bois sur l'autre, à deux étages en encorbellement.

Continuer jusqu'à la rivière et tourner à gauche pour retrouver la rue Carnot.

(D'après photo Arthaud, Z.I.L., St-Herblain)

Billom. — Maison du Boucher.

EXCURSIONS

Château de Montmorin. — *5 km au Sud par le D 9 et le D 118ᴱ. Visite du 1ᵉʳ juillet au 31 août, tous les jours de 15 h à 19 h; le reste de l'année, les dimanches et jours fériés de 15 h à 19 h. Fermé de la Toussaint aux vacances scolaires de Pâques. Entrée : 4 F.*

Ancien château fort dont le donjon cantonné de tours rondes est aujourd'hui en ruines, Montmorin fut le berceau des Saint-Hérem. L'un d'eux, Armand-Marc, ministre des Affaires Étrangères puis de l'Intérieur sous Louis XVI périt dans les massacres des prisons en septembre 1792.

Dans le corps de logis, quatre salles ont été aménagées en musée. Les anciennes écuries abritent une intéressante collection d'outils anciens; la salle des gardes : des armes, des bancs-lits et une belle table Louis XIV; deux autres pièces présentent des objets usuels et des meubles.

Du chemin de guet, belle vue sur la Comté et le Livradois.

Espirat; Chauriat. — *9 km. Quitter Billom au Nord par la N 497 et prendre à droite le D 81.*

Espirat. — 300 h. Église romane remarquable par la robustesse de son carré du transept dont les grands arcs sont surmontés d'arcatures de décharge, sa coupole sur trompes et la simplicité de son chœur orné de statuettes.

Faire demi-tour et suivre le D 81.

Chauriat. — 748 h. Entouré de vignobles, ce bourg du Nord de la Comté, possède une intéressante église qui relève du style roman auvergnat. A l'extérieur, cet édifice se signale surtout par la très originale marqueterie de pierres polychromes, dispersées géométriquement mais sans monotonie, au **pignon**★ et sous les arcatures du bras droit du transept ainsi que sous les arcs de décharge et les parties hautes de la nef. A l'intérieur, les gros piliers de la nef sont surmontés de chapiteaux à feuillages ou historiés (le 3ᵉ à droite représente la Multiplication des pains et le Lavement des pieds). Haute coupole à base octogonale, épaulée par de puissants arcs romans. Vierge de majesté du 12ᵉ s. Sur la même place, une autre église romane a été transformée en cave de champagnisation *(visite de 14 h à 18 h).*

Glaine-Montaigut. — 352 h. *6 km au Nord. Quitter Billom par le D 229. A 3 km, prendre à droite le D 212 puis le D 152.*

L'église romane primitive forme transition entre l'art carolingien et le roman auvergnat. La nef du 11ᵉ s. est voûtée en plein cintre sans doubleau. Il n'y a pas de transept apparent mais une coupole. Les bas-côtés, voûtés en quart de cercle, étroits et sombres, sont séparés de la nef par des piliers épais. Le chœur du 12ᵉ s. possède de beaux chapiteaux.

Carte Michelin n° **76** - pli 4 — *Schémas p. 48 et 74* — 853 h. (les Bleslois).

Blesle est un curieux petit bourg, intéressant pour l'archéologue comme pour le touriste. Son site, à proximité des gorges de l'Alagnon, est très pittoresque.

Blesle se fonda autour d'une abbaye de bénédictines nobles, vers le milieu du 9e s. Les religieuses avaient chacune leur maison donnant sur la cour intérieure du couvent. Le monastère très riche, tout à fait indépendant, relevait directement du pape, et la vie y était fort douce. L'abbesse était seigneur de la ville, mais les puissants barons de Mercœur s'installèrent à Blesle à la fin du 11e s. et, dès lors, ne cessèrent d'empiéter sur les droits de l'abbaye, jusqu'à ce qu'enfin le droit de justice leur restât. De leur forteresse, il ne subsiste que le donjon.

Sous la Terreur, l'église St-Pierre fut conservée comme église paroissiale, mais on abattit son clocher. Par contre, l'église St-Martin, vendue comme bien national, fut démolie pierre à pierre, à l'exception de son clocher, que la municipalité sauvegarda afin d'y loger l'horloge communale. Si bien que Blesle possède une église sans clocher et un clocher sans église.

■ **CURIOSITÉS** *visite : 1/2 h*

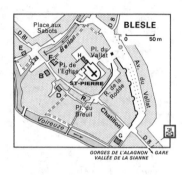

GORGES DE L'ALAGNON GARE
VALLÉE DE LA SIANNE

Église St-Pierre ★. — C'est l'ancienne église abbatiale. Le portail Sud, entrée principale, rappelle ceux des églises du Puy. Les portes en bois clouté du 12e s. sont intégrées dans le tambour du portail.

A l'intérieur, la courte nef du 11e s., bien dégagée, est surélevée; c'est là que se tenaient les chanoinesses.

Au croisillon gauche du long transept en partie carolingien, une fenêtre est ornée d'animaux fabuleux; au-dessous, un autel de marbre aurait été donné par le pape à la fondatrice de l'abbaye en 865.

Dans le chœur très vaste (fin du 12e s.), remarquer les chapiteaux.

Trésor. — *Pour visiter, s'adresser à la mairie.*

Situé au fond de la nef, il expose les anciennes stalles des chanoinesses dont certaines présentent de belles miséricordes, une intéressante collection d'ornements liturgiques des 17e et 18e s., une Vierge en majesté du 12e s. en bois polychrome, et un Christ roman.

Donjon (B). — Cette grosse tour carrée est renforcée de deux contreforts par face, ce qui lui a valu le nom de «tour aux vingt angles».

Clocher St-Martin (F). — Seul vestige de l'église du 14e s. détruite en 1793.

On peut voir, en outre : la maison romane (D) qui présente au 1er étage une baie géminée, la tourelle et la porte (17e s.) de l'ancien hospice (E), les maisons des 15e et 16e s. de la rue Ed.-Chatillon.

EXCURSIONS

Brioude ★★. — *23 km à l'Est. Gagner le Babory-de-Blesle et prendre à gauche la N 9. A Grenier-Montgon, tourner à gauche dans la N 588 en direction de Brioude. Description p. 68.*

Gorges de l'Alagnon ★. — *Circuit de 41 km. Description p. 48.*

Vallée de la Sianne ★. — *31 km de Blesle à Allanche. La route est décrite en sens inverse p. 75.*

Le Cézallier. — *16 km. Quitter Blesle par le D 8 au Nord qui conduit à Anzat-le-Luguet, porte du Cézallier. Description p. 74.*

Carte Michelin n° **73** - pli 6.

Ces hauts plateaux, prolongement des monts du Forez au Nord, sont séparés des monts de la Madeleine par la vallée de la Besbre. Ils doivent leur nom aux sombres sapinières qui les revêtent et leur confèrent leur charme. Dominant les plaines de la Limagne et du Roannais, ils procurent des vues très étendues. Le point culminant, le puy de Montoncel, est à l'altitude de 1 287 m.

DE CHABRELOCHE A ST-PRIEST-LA-PRUGNE

17 km — environ 3/4 h

Chabreloche. — 1 400 h. (les Chabrelochois). *Lieu de séjour, p. 42.* Petit centre de coutellerie dans la vallée de la Durolle.

Le D 86, sinueux et accidenté par endroits, est emprunté par des charrois de bois. Au début du parcours, il offre des vues superbes à droite sur les monts du Forez et la vallée supérieure de la Durolle puis, au-delà d'Arconsat, pénètre dans les Bois Noirs.

Puy de Montoncel ★. — *2 h 1/2 à pied AR. Prendre à gauche, un peu après le col, un large chemin de terre qui se transforme en sentier. Après plusieurs raidillons, prendre à droite, à angle aigu, un autre sentier qui oblique à gauche vers une clairière.*

Les BOIS NOIRS★

Cette montagne constitue la borne où viennent se joindre les trois départements : Puy-de-Dôme, Allier et Loire. Du sommet, immense **panorama**★ : au Nord, sur la vallée de la Besbre et la montagne de la Madeleine; à l'Est, au-delà de la vallée de la Loire, sur les monts du Beaujolais; au Sud, sur les monts du Forez et du Livradois et au loin sur le Velay et les monts du Cantal; au Sud-Ouest, sur les monts Dore et les monts Dômes.

Sur l'autre versant, la route descend d'abord à travers la forêt puis offre, peu après Laurent, une jolie vue sur les vallées de la Besbre et de l'Aix et sur la montagne de la Madeleine.

St-Priest-la-Prugne. — 717 h. Près de ce village en plein développement, on extrait et on traite actuellement le minerai d'uranium. A 4,5 km au Nord-Ouest de St-Priest est exploitée la source minérale Charrier.

BORT-LES-ORGUES

Carte n° **76** - pli 2 — *Schéma p. 52* — 5 612 h. (les Bortois) — *Lieu de séjour, p. 42.*

Bort est une petite ville agréablement située dans la vallée de la Dordogne. Elle doit sa renommée aux célèbres orgues qui la dominent et à son gigantesque barrage sur la Dordogne. Son église romane fut fortifiée ainsi que le prieuré voisin.

EXCURSIONS

Vallée de la Dordogne★★★. — *De Bort à Argentat, cette vallée est décrite dans le guide Vert Michelin Périgord.*

Barrage de Bort★★; **château de Val**★. — *8,5 km au Nord — environ 1 h 1/2 — schéma p. 52. Quitter Bort par le D 979, route de Limoges.*

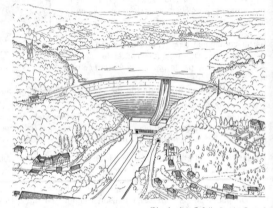

(D'après photo G. Sully, Bort-les-Orgues)

Barrage de Bort.

Barrage de Bort★★. — Visite : 1/4 h. Par sa masse énorme (700 000 m³ de béton) et sa très grande capacité, le barrage de Bort est la pièce maîtresse de l'aménagement hydro-électrique de la Dordogne. Sa retenue *(voir tableau des lacs, p. 5)* est en partie alimentée par les eaux de la Rhue, affluent de la Dordogne en aval de Bort, refoulées en conduite forcée par une dérivation souterraine longue de 12 km. L'usine, construite au pied du barrage, est équipée de deux groupes de 100 000 kW et d'un groupe de 23 000 kW qui permettent de concentrer la production d'énergie sur un petit nombre d'heures. A l'intérieur est exposée une maquette sonore de l'aménagement hydro-électrique du Massif Central.

Du 15 juin au 30 septembre, promenades sur le lac — départs du barrage de 9 h à 18 h.

A la sortie du barrage, le D 922, à travers bois, et une route, à droite, mènent à Lanobre.

Lanobre. — 1 468 h. L'église du 12e s. est un bon exemple de style roman de Haute-Auvergne.

Rejoindre le D 922, le traverser et suivre la même route qui donne accès au château de Val.

(D'après photo G. Sully, Bort-les-Orgues)

Château de Val.

Château de Val★. — Le château de Val occupe depuis la mise en eau de la retenue de Bort une situation des plus pittoresques. Bien planté sur son îlot rocheux, il ne communique avec la terre ferme que par une digue étroite lorsque le lac est complètement rempli.

Laisser la voiture aux parkings ou à l'entrée de la digue. Visite de 9 h à 12 h et de 14 h à 18 h. Fermé le mardi du 15 septembre au 15 juin. Durée : 1/2 h. Entrée, pour le château : 3 F; pour la cour : 1 F. Du 15 juin au 15 septembre, promenades en bateau sur le lac. Durée : 1 h. Prix : 7 F.

On a une jolie vue de l'extérieur, en faisant quelques pas sur la gauche. Le château de Val, qui date du 15ᵉ s., évoque le passé d'une façon charmante, avec ses tours élégantes coiffées en poivrière. L'intérieur abrite de beaux escaliers et deux magnifiques cheminées Renaissance. Un chemin de ronde, auquel on a accès, court sous les combles.

Revenir à Bort-les-Orgues par le barrage et le D 979.

Vallée de la Rhue★★. — *81 km de Bort-les-Orgues au Pas de Peyrol. Description p. 147.*

Orgues de Bort★. — *Circuit de 15 km — environ 2 h — schéma p. 52. Quitter Bort par le D 127 en montée qui se détache du D 979 (route de Limoges) à la sortie de la ville, près du cimetière.* Au cours de la montée, beau panorama à gauche sur la vallée de la Rhue. Quelques mètres après les dernières maisons de Chantery, prendre à droite un escalier en ciment qui conduit directement au pied des orgues *(voir p. 19)* — écriteau «Grottes des orgues».

Revenir au D 127 et, après 2 km, prendre à droite la route (signalée) qui, en 800 m, conduit au parc aménagé, près du relais de Télédiffusion, sur le plateau des Orgues, altitude 769 m. Laisser la voiture et gagner à pied (1/4 h AR) la table d'orientation et un deuxième point de vue, dit «des Orgues», sur la droite. Le regard embrasse un immense **panorama**★★ sur la vallée de la Dordogne, l'Artense, le Cantal et les monts Dore. Au Sud-Ouest, on aperçoit le lac de Madic, témoin d'un ancien cours de la Dordogne. Du point dit «la tête de l'homme», sur le chemin en corniche, immense tour d'horizon avec la ville de Bort au premier plan.

Revenir à la voiture et suivre à nouveau le D 127 sur 500 m. Un sentier se détache à gauche (panneau) qui conduit sur un mamelon rocheux (1/4 h à pied AR). Panorama étendu sur le Puy de Sancy et les monts du Cantal, la Dordogne et ses affluents, le massif des Monédières, le plateau de Millevaches.

Au col du Puy de Bort, le D 127, en corniche, offre sur la gauche un beau point de vue.

Regagner Bort par le D 979 qui permet d'apercevoir, sur la droite, le joli château de Pierre-fitte, puis offre de belles vues *(parc de stationnement)* sur la retenue et le barrage de Bort.

Mauriac★. — *29 km au Sud-Ouest par la N 122. Description p. 119.*

Saut de la Saule. — *2,5 km, puis 1/2 h à pied AR — schéma p. 52. Quitter Bort par le D 922 (route de Mauriac) et prendre à gauche une route en montée vers l'Institut médico-pédagogique. Suivre l'allée (poteau indicateur) qui franchit la Rhue, puis tourner à gauche et longer la rivière.*
On atteint bientôt de petites gorges où l'eau s'est frayé un passage en creusant dans le gneiss, sous l'action du tournoiement des galets entraînés par elle, des excavations régulières que l'on appelle «marmites de géants».
Un peu plus loin, on arrive aux rochers qui surplombent le Saut de la Saule, où la Rhue franchit un seuil rocheux, haut de 5 à 6 m.

L'Artense. — *Circuit de 83 km qui peut être entrepris au départ de Bort-les-Orgues. Description p. 52.*

Vous êtes gourmet...
consultez, p. 37, le chapitre La table auvergnate.

BOUCHET (Lac du)★
Carte Michelin nº **76** - plis 16, 17 — 17 km au Sud-Ouest du Puy.

Au départ de Cayres, emprunter le D 31, puis à gauche le D 312.

Le lac. — Situé à 1 205 m d'altitude, il a une superficie de 43 ha et une profondeur de 28 m *(voir tableau des lacs, p. 5)*. Il occupe le fond d'un ancien cratère que révèle sa forme presque circulaire. Une forêt de sapins, d'épicéas et de pins l'enferme. On ne lui connaît ni rivière tributaire, ni déversoir. Cependant, la limpidité de ses eaux montre qu'elles se renouvellent sans cesse. *Un sentier sous bois permet d'en faire le tour en 3/4 h.*
En quittant le lac par la route, on a, à la sortie de la forêt, une très belle vue sur le Velay volcanique et en particulier sur les massifs du Meygal et du Mézenc.

BOURBON-L'ARCHAMBAULT★
Carte Michelin nº **69** - pli 13 — 2 598 h. (les Bourbonnais) — *Lieu de séjour, p. 42.*
Plan dans le guide Michelin France de l'année.

Le nom de cette petite ville évoque à la fois le Dieu gaulois Borvo, protecteur des thermes, et les premiers Sires de Bourbon, les Archambault. Ses eaux, appréciées depuis les Romains, jaillissent à 53 ºC et leurs effets sont recommandés dans le traitement des rhumatismes, les paralysies et la réduction des fractures. La station thermale est fermée du 15 décembre au 15 janvier.
Trente ans durant, Charles-Maurice de **Talleyrand-Périgord** (1754-1838) passa le mois d'août à Bourbon-l'Archambault, trouvant dans les eaux de la station prises en douches et en bains le meilleur gage de l'entretien de sa bonne santé. Sa piscine particulière perpétue de nos jours encore le souvenir de son passage sous le nom de «Bain du Prince». A sa suite venait s'adjoindre là, tout un monde de personnalités locales en compagnie duquel il prenait plaisir à vivre : audiences, parties de whist, plaisir incomparable de la conversation, bavardages de son barbier, facéties faites à son médecin latiniste. Le ministre des Affaires extérieures de la France, prince de Bénévent, était en vacances.

■ **CURIOSITÉS** *visite : 3/4 h*

Allées Montespan. — Situées derrière l'établissement thermal, elles donnent accès au Nouveau parc d'où l'on jouit d'une belle **vue**★ sur le promontoire où s'élevait jadis l'imposante forteresse, protégée par vingt tours.

Château. — *Accès par la route de Nevers. Visite du 15 avril au 15 septembre, de 9 h 30 à 11 h 30 et de 14 h à 18 h; le reste de l'année, de 14 h à 17 h. Fermé le lundi. S'adresser à Mme Gâtine, 2e porte à droite devant le château.*

Louis Ier de Bourbon fit du château de Bourbon, une véritable demeure princière dont il ne reste que les trois tours du Nord. Chacune est munie d'un escalier à vis et possède deux salles voûtées de belles ogives. Du sommet des tours, la **vue**★ est très étendue sur la ville, son étang *(voir tableau des lacs, p. 5)* et le Bourbonnais.

Des anciens logis du 14e s. ne subsistent que deux cheminées monumentales.

Revenir en ville par la rue en face du château. Remarquer au passage, la **tour Quinquengrogne** surmontée d'un beffroi moderne.

Église St-Georges. — Élevée au 12e s., remaniée et agrandie au 15e s. puis au 19e siècle. On y remarque de beaux chapiteaux dont celui des Anges musiciens dans l'angle du croisillon gauche et au-dessus des fonts baptismaux une sainte Marie-Madeleine du 16e s. aux traits typiquement bourbonnais.

Le presbytère, à gauche en sortant de l'église, abrite un trésor recélant trois beaux reliquaires dont l'un renferme une épine de la Sainte couronne.

Musée Augustin-Bernard. — *Au no 1, place des Thermes. Visite du 15 mai au 1er octobre, les dimanches et jours fériés, de 14 h à 18 h; les mercredis de 16 h à 18 h. Entrée : 4 F.*

Il occupe l'ancien logis du Roi. Un intérieur bourbonnais a été reconstitué au premier étage. Plusieurs vitrines présentent des coiffes et costumes régionaux. Divers instruments aratoires rappellent l'ancienne vie rurale de cette contrée.

EXCURSIONS

Souvigny★★. — *13 km au Sud-Est par D 134 puis le D 104. Description p. 166.*

St-Menoux★. — *9 km à l'Est par ② du plan, D 953. Description p. 157.*

Ygrande; Autry-Issards. — *Circuit de 46 km — environ 2 h — schéma ci-contre. Quitter Bourbon-l'Archambault par ① du plan, D 1.*

BOURBON-L'ARCHAMBAULT ET COSNE-D'ALLIER
(EXCURSIONS)

Franchesse. — 552 h. L'église, avec son beau clocher, retiendra l'attention.

Poursuivre jusqu'à Ygrande par le D 135.

Ygrande. — 952 h. Cette petite ville possède une église du 12e s. dotée d'une des plus belles flèches en pierre de la région. A la sortie Nord de la ville, sur le D 17, dans sa maison natale, a été installé un musée consacré à Émile Guillaumin (1873-1951), agriculteur et écrivain qui sut traduire les joies et les misères des métayers bourbonnais. Ses livres : «La vie d'un simple», «Le Syndicat de Bougignoux» sont des documents sur le monde rural de l'Allier, au début de ce siècle.

Le D 192 mène à la forêt de Gros-Bois.

Forêt de Gros-Bois. — Dans cette belle futaie se trouvent les vestiges de l'abbaye de Grammont.

Continuer par le D 11 et le D 58 en direction d'Autry-Issards.

Château du Plessis. — *Demander l'autorisation de visiter l'intérieur.* L'ensemble, de la fin du 15e s., présente un corps de logis précédé d'une tour d'escalier fortifiée, d'un curieux effet.

Autry-Issards. — 311 h. L'église dont l'entrée principale est surmontée d'un linteau signé, possède, dans le chœur à droite, une belle Déposition de croix, œuvre du 15e s.

Le D 134 ramène à Bourbon-l'Archambault.

LES NUMÉROS DES ROUTES

Les modifications en cours dans le classement
et la numérotation des routes
peuvent engendrer quelques désaccords
entre la signalisation routière et les indications de ce guide.

La BOURBOULE ★★

Carte Michelin n° **73** - pli 13 - *Schéma p. 101* — 2 432 h. (les Bourbouliens) — *Lieu de séjour, p. 44.*

A 852 m d'altitude, dans la riante vallée de la Haute-Dordogne, la Bourboule, station d'enfants par excellence, jouit d'une température sans variations excessives. C'est un lieu de repos et de cure très réputé.

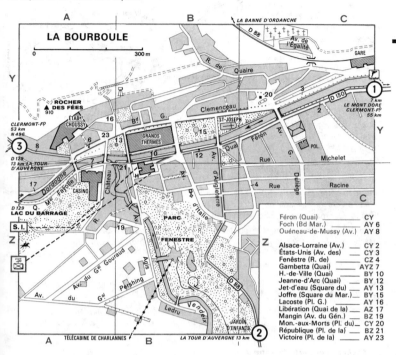

Féron (Quai) _____ CY
Foch (Bd Mar.) _____ AY 6
Ouéneau-de-Mussy (Av.) __ AY 8

Alsace-Lorraine (Av.) ___ CY 2
États-Unis (Av. des) ___ CY 3
Fenêstre (R. de) _____ CZ 4
Gambetta (Quai) _____ AYZ 7
H.-de-Ville (Quai) _____ BY 10
Jeanne-d'Arc (Quai) ___ BY 12
Jet-d'eau (Square du) __ AY 13
Joffre (Square du Mar.)_ BY 15
Lacoste (Pl. G.) _____ AY 16
Libération (Quai de la) __ AZ 17
Mangin (Av. du Gén.) __ BZ 19
Mon.-aux-Morts (Pl. du)_ CY 20
République (Pl. de la) ___ BZ 21
Victoire (Pl. de la) _____ AY 23

■ LA VILLE THERMALE

Le premier établissement de bains date de 1821. Les cabines sont fermées par de simples rideaux de serge, que le vent soulève indiscrètement : on ne change pas l'eau du bain pour chaque malade et les douches s'y donnent à l'aide d'une pompe à main qu'actionne un vieux paysan. En 1854, le chimiste Thénard découvre de l'arsenic dans les eaux de la Bourboule. A partir de ce moment, chaque propriétaire se met à explorer son enclos pour y trouver une source; c'est à qui creusera plus vite, à qui pompera plus fort que son voisin. Cette «guerre des puits» finit par émouvoir les autorités; aujourd'hui, les sources sont gérées par la Société Thermale de la Bourboule et la Compagnie des Eaux minérales.

Deux sources sont exploitées à la Bourboule : chaudes comme Choussy-Perrière (57 °C), froides comme Fenêstre (19 °C). Ces eaux, les plus arsenicales d'Europe, sont employées dans les maladies des voies respiratoires, l'asthme, les maladies de la peau, les anémies de l'enfance et les allergies, sous forme de boisson, inhalations, pulvérisations, bains et douches.

Deux établissements dispensent les soins, Choussy et Grands Thermes, ce dernier offrant un service de luxe. La station possède toutes les ressources des grandes villes d'eaux : casino, tennis, équitation, piscine, parc d'attractions, etc.

Parc Fenêstre★. — *Ouvert toute l'année; parc des jeux ouvert du 1er mai au 30 septembre.*
Ce très beau parc est un charmant lieu de promenade et de délassement. Une partie, réservée aux enfants, offre à ceux-ci de grandes pelouses et des jeux de plein air.

Rocher des Fées (AY). — *1/2 h à pied AR.* De ce rocher de granit qui domine d'une cinquantaine de mètres le quartier thermal de la Bourboule, jolie vue sur la ville et son site.

Lac du Barrage. — *1 h à pied AR.* Quitter la Bourboule par le D 129 (AZ) et prendre à droite l'agréable sentier conduisant, à travers les bois du Charlet, jusqu'au barrage dont la retenue s'allonge sur plus d'un kilomètre dans la vallée de la Dordogne. Passer sur le barrage et revenir à la Bourboule par la N 496.

Plateau de Charlannes. — *Accès : — par télécabine du parc Fenêstre. Il fonctionne tous les jours du 20 décembre à Pâques et du début mai à fin septembre, de 9 h à 12 h 30 et de 13 h 30 à 19 h 30 (18 h en hiver). Durée : 5 mn. Prix AR : 6 F; — en auto, 7 km par ③ du plan, puis à gauche le D 129 et la route de Charlannes — schéma p. 68.*

Très fréquenté par les curistes pour ses paysages reposants, le plateau de Charlannes, altitude 1 250 m, offre de beaux sous-bois et des vues étendues sur les monts Dore et les monts du Cantal.

EXCURSIONS

Puy de Sancy★★★ — *11 km, puis 1 h AR de téléphérique et de marche. Description p. 99.*

Monts Dore★★★. — *Deux circuits s'offrent au départ de la Bourboule :*
  — ★★★ *par Orcival.* — *52 km. Description p. 99.*
  — ★★ *le tour du Sancy.* — *83 km. Description p. 100.*

La BOURBOULE★★

La Banne d'Ordanche★★. — *7 km, puis 1/2 h à pied AR — schéma ci-contre. Quitter la Bourboule par l'avenue de l'Égalité* (CY) *qui rejoint le D 88, offrant de jolies vues. A Murat-le-Quaire, prendre à droite en direction de la Banne d'Ordanche. Description p. 100.*

Cascades de la Vernière et du Plat à Barbe★. — *2,5 km, puis 1 h à pied AR — schéma ci-contre. Sentiers raides et parfois glissants. Quitter la Bourboule par* ① *du plan, D 130. A 2,5 km, peu après une maison isolée (à droite), laisser la voiture et prendre à droite un chemin conduisant à une ferme. Dépasser celle-ci et suivre tout droit le chemin en montée qui*

pénètre bientôt en forêt. Après 1/4 h de marche, prendre à droite le sentier descendant en lacet vers la cascade de la Vernière. Accès : 0,50 F. Cette cascade est formée par le Cliergue sur une grosse roche volcanique obstruant son lit.

Remonter le sentier en lacet et continuer à suivre le chemin qui atteint la buvette du Plat à Barbe. De là part un sentier, coupé de marches, qui aboutit à une plate-forme aménagée face à la cascade du Plat à Barbe. Haute de 17 m, cette chute *(accès : 0,50 F)* doit son nom à la forme d'une petite cuvette creusée par ses eaux.

Roche Vendeix★. — *4,5 km, puis 1/2 h à pied AR. Quitter la Bourboule par* ② *du plan. Description p. 178.*

Gorges d'Avèze★. — *18 km à l'Ouest. Quitter la Bourboule par* ③ *du plan, N 496, prendre à gauche la N 122 et à 2,5 km, tourner à droite dans le D 31ᴱ vers Avèze. Description p. 58.*

Sachez tirer parti de votre guide Michelin.
Reportez-vous aux Signes conventionnels p. 46.

BRIOUDE ★★

Carte Michelin n° **76** - pli 5 — *Schéma p. 50* — 8 427 h. (les Brivadois) — *Lieu de séjour, p. 42.*

Active petite ville située sur une terrasse dominant la riche plaine de l'Allier, Brioude est un important marché agricole. C'est aussi un centre de pêche et notamment de pêche au saumon, car un barrage, en amont de la ville, les gêne pour poursuivre leur remontée de l'Allier.

Le tombeau vénéré de saint Julien valut à Brioude une affluence de pèlerins durant tout le Moyen Age. C'était d'ailleurs, une ville pieuse, qui appartenait depuis le 11ᵉ s. aux chanoines-comtes de St-Julien. Ils portèrent la soutane violette jusqu'à la Révolution.

Brioude a conservé le souvenir du passage de **Mandrin**, le contrebandier dauphinois. Le 26 août 1754, il pénètre dans la ville à la tête d'une troupe armée, va trouver le responsable de l'entrepôt qui représente la «ferme» des tabacs (les fermiers généraux ont le monopole de la vente) et lui fait acheter, au prix fort, un important lot «d'herbe à Nicot» passé en fraude. Il se retire sous l'œil sympathique des gens de Brioude, ravis du bon tour joué à la «ferme» qu'ils détestent. Mais sa victime dupée ne se remet pas de son émotion et trépasse huit jours après.

BRIOUDE

■ LA BASILIQUE ST-JULIEN ★★ (1) visite : 1/2 h

Avec 74,15 m de longueur, la basilique St-Julien est la plus grande église romane d'Auvergne. Elle se rattache à l'école romane auvergnate par son chevet étagé et ses pierres de plusieurs couleurs, mais en diffère par d'autres points, comme l'agencement des portails.

Extérieur. — Faire le tour de la basilique, dont l'aspect est particulièrement imposant de la rue du Chapitre et de la place Grégoire-de-Tours, pour admirer le chevet à la belle ordonnance, orné d'un bandeau de mosaïques et de modillons. Le clocher qui le domine a été reconstruit au 19e s. Sous le porche Sud les vantaux, jadis recouverts de peau, ont encore leurs pentures romanes et leurs deux marteaux de bronze. Le porche Nord avait été, en 1513, transformé en chapelle. On distingue encore les restes d'un tympan en stuc (l'Ascension) du 12e s.

Intérieur. — L'ampleur du vaisseau et la chaude coloration intérieure due aux grès rouges, sont frappantes.

Le narthex avec ses trois tribunes ouvertes sur la nef et les quatre premières travées de la nef sont antérieurs d'un siècle au reste de la construction, aussi y voit-on des piliers massifs flanqués de colonnes engagées. Dans la nef et les bas-côtés, des **chapiteaux** ★★ historiés sont fort curieux. Sur les murs et les piliers des premières travées, on peut admirer les vestiges de peintures anciennes surprenantes par leur diversité et la verve des figures.

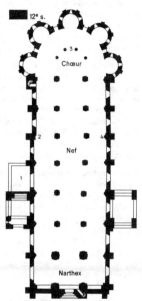

Parmi les œuvres d'art, il convient de remarquer :
— dans la chapelle de la Croix (1), un retable attribué à Vaneau, sculpteur du 17e s. ;
— une Vierge à l'Oiseau (2), en bois doré du 14e s. ;
— le retable sculpté (17e s.) du maître-autel (3) ;
— le Christ «lépreux» (4), œuvre en bois maroufilé polychrome du 15e s. provenant d'une ancienne léproserie de la région.

Dans la tribune de la chapelle St-Michel qui se trouve au-dessus du narthex, à gauche, des fresques du début du 13e s. représentent le Christ dans sa gloire, la Punition des mauvais Anges et le Triomphe des Vertus sur les Vices *(accès à la tribune du 1er juillet au 15 septembre).*

Des fouilles sont en cours dans la nef; elles ont mis au jour un ancien **pavage** ★ de galets du 17e s.

■ AUTRES CURIOSITÉS

Hôtel de ville (H). — Il est édifié sur l'emplacement de l'ancien château des chanoines-comtes. De la terrasse voisine, la vue est belle sur la Limagne de Brioude et les monts du Livradois.

Maisons anciennes. — Rue d'Assas; rue de Séguret; rue du 4-Septembre, au n° 25, maison du 16e s. à trois arcades; rue Talairat; rue de la Chèvrerie.

EXCURSIONS

Gorges de l'Allier ★★. — *119 km par ② du plan, N 102. L'itinéraire de Brioude à Chapeauroux est décrit en sens inverse p. 49.*

La Chaise-Dieu ★★. — *40 km par ① du plan, N 588. Description p. 75.*

Lavaudieu ★. — *229 h. 9 km au Sud-Est. Quitter Brioude par ① du plan, D 588. A 2 km, prendre à droite le D 20, puis au-delà de Fontannes le D 203.*

La localité conserve les restes d'une ancienne abbaye de Bénédictines, fondée au 11e s. Le clocher octogonal de l'église présente deux étages de baies en plein cintre. A l'intérieur, la nef est ornée de belles **fresques** ★ du 14e s., découvertes en 1967. Elles représentent des scènes et des personnages évangéliques : la Flagellation, le Portement de Croix, la Crucifixion, la Descente de Croix, Neuf apôtres devant la Vierge endormie, les quatre évangélistes, la crucifixion de saint André, etc.

Des bâtiments conventuels subsiste un beau **cloître** ★ (restauré), le seul qui, en Auvergne, ait échappé à la destruction. Il présente de charmantes colonnettes simples ou jumelées, torses ou unies, cylindriques ou polygonales. Un étage de bois le surmonte. Dans la salle capitulaire, une fresque, restaurée, occupe tout le mur du fond. On peut voir une Vierge en majesté encadrée symétriquement de deux anges et des apôtres; au-dessus, un Christ entouré des symboles des quatre évangélistes.

Auzon. — *13 km par ④ du plan, N 102, puis D 14. Description p. 58.*

_____

(1) Pour plus de détails, lire : «Basilique St-Julien de Brioude» (Paris-Le Puy, Mappus).

Pour tout ce qui fait l'objet d'un texte ou d'une illustration dans ce guide
(villes, sites, curiosités, rubriques d'histoire ou de géographie, etc.),
reportez-vous à l'Index alphabétique, à la fin du volume.

Carte Michelin n° **76** - plis 2, 3, 12, 13.

Les monts du Cantal, volcan ruiné, le plus grand de France, offrent des paysages qui comptent parmi les plus magnifiques d'Auvergne. Plusieurs sommets dépassent 1 700 m d'altitude : certains comme le puy Griou, ont l'allure d'un pic ; d'autres, comme le puy Mary, présentent la forme d'une pyramide ; le Plomb du Cantal qui est le point culminant, altitude 1 855 m, est arrondi. De profondes et très pittoresques vallées étoilent le massif et en facilitent la visite.

UN PEU DE GÉOGRAPHIE

Un Etna auvergnat. — Au temps de sa splendeur, c'est-à-dire à la fin de l'époque tertiaire *(voir p. 15)*, le volcan du Cantal mesurait 3 000 m de hauteur. Il comptait plusieurs cheminées par lesquelles s'échappaient des laves visqueuses qui se solidifiaient en aiguilles à mesure qu'elles sortaient de terre, ou fluides qui s'étalaient tout autour du volcan sur 70 km de diamètre. Aux premières, on doit aujourd'hui les reliefs les plus élancés du massif, comme le puy Griou qui marque à peu près le centre de l'ancien cratère. Les secondes ont formé ces grands plateaux découverts, ces **« planèzes »** qui doivent leurs gras pâturages et leurs riches cultures aux éléments fertilisants que la lave, en se décomposant, a incorporés au sol.

Les effets de l'érosion. — Des glaciers se sont installés sur le Cantal à l'époque quaternaire. Leur action lente mais puissante, associée à celle des eaux courantes, a décapité la montagne, sculpté profondément ses flancs, dégagé les culots de lave qui remplissaient les cheminées, creusé des cirques à la naissance des vallées, donné à l'ensemble montagneux ses formes actuelles *(schéma p. 19)*.

Au cœur du massif, une mince crête délimite encore une vaste cuvette fortement ébréchée qui représente l'ancien cratère. Mais ce qui évoque le mieux le gigantesque volcan aujourd'hui démantelé, ce qui est particulièrement typique, c'est la disposition des vallées qui s'échappent toutes du centre du massif et divergent dans toutes les directions.

Des montagnes à lait. — La forêt couvrait jadis l'ensemble du massif. Au 13ᵉ s., elle était encore très étendue ; mais, défrichée peu à peu par les pasteurs, elle ne subsiste aujourd'hui que dans certaines vallées (Alagnon, Rhue de Cheylade, Mars), à leur naissance. Le Cantal est devenu avant tout le pays de l'herbe. Sur ses immenses pâturages, autour des anciens «burons» où s'élaborait un excellent fromage de montagne *(détails p. 20)*, paissent les petites vaches de la race de Salers, à la robe rouge acajou. C'est une des grandes régions pastorales de la France.

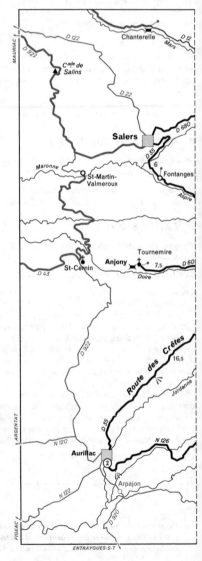

D'AURILLAC A MURAT
par le Lioran

53 km — environ 4 h — schéma ci-contre

Quitter Aurillac (p. 56) par ② du plan. La N 126 offre une vue sur la plaine d'Arpajon, puis s'engage dans la vallée d'un petit affluent de la Cère. Les moraines laissées par les anciens glaciers *(voir p. 16)* encombrent la vallée et en bosselent les versants. Les villages traversés présentent de pittoresques maisons aux toits à quatre pans, très caractéristiques.

La route débouche ensuite dans la large et riante vallée de la Cère.

Château de Pesteils. — *Page 185.*

Comblat. — Manoir gothique remanié.

Vic-sur-Cère ★. — *Page 184.*

Pas de Cère ★★. — *3/4 h à pied AR. Le sentier d'accès part de la N 126, à 3 km en amont de Vic-sur-Cère.* Il traverse une petite prairie puis descend à travers bois vers la Cère. La rivière coule entre de hautes parois rocheuses très resserrées. Le lit est encombré de blocs volcaniques détachés des versants et couverts de végétation.

Cascade de la Roucolle. — A 3,5 km de Vic, 500 m après le départ du sentier du pas de Cère, à droite, un sentier conduit, en deux minutes, à un belvédère d'où l'on a une belle vue sur la cascade de la Roucolle et la gorge de la Cère.

Thiézac. — *Page 169.*

Pas de Compaing ★. — La route est dominée à gauche par de hautes falaises, d'où tombe, en période de pluie ou de fonte des neiges, la belle cascade de Malbec *(il est recommandé de ne pas stationner au bas des rochers à cause des risques de chutes de pierres).* Peu après, la vallée se resserre et la route domine en corniche la gorge profonde, appelée le Pas de Compaing.

Un peu plus loin, la route débouche dans le bassin de St-Jacques-des-Blats et l'on découvre le fond de la vallée de la Cère dominée à gauche par le cône du puy Griou *(p. 116).*

Col de Cère ★. — La nouvelle route (D 67) qui permet d'éviter en été le tunnel routier du Lioran *(p. 115),* franchit la ligne de partage des eaux entre le bassin de la Dordogne vers lequel coule la Cère et celui de la Loire qu'alimente l'Alagnon. Elle offre de beaux points de vue sur ce seuil où s'affrontent les influences venues du Nord et celles du Midi. Au large sillon lumineux de la Cère succède la vallée resserrée de l'Alagnon assombrie de sapinières, le paysage est radicalement transformé.

Super-Lioran ★ et le Lioran ★. — *Page 115.*

Après le pont de Pierre-Taillade, par lequel la N 126 franchit un petit torrent qui ruisselle en éventail, le versant gauche se déboise, la vallée s'élargit mais les paysages sont moins riants que dans la vallée de la Cère.

Quelques kilomètres après Laveissière, la route passe au pied du beau **château d'Anterroches** (15ᵉ s., restauré), puis les rochers basaltiques qui dominent Murat *(p. 131)* apparaissent : à droite, Bredons *(p. 131)* avec son église; à gauche, Bonnevie surmonté d'une statue de la Vierge.

Combinez vous-même vos randonnées
à l'aide
de la carte des principales curiosités et régions touristiques p. 8 à 11.

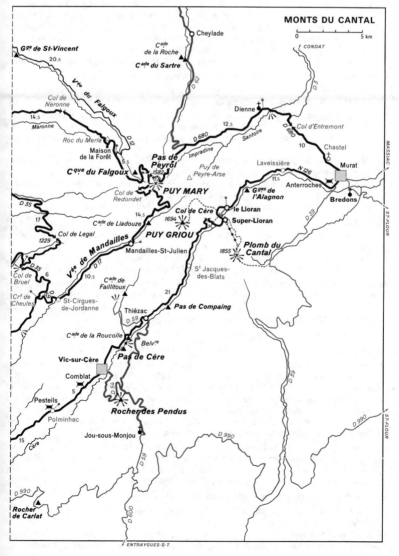

DE MURAT A SALERS par le pas de Peyrol

42 km — environ 4 h — schéma p. 70 et 71

Le D 680, route du Pas de Peyrol, est obstrué par la neige de novembre à juin.

Quitter Murat (p. 131) au Nord par le D 680. Au cours de la montée, le Plomb du Cantal, le puy de Peyre-Arse et le puy Griou se révèlent successivement sur la gauche, puis la route passe au pied du rocher de Chastel que surmonte une chapelle du 13e s.

A la descente du col d'Entremont, on découvre au loin le massif des monts Dore tandis qu'à gauche apparaît le puy Mary. Du pont sur la Santoire, belle vue sur les monts du Cantal.

Dienne. — 496 h. (les Diennois). *Lieu de séjour, p. 44.* Dans l'église romane du 12e s., contre le mur de gauche, est placé un Christ en bois du 13e s., à l'expression émouvante. On voit aussi une Nativité, dans un cadre de bois sculpté et doré, époque Louis XVI, et un bénitier en pierre sculptée du 16e s.

On remonte les vallées de la Santoire puis de l'Impradine, creusées en «auge» par les anciens glaciers. D'abord cultivées, elles ne tardent pas à se couvrir de pâturages. Le paysage prend alors un véritable caractère alpestre.

Au cours de la montée vers le pas de Peyrol, la route franchit le col d'Eylac, s'accroche en corniche au flanc abrupt du puy Mary et offre des vues splendides sur les vallées de l'Impradine et de la Rhue de Cheylade, les monts Dore et du Cézallier. Aucune autre route d'Auvergne ne procure des vues aussi saisissantes.

Pas de Peyrol★★. — C'est le col routier le plus élevé du Massif Central, altitude 1 582 m. En avant, une vue magnifique se révèle sur le cirque boisé du Falgoux, dominé par le roc d'Auzières.

Puy-Mary★★★. — *1 h à pied AR au départ du Pas de Peyrol — montée assez pénible.* Le sentier suit l'arête Nord-Ouest du puy. Du sommet du puy, altitude 1 787 m, belvédère incomparable sur le gigantesque volcan ruiné du Cantal, on découvre un merveilleux **panorama★★★** *(table d'orientation)* sur les plateaux cristallins formant le soubassement de l'Auvergne volcanique, les crêtes dentelées ou les croupes faiblement ondulées des monts Dore, du Cézallier, du Livradois et du Forez. Aux premiers plans, le regard embrasse de façon saisissante le gigantesque éventail de vallées rayonnantes s'échappant du cœur de ce château d'eau, séparées par de puissantes lignes de crêtes dont l'altitude s'abaisse dans les lointains : au Nord du Plomb du Cantal se creuse l'Alagnon, plus à gauche l'Impradine et la Santoire, la Rhue de Cheylade, les vallées du Falgoux, de la Maronne, de la Doire; puis, au Sud, celle de la Jordanne et enfin celle de la Cère.

A la descente du pas de Peyrol, la route offre sur la vallée du Mars des vues splendides.

Cirque du Falgoux★★. — La vallée du Falgoux y prend naissance et se creuse au pied du puy Mary. Il est entouré de rochers et de forêts qui lui font un cadre admirable.

Vallée du Falgoux★. — *19 km au départ du D 680.* Le D 12 permet de suivre constamment la vallée où l'on remarque l'opposition très nette entre le versant à l'ombre, boisé, mais sans habitation, et le versant ensoleillé, tapissé de prés et d'arbres, constellé de maisons.

Dans la **gorge de St-Vincent★** la vallée se rétrécit et dans un virage, seuls la route et le torrent trouvent place. Remarquer, sur la droite, les hautes falaises où apparaissent quelques orgues basaltiques. A la sortie des gorges se dresse, sur la gauche, le **château de Chanterelle,** restauré, demeure fortifiée du 17e s., couronnée d'un chemin de ronde et coiffée de **lauzes** (dalles de schistes ou de lave phonolithique).

La route passe au pied du roc du Merle.

Maison de la Forêt. — *Visite du 1er juillet au 15 septembre, de 10 h à 18 h. Fermé le mardi. Entrée : 2 F.*

Située à gauche de la route, elle est installée dans une grange restaurée. Elle initie à la vie de la forêt, à celle des sapinières du Falgoux en particulier, et au travail du bois.

Au col de Néronne, la route change de versant et domine en corniche la vallée de la Maronne creusée largement par les anciens glaciers. Ce parcours mène à Salers *(p. 161).*

DE SALERS A AURILLAC par la route des Crêtes

61 km — environ 3 h — schéma p. 70 et 71

La route du col de Legal est généralement obstruée par la neige de décembre à avril.

Quitter Salers (p. 161) à l'Est par le D 35. Tracée sur les pentes Ouest de l'ancien volcan du Cantal, la route va franchir quelques-unes des vallées qui s'échappent en éventail, du cœur du massif. Elle descend en corniche dans la vallée de la Maronne puis franchit la rivière et s'engage dans la vallée de l'Aspre. Les traces laissées par les anciens glaciers qui ont creusé ces deux vallées sont très apparentes : sur les versants, bosselés par les restes des moraines, de gros blocs, entraînés par la glace, gisent épars dans les prés. Par endroits, des maisons s'intercalent entre les rocs.

Fontanges. — 353 h. Les maisons de ce village sont caractéristiques du style de la région, avec leurs toits percés de lucarnes et couverts de lauzes *(voir ci-dessus).* Le château, aujourd'hui en ruine, appartenait à la famille de Mlle de Fontanges, qui fut la favorite de Louis XIV et mourut à 20 ans *(détails p. 185).*

De la vallée de l'Aspre, la route passe dans celle de la Bertrande.

Col de Legal. — Du col, altitude 1 229 m, la vue s'étend au loin sur les plateaux du Limousin.

Le D 35 descend vers le col de Bruel et offre une jolie vue sur la vallée de la Doire puis contourne plusieurs vallons. *Au Bruel, prendre à droite le D 60 en direction de Tournemire.*

Tournemire. — 214 h. La petite église de style roman est en tuf volcanique polychrome. Elle abrite des œuvres d'art intéressantes et un précieux reliquaire contenant une épine de la couronne du Christ.

Château d'Anjony ★. — *Visite des Rameaux à la Toussaint, de 14 h à 18 h 30. Entrée : 5 F.* Élevé au 15e s. sur un rocher dominant la vallée de Tournemire, le château se compose d'un énorme donjon carré, flanqué de quatre tours rondes. Au cours de la visite, on parcourt la grande salle basse ornée d'un plafond à triple caissons, et de tapisseries des Flandres et d'Aubusson, la chapelle et la salle des Preux décorées de remarquables **fresques** ★ du 16e s. (Passion du Christ et légende des Neuf Preux). Beau mobilier de la même époque. De la salle haute ou salle de Justice sous croisés d'ogives, on atteint le chemin de ronde enserrant le donjon.

Faire demi-tour et prendre à droite le D 35. À partir de la Croix de Cheules, le D 35, dénommé **route des Crêtes** ★ ★, court sur sa longue arête qui sépare les vallées de l'Authre et de la Jordanne. Ce trajet procure alternativement, sur l'une et sur l'autre, de fort jolis aperçus. Au cours de la descente sur Aurillac *(p. 56)*, la vue se développe sur la large plaine au bord de laquelle repose la ville, tandis qu'une superbe perspective s'offre à gauche sur la vallée de la Jordanne. Cette descente est particulièrement belle au coucher du soleil.

DU PAS DE PEYROL A LA ROUTE DES CRÊTES par la vallée de Mandailles
25 km — environ 1 h 1/2 — schéma p. 70 et 71

En quittant le Pas de Peyrol, le D 17, en corniche, domine le superbe cirque du Falgoux où le Mars prend naissance. Après le col de Redondet, la route offre une vue sur le Plomb du Cantal et le puy Griou, puis descend dans la vallée de Mandailles.

Vallée de Mandailles ★ ★. — Les versants de cette pittoresque vallée ou haute vallée de la Jordanne sont très verts, revêtus de prairies cloisonnées par des rideaux d'arbres. Parfois se dressent de hauts rochers escarpés, percés de grottes. La Jordanne contient de l'or, autrefois recherché par les «orpailleurs» *(p. 56)*. Mais la faible quantité des paillettes recueillies ne payait plus le travail, et le petit «Pactole» a cessé d'être exploité.

Cascade de Liadouze. — *1/4 h à pied AR au départ du D 17. Aussitôt après un banc du T.C.F., laisser la voiture et prendre à gauche un large chemin en descente vers la Jordanne. Ne pas franchir celle-ci, mais suivre sa rive droite sur une centaine de mètres.* La cascade jaillit d'un seuil rocheux dans une gorge étroite.

Mandailles-St-Julien. — 450 h. Ce village se présente dans un très joli site. De là partaient autrefois de nombreux chaudronniers et quincailliers qui émigraient dans toute la France.

Prendre à droite le D 59 qui franchit la Jordanne et s'élève en corniche vers le carrefour de la Croix de Cheules où commence la route des Crêtes *(description ci-dessus)*.

CARLAT (Rocher de) ★
Carte Michelin n° **76** - pli 12 — 16 km au Sud-Est d'Aurillac — *Schéma p. 71.*

Site typique du **Calardez.** La région a été recouverte de basalte par des coulées issues des volcans du Cantal. L'érosion a fragmenté cette cuirasse, épargnant quelques îlots, qui dressent, au sommet de versants abrupts, leurs rebords verticaux. Avec ses riantes vallées, ses maisons à quatre pans fortement inclinés couverts de lauzes *(voir p. 72)*, entourées de jardins et de vergers, le Calardez est un pays aimable.

Sur le rocher de Carlat s'élevait jadis un château interdisant la Haute-Auvergne à tout envahisseur venant de Guyenne et d'Espagne. Sous Louis XI, le seigneur de Carlat, Jacques d'Armagnac, entre plusieurs fois en rébellion. Deux fois pardonné par le roi, il est pris à Carlat après un siège de dix-huit mois, mis à la Bastille dans une de ces cages de fer qu'affectionne Louis XI, jugé par une commission qui le fait torturer pour le faire parler «clair», et décapité aux halles de Paris. En 1568, Carlat passe aux Protestants. La reine Margot *(voir p. 177)* y aurait vécu treize mois avant son séjour à Ybois. La forteresse ayant par la suite servi plusieurs fois de refuge à des princes révoltés, Henri IV la fait raser.

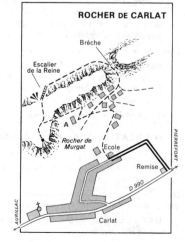

ROCHER DE CARLAT

Montée au rocher. — *1/2 h environ. Un peu avant Carlat, en venant de Pierrefort, prendre la rue qui s'amorce sur le D 990, en face d'une remise. Après l'école, suivre à droite le chemin (pancarte) qui mène au rocher.*

Entrer dans la cour d'une vieille maison (A du schéma), monter quelques marches à droite puis suivre un chemin de chars jusqu'au rocher du Murgat. Une statue de la Vierge le couronne. La vue s'étend au Sud, au-delà du village, sur le Carladez.

Monter ensuite sur le plateau et en atteindre le rebord Nord : beau **panorama** ★ sur les monts du Cantal.

Descendre par l'Escalier de la Reine, taillé dans le roc et qui servait d'accès au château; longer le pied de la falaise, franchir la brèche qui avait été ouverte artificiellement dans le rocher pour l'isoler et regagner le chemin d'aller.

Situés entre les monts Dore et les monts du Cantal, les monts du Cézallier se présentent comme de hauts plateaux granitiques, à plus de 1 200 m d'altitude, qui ont été recouverts d'une carapace de basalte à l'ère tertiaire.

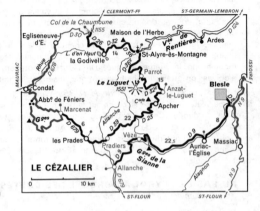

Les volcans, dont les coulées se sont répandues sur toute la région ne comportent ni cônes, ni cratères : ils sont à peine saillants, la lave émise, très fluide, ne s'étant pas accumulée autour des orifices de sortie. Le point culminant, le signal du Luguet, est à 1 551 m d'altitude; les bords du plateau s'abaissent jusqu'à 1 000 m ou 1 200 m; vers l'Est surtout, de vigoureuses vallées les entaillent.

Vaste pâturage piqueté d'anciens burons *(voir p. 20)* parfois dénommés «cabanes», de rares villages aux granges et aux étables immenses, aux fontaines aménagées en vastes abreuvoirs, le Cézallier voit estiver sur ses plateaux des milliers de bêtes à cornes. Un institut national de la recherche agronomique est installé à Marcenat.

L'extraction des racines de gentiane offre un supplément de ressources aux habitants. De récentes plantations de résineux s'observent près du col de la Chaumoune.

En dépit de la modicité de ses ressources hôtelières, le Cézallier plaira aux amateurs de grands horizons, de solitude et d'air pur. Deux itinéraires font connaître la «montagne», deux autres les vallées qui, à l'Est, plongent vers l'Alagnon et l'Allier.

DU COL DE LA CHAUMOUNE A ANZAT-LE-LUGUET par la Godivelle
29 km — environ 2 h 1/2 — schéma ci-dessus

Quitter le col de la Chaumoune, altitude 1 155 m, par le D 26 et prendre à gauche le D 32.

La Godivelle. — 70 h. Village caractéristique avec ses puissantes maisons de granit et sa grande fontaine ronde. Près du lac d'En-haut *(voir tableau des lacs, p. 5)* est installé un centre d'études des échanges atmosphériques.

Maison de l'Herbe. —*3,5 km au Nord-Ouest de St-Alyre, à la bifurcation du D 36 et du D 32. Visite du 1er juillet au 31 août, de 10 h à 18 h. Fermé le mardi. Entrée : 2 F.*
Dans cette ancienne maison cantonnière, dite de la Ribeyrette, sont agréable-

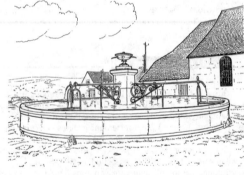

La Godivelle. — Fontaine.

ment présentés des documents sur l'histoire du paysage, la nature des herbages et la culture traditionnelle de l'herbe.

St-Alyre-ès-Montagne. — 264 h. Sur une hauteur, à l'écart du village, l'église, bien exposée au midi, fait face à un beau paysage dominé par la montagne de Gamet. Elle se signale par les rustiques et énigmatiques sculptures de son tympan, les billettes de son chevet, et, intérieurement, par une ancienne cuve baptismale.

Suivre le D 36E à gauche.

Signal du Luguet*. — *1 h 1/2 à pied AR au départ de Parrot en montant à travers les herbages, légèrement à gauche du téléski. Le sommet, couronné de bois, se détache à peine de l'horizon des plateaux; il offre un immense* **panorama*** *sur les monts Dore et du Cantal.*

Poursuivre le D 32E jusqu'à Anzat-le-Luguet.

D'ANZAT-LE-LUGUET A MARCENAT par Pradiers
28 km — environ 1 h — schéma ci-dessus

Apcher. — Un peu à l'Ouest de ce petit village, une belle cascade s'échappe du rebord du plateau.

Le D 23, puis le D 39 courent sur le plateau avant d'atteindre la N 679 où l'on tourne à droite. Avant Marcenat la route offre de belles vues à droite sur le Cézallier.

Les Prades. — Orgues basaltiques. Du sommet, vue agréable sur Landeyrat et la haute vallée d'Allanche qui échancre la planèze *(voir p. 70).*

D'ALLANCHE A BLESLE par la vallée de la Sianne ★

31 km — environ 1 h — schéma p. 74

Allanche. — 1 551 h. (les Allanchois). *Lieu de séjour, p. 44.*

Jusqu'à Vèze, le D 9 traverse les grands pâturages du Cézallier. On aperçoit bientôt, du haut de la montée, les monts du Cantal. La route en corniche descend ensuite vers les **gorges★** sur lesquelles elle offre de belles échappées; les versants se couvrent de forêts. Après plusieurs défilés, où de gros rochers font saillie de chaque côté de la rivière, la vallée s'élargit, elle se fait plus lumineuse, les arbres fruitiers apparaissent.

Auriac-l'Église. — 293 h. Ce village est joliment situé à droite de la route.

Le D 8, à gauche, conduit à Blesle (p. 63).

DE ST-ALYRE-ÈS-MONTAGNE A ST-GERMAIN-LEMBRON par la Couze d'Ardes

Description p. 95.

Le tableau de la page 46 donne la signification des signes conventionnels employés dans ce guide.

La CHAISE-DIEU ★★

Carte Michelin n° **76** - pli 6 — 1 049 h. (les Casadéens) — *Lieu de séjour, p. 44.*

Dans un vert paysage aux larges ondulations, à plus de 1 000 m d'altitude, c'est une magnifique surprise que de trouver les vastes bâtiments et les grandes richesses d'art de la célèbre abbaye de la Chaise-Dieu dont le nom dérive de «Casa Dei» : Maison de Dieu.

Les grands abbés - 11e-16e s. — Saint Robert, seigneur de Turlande, abandonne, en 1043, le chapitre de Brioude où il était chanoine et, accompagné de deux disciples, vient faire pénitence sur ce plateau désolé. Les moines affluent, si bien que les cabanes de branchages du saint font place à une abbaye qui compte, à sa mort, 300 moines. Quinze églises et trois châteaux s'élèvent sur le domaine qui dépend de l'abbaye.

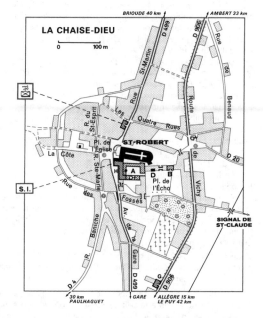

Le développement se poursuit, des prieurés s'installent jusqu'au cœur de l'Espagne et de l'Italie. L'apogée est atteint quand un ancien moine de la Chaise-Dieu est élu pape sous le nom de Clément VI. C'est lui qui fait commencer, au 14e s., l'église actuelle; l'édifice est achevé par son neveu, devenu pape lui-même. La construction a coûté 30 000 florins (2 millions de francs-or). Enfin, au début du 16e s., un autre grand abbé, Jacques de Saint-Nectaire, dote l'église d'une suite de tapisseries.

L'alerte huguenote - 16e s. — Les guerres de religion portent le premier coup à l'abbaye. Le 2 août 1562, un lieutenant du baron des Adrets, à la tête d'une troupe de Protestants, enfonce les portes, prend les galeries et les salles. Les moines se réfugient dans la cour Clémentine, aménagée pour un long siège : four, puits, arsenal, provisions de grains y sont rassemblés avec les titres, les reliques et le trésor.

Les huguenots saccagent le monastère, violent le tombeau de Clément VI. L'abbaye est en triste état quand les troupes royales délivrent les moines dans leur tour.

La décadence - 16e-18e s. — La vraie décadence vient du Concordat de 1515 qui donne la nomination des abbés au roi. Les considérations religieuses n'interviennent plus : seuls, les revenus du monastère sont en cause. C'est ainsi que la Chaise-Dieu est attribuée à Henri d'Angoulême, bâtard de Henri II, un des assassins de Coligny. Cet édifiant abbé meurt en duel. Charles d'Orléans, bâtard de Charles IX, est nommé abbé commendataire à 13 ans. Richelieu et Mazarin joignent l'abbaye à leurs revenus bénéfices.

Au 18e s., on envoie à la Chaise-Dieu les personnages qu'on exile; le brillant cardinal de Rohan, évêque de Strasbourg, y passe l'été de 1786 à la suite de l'affaire du Collier. Ce prélat, «fort peu dévot, fort adoré des femmes», vêtu d'habits «d'une richesse telle qu'on ose à peine y toucher», laisse cependant des regrets lorsque Louis XVI l'autorise à se transporter à Marmoutier, près de Tours.

La Révolution porte le dernier coup à l'abbaye en chassant les religieux.

■ L'ABBAYE ★★ *visite : 3/4 h*

Église abbatiale de St-Robert★★. — Solidement bâtie de pierres dures, faite pour résister à un rude climat, elle produit une impression de grandeur et de sévérité. Édifiée au 14ᵉ s. par l'architecte languedocien Hugues Morel, elle se rattache à l'école du Midi.

Façade. — La façade Ouest, qui évoque l'aspect d'une construction militaire, se dresse sur une place en pente, ornée d'une fontaine du 17ᵉ s. Deux tours peu élevées la flanquent. Le portail, dont le trumeau porte une statue de saint Robert, a été mutilé par les huguenots en 1562.

La modeste maison masquant la base de la tour Sud aurait abrité le cardinal de Rohan.

Nef et bas-côtés. — L'intérieur fait grande impression avec sa vaste nef centrale couverte de voûtes surbaissées et flanquée de collatéraux d'égale hauteur. Il n'y a ni transept, ni déambulatoire, mais seulement des chapelles rayonnantes ouvrant directement dans le chœur. Un jubé (1) du 15ᵉ s. rompt la perspective et semble réduire la nef en hauteur. Un beau Christ (1603) le domine : au pied de la croix, deux statues en bois représentent la Vierge et Saint-Jean (15ᵉ s.). En face, le superbe **buffet d'orgues★** (2) du 17ᵉ s. a été restauré.

Chœur★★. — *Visite du 1ᵉʳ juin au 30 septembre, de 9 h à 12 h et de 14 h à 19 h; le reste de l'année, de 10 h à 12 h et de 14 h à 17 h. Fermé le mardi du 1ᵉʳ novembre au 1ᵉʳ avril. Entrée : 2 F.*

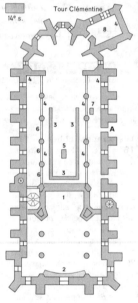

Le chœur est entouré de 144 **stalles★★** (3) en chêne, du 15ᵉ s., dont les sculptures sont très belles et d'une grande diversité. Au-dessus de la clôture sont tendues d'admirables **tapisseries★★★** (4) de Bruxelles et d'Arras exécutées au début du 16ᵉ s. Les sujets, tirés de l'Ancien et du Nouveau Testament, sont copiés sur la Bible des Pauvres, si répandue au Moyen Age, et accompagnés de légendes en caractères gothiques. Au milieu du chœur se trouve le tombeau de Clément VI (5). Il était entouré, à l'origine, de 44 statues représentant des membres de la famille du pape. Les Protestants l'ont mutilé et l'on ne voit plus que la statue tombale sur une dalle de marbre noir.

Dans le bas-côté gauche du chœur se trouve la fameuse peinture murale de la **Danse macabre★** (6) *(illustration p. 36)*, restaurée, haute de 2 m et longue de 26 m. Ses trois panneaux représentent la Mort invitant à la danse les puissants de ce monde à gauche, la bourgeoisie au milieu, les artisans à droite. Ce thème, souvent représenté au 15ᵉ s., n'a été nulle part esquissé avec autant de réalisme et de mouvement. C'est ici que le compositeur Arthur Honegger (1892-1955) puise, en 1938, l'inspiration de sa fameuse Danse des morts.

Le bas-côté gauche du chœur renferme encore deux tombeaux. Dans le bas-côté droit, le tombeau de l'abbé Renaud de Montclar (7), du 14ᵉ s., conserve, quoique mutilé, une charmante décoration d'angelots sculptés.

La sacristie (8) installée au rez-de-chaussée de la tour Clémentine, contient des boiseries du 17ᵉ s., provenant de l'ancienne salle capitulaire, et des objets d'art, dont une Vierge de majesté auvergnate du 14ᵉ s., un Christ du 17ᵉ s. en ivoire ainsi que l'anneau brisé de Clément VI.

Cloître★ (A). — Le cloître gothique *(illustration p. 33)*, dont l'entrée donne sur le bas-côté droit de l'église, fut édifié à la fin du 14ᵉ s. Il ne reste que deux galeries; l'une est surmontée d'un étage qui servait de bibliothèque.

Quittant le cloître, on débouche sur une place; à gauche, le deuxième perron de l'hospice donne accès à la **salle de l'Écho** (B), où deux personnes, se plaçant dans des angles opposés et se tournant le dos, peuvent parler à voix basse et s'entendre parfaitement. Une telle disposition aurait permis, au Moyen Age, la confession des lépreux.

Franchir un porche percé sous le 1ᵉʳ étage de l'hospice : on parvient ainsi derrière le chœur de l'église. A droite s'ouvre une porte fortifiée; à gauche s'élève la tour Clémentine (14ᵉ-15ᵉ s.), puissante construction de caractère militaire.

■ AUTRES CURIOSITÉS

Historial de la Chaise-Dieu (D). — *Visite de 9 h à 12 h et de 14 h à 19 h; à Pâques, en mai et en octobre, les dimanches et fêtes seulement, de 10 h à 12 h et de 14 h 30 à 18 h. Fermé du 1ᵉʳ novembre au 30 avril. Entrée : 2,50 F.*

Cette galerie, aménagée en musée de cire, fait revivre les grandes heures de l'abbaye.

Signal de St-Claude. — *Accès : voir plan p. 75.* A 50 m, après le passage sous la voie ferrée, tourner à droite dans le chemin qui, 450 m plus loin, atteint le sommet, altitude 1 112 m. On découvre un beau panorama sur Pierre-sur-Haute, les monts du Forez, du Lyonnais, le Pilat, les Cévennes, les monts du Cantal et les monts Dore.

Quelques faits historiques

Le tableau p. 25 évoque
les principaux événements de l'histoire de la région.

CHAMBON-SUR-LAC

Carte Michelin n° **73** - pli 13 — *Schémas p. 95 et 101* — 395 h. (les Chambonnais) — *Lieu de séjour, p. 44.*

Au sortir de la Couze de Chaudefour, dans un site montagneux, Chambon groupe ses maisons autour de l'église.

■ **CURIOSITÉS** *visite : 3/4 h*

Église. — Cet édifice du 12ᵉ s., enlisé en partie par suite des inondations de la Couze, est orné, au-dessus du porche d'entrée, d'un linteau représentant le martyre de saint Etienne.

Sur la place, se dresse une croix nimbée du 15ᵉ s.

Dans le cimetière, dont le chemin s'amorce à gauche sur la route de Murol, à 200 m de Chambon, s'élève une chapelle funéraire décorée extérieurement de motifs polychromes. On voit, à l'intérieur, de curieux chapiteaux.

Le lac★★. — Il est vaste (60 ha) mais peu profond (12 m). Son existence est due au volcan du Tartaret, un des plus récents d'Auvergne, qui surgit au milieu de la vallée de la Couze et en arrêta les eaux. Il occupe, à 877 m d'altitude, un très joli site qu'embellissent encore certains couchers de soleil. Parsemé d'îlots, il a des rives très découpées, sauf au Nord où le D 996 le longe et au Sud-Est où une grande plage, avec cabines, a été aménagée *(voir tableau des lacs, p. 5).*

Saut de la Pucelle. — Au Nord du lac se dresse une aiguille rocheuse ou saut de la Pucelle, de près de 100 m de haut; c'est un vestige de l'ancien volcan de la dent du Marais.

On conte qu'une jeune bergère, importunée par les assiduités d'un seigneur, se jeta du haut de la falaise et, miraculeusement, atterrit sans dommage. L'imprudente eut le tort de se vanter de cet exploit à ses compagnes incrédules. Pour les convaincre, elle voulut le renouveler; mais cette fois son corps s'écrasa sur le sol.

EXCURSIONS

Vallées des Couzes★★. — *En amont et en aval de Chambon. Description p. 94.*

St-Nectaire★★. — *9 km au Nord-Est. La route traverse Murol (p. 132) avant d'atteindre St-Nectaire. Description p. 158.*

Besse-en-Chandesse★; lac Pavin★★. — *20 km au Sud. Quitter Chambon-sur-Lac par le D 36ᴱ et prendre à gauche le D 36. Il passe près du rocher de l'Aigle (p. 101) et mène à Besse-en-Chandesse (p. 60). La N 678 conduit au lac Pavin (p. 136).*

CHANTELLE

Carte Michelin n° **73** - pli 4 — *Schéma p. 104* — 1 069 h. (les Chantellois) — *Lieu de séjour, p. 42.*

Pittoresquement située au sommet d'un versant escarpé de la vallée de la Bouble, cette petite ville (1) conserve, sur un promontoire contourné par la rivière, une abbaye de bénédictines élevée sur les restes d'un château et d'un monastère.

Les sires de Bourbon reconstruisent au 11ᵉ s. l'ancien château fort. Ils en font au 14ᵉ s. une redoutable forteresse dont une partie est transformée à la fin du 15ᵉ s. en une agréable demeure par Anne de France et son mari Pierre de Beaujeu, duc de Bourbon, qui se plaisent à y séjourner. Anne de Beaujeu, fille aînée de Louis XI, fut, durant la minorité de son frère Charles VIII, régente du royaume qu'elle administra sagement. Après sa mort, survenue à Chantelle en 1522, son gendre, le très puissant Charles de Montpensier, plus connu sous le nom de Connétable de Bourbon, se voit disputer par la Couronne l'immense héritage légué par sa femme, morte l'année précédente, et sa belle-mère. Craignant peut-être pour sa liberté, il s'enfuit de Chantelle et met son épée au service de Charles Quint, en lutte avec la France *(détails p. 127).* La destruction de Chantelle est ordonnée par François Iᵉʳ.

■ **CURIOSITÉ** *visite : 1/2 h*

Sur la petite place au centre de la localité, prendre, à droite, une rue menant à l'entrée du couvent. Jeter un coup d'œil à gauche sur les deux tours qui restent du château détruit.

Église. — *Pénétrer par la porte de droite.* De cet édifice de style roman auvergnat, seuls se visitent le transept et le chœur à déambulatoire sur lequel s'ouvrent trois chapelles rayonnantes. De belles boiseries du 19ᵉ s. clôturent la nef.

En sortant du couvent, gagner le bord de la terrasse toute proche. De là, jolie vue sur les gorges de la Bouble dominées par les maisons de Chantelle.

Par les anciens fossés du château, on peut atteindre les bords de la rivière que suit un agréable chemin ombragé.

EXCURSION

Château de la Croisette. — *7 km. Quitter Chantelle par le D 42 au Sud; à 3,5 km prendre à gauche le D 223. Dans Ussel, tourner à gauche avant l'église et prendre à droite le chemin montant au château. Visites momentanément suspendues.*

Charmante gentilhommière Renaissance, restaurée et remeublée en 1969. A l'intérieur sont exposés des lithographies de maîtres contemporains de la peinture : Picasso, Chagall, Braque, Matisse, Miro, etc., des tapisseries d'Aubusson, des émaux de Limoges.

---

(1) *Pour plus de détails, lire : «Chantelle», par O. Travers (Clermont-Ferrand, De Bussac).*

CHARROUX

Carte Michelin n° **73** - pli 4 — *Schéma p. 104* — 387 h. (les Charlois).

Construite sur une butte, Charroux était l'une des dix-neuf châtellenies de la baronnie de Bourbon.

■ CURIOSITÉS *visite : 1/2 h*

Église. — Cet édifice fortifié du 12ᵉ s. faisait partie des remparts; on remarque encore, sur le côté droit, l'avancée avec la tour crénelée formant bastion. Le clocher couronne la croisée du transept mais la flèche en forme pyramidale à huit pans a été tronquée. A l'intérieur, la nef est voûtée en berceau et les bas-côtés en ogive. Chapiteaux ornés d'entrelacs ou de feuillages.

Sortir par le bas-côté gauche. Sur la place, maison moyenâgeuse avec son étage débordant. Le beffroi, tour carrée qui servait de tour de guet, s'élève sur la gauche.

Prendre ensuite, à droite, la rue de l'Horloge et tourner à gauche dans la rue de la Poulaillerie.

Rue de la Poulaillerie. — Rue pittoresque pavée de grosses pierres. Sur la droite se dresse une façade ornée de sculptures : têtes d'animaux, figures, pointes de diamant. La maison du Prince de Condé, ancien rendez-vous de chasse, lui fait suite. Au premier étage, belle fenêtre à meneaux.

Porte d'Orient. — Un des bastions de la muraille d'enceinte, on peut encore voir le système de défense.

(D'après photo M. Forget, Gannat)

Charroux. — Porte d'Orient.

La Grande-Rue ramène à la voiture tout en longeant les vestiges des remparts.

CHÂTEAUGAY ★

Carte Michelin n° **73** - pli 14 — 9 km au Nord de Clermont — *Schéma p. 114* — 2 176 h. (les Châteaugers).

Sur le rebord d'un plateau basaltique, le bourg, dominé par la silhouette trapue de son château, offre des vues étendues sur la Limagne et les montagnes qui l'entourent. Les coteaux environnants produisent un vin renommé : Charles VI et Henri IV en appréciaient la saveur parfumée, rappelant celle du Beaujolais.

L'histoire de Châteaugay, construit au 14ᵉ s. par Pierre de Giac, chancelier de France, est tragique. C'est dans le donjon même que le petit-fils du chancelier empoisonna sa femme, Jeanne de Giac, qui avait régné sur le cœur du duc de Bourgogne, Jean sans Peur, avant de devenir la complice de ses assassins. Giac lui-même, devenu ministre de Charles VII, fut arrêté par La Trémoille, soumis à la torture, cousu dans un sac et noyé.

Plus tard, la belle Madeleine de Châteaugay brûla d'amour pour Charles de Valois, fils naturel de Charles IX, et resta fidèle à ce conspirateur, embastillé durant de longues années. Abandonnée par lui, elle périt sous le poignard de ses vassaux, pendant une chasse à courre.

A la veille de la Révolution, La Fayette vint souvent à Châteaugay préparer «les réformes» avec son ami, le marquis de Châteaugay, qui semblait acquis aux idées révolutionnaires mais n'en devint pas moins, en 1792, l'un des chefs de l'armée des Émigrés, à Coblence.

Château. — Pénétrer dans la cour intérieure où l'on remarque les quatre puits aujourd'hui bouchés sur les cinq qui servaient de citernes en cas de siège. Une belle porte Renaissance est décorée des armes des Laqueuille qui transformèrent le château, au 16ᵉ s.

Donjon ★ — *Visite du 1ᵉʳ mai au 30 septembre, de 10 h à 12 h et de 14 h à 20 h. Entrée : 2 F.*

Élevé sur plan carré, en lave, c'est la partie la plus intéressante du château. Ce donjon est le seul d'Auvergne qui soit demeuré intact : Richelieu l'excepte de son édit de démolition et, pendant les troubles révolutionnaires, le conventionnel Couthon ne put arriver à le faire raser.

Il comprend quatre étages desservis par un escalier à vis. De la plate-forme se révèle un beau **panorama ★** sur la chaîne des Puys, les monts du Livradois et du Forez, la plaine de la Limagne.

Aimer la nature,

c'est respecter la pureté des sources,
la propreté des rivières,
des forêts, des montagnes...

c'est laisser les emplacements nets de toute trace de passage.

CHÂTEAUNEUF-DE-RANDON

Carte Michelin n° **76** - pli 16 — *Schéma p. 117* — 551 h. (les Castelrandonniers) — *Lieu de séjour, p. 44.*

Châteauneuf est bâtie au sommet d'une butte haute de 130 m, dans un site pittoresque à 1 290 m d'altitude.

La dernière campagne de Du Guesclin. — En 1380, l'Auvergne était en proie aux déprédations des compagnies de brigands et aux incursions anglaises. Les États demandèrent alors l'envoi d'une armée royale et St-Flour insista pour qu'elle fut confiée à Bertrand Du Guesclin. Le plan de celui-ci était d'isoler Carlat *(voir p. 73)*, clef du Massif Central, en s'emparant de sa ceinture de forteresses. Il commença à mettre son projet à exécution en réduisant Chaliers après six jours de siège, puis il se rendit à Châteauneuf-de-Randon, tenu par les Anglais, pour investir la ville.

La mort du connétable. — C'est sous les murs de Châteauneuf que Du Guesclin mourut d'une congestion pulmonaire le 14 juillet 1380. Sa statue se dresse sur la grande place du bourg, au sommet de la butte. Un autre monument a été élevé à la mémoire du grand homme de guerre, au pied de la butte, au hameau de l'Habitarelle, à l'endroit même où, après la prise de Châteauneuf par ses troupes, les clés de la petite ville auraient été déposées sur son cercueil. Près de là, coule la source qui serait responsable de la mort de Du Guesclin; car, en buvant de son eau glacée, au cours d'un combat, le connétable aurait contracté la maladie qui devait l'emporter.

La dispersion de ses restes. — Avant de mourir, Du Guesclin avait demandé à être enterré, près de sa terre natale, à Dinan, en Bretagne. Le cortège se met donc en route. Au Puy, le corps est embaumé; les entrailles sont prélevées et enterrées dans l'église des Jacobins, aujourd'hui St-Laurent *(p. 143)*. A Montferrand, l'embaumement se révèle insuffisant : il faut faire bouillir les chairs pour les détacher des os et les ensevelir dans l'église des Cordeliers, détruite en 1793 par les révolutionnaires qui dispersèrent les cendres du connétable. Au Mans, qu'on gagne par voie d'eau, un officier du roi apporte l'ordre de conduire le corps à St-Denis : le squelette lui est alors remis. Enfin, le cœur, seul rescapé du voyage, arrive à Dinan où il est déposé dans l'église des Jacobins; il est aujourd'hui dans l'église St-Sauveur.

Alors que les rois de France n'avaient que trois tombeaux (cœur, entrailles, corps), Du Guesclin eut donc quatre monuments funéraires, dont deux avec des gisants : l'un au Puy représentent le connétable avec la barbe qu'il devait porter au moment de sa mort et l'autre à St-Denis où il montre un visage imberbe.

■ LES FOIRES DE CHÂTEAUNEUF

Malgré sa faible population et son aspect villageois, Châteauneuf est, pour toute la partie Sud de la Margeride, un centre important. C'est le principal marché d'une région presque exclusivement pastorale. La localité s'anime tous les lundis à 10 h pour les marchés aux veaux et plus particulièrement pour les grandes foires. Celles-ci présentent un spectacle si curieux que les touristes pouvant y assister ne voudront pas le manquer. Ces jours-là — les plus importantes foires de l'été ont lieu le 1er juin, le mercredi après le 24 juin, le 26 juillet, le 20 août et le 22 septembre — la place est bourrée d'un si grand nombre de bêtes à cornes qu'on y peut difficilement circuler. Nombreuses sont les scènes pittoresques qui s'y déroulent.

EXCURSION

La Margeride. — *Au départ de Châteauneuf-de-Randon, des promenades peuvent être entreprises dans la Margeride, massif montagneux d'altitude moyenne. Description p. 117.*

CHÂTEAUNEUF-LES-BAINS ★

Carte Michelin n° **73** - pli 3 — *Schéma p. 165* — 453 h. (les Castelneufois) — *Lieu de séjour, p. 42.*

Cette tranquille station hydrominérale, située, à 390 m d'altitude, dans la pittoresque vallée de la Sioule, est formée de plusieurs hameaux : les Grands-Bains, le Bordas, Lamontgie, Lachaux, Lavaux, et du village proprement dit, sur la rive gauche de la rivière. Des vingt-deux sources captées, quatorze, les plus froides, donnent une eau de table. Huit alimentent les bains dont la graduation naturelle va de 28 °C à 36 °C. On y soigne rhumatismes, névralgies, névroses.

Pic Alibert. — Près du hameau des Grands-Bains. Un escalier permet de gravir ce pic qui est surmonté d'une statue de la Vierge de l'Espérance; de là, jolie vue sur la vallée.

Presqu'île de St-Cyr. — Tout proche est cet éperon granitique boisé qu'entoure une boucle de la Sioule : un petit chemin permet d'aller jusqu'à son extrémité puis d'atteindre les ruines de l'ancienne église de Châteauneuf d'où l'on a une belle vue.

EXCURSIONS

Gorges de la Sioule ★★. — *En amont et aval de Châteauneuf-les-Bains. Description p. 164.*

Gour de Tazenat ★. — *18 km. Suivre le D 227 au Sud de Châteauneuf; 1,5 km au-delà de Manzat, prendre à gauche le D 19.*

Le lac ou gour de Tazenat enchâsse ses eaux vertes dans un cratère volcanique. Sa superficie est d'environ 32 ha et sa profondeur maxima de 60 m *(voir tableau des lacs, p. 5)*. Il marque la limite Nord de la chaîne des Puys. Ses berges, hautes de plus de 50 m, sont boisées, sauf au Nord et au Nord-Est où elles ne sont revêtues que d'un maigre gazon.

CHÂTELDON

Carte Michelin n° **73** - plis 5, 6 — *Schémas p. 114 et 182* — 953 h. (les Châteldonais) — *Lieu de séjour, p. 42.*

D'origine fort ancienne, Châteldon, où sourdent des eaux minérales radio-actives et sulfureuses, est agréablement située au creux de coteaux couverts de vignes, d'arbres fruitiers et de bois. Son activité se partage, pour l'essentiel, entre la confection, le polissage des métaux et l'ébénisterie dont c'est un centre traditionnel.

Châteldon a conservé plusieurs maisons de vignerons, à balcons de bois, et quelques demeures ou boutiques des 15e s. et 16e s. à colombages; les plus intéressantes sont, sur la place, le vieux logis (occupé par une pharmacie) et la maison voisine de la Prévôté. Toute proche s'élève la tour de l'Horloge, porte de ville du 14e s.

Château. — *On ne visite pas.* Bien campé sur un éperon dominant le village, il date des 13e et 15e s. On en a une belle vue d'ensemble de la route de Thiers, D 63.

Église. — Elle abrite, au fond de la nef, à gauche, une Crucifixion, attribuée à l'école française du début du 16e s., et dans le bas-côté droit deux belles statuettes en bois : une Pietà du 17e s. et une Vierge à l'Enfant du 18e s.

Point de vue. — *1,5 km par le D 113 en direction de Ris, puis à droite le «chemin du Vécou» conduisant au relais de télévision.*

Belle vue sur le village situé au contact de la plaine et de la montagne échancrée par deux vallons séparés par l'éperon portant le château; au loin, la chaîne des Dômes.

EXCURSION

Vallée de la Credogne*. — *Circuit de 29 km par le D 63 à l'Est qui remonte la verdoyante vallée du Vauziron. A Lachaux, on rejoint l'itinéraire décrit p. 182 qui emprunte la vallée de la Credogne et ramène à Châteldon.*

CHÂTELGUYON ★★

Carte Michelin n° **73** - pli 4 — *Schéma p. 114* — 3 697 h. (les Châtelguyonnais ou les Brayauds) — *Lieu de séjour, p. 42.*

Châtelguyon, altitude 409 m, s'allonge au bord du Sardon. Elle est dominée d'un côté, par la vieille ville dont les maisons se groupent sur une butte isolée, de l'autre par la colline boisée du Chalusset, aménagée en parc.

■ LA STATION

Les eaux de Châtelguyon, connues des Romains, puis tombées dans l'oubli, ont été remises en honneur à la fin du 17e s. Mais c'est surtout depuis le début du 20e s. que la station s'est développée. Les trente sources *(détails sur les sources minérales et thermales, p. 23)* sortent le long du Sardon en utilisant une faille. Les eaux sont caractérisées par leur forte teneur en chlorure de magnésium. Ce sont les plus riches d'Europe. Leur température varie de 27,5 °C à 38 °C.

Le domaine thermal comprend les Grands Thermes (1er classe) et les bains Henry (2e classe). La station est spécialisée dans le traitement des maladies du foie et de l'intestin. Saison du 5 mai au 1er octobre. On trouve à Châtelguyon les installations habituelles des villes d'eaux.

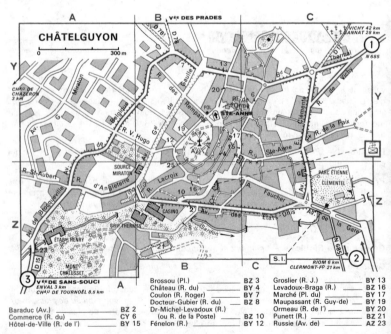

Brossou (Pl.)	BZ 3	Groslier (R. J.)	BY 13
Château (R. du)	BY 4	Levadoux-Braga (R.)	BZ 16
Coulon (R. Roger)	BY 7	Marché (Pl. du)	BY 17
Docteur-Gubier (R. du)	BZ 8	Maupassant (R. Guy-de)	BY 19
Dr-Michel-Levadoux (R.)		Ormeau (R. de l')	BY 20
Baraduc (Av.)	BZ 2	(ou R. de la Poste)	BZ 10	Punett (R.)	BZ 21
Commerce (R. du)	CY 6	Fénelon (R.)	BZ 12	Russie (Av. de)	AZ 23
Hôtel-de-Ville (R. de l')	BY 15				

80

■ **CURIOSITÉS** *visite : 1 h*

Calvaire (BY A). — Il se dresse au sommet d'une butte, sur l'emplacement de l'ancien château de Gui II, comte d'Auvergne, qui donna son nom à la ville. Belle vue sur les monts Dômes, les monts du Forez, la Limagne, au premier plan la station *(table d'orientation)*.

Église Ste-Anne (BY). — Elle a fait l'objet d'une décoration très moderne. Des vitraux, en dalle de cristal de Baccarat, éclairent des fresques d'inspiration byzantine par Nicolas Greschny.

Vallée des Prades∗. — *1 h 1/2 à pied AR. Suivre le D 78* (BY) *et prendre à gauche le large sentier qui longe la rive droite du ruisseau des Grosliers et permet de remonter la vallée des Prades sur 1,5 km.* Joli parcours sous bois.

Vallée de Sans-Souci. — *3/4 h à pied AR. Quitter Châtelguyon par* ③ *du plan, D 15. A 200 m, après avoir franchi le Sardon, prendre à droite le sentier signalé.* Remonter la rive du Sardon, dans une agréable vallée, fraîche et boisée, sur plus de 2 km jusqu'au gué.

De là, on peut continuer jusqu'à la source *(1/2 h AR en plus)* par un sentier difficile et accidenté.

EXCURSIONS

Château de Tournoël∗∗. — *8,5 km, puis 1/2 h de visite. Quitter Châtelguyon par* ③ *du plan, D 15. Description p. 170.*

Riom∗∗; **Mozac**∗∗. — *Circuit de 20 km — environ 3 h — schéma ci-contre. Quitter Châtelguyon par* ② *du plan, D 985, et gagner Riom (p. 148) d'où le D 83 conduit à Marsat (p. 151).*

Reprendre la même route sur 1,5 km, puis tourner à gauche vers Mozac (p. 150).

Revenir à Châtelguyon par le D 227 et le D 15.

Gorges d'Enval∗. — *3 km, puis 1/2 h AR de marche difficile — schéma ci-contre. Quitter Châtelguyon par* ③ *du plan, D 15.*

A 3 km, aussitôt avant un pont (laisser la voiture après le pont), prendre à droite un sentier en

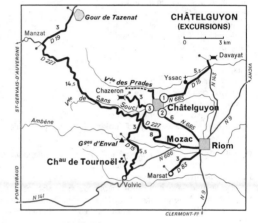

montée sur la rive ombragée de l'Ambène. A quelques minutes de la route, franchir à gué le torrent qui tombe en cascade dans une gorge pittoresque.

Gour de Tazenat∗. — *18 km. Quitter Châtelguyon par* ③ *du plan, D 15, puis D 227. Avant Manzat, tourner à droite dans le D 19. Description p. 79.*

Château de Chazeron. — *3 km — schéma ci-dessus. S'y rendre par le D 78*E (AY).
Visite du 1er mai au 30 septembre, tous les jours de 15 h à 18 h; hors saison, les dimanches et jours fériés seulement. Durée : 1/2 h. Entrée : 5 F.

Ce château féodal fut remanié au 17e s. par l'établissement d'un perron à la place d'un ancien donjon, la création d'une galerie d'honneur à arcades, la démolition des trois enceintes et le comblement des fossés puis l'édification des deux ailes.

Exposition de dessins et de meubles d'avant-garde. Du donjon, vue sur la vallée du Sardon et la Limagne.

Château de Davayat. — *5,5 km — schéma ci-dessus. Quitter Châtelguyon par* ① *du plan, N 685, puis à gauche le D 15.*

Yssac. — 263 h. L'église renferme un beau retable du 16e s., à deux panneaux d'albâtre. Il représente : à droite, des scènes de la vie de saint Jean-Baptiste, à gauche, la passion du Christ.
*Par le D 15*E *gagner Davayat.*

Davayat. — 243 h. (les Davayères). *Lieu de séjour, p. 42.* Une belle allée de marronniers conduit au **château** de Davayat *(visite du 1er mai au 30 septembre, de 10 h à 12 h et de 14 h à 19 h; le reste de l'année, en semaine de 14 h à 17 h, les dimanches et jours fériés de 10 h 30 à 12 h et de 14 h à 18 h; fermé en octobre; entrée : 4 F).*
Cette gentilhommière Louis XIII fut construite par Blaise Roze. Prévue sur un plan vaste, elle ne fut jamais achevée.
Deux lions sculptés gardent la cour d'honneur. La petite aile est ornée d'une charmante terrasse soutenue par une colonnade et garnie d'une balustrade, en pierre de Volvic. La façade opposée est très harmonieuse. L'intérieur renferme tableaux, meubles, armes et archives du chevalier de Saulieu, ancêtre des châtelains.
On visite encore, dans le parc, la chapelle et un petit pavillon conservant des souvenirs de l'époque révolutionnaire.

Ne voyagez pas aujourd'hui avec une carte d'hier.

CHÂTEL-MONTAGNE ★

Carte Michelin n° **73** - pli 6 — *Schéma p. 121* — 501 h. (les Châtelois) — *Lieu de séjour,* *p. 42.*

Ce village est pittoresquement situé au-dessus de la vallée de la Besbre, dans un paysage de collines boisées et de pâturages, caractéristique de la Montagne Bourbonnaise *(p. 120).*

■ **CURIOSITÉS** *visite : 1 h 1/4*

Église ★. — *Visite : 1/2 h.* Reste d'un ancien prieuré de Bénédictines dépendant de Cluny, l'église du 12° s., est un édifice de granit, rude et bien proportionné dont le chevet se rattache au style roman auvergnat.

Son porche (façade Ouest) à deux étages et trois séries de baies en plein cintre, est remarquable par la sobriété et l'élégance de ses lignes.

L'intérieur de l'église est très homogène. La nef, couverte d'une voûte en berceau soutenue par de robustes doubleaux, est faiblement éclairée par des fenêtres, ouvrant, entre des arcades aveugles, au-dessus du faux triforium. Ce dernier, constitué par un étage de triple baies au-dessus des grandes arcades, donne sur les bas-côtés voûtés en quart de cercle et allège les lignes intérieures de l'édifice. Les chapiteaux des colonnes engagées dans les piles de la nef sont frustes et naïfs. Dans le bas-côté gauche, Pietà en bois polychrome du 17° s.

Le chœur est entouré d'un déambulatoire sur lequel s'ouvrent

Châtel-Montagne. — L'église.

quatre chapelles rayonnantes; dans la 2° à gauche, belle Vierge à l'Enfant du 16° s. Une grille en fer forgé de la fin de l'époque romane enserre le chœur.

Puy du Roc ★. — *3/4 h à pied AR. A la sortie du village par le D 25 au Sud-Est, en direction de la Croix du Sud, aussitôt après une maison à tourelle (à droite), tourner à droite et, 200 m plus loin, prendre à gauche un sentier qui monte vers une statue de la Vierge.*

De là, part, à gauche, un Chemin de croix aboutissant au sommet du puy du Roc, altitude 644 m. Beau **panorama** ★ au Nord sur le Bourbonnais, à l'Ouest sur les monts Dômes et les monts Dore, au Sud et à l'Est sur les Bois Noirs et les monts de la Madeleine.

Vous aimez les nuits tranquilles, les séjours reposants...
chaque année

les guides Michelin **France**
Camping Caravaning France

vous proposent
un choix d'hôtels et de terrains agréables,
tranquilles et bien situés.

CHAUDEFOUR (Vallée de) ★★

Carte Michelin n° **73** - Sud du pli 13 — *Schémas p. 95 et 101* — 13 km à l'Ouest de Besse-en-Chandesse.

Cette intéressante vallée a été creusée dans le granit et la lave par les glaciers quaternaires qui ont couvert les monts Dore et par une Couze qui leur a succédé.

Le fond et les pentes inférieures présentent une végétation vigoureuse. Les pentes élevées et les sommets sont entamés par des ravins dénudés ou hérissés de roches que l'érosion a dégagées et sculptées en profils étranges.

Quitter le D 36, route de Besse au Mont-Dore, et au buron de Chaudefour emprunter un chemin carrossable qui longe la vallée. Laisser sur la gauche le chalet Ste-Anne, franchir un pont et gagner un groupe de villas abandonnées près desquelles laisser la voiture. Il est interdit de camper dans la vallée.

Bientôt, une jolie vue s'offre sur le fond de la vallée qui forme un cirque majestueux.

En se plaçant face au puy Ferrand, des versants duquel se détachent, à gauche, le roc de la Perdrix et, en face, la pyramide aiguë de l'Aiguille, on aperçoit, un peu à gauche, le saut de la Biche, fine cascade tombant dans une anfractuosité rocheuse.

A droite du puy Ferrand s'élèvent la Crête de Coq et le rocher de la Rancune. Plus à droite encore se dresse le rocher des Dents, à sa base se trouve une arche naturelle, le Portail ou Roche Percée.

On peut passer à Chaudefour de très agréables moments. Les bons marcheurs exploreront les coins pittoresques, les amateurs de botanique y feront une ample moisson de fleurs dont de nombreuses espèces alpines. Les curieux de géologie découvriront d'intéressants échantillons de roches volcaniques et les passionnés d'alpinisme y trouveront de nombreuses possibilités d'escalades.

CHAUDES-AIGUES

Carte Michelin n° **76** - pli 14 — *Schémas p. 54 et 175* — 1 383 h. (les Caldaguès) — *Lieu de séjour, p. 42.*

Bien située dans le pittoresque ravin du Remontalou, Chaudes-Aigues, comme l'indique son nom, possède des sources chaudes qui en font, non seulement une station thermale, mais encore une ville où la distribution d'eau courante chaude dans les maisons est installée depuis l'antiquité. Plusieurs sources étaient exploitées déjà par les Romains; 32 le sont actuellement et débitent journellement 15 000 hl d'eau dont la température va de 52 °C à 82 °C. Leur mise en valeur, longtemps retardée par les difficultés des communications, paraît appelée à un grand essor, surtout depuis la reconstruction en 1964 de l'établissement thermal, où sont traités les rhumatismes.

■ CURIOSITÉS
visite : 1/2 h

Source du Par (A). — Elle débite à elle seule 5 000 hl par 24 h. Sa température atteint 82 °C. Elle alimente les thermes; mais son eau est, par ailleurs, employée chez l'habitant pour toutes sortes d'usages : la cuisine, le chauffage des maisons ou l'incubation des œufs. Sur les 450 maisons du bourg, 300 profitent de la chaleur économiquement fournie par l'eau amenée quelquefois encore dans des conduits de sapin, dont une dalle servant de vanne règle le débit. Ce système ingénieux, qui paraît dater de longs siècles, fait de Chaudes-Aigues le pionnier du chauffage central.

Église St-Martin-et-St-Blaise. — Elle date des époques gothique et Renaissance.

Niches vitrées. — Dans les rues de la ville, on remarque des niches vitrées renfermant des statues anciennes. Ce sont les statues des saints auxquels chaque quartier est consacré. La fête de chaque saint est célébrée par une procession.

EXCURSIONS

Viaduc de Garabit★★. — *31 km au Nord-Est. Quitter Chaudes-Aigues par le D 13 qui passe au pied du belvédère de Mallet (p. 174) et mène au viaduc de Garabit (p. 108).*

Barrage de Grandval★ ; château d'Alleuze★★. — *Circuit de 47 km — environ 2 h 1/2. Quitter Chaudes-Aigues par le D 13.*

A Fridefont, prendre le D 40 qui emprunte le barrage de Grandval (p. 174), puis à droite le D 48 jusqu'au château d'Alleuze (p. 49). Faire demi-tour.

Après Lavastrie, regagner Chaudes-Aigues par le D 48 et le D 921 qui offre de belles vues dans la traversée de la vallée de la Truyère.

Gorges de la Truyère★★. — *87 km en aval de Chaudes-Aigues. Description p. 173.*

CHAVANIAC-LAFAYETTE

Carte Michelin n° **76** - pli 6 — 451 h. (les Chavaniacois).

Le château où naquit La Fayette, en 1757, appartient à l'Association américaine du «La Fayette Memorial». Cette vaste construction, flanquée, sur l'arrière d'un donjon crénelé, en façade de deux grosses tours rondes, est entourée d'un parc agrémenté d'une belle roseraie et de trois pièces d'eau.

Visite des vacances de Pâques au 30 septembre, de 9 h à 12 h et de 14 h à 18 h; le reste de l'année, de 10 h à 12 h et de 14 h à 17 h. Fermé le mercredi hors saison. Entrée : 5 F.

On visite successivement le musée, qui conserve des souvenirs de la guerre 1914-1918 et dont une partie est consacrée au défenseur de l'indépendance américaine, la salle des gardes, la bibliothèque, la chambre natale de La Fayette, le grand salon. Un historial retrace quelques épisodes de la vie du général.

Gourmets...

La page 37 de ce guide vous documente sur les spécialités gastronomiques les plus appréciées et les vins les plus réputés du pays.

*Et chaque année le **guide Michelin France** vous propose un choix révisé de bonnes tables.*

Carte Michelin n° **73** - pli 14 — *Schéma p. 114* — 161 203 h. (les Clermontois).

C'est la capitale de l'Auvergne par ses traditions historiques et par l'énorme développement industriel qui en a fait le noyau d'une importante agglomération. Son site, ses curiosités, au premier rang desquelles on compte les deux magnifiques édifices que sont la basilique romane de N.-D.-du-Port et la cathédrale gothique N.-D.-de-l'Assomption, donnent à sa visite beaucoup d'intérêt.

Le centre de Clermont est constitué par une légère éminence (altitude 401 m contre 358 m à la gare), reste d'un cône volcanique. Les vieilles maisons de lave de la «Ville noire» s'y pressent, dominées par la cathédrale et ses deux hautes flèches. Au-delà s'étend la ville moderne aux couleurs plus gaies.

De nombreuses cités ouvrières, réparties autour de l'agglomération ou s'étageant sur les pentes des coteaux voisins, présentent l'ordonnance régulière de leurs pavillons blancs aux toits rouges, entourés de jardinets.

Site. — Le site de Clermont a beaucoup de caractère. Un **belvédère** aménagé *(longue-vue)*, dans un virage sur la N 141^A offre, à qui vient de Pontgibaud, une **vue ★★** sur l'agglomération : de gauche à droite, les proches hauteurs des Côtes de Clermont et du puy de Chanturgue (où l'on a cru récemment pouvoir identifier le site de la bataille de Gergovie — *voir p. 108*) sont les témoins de l'ancien niveau de la Limagne avant la grande période d'érosion *(voir p. 114)*; en face, la ville est dominée par sa cathédrale noire; au loin, au-delà du fossé de l'Allier, les monts du Livradois; sur la droite, les volcans de la Comté, le plateau de Gergovie et le piton de Montrognon.

L'**avenue Thermale** (N 141^C) tracée en corniche au Nord de Royat, révèle aussi des **vues ★** superbes sur le site de Clermont *(meilleur éclairage en fin d'après-midi)*.

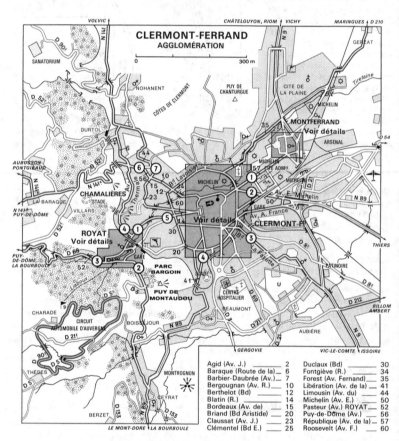

Agid (Av. J.)	2
Baraque (Route de la)	6
Barbier-Daubrée (Av.)	7
Bergougnan (Av. R.)	10
Berthelot (Bd)	12
Blatin (R.)	14
Bordeaux (Av. de)	15
Briand (Bd Aristide)	20
Claussat (Av. J.)	23
Clémentel (Bd E.)	25

Duclaux (Bd)	30
Fontgiève (R.)	34
Forest (Av. Fernand)	35
Libération (Av. de la)	41
Limousin (Av. du)	44
Michelin (Av. E.)	50
Pasteur (Av.) ROYAT	52
Puy-de-Dôme (Av.)	56
République (Av. de la)	57
Roosevelt (Av. F.)	60

UN PEU D'HISTOIRE

De Nemessos à Clermont. — La bourgade gauloise, ancêtre de Clermont, s'appelait Nemessos. En hommage à Auguste, les Romains lui donnèrent le nom d'Augustonemetum.

Sous la paix romaine, la cité florissante est «abreuvée d'un aqueduc grand et merveilleux, plantureuse en vignes, remplie de peuple, affluente en trafic et commerce et grandement pompeuse». Lorsque saint Martin y vint, sénateurs et nobles allèrent à sa rencontre en si brillant équipage que le saint, scandalisé, leur présenta la croupe de son âne et rebroussa chemin.

Pourtant, la ville connaît de saints personnages : saint Austremoine qui fonde la première église d'Auvergne et convertit un grand nombre de païens; Sidoine Apollinaire, évêque de Clermont, au 5e s.; Grégoire de Tours, le premier chroniqueur du Moyen Age.

Le nom de Clermont (ou Clair-Mont) apparaît au 8e s.; il est d'abord réservé à la ville haute qui, pendant tout le Moyen Age, est la cité épiscopale, entourée d'une enceinte particulière.

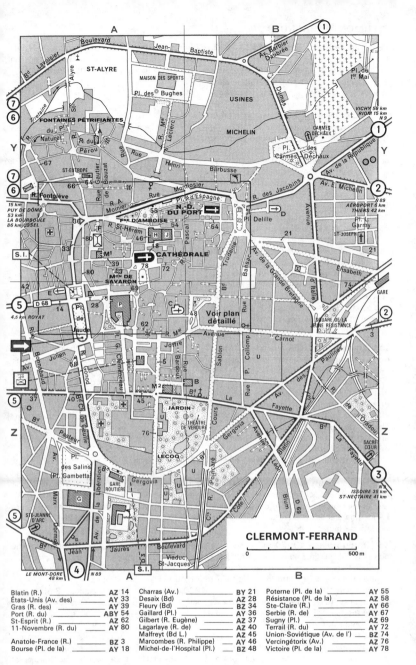

Le prêche de la première croisade - 1095. — La cité est ravagée successivement par les Vandales, les légionnaires d'Honorius, les Goths, les Francs de Pépin le Bref, les Normands et les Danois.

Pourtant, c'est de nouveau une grande ville quand s'y tient, en 1095, le concile où Urbain II prêche la première croisade.

Un trône a été élevé pour le pape sur l'emplacement de l'actuelle place Delille; 13 archevêques, 315 évêques et abbés mitrés, une foule immense de barons, de chevaliers et de menu peuple écoutent l'appel du Souverain Pontife. Une clameur répond : «Dios lo volt ! Dios lo volt !».

Se conformant à la parole de l'Évangile, «chacun doit renoncer à soi-même et se charger de la croix», tous les assistants fixent sur leurs épaules la croix d'étoffe rouge qui sera leur insigne.

Fontaine d'Amboise.

85

CLERMONT-FERRAND★★

Le génie de Blaise Pascal - 1623-1662. — Clermont, ville épiscopale, a pour rivale Montferrand, ville du comte, puis Riom, centre judiciaire. Mais elle finit par l'emporter : en 1630, Montferrand est rattachée à sa voisine qui prend le nom de Clermont-Ferrand.

Quelques années plus tôt était né dans la ville le grand Pascal, écrivain et penseur de génie, dont les ouvrages capitaux, les «Provinciales» et les «Pensées» comptent parmi les chefs-d'œuvre de la littérature française. Prodigieusement doué pour les lettres, Blaise Pascal l'était aussi pour les sciences. Dès l'âge de 12 ans, il manifestait d'exceptionnelles dispositions pour la géométrie. A 16 ans, il étonnait Descartes par son «Traité des sections coniques». Deux ans plus tard, il mettait au point une machine à calculer que l'on peut voir au Musée du Ranquet *(p. 89)*. La «brouette» ou «vinaigrette», chaise à porteur à deux roues, est une de ses inventions. C'est lui également qui eut l'idée des «carrosses à cinq sous», à parcours fixe et à départs réguliers, qui connurent, dès leur apparition, un merveilleux succès et furent à l'origine des omnibus parisiens. C'est lui enfin qui, avec l'aide de son beau-frère Périer, prouva la pesanteur de l'air par l'expérience fameuse réalisée au puy de Dôme *(voir p. 144).*

(D'après photo Bulloz)

Blaise Pascal.

Les Grands Jours d'Auvergne - 1665. — Loin du pouvoir central, enhardis par la facilité de la retraite dans les montagnes, la plupart des seigneurs auvergnats ont fini par devenir de petits tyrans. En 1665, Louis XIV envoie à Clermont des commissaires royaux ayant pleine autorité pour rendre la justice : ils tiennent les «Grands Jours d'Auvergne». Immédiatement, les plaintes affluent : il y en a plus de 1 200. Un des principaux accusés est jugé et exécuté ; du coup, toute la noblesse prend la fuite et les exécutions n'ont plus lieu qu'en effigie, par trente à la fois. «Il faisait beau voir sur la place tant de tableaux exposés, dans chacun desquels un bourreau coupait une tête. Tout le peuple vint regarder ces criminels en peinture.» Les paysans témoignèrent de leur joie par un chant vite populaire, le «Noël des Grands Jours».

L'Auvergne est délivrée d'une encombrante féodalité, mais elle reste saignée à blanc par les impôts. Le doux Massillon, évêque de Clermont au 18e s., dont la charité égalait l'éloquence, se plaint qu'il n'y ait pas dans le reste de la France un peuple plus misérable que ses paysans, obligés de s'arracher le pain de la bouche pour satisfaire le fisc. Au 18e s., les grands intendants (Trudaine, Ballainvillers, Monthyon, Chazerat) qui administrent l'Auvergne siègent à Clermont. C'est alors que les remparts de la ville sont démolis et font place à de larges avenues.

La cité du pneu - 19e-20e s. — Par quel caprice du destin, la ville de Clermont, située au cœur de l'Auvergne, loin des ports qui reçoivent le caoutchouc et le coton, à l'écart des grandes tréfileries, est-elle devenue la capitale du pneu en France et l'un des plus grands centres mondiaux de cette industrie? Un tout petit fait en est la cause.

Au beau temps du romantisme, vers 1830, un ancien notaire, Aristide Barbier, aux trois quarts ruiné par les vicissitudes financières de cette époque, s'associe avec son cousin Édouard Daubrée, ancien capitaine aux chevau-légers du roi et démissionnaire, pour fonder à Clermont, sur les bords de la Tiretaine, une petite usine de machines agricoles. Pour amuser ses enfants, Mme Daubrée, nièce du savant écossais Mackintosh qui avait découvert la solubilité du caoutchouc dans la benzine, confectionne quelques balles ainsi qu'elle l'avait vu faire à son oncle. Ces balles ont tant de succès que Barbier et Daubrée en entreprennent la fabrication en grand. Peu à peu, l'usine est amenée à sortir d'autres articles en caoutchouc : tuyaux, courroies, etc.

Après une période brillante, l'usine décline ; en 1886, elle est près de la ruine. C'est alors que les petits-fils du fondateur Barbier, Édouard et André Michelin, prennent en mains la petite fabrique de cinquante ouvriers et lui font parcourir l'étonnante carrière que l'on sait.

■ PRINCIPALES CURIOSITÉS *visite : 2 h 1/2*

Place de Jaude (AZ). — Centre de la vie clermontoise, c'est une vaste esplanade bordée de grands magasins, et plantée de catalpas, seuls arbres réussissant sur ce sol infiltré de sources pétrifiantes *(voir p. 89).* Aux deux extrémités de la place se dressent la statue du général Desaix (1768-1800), le héros de Marengo, né à Ayat-sur-Sioule, et celle de Vercingétorix *(voir Gergovie p. 108)*, œuvre fougueuse de Bartholdi.

Partir de la place de Jaude. Prendre la rue du 11-Novembre puis tourner à droite dans la rue des Gras. Le nom de cette rue rappelle l'escalier (degrés) qui montait autrefois à la cathédrale.

Gagner la place de la Bourse et prendre la rue Ph.-Marcombes qui conduit place de la Poterne. Là se dresse la fontaine d'Amboise. Une belle vue s'offre sur les côtes de Clermont et le Puy de Dôme.

Fontaine d'Amboise★ (AY). — *Illustration p. 85.* Érigée en 1515 par Jacques d'Amboise, évêque de Clermont, c'est une très belle œuvre de la Renaissance, taillée dans la lave de Volvic. La vasque est décorée de charmants rinceaux dans le goût italien. La pyramide centrale porte de petits personnages nus qui déversent l'eau par la bouche ou comme leur confrère bruxellois. Un Hercule velu, au sommet, tient fièrement les armes de la maison d'Amboise.

Suivre la rue Claussmann et longer la place d'Espagne. Elle a été aménagée au 17e s. par des prisonniers espagnols. *Tourner à droite dans la rue Couronne.*

Basilique de N.-D.-du-Port★★ (BY) *(1).* — *Voir plan p. 30.* Elle date en majeure partie des 11e et 12e s., seule, une partie du narthex appartient à un édifice antérieur au roman.

Extérieur. — Le chevet, restauré au 19e s., est un exemple accompli de l'art roman auvergnat *(voir p. 30).* Malgré le peu de recul, remarquer l'harmonie des proportions, la pureté des lignes et la sobriété de la décoration.

Pénétrer dans l'enceinte de la basilique et longer le flanc Sud de l'église. Une porte romane *(illustration p. 30)* est ornée de sculptures très abîmées. Sur le linteau sont figurés : à gauche, l'Adoration des Mages ; au centre, la Présentation au Temple ; à droite, le Baptême du Christ. Dans le tympan, qu'entoure un arc outrepassant le demi-cercle (influence orientale), le Seigneur trône entre deux anges à six ailes. Les autres sculptures ont été rapportées : à gauche de la porte, Isaïe et, à droite, saint Jean-Baptiste ; à l'extérieur de l'arc, à gauche, Zacharie au Temple et, à droite, la Nativité.

Intérieur. — L'ordonnance sobre et robuste de l'école romane auvergnate apparaît dès l'entrée. Le **chœur★★★**, surélevé, retient particulièrement l'attention, c'est la plus belle partie de l'édifice. Il est entouré d'un déambulatoire sur lequel s'ouvrent quatre chapelles rayonnantes. La décoration est riche ; l'aménagement d'un éclairage met en valeur les détails des intéressants **chapiteaux★★** *(illustration p. 32). Minuterie (1 F) située à gauche du chœur, à l'entrée du déambulatoire.*

Crypte. — Du 11e s. Elle a le même plan que le chevet. Devant l'autel, on voit la margelle sculptée (16e s.) d'un puits qui existait bien avant la fondation de l'église, probablement même à l'époque celto-gauloise. Sur l'autel, une petite Vierge noire, reproduction d'une icône byzantine connue en ce lieu depuis le 13e s., est l'objet chaque année — le dimanche qui suit le 15 mai — d'un pèlerinage qui attire des foules considérables.

Dans la première chapelle du déambulatoire, à gauche du chœur, remarquer une belle statue de Vierge allaitant, du 15e s.

Sortir de l'église par le narthex et l'escalier qui débouche place N.-D.-du-Port.

La façade Ouest, nue et lourde, contraste avec le reste de l'édifice. Le porche qui la précède date du 16e s. et le malencontreux clocher carré qui la surmonte a été édifié au 19e s. en lave de Volvic.

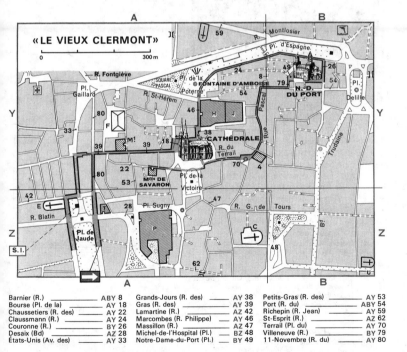

Le Vieux Clermont★. — *Prendre la rue Villeneuve puis tourner à droite dans la rue du Port.* Dans cette rue, remarquer, à gauche, au nº 38, la belle porte cochère de l'hôtel élevé au début du 18e s. par le financier Montrosier et, à droite, à l'angle de la rue Barnier, une maison du 16e s., avec bretèche à mâchicoulis.

Tourner à gauche dans la rue Pascal. Au nº 4, hôtel particulier de M. de Chazerat, dernier intendant d'Auvergne, c'est un édifice de la fin du 18e s., avec une cour ovale décorée de pilastres ioniques.

---

(1) Pour plus de détails, lire : «Guide du visiteur de N.-D.-du-Port», par le Dr Balme (Clermont, De Bussac) ou «N.-D.-du-Port» coll. Zodiaque (Weber).

Par la petite place du Terrail, ornée d'une fontaine du 17e s., et la rue du Terrail, gagner la rue des Grands-Jours qui contourne le chevet de la cathédrale. Au no 2, dans un pan coupé, un portail de bois donne accès à une cour où l'on voit la jolie porte des Agneaux, du début du 17e s.

Se rendre rue des Chaussetiers, au no 3, pour voir la **maison de Savaron**, construite en 1513; dans la **cour★**, la tourelle d'escalier, reliée au bâtiment principal par trois étages de paliers suspendus, s'ouvre par une belle porte sculptée, dite des «Hommes sauvages».

Revenir place de la Victoire. Au centre : monument des Croisades, fontaine avec statue d'Urbain II.

On peut profiter de cette promenade dans le Vieux Clermont pour parcourir la rue St-Esprit, strictement réservée aux piétons. Cette petite rue, très commerçante, est bordée de nombreux magasins de mode.

Cathédrale N.-D.-de-l'Assomption★★ (AY) *(1).* — Pour le touriste qui vient de visiter la basilique de N.-D.-du-Port, la cathédrale offre un saisissant contraste : la révolution qui s'est accomplie dans l'art de la construction, au 13e s., saute aux yeux *(détails p. 33).*

Extérieur. — C'est une belle église gothique inspirée des cathédrales du Nord de la France. Sa couleur noire est due à la lave de Volvic, employée dans la construction — c'est d'ailleurs la seule grande cathédrale bâtie avec ce matériau.

L'édifice actuel, précédé par une cathédrale romane succédant elle-même à deux autres églises, fut commencé en 1248 par Jean Deschamps. Il y travailla jusqu'à sa mort en 1295, date à laquelle le chevet, le transept et la 1re travée de la nef étaient achevés.

Au siècle dernier, Viollet-le-Duc fit raser les tours romanes qui se dressaient encore sur la façade, ajouter les deux dernières travées de la nef et bâtir les deux flèches qui, de très loin, annoncent Clermont.

Entrer dans la cathédrale par le portail Sud du transept que deux tours devaient encadrer : celle de droite fut démolie à la Révolution; l'autre semble n'avoir jamais été achevée.

(D'après photo François Goutet)

Cathédrale. — Détail d'un vitrail.

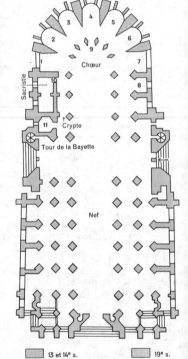

Intérieur. — L'impression de grande légèreté que donnent le vaisseau central et surtout le pourtour du chœur, est due à l'emploi de la lave : sa résistance a permis d'amincir les piliers, les arcs de voûtes, les divers éléments des baies. Remarquer les **vitraux★★** *(2),* important ensemble du 12e au 15e s., aux tons bleus et rouges dominants. Le semis de lys de France et de tours de Castille qui en décore certains, les font attribuer à l'époque de Saint Louis.

1) **Chapelle St-Georges.** — Vie et martyre du saint. Une **fresque** du 13e s. retrace également son martyre.
2) **Chapelle St-Austremoine.** — A gauche, arrivée d'Austremoine en Auvergne, à droite son martyre, à droite les miracles accomplis après sa mort.
3) **Vitraux de Ste-Marie-Madeleine** évoquant la fin de sa vie.
4) **Chapelle absidale.** — A gauche, la vie de saint Jean-Baptiste, au centre l'enfance du Christ, à droite le miracle de Théophile. Autel moderne en plomb doré repoussé, œuvre du sculpteur Kaeppelin, représentant le couronnement de la Vierge.
5) **Vitraux de saint Bonnet,** évêque de Clermont au 7e s.
6) **Chapelle funéraire des évêques.** — Elle abrite au centre les vitraux du 12e s. *(illustration ci-dessus)* provenant de l'ancienne cathédrale; ils retracent la vie du Christ.
7) **Chapelle Ste-Marguerite.** — A gauche, saint Privat, évêque de Mende au 3e s., au centre et à droite, sainte Marguerite.
8) **Vitraux de sainte Agathe.**

Les hautes verrières du chœur datent des 13e et 14e s., celles de la nef du 15e s. Elles sont traitées sur fond de grisaille et représentent une seule grande figure par lancette, on reconnaît la Vierge entre deux saints (9).

(1) Pour plus de détails, lire : «La cathédrale de Clermont», par H. du Ranquet (Paris, Laurens) ou «La cathédrale N.-D.-de-l'Assomption», ce dernier en vente à la cathédrale.

(2) Pour plus de détails, lire : «Les vitraux de la cathédrale Notre-Dame de Clermont», par R. Berger, en vente à la cathédrale.

Les roses du transept, du 14ᵉ s., sont de fines compositions décoratives.

En faisant le tour du déambulatoire, remarquer au-dessus de la porte de la sacristie encadrée de feuillages, deux belles **fresques** (10) des 13ᵉ et 15ᵉ s. Dans le chœur, maître-autel en cuivre doré (19ᵉ s.) et beau chandelier pascal en bronze doré (18ᵉ s.).

Dans la tribune du croisillon Nord, une horloge à jaquemart (11), enlevée à la ville d'Issoire au cours des guerres de religion, frappe les heures.

Crypte. — *Entrée : à gauche du chœur; s'adresser à la gardienne de la tour de la Bayette.*

Bâtie au 10ᵉ s., avec déambulatoire et chapelles rayonnantes, cette crypte a été légèrement altérée au moment de la construction de la cathédrale gothique. Elle renferme un très beau **sarcophage** ★ du 4ᵉ s., en marbre blanc, sur lequel sont représentées des scènes de la vie du Christ; dans le déambulatoire, peintures murales du 13ᵉ s.

Tour de la Bayette. — *Pour monter à cette tour (250 marches), s'adresser à la gardienne.*

De la plate-forme, on jouit d'un beau panorama sur la ville de Clermont et son site exceptionnel.

Sortir de la cathédrale par le beau portail Nord du transept que domine la tour de la Bayette. A cette tour s'accroche la tourelle de la Guette qui était surmontée de la loge du guetteur.

Descendre la rue des Gras. Au nº 14, bas-relief roman encastré dans la façade de la maison, donnant sur une placette; au nº 22, deux courettes intérieures très décorées.

Rejoindre la place de Jaude par l'avenue des États-Unis.

■ AUTRES CURIOSITÉS

Fontaines pétrifiantes de St-Alyre (AY). — Clermont possède vingt-deux sources minérales *(voir p. 23).* Leur température va de 6 ºC à 18 ºC. La plupart naissent sur une faille qui va de la place des Salins au quartier St-Alyre. Cette fracture du sol se manifeste par la dénivellation brusque qui termine, vers l'Ouest, la butte portant la vieille ville et se remarque, notamment, sur le boulevard Desaix, à hauteur de la Préfecture. Place des Salins, on utilisait l'eau chargée d'acide carbonique pour fabriquer de l'eau de Seltz et de la limonade. D'autres sources, riches en bicarbonate de soude, fournissent des eaux de table.

Les cinq sources de St-Alyre, qui contiennent beaucoup de carbonate de chaux, alimentent les **grottes du Pérou** (AY A) où s'opèrent des «pétrifications».

Visite du 1ᵉʳ avril au 31 octobre, de 8 h à 19 h 30; le reste de l'année, de 9 h à 12 h et de 14 h à 18 h. Entrée : 4 F.

L'eau est dirigée dans des canaux remplis de copeaux de bois puis de cailloux, où elle se débarrasse de son fer et de ses carbonates ferreux. Elle descend alors, en minces cascades, un escalier de bois. Les objets en cours de pétrification dans les grottes, médaillons, camées, bas-reliefs, fruits, nids d'oiseaux, animaux, etc. placés sur les marches se recouvrent d'une couche brillante de carbonate de chaux, dans un délai de deux à trois mois environ pour les petits sujets.

Musée d'Art, d'Ethnographie et d'Histoire. — *Les collections sont réparties dans deux locaux. Visite de 10 h à 12 h et de 14 h à 17 h. Fermé le lundi.*

Musée du Ranquet ★ (AY M¹). — Ancien hôtel Fontfreyde, dit «Maison des Architectes». Dans cet hôtel Renaissance, dont la cour est intéressante et la tourelle d'escalier gracieusement sculptée, sont présentées des sculptures et objets d'art d'époques médiévale et Renaissance, meubles, émaux, ivoires, verreries de la Margeride, faïences du 18ᵉ s. de Clermont, Moustiers, Nevers, la machine à calculer inventée par Blaise Pascal, des souvenirs du général Desaix et de Pasteur.

Une salle est consacrée à l'ethnographie auvergnate.

Musée Bargoin (AZ M²). — Le rez-de-chaussée abrite une intéressante section d'**archéologie préhistorique et gallo-romaine.**

Aux 1ᵉʳ et 2ᵉ étages, des peintures du 14ᵉ s. à nos jours et des lithographies de maîtres contemporains.

Dans le sous-sol, sont exposés les objets provenant des fouilles d'Aulnat.

Jardin Lecoq ★ (ABZ). — Joli parc de près de 3 ha au cœur de la cité. Près du lac a été transportée une porte du 14ᵉ s. provenant du château de Bien-Assis, construit par le duc de Berry et propriété, au 17ᵉ s., de Florin Périer, beau-frère de Pascal. Le domaine de Bien-Assis a été englobé dans l'usine Michelin.

Musée H.-Lecoq (ABZ B). — *Visite de 10 h à 12 h et de 14 h à 17 h. Fermé le lundi et certains jours fériés.*

Il doit son nom au naturaliste Lecoq. Ses collections variées d'animaux et de roches du pays, ses herbiers régionaux en font un musée auvergnat de sciences naturelles.

Maisons anciennes (AY — *plan p. 85).* — *Au nº 10 de la rue des Chaussetiers,* porte sculptée et grilles de fenêtres; à l'angle de cette rue et de celle des Petits-Gras, arcades romanes; *au nº 46 de la rue Fontgiève,* fragment de jubé du 15ᵉ s. provenant de la cathédrale.

Église St-Genès-les-Carmes (AZ C). — De style gothique flamboyant, elle comporte une large nef unique et une belle abside.

Chapelle de la Visitation (BY D). — C'est le chœur de l'ancienne église des Jacobins, bâtie en 1246 dans le style gothique; la nef fut détruite à la Révolution. Remarquer les tombeaux des 13ᵉ et 14ᵉ s.

Église St-Pierre-les-Minimes (AZ E). — Les boiseries du chœur sont du 18ᵉ s.

Marché St-Pierre (AY F). — Il forme, avec l'étroite rue de la Boucherie sa voisine, un ensemble pittoresque, animé et haut en couleurs.

■ LE VIEUX MONTFERRAND ★ *visite : 1 h 1/2*

Montferrand doit son origine aux comtes d'Auvergne qui, au début du 12e s., élevèrent un château fort sur une éminence dont l'actuelle place Marcel-Sembat marque le site, afin de pouvoir briser l'autorité de l'évêque, maître de Clermont.

A la fin du 12e s. et au début du 13e s., la ville est reconstruite, à l'initiative de la comtesse Brayère, en «bastide» c'est-à-dire sur un plan géométrique d'une rigoureuse symétrie : deux grandes rues se croisent à angle droit pour aboutir aux quatre portes principales ouvertes dans l'enceinte. Des venelles coupe-feu sont aménagées entre les maisons; en raison de l'étroitesse des façades sur rue, chaque porche dessert deux demeures en profondeur, séparées par une cour intérieure et parfois reliées par des galeries. Un système d'écluses alimentées par les eaux de la Tiretaine permet d'inonder les fossés et de créer, du côté de la plaine, une ceinture défensive de marais artificiels. La maison de l'Éléphant subsiste de cette époque.

Ville de commerce favorisée par sa situation sur les routes de plaine, Montferrand voit s'élever au 15e s. des hôtels particuliers de la noblesse et de la bourgeoisie. Au 16e s., l'installation d'une cour de justice fiscale, la «cour des Aides», donne un regain d'activité aux architectes. La cité, alors à son apogée, se couvre de riches demeures. Puis vient la décadence : en 1630, Richelieu transfère la cour des Aides à Clermont et envisage le rattachement de la ville à sa voisine; en 1731 la réunion est effective, la dualité des cités se manifeste dans l'association de leur nom.

De nos jours, Montferrand occupe une situation administrative très particulière et unique en France : elle possède sa mairie dont le titulaire est le maire de Clermont, mais ses affaires sont assurées par un adjoint spécial entouré des conseillers de la cité.

Depuis quelques années de nombreuses demeures anciennes ont été restaurées. Elles ont retrouvé leurs façades ornées de têtes sculptées, leurs balustrades et leurs tourelles d'escaliers, leurs pierres d'angle de lave qui contrastent avec le «crépi Montferrand», à la douce coloration de miel blond.

«VIEUX MONTFERRAND»					
	Debay-Facy (R.)	4	Montorcier (R.)		12
	Dr-P.-Balme (R. du)	6	Notre-Dame (R.)		13
	Fossés-sous-la-Rodade (R. des)	7	Rabelais (R. François)		14
Cerisière (R.)	2	Grolière (R. de la)	8	Séminaire (R. du)		16
Clémentel (R. Étienne)	3	Montesquieu (R.)	10	Taravant (R. F.)		17
			Zola (R. Émile)		18

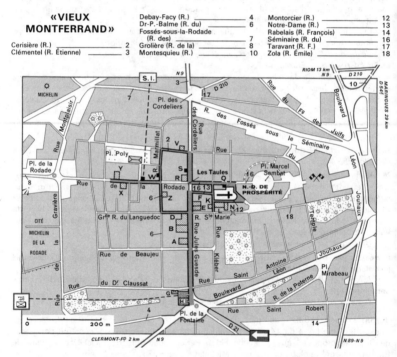

Partir de la place de la Fontaine. Suivre la rue Jules-Guesde, en légère montée.

Hôtel Fontfreyde ★ **(Maison de Lucrèce)** (A). — *Au no 28.* Dans la cour, admirer à la porte gothique de la tourelle d'escalier, une ravissante Vierge à l'Enfant, de style Renaissance, sculptée dans le même bloc de lave que le tympan. Sur la balustrade de la galerie, trois beaux médaillons à l'italienne représentent Lucrèce se poignardant entre l'époux et le séducteur.

Au fond de cette cour emprunter un couloir voûté et prendre la porte à droite, au no 19, sur le parking de la rue du Dr-Pierre-Balme. La petite cour (correspondant au no 26) s'orne d'un linteau soutenant un écusson et, de part et d'autre, de curieux personnages vêtus de pagne, d'une grande finesse. Dans un angle, remarquer une petite vasque sculptée.

Revenir à la rue Jules-Guesde.

Hôtel Gaschier (B). — *Au no 20.* Dans la cour, trois étages de galeries portées par de beaux piliers renflés. Tourelle d'escalier à tympan armorié.

Hôtel de Lignat ★ **(Maison du Notaire)** (D). — *Au no 18.* Il prend le jour, sur la rue par de gracieuses fenêtres à meneaux. Sur la Grande-rue-de-Languedoc, ce logis présente une très élégante porte, décorée de fleurs de lys, dans le style Renaissance italienne. Dans la cour, belle tourelle d'escalier attenante à trois galeries superposées.

Hôtel de Fontenilhes (E). — *Au n° 13.*
En lave de Volvic d'une grande finesse de
grain. Dans la cour, tourelle d'escalier à vis
dont les rampes portent de beaux écussons
imagés.

Hôtel d'Albiat (Maison des Centaures) (F). —
Au n° 11. Il doit son appellation à la
sculpture qui orne la **porte ★** qui se trouve
dans la cour, au bas de la tourelle d'escalier.

Prendre à droite la rue Notre-Dame à degrés.

Église N.-D.-de-Prospérité. — Bâtie en
1298, elle occupe l'emplacement de la chapelle du château des comtes d'Auvergne.

Porte de l'hôtel d'Albiat.

L'extérieur présente une élégante façade Ouest, ornée d'une belle rose flamboyante. De ses
deux clochers, un seul subsiste, surmonté d'une lanterne du 16ᵉ s. Intéressantes gar-
gouilles. La nef est un large vaisseau gothique de style méridional; dans les chapelles
latérales, retables sculptés du 17ᵉ s.

Dans le narthex, une chapelle, à gauche, renferme une belle Vierge romane qui provient d'un tympan détruit.

Maison de l'Éléphant (K). — *Au n° 12 rue Kléber.* Maison romane, de la fin du 12ᵉ s.
dont l'arc de la baie centrale, au 1ᵉʳ étage, porte les traces d'une fresque représentant un
éléphant.

Rue Montorcier, longer le flanc Sud de l'église.

Maison de la Chanterie (L). — *Au n° 2.* Ancienne manécanterie du 13ᵉ s.

Maison d'Adam et d'Ève (N). — Dans la cour, sur une balustrade, un **bas-relief ★**, du
15ᵉ s., représente la Tentation.

Contourner le chevet de l'église et suivre, à gauche, la rue du Séminaire. Une maison
d'angle (Q) présente au rez-de-chaussée de beaux arcs cintrés ou en anse de panier, aux
étages des fenêtres Renaissance à meneaux. Son «crépi Montferrand» et ses pierres
d'angle en lave sont très caractéristiques.

Les Taules. — C'est le carrefour central de la vieille ville; son nom rappelle l'emplacement
des étals traditionnels des bouchers. A cet endroit la rue, jadis en escaliers, fut écrêtée au
17ᵉ s. afin de faciliter le passage des charrois; si bien que de nos jours, ce sont les
anciennes caves qui se trouvent au rez-de-chaussée, alors qu'un peu plus bas, rue des
Cordeliers et rue Jules-Guesde, les anciens rez-de-chaussée se présentent en contrebas
de la rue rehaussée par les déblais.

Maison de l'Apothicaire (R). — *Au n° 1 rue des Cordeliers.* Datant du 15ᵉ s., c'est la plus
intéressante qui borde les Taules. Elle présente deux étages en pans de bois. En haut de
la maison, de chaque côté du pignon, on peut voir, accrochés aux consoles de retombée,
un apothicaire, son clystère à la main, et le patient prêt pour l'opération.

Au-delà des Taules, la rue de la Rodade est bordée de très curieuses maisons dont le
soubassement en lave porte des étages en pans de bois.

Descendre, à droite la rue des Cordeliers. Au n° 5 (S). Remarquer de beaux arcs Renaissance en façade.

Prendre à gauche la rue Cerisière. Au n° 2 (V). Une porte vitrée protège une ravissante
porte intérieure dont le tympan est sculpté de lions soutenant un philactère.

Monter, à gauche, la rue Marmillat.

Hôtel de la Porte (W). — *Au n° 5.* Tourelle d'escalier ornée d'une belle sculpture. Formant
l'angle avec la rue de la Rodade, maison de l'Échauguette.

Suivre à droite, la rue de la Rodade.

Hôtel Doyac (X). — *Au n° 29.* Porte gothique.

Hôtel Regin ★ (Maison de l'Annonciation) (Y). — *Au n° 36. Dans la cour,* belle statue de
saint Christophe. Sur la droite, au-dessus, est sculptée une Annonciation.

Revenir sur ses pas jusqu'à la rue du Docteur-P.-Balme que l'on prend à droite.

Deuxième hôtel d'Albiat (Z). — *Au n° 11.* Dans la cour, tympan sculpté d'une licorne et
galerie, décorée d'une Vierge de gloire.

*Par la Grande-Rue-du-Languedoc à gauche et la rue Jules-Guesde, regagner la place de
la Fontaine.*

■ **CHAMALIÈRES** *visite : 1/2 h*

Étroitement associée à Clermont, Chamalières (18 193 h — les Chamaliérois) est une
importante cité, résidentielle et active, dont relèvent certains aménagements touristiques
ou thermaux de Royat *(p. 151)*, sa voisine. Les billets de la Banque de France y sont
imprimés.

Des cinq églises qui s'élevaient autrefois à Chamalières, une seule subsiste. Sa nef est
constituée par les restes d'un édifice primitif, antérieur à l'an mil. Au 12ᵉ s., le chœur de
l'église fut agrandi et refait. Au 17ᵉ s., la voûte en berceau a été en partie transformée en
ogive. Le clocher est du siècle dernier. Le chevet présente des chapiteaux sculptés.

A l'intérieur, au bas de la nef, subsistent deux chapiteaux carolingiens surmontant
deux colonnes de marbre vert, sans doute empruntées à un monument romain.

EXCURSIONS

Puy de Dôme★★★. — *Circuit de 31 km - environ 1 h 1/2 - schéma ci-contre. Monter par Royat et le D 68. Accès et description p. 144.*

Revenir à Clermont par la côte de la Baraque (N 141 A).

Plateau de Gergovie★; Opme; gorges de Ceyrat. — *Circuit de 28 km - environ 2 h - schéma ci-contre. Quitter Clermont par le D 3 et passer par Romagnat.*

> **Plateau de Gergovie★.** — Page 108.

> **Opme.** — Ce village, situé près du plateau de Gergovie, possède une église du

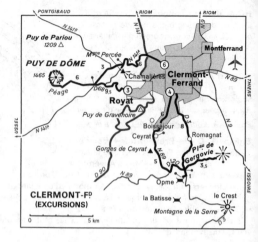

12ᵉ s. et un château. Le **château** *(visite de 9 h à 12 h et de 14 h à 18 h 30 — cours et jardins — fermé le mercredi et du 1ᵉʳ novembre au 31 mai sauf dimanches et fêtes; entrée : 3 F)* a été construit aux 12ᵉ et 13ᵉ s. et très remanié au 17ᵉ s. Il ne conserve intact, de sa construction primitive, que la cour d'honneur, le donjon carré, les trois tours, le chemin de ronde. Dans les jardins en terrasses, on peut admirer, en contre-haut, deux allées de tilleuls centenaires et, en contrebas, une très belle fontaine Renaissance. Belles vues.

Par le D 120 et la N 89, gagner les gorges de Ceyrat.

> **Gorges de Ceyrat.** — De hautes falaises granitiques marquent, à gauche, la grande faille suivant laquelle la Limagne s'est effondrée; à l'Ouest, elles ont été profondément entaillées par une rivière qui a donné naissance aux gorges.

> **Ceyrat.** — 4 010 h. (les Ceyratois). *Lieu de séjour, p. 42.*

A l'embranchement de la route de Boisséjour, à gauche, curieux restes d'un volcan. En faisant quelques pas, on pénètre à l'intérieur du cratère démantelé. Les scories, qui semblent vomies d'hier, sont débitées en matériaux de construction.

La Montagne Percée. — *6 km, puis 1/4 h à pied AR — schéma ci-dessus. Quitter Clermont par ⑥ du plan, N 141ᴬ. Laisser la voiture à l'embranchement du D 52ᴱ et prendre tout de suite à gauche, à hauteur de la borne kilométrique, le chemin qui conduit en 300 m au rocher de la Montagne Percée.* Beau point de vue sur Clermont-Ferrand.

En ville, sauf indication contraire, nos itinéraires de visite sont à suivre à pied.

CONDAT

Carte Michelin n° **76** - pli 3 — *Schémas p. 52 et 74* — 1 626 h. (les Condatais) — *Lieu de séjour, p. 42.*

Au centre d'un bassin verdoyant où confluent la Rhue d'Égliseneuve, le Bonjon et la Santoire, Condat est un très agréable lieu de séjour. Sur les pentes bien exposées de la vallée de la Rhue, ses nombreuses villas, couvertes pour la plupart de jolis toits d'ardoise, ont été bâties presque toutes par des enfants du pays qui sont allés chercher fortune ailleurs, en exerçant souvent le métier de marchands de toile, et qui sont revenus trouver la paix de leur campagne cantalienne.

EXCURSIONS

Belvédère de Veysset et forêt de Maubert. — *Circuit de 18 km — environ 3/4 h. Quitter Condat au Nord par le D 62 en montée sinueuse.*

> **Belvédère de Veysset.** — Il offre un beau point de vue sur Condat et son site.

Suivre le D 62 jusqu'à Monboudif, patrie de Georges Pompidou (1911-1974). Avant d'arriver à l'église, prendre à gauche le D 622 et peu après, encore à gauche, le D 722.

> **Forêt de Maubert.** — La belle forêt domaniale de Maubert et Gaulis se présente sous forme de futaie jardinée, où le sapin domine; les hêtres viennent ensuite puis des tilleuls et quelques chênes. Sapins et hêtres atteignent des hauteurs remarquables et donnent des bois de valeur.

Au croisement avec le D 679, tourner à droite. A environ 1 km, prendre à droite une route forestière en très forte montée en bordure de laquelle on peut laisser la voiture. 100 m plus loin, à droite du chemin, se dresse le hêtre Pierre et Paul Buffault qui a 44 m de hauteur et dont le fût de 28 m mesure 2,90 m de circonférence.

Revenir au D 679 et le prendre à gauche en direction de Condat.

Égliseneuve-d'Entraigues. — 1 010 h. *Lieu de séjour, p. 44. Au Nord-Est, 11 km par le D 678. Joli parcours dans la vallée de la Rhue qui mène à Égliseneuve-d'Entraigues, petite station estivale à 952 m d'altitude.*

Abbaye de Féniers; gorges de la Santoire. — *Circuit de 26 km — environ 1 h. Quitter Condat au Sud par le D 679 vers Allanche.* La route longe un plan d'eau, reconstitution récente du lac que les moines avaient créé au 12ᵉ s.

> **Abbaye de Féniers.** — *Laisser la voiture dans le hameau de Féniers et gagner les ruines, à 50 m à gauche.*
> Cette abbaye cistercienne, fondée à la fin du 12ᵉ s., fut rebâtie en 1686 et supprimée à la Révolution. De l'édifice, en partie détruit par un incendie en 1872, seuls subsistent quelques vestiges des bâtiments abbatiaux, du cloître et de l'église.
> Un petit oratoire, adossé aux ruines, abrite la statue de la Vierge (15ᵉ s.) vénérée dans le monastère.

Prendre à droite le D 16 qui descend au fond de la vallée de la Santoire et pénètre dans de pittoresque **gorges** boisées. *A St-Bonnet-de-Condat, tourner à gauche dans le D 36 et revenir à Condat par Marcenat et le D 679.*

*Les cartes Michelin sont constamment tenues à jour.
Ne voyagez pas aujourd'hui avec une carte d'hier.*

COSNE D'ALLIER

Carte Michelin n° **69** - pli 12 — *Schéma p. 66* — 2 294 h. (les Cosnois) — *Lieu de séjour, p. 42.*

A quelques kilomètres seulement de la forêt de Tronçais au Nord-Ouest, de Moulins et Souvigny à l'Est, cette petite ville est un actif centre commercial.

EXCURSIONS

Forêt de Tronçais★★★. — *18 km au Nord par le D 16. Description p. 171.*

Vallée de l'Aumance. — *12 km à l'Ouest par le D 11. Description p. 56.*

Bourbon-l'Archambault★. — *23 km au Nord-Est par le D 94. Description p. 65.*

Bocage bourbonnais. — *Circuit de 68 km — environ 2 h. Quitter Cosne à l'Est par le D 94 et le D 22 à droite.* On traverse la chênaie de la **forêt de Dreuille** que les amateurs de marche à travers bois pourront facilement sillonner.

> **Buxières-les-Mines.** — 1 397 h. Cette localité possède le seul puits de mine de la région qui soit en activité avec celui de St-Éloy-les-Mines (5 712 h. les Éloysiens — *lieu de séjour, p. 42).*

Le D 68, puis à droite les D 289 et D 11 conduisent à Gipcy puis Meillers.

> **Meillers.** — 240 h. L'église est surmontée d'un intéressant clocher. Au-dessus du portail, le linteau est orné d'un Christ bénissant, entouré des apôtres. De part et d'autre de cette façade on remarque deux curieux chapiteaux : un ange et un cavalier sur celui de gauche tandis qu'à droite, un âne joue de la harpe et un lion gratte une viole. La chapelle, à gauche du cœur, abrite une Vierge assise avec l'Enfant Jésus sur ses genoux, de la fin du 12ᵉ s.

A la sortie de Meillers, par le D 18, tourner à droite (D 106) vers les **Côtes Matras** *d'où l'on jouit d'une large vue sur le bocage bourbonnais.*

> **Le Montet.** — 505 h. L'église St-Gervais-et-St-Protais domine la ville et les environs. Il ne reste que la nef et les bas-côtés de l'ancien édifice du 12ᵉ s. qui se prolongeait par un transept et un chœur avec cinq chapelles rayonnantes. Au 14ᵉ s., cette église fut transformée en forteresse comme en témoigne l'aspect extérieur de son mur Nord. A l'intérieur, les beaux chapiteaux romans rappellent par leur style bourguignon, ceux de St-Menoux *(p. 157).*

A la sortie du Montet, prendre à droite le D 33.

> **Château de Murat.** — Seules subsistent des ruines envahies peu à peu par les ronces.

> **Villefranche d'Allier.** — 1 340 h. L'église romane, toute simple, mérite un arrêt.

Regagner Cosne-d'Allier par le D 16.

COURPIÈRE

Carte Michelin n° **73** - pli 16 — *Schémas p. 107, 114 et 116* — 4 602 h. (les Courpiérois).

Ce gros bourg est situé à l'entrée d'une gorge formée par la Dore. Avec une belle église, Courpière conserve quelques maisons pittoresques. Depuis quelques années, c'est devenu un centre de culture des fruits rouges en même temps que s'y développe l'industrie de l'acier inoxydable et de la carrosserie automobile.

Église★. — *Visite : 1/4 h.* Cet intéressant édifice de style roman auvergnat est surmonté d'un clocher gothique.

S'avancer sur le flanc gauche de l'église pour voir le chevet resserré entre de vieilles maisons.

A l'intérieur, remarquer de curieux chapiteaux, en particulier sur le palier marquant l'entrée de la nef à gauche, à la croisée du transept et à la retombée de l'arcade basse limitant le cul-de-four du chœur. Un Saint-Sépulcre du 15ᵉ s. au fond du bas-côté droit *(éclairage au revers intérieur de l'arcade à droite — ne pas oublier d'éteindre)* et une Vierge romane en bois peint dans la deuxième chapelle du bas-côté gauche retiendront aussi l'attention.

Près de l'église, à côté d'une fontaine fleurie s'élève une maison Renaissance, restaurée.

COURPIÈRE

EXCURSION

Château d'Aulteribe. — *6 km par la N 106 au Nord et dès la sortie du bourg, le D 223, sinueux et en montée, à gauche. Visites accompagnées du 1er mai au 30 septembre, de 9 h à 12 h et de 14 h à 18 h; le reste de l'année, de 10 h à 12 h et de 14 h à 17 h. Fermé le mardi. Durée : 1/2 h. Entrée : 3 F.*

Ce château a été refait au 19e s. dans le goût romantique à l'emplacement d'une austère construction féodale. Originellement, fief des La Fayette, il fut acquis, en 1775, par le marquis de Pierre de Bernis et revint à Onslow de Pierre qui y amassa des meubles et des tableaux du 17e s. Remarquer surtout un Henri IV par Pourbus, un Richelieu par Philippe de Champaigne, une Mademoiselle de Fontanges *(p. 185)* par Mignard; des sièges et des meubles Louis XV et Louis XVI et une très belle tapisserie des Flandres établie sur des cartons de Teniers.

COUZES (Vallées des) ★★
Carte Michelin n° **73** - plis 13, 14.

Plusieurs rivières, nées dans les monts Dore ou le Cézallier et qui se jettent dans l'Allier, portent le nom de Couze. Dans la partie montagneuse, ce sont des torrents aux eaux claires, coulant dans des gorges profondes aux versants hérissés de rochers de basalte; les vallées s'étalent ensuite en Limagne : aux bois qui tapissent les pentes abruptes et que trouent les roches, succèdent les vignes en terrasses et les cultures.

LA COUZE DE CHAMBON de la vallée de Chaudefour à Champeix
31 km — environ 3 h — schéma p. 95

Vallée de Chaudefour★★. — *Page 82.*

Chambon-sur-Lac. — *Page 77.*

La N 496 passe au Nord du volcan boisé du Tartaret qui, par sa surrection au milieu de la vallée de la Couze, a arrêté les eaux de cette rivière et donné naissance au lac Chambon.

Murol★. — *Page 132.*

St-Nectaire★★. — *Page 158.*

La N 496 rejoint la vallée de la Couze dont elle s'était écartée depuis Murol. A Saillant, la rivière franchit en cascade une coulée de basalte : c'est la **cascade de Saillant,** dont on a une jolie vue du pont franchi par le D 26E.

Après Verrières, la vallée se rétrécit en gorges dont les versants boisés sont hérissés de rochers.

Montaigut-le-Blanc. — 530 h. Village dominé par les ruines de son château. Son aspect méridional, ses maisons couvertes de toits plats à tuiles creuses, les vignes en terrasses, les arbres fruitiers au fond de la vallée, annoncent déjà la Limagne.

Champeix.. — 1 106 h. (les Champillauds). *Lieu de séjour, p. 42.* Le village est bâti entre des coteaux plantés de vignes. Les ruines du vieux château féodal, le «Marchidial», dominent l'agglomération d'un à-pic de rocher. Sur la rive droite, l'église a une abside romane; à la porte du flanc gauche, un linteau représente la Sainte-Trinité.

LA COUZE DE PAVIN du lac Pavin à Issoire
37 km — environ 3 h — schéma p. 95

A l'Est du lac Pavin *(p. 136),* la N 678 suit la vallée de la Couze, au fond bosselé de moraines laissées par les anciens glaciers.

Besse-en-Chandesse★. — *Page 60.*

Continuer à suivre la N 678. On franchit la Couze dont le lit est formé de roches volcaniques. Peu avant le Cheix, la route passe au pied d'orgues basaltiques.

Grottes de Jonas. — *Dans le Cheix, prendre à gauche la route menant aux grottes. Visite du 1er juin au 30 septembre, de 9 h à 12 h et de 14 h à 19 h; le reste de l'année, les dimanches et fêtes de 14 h à 18 h. Entrée : 3 F.*
Spectacle Son et Lumière prévu en juillet et août.
Les plus rudimentaires de ces grottes artificielles furent sans doute habitées par les hommes de la préhistoire; leurs ·descendants, au cours des siècles, les utilisèrent également. Au Moyen Age, une chapelle, aux voûtes de laquelle subsistent des fresques du 10e s., et une véritable forteresse y furent aménagées. La tour renferme un escalier à vis d'environ 80 marches, taillé à même le roc et conduisant à plusieurs étages d'appartements. Remarquer, à droite en montant, l'évier avec une rigole d'évacuation des eaux usées, puis la salle du Conseil avec l'emplacement réservé aux hommes de garde, la prison, le four à pain.

Après Cotteuges, la route traverse une «cheire» (coulée de lave) caractéristique. Plus loin, elle est dominée à gauche par de beaux rochers abrupts.

Moulin-Neuf. — Une fermette abrite un **petit musée auvergnat.** *Visite du 1er juin au 1er octobre, de 9 h à 12 h et de 14 h à 19 h. Entrée : 4 F.* Il recrée l'ambiance auvergnate de la fin du 19e s. : la cuisine avec ses «lits-wagons», l'étable. On peut voir de nombreux outils de forgeron, menuisier, vigneron, des presses à fromages, des instruments aratoires.

Saurier. — 191 h. Ancien bourg fortifié. En franchissant la Couze, jeter un coup d'œil à gauche sur le vieux pont avec sa chapelle.

La vallée se resserre de nouveau; des rochers basaltiques se dressent sur les versants.

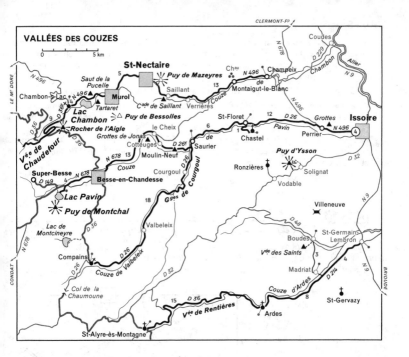

VALLÉES DES COUZES

St-Floret. — 251 h. Des fresques du 14e s. qui retracent des épisodes d'un roman de chevalerie ornent les murs de l'ancien château. Dans la chapelle Nord de l'**église du Chastel**, à 1 km du village *(demander la clé à M. Lachaud, à St-Floret)*, remarquer une jolie peinture murale du début du 15e s. : saint Jean-Baptiste présente à la Vierge et à l'Enfant, Jean de Bellenaves, seigneur de St-Floret, et sa famille.

Perrier. — 739 h. De Perrier, on a une curieuse vue d'ensemble des rochers qui dominent le village. Ils proviennent d'une coulée de basalte sculptée par l'érosion. Au sommet d'un de ces énormes blocs, on distingue la tour féodale de Maurifolet dont le piédestal a été séparé de la montagne par l'action des agents atmosphériques. La montagne de Perrier est bien connue des géologues pour avoir fourni de nombreux ossements d'animaux disparus : mastodontes, éléphants, tapirs, etc. Pour visiter les **grottes artificielles** ayant servi d'habitations troglodytiques, prendre le chemin qui s'amorce à côté du café des Grottes *(1 h AR)*.

Au-delà, la vallée s'élargit avant d'atteindre Issoire *(p. 110)*; les vignes et les arbres fruitiers abondent.

LA COUZE DE VALBELEIX de Compains à Saurier

18 km — environ 1 h — schéma ci-dessus

La Couze de Valbeleix prend naissance près de Compains. Elle est alimentée vraisemblablement par les eaux du lac de Montcineyre *(p. 61)* filtrant à travers des laves.

Compains. — 261 h. Le village est bâti sur la «cheire» (coulée de lave), descendue du puy de Montcineyre. Sur la place, devant l'église, admirable frêne. L'église est du style de transition, avec un chœur franchement gothique; elle se signale par sa porte droite (sur la place remplaçant le vieux cimetière) qui a conservé ses pentures et, à droite de laquelle se remarquent une belle croix et une vieille cuve baptismale. A l'intérieur, les petites trompes d'angle de sa coupole et les consoles qui soutiennent les arcs doubleaux sont également intéressants.

Suivre le D 26, sur la cheire couverte de bois. 4 km après Valbeleix, la vallée se resserre.

Gorges de Courgoul *. — Entre Valbeleix et Courgoul, le D 26 qui épouse le cours sinueux de la Couze s'enfonce sur plusieurs kilomètres dans de magnifiques gorges, dont les versants très hauts et très rapprochés se hérissent de rochers abrupts, mêlés à une abondante végétation. A plusieurs reprises, la route franchit la rivière qui coule sous un épais couvert d'arbres.

Peu avant Saurier *(p. 94)*, la Couze de Valbeleix se jette dans la Couze de Pavin.

LA COUZE D'ARDES de St-Alyre-ès-Montagne à St-Germain-Lembron

27 km — environ 1 h — schéma ci-dessus

Vallée de Rentières *. — La vallée de la Couze d'Ardes, petit affluent de l'Allier, porte le nom de Rentières sur une quinzaine de kilomètres en aval de St-Alyre-ès-Montagne *(p. 74)*. Creusée dans les plateaux du Cézallier, c'est un étroit sillon dont les versants disparaissent sous des nappes de verdure. Tantôt de curieux rochers volcaniques surmontent le versant Nord, tantôt des rocs basaltiques, en gerbes verticales, hérissent la vallée.

Ardes. — 747 h. Autrefois capitale du duché de Mercœur et ville fortifiée, Ardes conserve une église du 15e s., devant laquelle se trouve une croix de la même époque portant, sur une de ses faces, la Vierge et l'enfant Jésus. A l'intérieur, le maître-autel du 17e s., en bois doré est remarquable par ses huit petits groupes représentant la Passion. On voit aussi, près du chœur, un curieux bas-relief en bois sculpté figurant la chasse de saint Hubert. Face à la chaire, Pietà en pierre du 16ᵉ s. et, dans la chapelle, au fond de l'église, lutrin du 15ᵉ s.

La vallée s'élargit, la vigne et les arbres fruitiers apparaissent sur les versants.

Vallée des Saints. — *3 km au départ de Madriat. Dans Boudes, appuyer à droite vers le cimetière au-delà duquel laisser la voiture.* Descendre sur la gauche, par des pentes broussailleuses vers le fond de la vallée *(3/4 h AR — sentier glissant par temps humide).* Là se dressent des pyramides de teinte rouge, hautes de 10 à 30 m et sculptées par l'érosion. Leurs étranges silhouettes, évoquant l'aspect de gigantesques statues, donnent le nom à la vallée.

La Couze d'Ardes arrose le bassin de St-Germain-Lembron avant de se jeter dans l'Allier.

CUSSET

Carte Michelin nº **73** - pli 5 — 14 507 h. (les Cussetois) — *Lieu de séjour, p. 42.*

Aux portes de Vichy, Cusset offre encore quelques vieilles maisons. Les sources de cette ancienne station thermale sont analogues à celles de Vichy.

Cusset, qui passait au 16ᵉ s. pour une place inexpugnable, a changé ses remparts contre une ceinture pacifique de larges cours plantés d'arbres.

C'est là que s'opéra la réconciliation de Charles VII et de son fils, le futur Louis XI, en 1440, après l'infructueux essai de ce dernier pour se libérer de la tutelle paternelle. Le dauphin, qui était venu se mettre sous la protection du duc de Bourbon, fut contraint de s'humilier devant son père et «de lui demander pardon à genoux», criant trois fois merci».

Devenu roi, Louis XI fortifia Cusset afin de pouvoir, de cette place, contre-balancer la puissance du duc. Il y fut aidé par Jean de Doyat, son secrétaire, gouverneur d'Auvergne, né à Cusset. A la mort du roi, le duc de Bourbon, ulcéré, se vengea de Doyat en lui faisant donner publiquement le fouet, couper les oreilles et percer la langue au fer chaud comme calomniateur.

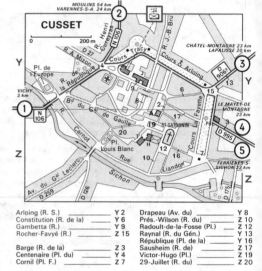

Arloing (R. S.)	Y 2	Drapeau (Av. du)	Y 8
Constitution (R. de la)	Y 6	Prés.-Wilson (R. du)	Z 10
Gambetta (R.)	Y 9	Radoult-de-la-Fosse (Pl.)	Z 12
Rocher-Favyé (R.)	Z 15	Raynal (R. du Gén.)	Y 13
		République (Pl. de la)	Y 16
Barge (R. de la)	Z 3	Sausheim (R. de)	Z 17
Centenaire (Pl. du)	Y 4	Victor-Hugo (Pl.)	Z 19
Cornil (Pl. F.)	Z 7	29-Juillet (R. du)	Z 20

Place Victor-Hugo (Z 19). — Au centre de la ville, à l'écart des grandes rues de traversée, cette place groupe de pittoresques maisons à pignons, notamment la Taverne Louis XI qui aurait reçu, en 1440, Charles VII, le dauphin et le duc de Bourbon.

Maison Barathon (Z A). — La porte et une fenêtre sont ornées de belles sculptures de la fin du 16ᵉ s.

EXCURSIONS voir les promenades décrites au départ de Vichy, p. 182.

Le DEVÈS

Carte Michelin nº **76** - plis 6, 7, 16, 17.

Orientée Nord-Ouest entre l'Allier et la Loire, la chaîne du Devès sépare les anciennes provinces de l'Auvergne et du Velay. Formée de cônes volcaniques et de coulées de laves reposant sur un socle cristallin, elle atteint 1 421 m d'altitude. La ligne de faîte, longue de 60 km, est jalonnée par 150 bouches éruptives *(voir p. 18).* Quelques-unes sont des volcans à cratère — l'un de ces cratères est rempli par le lac du Bouchet *(p. 65)* — mais la plupart ont les formes douces, arrondies, sans dépression au sommet. Les coulées, issues de ces appareils, ont constitué en se réunissant une vaste «planèze» dissymétrique : du côté de l'Allier, tout proche, la nappe basaltique, étroite, ne descend pas au-dessous de 1 000 m, tandis que du côté de la Loire, beaucoup plus éloignée, les plateaux du Velay s'abaissent rapidement en gradins, s'arrêtant dans la région du Puy, vers 800 m d'altitude. La lave, décomposée par une longue érosion, fournit un sol qui se prête à la culture. Malgré son altitude assez élevée, le Devès, aux étés ensoleillés, est un pays d'agriculture et d'élevage.

Traversée. — Plusieurs grandes routes traversent le Devès, convergeant toutes vers le Puy : la N 102 venant de Brioude; le D 590, de Langeac; le D 589, de Saugues; la N 88, de Chapeauroux. Au départ de Chapeauroux, le D 31 rejoint le D 589 à Bains et offre un parcours pittoresque sur la face orientale du Devès près de la ligne de crête. Le paysage n'est pas sans monotonie : des cultures, des mamelons aux teintes rougeâtres, recouverts de pins. Des vues étendues sur de beaux horizons raniment l'intérêt.

Carte Michelin n° **73** - plis 13, 14.

La chaîne des Puys ou monts Dômes s'élève à l'Ouest de Clermont-Ferrand, dominant la Limagne. Sur une longueur d'environ 30 km s'alignent 112 volcans éteints qui ont conservé presque intacte la forme qu'ils avaient en période d'activité *(détails sur les volcans, p. 18).*

Du sommet du puy de Dôme, le plus élevé de ces «puys» (alt. 1 465 m), toute la chaîne se révèle, paysage magnifique, d'une extraordinaire originalité.

UN PEU DE GÉOLOGIE

Les monts Dômes sont les volcans les plus récents d'Auvergne. Ils sont nés à l'époque quaternaire et les premiers hommes ont pu être témoins de leurs éruptions. Leurs cônes, qui apparaissent de la plaine en longue théorie, reposent sur un plateau de roches cristallines haut de 900 à 1 000 m qu'ils ne dominent, pour la plupart, que de 200 à 300 m, sauf dans le cas du puy de Dôme (près de 500 m). Ces volcans éteints n'ont pas tous la même forme. Plusieurs, comme le puy de Dôme, s'élèvent en forme de cloches ou de coupoles, d'autres sont creusés d'un cratère simple ou double, d'autres enfin présentent des cratères égueulés. Certaines de ces collines ne sont revêtues que d'herbe courte ou de landes, mais beaucoup d'autres sont couvertes de bois, nés spontanément ou, plus souvent, implantés par les hommes depuis que

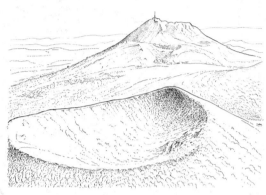

(D'après photo Cap-Théojac, Limoges)

Puy de Pariou et Puy de Dôme.

l'exemple en a été donné, au début du 19ᵉ s., par le comte de Montlosier *(voir p. 178, Puy de la Vache).*

Des «cheires», longues coulées de lave, noirâtres, chaotiques, semées de genévriers et de pins, s'étalent sur le plateau. L'une d'elles, issue des puys de Lassolas et de la Vache, a barré la vallée de la Veyre et donné naissance au lac d'Aydat.

★★★ MONTÉE AU PUY DE DÔME

6 km au départ de la N 141ᴬ — puis 1/2 h à pied AR — description p. 145

★★ CHAINE DES PUYS

Circuit de 112 km au départ de Royat — compter 1/2 journée — schéma p. 98

Quitter Royat *(p. 151)* par ② du plan, N 141ᶜ, puis prendre à droite, le D 5 qui s'élève au-dessus de la plaine pour atteindre le socle granitique sur lequel ont surgi les cônes des volcans. La route emprunte ensuite la partie Nord du **Circuit automobile d'Auvergne** *(p. 153)* et passe au pied du puy de Gravenoire.

Puy de Gravenoire. — On y exploite des carrières de pouzzolane. Cet ancien volcan couvert de sapins a poussé sur la grande faille de la Limagne. Par la cassure, ses laves se sont épanchées vers Royat et vers Beaumont. Puis le cône s'est formé de matériaux de projection : cendres, scories, bombes volcaniques.

En fin de montée, on atteint Charade au pied de son puy.

Charade. — *Page 153.*

Par Thèdes et St-Genès-Champanelle on rejoint, à Theix, la N 89 qui traverse la cheire d'Aydat.

Cheire d'Aydat. — C'est une coulée de lave, longue de 6 km et large de 1 200 m, que traverse la route. Vomie il y a des milliers d'années par les puys de Lassolas et de la Vache, elle s'est figée en un chaos de scories noirâtres. Des genévriers, des genêts, des bouleaux et, aux abords du lac d'Aydat dont elle retient les eaux, un bois de pins et d'épicéas plantés dans la seconde moitié du 19ᵉ s. atténuent quelque peu la désolation et le tragique de ce paysage volcanique.

Au col de la Ventouse, prendre le D 213 à gauche.

Lac d'Aydat ⋆. — *Page 58.*

Par le D 5ᴱ et la N 683, à droite, gagner Randanne. On contourne le puy de Combegrasse, où eut lieu, dès 1922, le 1ᵉʳ concours de vol à voile en France.

Puy de la Vache. — *3 km au départ de Randanne, puis 1 h à pied AR. Description p. 178.*

La N 89 traverse, à hauteur du village de Recoleine un paysage où affleurent les roches volcaniques (basaltes et labradorites). Aux Quatre-Routes, la N 141ᴬ, à droite, s'élève vers la chaîne des Puys pour atteindre le col de la Moreno (1 062 m) entre les puys de Laschamps, au Sud, et de Monchier, au Nord, couverts de bois.

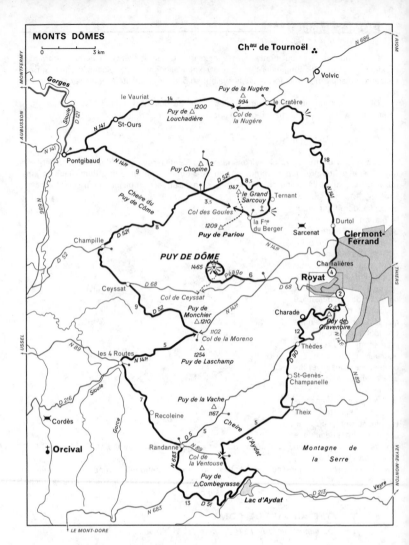

MONTS DÔMES

Du col de la Moreno, le D 52, au Nord, par Ceyssat et Champille, offre des vues intéressantes sur les nombreux cônes dont on longe le pied. Le D 52^E, étroit, traverse la cheire du puy de Dôme couvert de hêtres et de résineux puis rejoint la N 141^B qui conduit, à droite, au col des Goules et à la Fontaine du Berger.

Le Grand Sarcouy. — *1 km, puis 1 h 1/2 à pied AR par un sentier bien tracé, au départ de la N 141^B, peu après le col des Goules.* Le Grand Sarcouy, altitude 1 147 m, est encore appelé «chaudron» en raison de sa forme. Dans le flanc Sud de cette gigantesque masse de dômite s'ouvre une vaste grotte.

Puy de Pariou *. — *Page 136.*

Ternant. — 63 h. Le D 52^E, à hauteur de la grande croix de Ternant, offre de belles vues sur l'agglomération clermontoise et sur la Limagne.

Le D 52^E contourne par le Nord le Grand Sarcouy.

Puy Chopine. — *2 km, au départ du D 52^E, par un chemin à droite, 300 m avant le croisement avec la N 141^B.* Ce chemin permet par temps sec de faire le tour du puy. Les touristes que ne rebute pas une escalade brise-jarret peuvent atteindre le sommet *(2 h AR).*

Pontgibaud. — *Page 138.*

Au départ de Pontgibaud, la N 141 gravit le versant Ouest de la chaîne des Puys.

St-Ours. — 985 h. *Lieu de séjour, p. 44.* Ce bourg abrite un monument aux combattants de la Résistance.

Après St-Ours et le Vauriat, la route réserve des vues les plus saisissantes sur le puy de Louchadière qui avec ses 1 200 m d'altitude et son cratère égueulé, profond de 150 m, compte parmi les principaux volcans de la chaîne. Plus loin, à gauche, la Nugère (994 m) offre sa silhouette caractéristique.

Après le col de la Nugère et le Cratère, la route sinueuse, descend vers la Limagne que l'on découvre par de magnifiques échappées et permet d'atteindre Royat par Durtol. Près de Durtol, se dresse le château de Sarcenat où naquit, en 1881, Pierre Teilhard de Chardin, père jésuite, homme de science et philosophe.

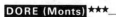

Le massif des monts Dore est constitué par un ensemble de volcans ruinés. C'est une des régions les plus pittoresques de l'Auvergne, grâce à la vigueur de certains reliefs, à la profondeur de ses vallées, à ses cascades et à ses lacs.

Son sommet le plus élevé, le puy de Sancy, altitude 1 885 m, est le point culminant de la France centrale.

UN PEU DE GÉOGRAPHIE

Trois grands volcans. — Le puissant système volcanique, dont les restes constituent le massif des monts Dore, est né à la fin de l'ère tertiaire *(voir p. 15)*. Il couvrait, à son apogée, une surface six fois plus grande que celle du Vésuve et présentait trois grands cônes juxtaposés (Sancy, Banne d'Ordanche, l'Aiguiller) dont les cratères s'ouvraient à près de 2 500 m d'altitude.

Des rhinocéros en Auvergne. — Entre les périodes d'activité de ces volcans, la vie renaissait dans la région des Dore. Des empreintes et des ossements, retrouvés dans les cendres volcaniques, prouvent que des lauriers, des bambous et des espèces végétales, relégués aujourd'hui dans des régions plus chaudes, s'élevaient sur les flancs des volcans, tandis que des rhinocéros, des éléphants et de féroces carnassiers appelés «machairodus» peuplaient le pays.

Anciens glaciers. — La grande vague de froid qui s'étendit sur l'Europe au début de l'ère quaternaire *(voir p. 16)*, recouvrit les monts Dore d'une calotte de glace épaisse de plus de 100 m. Cette masse considérable creusa les cirques et les profondes vallées, créa ces escarpements d'où tombent les cascades, mit en relief les parties les plus résistantes de la montagne, ces aiguilles et ces énormes rochers qui rehaussent encore le pittoresque des monts Dore.

Derniers soubresauts. — Décapitée et démantelée par les glaciers et par le puissant ruissellement qui accompagna leur fusion, la partie centrale du massif présentait, quand apparurent les premiers hommes, à peu près le même aspect qu'aujourd'hui. C'est alors qu'une nouvelle poussée volcanique se produisit sur ses bords. Des volcans secondaires surgirent, barrant les vallées de leurs cônes ou de leurs coulées, creusant des cratères d'explosion et donnant naissance à des lacs. Ce furent les dernières convulsions qu'eurent à subir les monts Dore.

★★★ MONTÉE AU PUY DE SANCY

Du Mont-Dore, 4,5 km, puis 1 h AR de téléphérique et de marche. Le téléphérique fonctionne tous les jours de 9 h à 12 h et de 13 h 30 à 18 h, fréquence variable selon l'affluence. Durée : 6 à 8 mn. Prix AR : 9 F. De la station supérieure, un sentier permet d'atteindre le sommet, altitude 1 885 m, en 20 mn. Immense **panorama** ★★★ s'étendant, par temps exceptionnellement clair, jusqu'aux Alpes du Dauphiné.

(D'après photo Éd. du Lys, Clermont-Fd)

Puy de Sancy.

★★★ CIRCUIT PAR ORCIVAL au départ du Mont-Dore

52 km — environ 3 h — schéma p. 101

Ce circuit au départ du Mont-Dore *(p. 123)* peut faire l'objet d'une charmante promenade matinale. Il peut être entrepris aussi bien de la Bourboule *(p. 67)*.
La N 683 empruntée au début du circuit risque d'être obstruée par la neige de décembre à avril.

Col de la Croix-Morand. — *4 km au départ de la N 683.* Franchi par la N 496, ce col, à 1 401 m d'altitude, est appelé aussi **col de Diane,** bien que le vrai col de ce nom soit à l'écart de la route. Il avait autrefois mauvaise réputation : «le col de la Croix-Morand — veut son homme tous les ans» affirmait un dicton du pays. Il est maintenant très

accessible en dehors des périodes de fort enneigement. Du col, un télésiège permet d'accéder au **Puy de la Tache** (1 636 m). *Il fonctionne du 25 mai au 30 septembre et irrégulièrement en hiver, de 9 h 30 à 12 h et de 13 h 30 à 19 h. Durée de la montée : 7 mn. Prix : 7 F AR.*
Panorama sur la chaîne des Dômes et les monts Dore.

Après un parcours en forêt puis dans une vallée aux versants couverts d'éboulis basaltiques, la route atteint le lac de Guéry (vue sur le massif du Sancy).

Lac de Guéry★. — A 1 244 m d'altitude, ce lac de 25 ha, dont la profondeur maxima est de 16 m *(voir tableau des lacs, p. 5)*, est dû à une coulée de basalte, venue du Sud-Est, qui a formé barrage. Les pâturages, percés de roches noires, et les sapins qui l'entourent, lui composent un cadre assez sévère qu'éclairent, au printemps, de grandes plaques de neige. Vers le Sud se silhouettent les crêtes du Sancy. La route domine le cirque boisé du Chausse.

La Banne d'Ordanche★★. — *3,5 km au départ du lac de Guéry, puis 1 h à pied AR. Prendre une petite route en forte montée et en mauvais état s'amorçant sur la N 683, au Nord du lac, et suivre un sentier difficile en fin de parcours.*
La Banne d'Ordanche (en patois auvergnat, banne signifie corne) s'élève sur une croupe herbeuse. Du haut de ce piton de basalte, altitude 1 513 m, reste de la cheminée centrale d'un ancien volcan, on jouit d'un vaste **panorama**★★ *(table d'orientation)* sur la vallée de la Dordogne et les montagnes qui l'encaissent, sur le Sancy, le puy de l'Angle, les monts Dômes, le Limousin.

Roches Tuilière et Sanadoire★★. — Du col de Guéry, on découvre une très belle **vue**★★ sur le cirque profond et boisé du Chausse, d'où jaillissent les roches Tuilière et Sanadoire *(illustration p. 16)*. A gauche, la roche Tuilière, sur laquelle apparaissent des colonnes prismatiques de trachyte disposées en gerbes, représente la cheminée d'un volcan ruiné. A droite, la roche Sanadoire est un reste du cône; elle porta, jusqu'au 15e s., un château quasi imprenable qui servit de refuge, pendant la guerre de Cent Ans, aux routiers terrorisant la contrée. Le large vallon qui les sépare fut creusé par un ancien glacier.

Près de la bifurcation du D 27 et de la N 683, un sentier, se détachant de la N 683, conduit à un promontoire rocheux d'où l'on peut, en se tournant vers la roche Sanadoire, éveiller un intéressant écho.

Lac Servière★. — *7 km au départ du D 27.* C'est un lac de cratère, aux parois peu accusées, sauf au Sud, où elles entaillent le puy de Comperet. Il a 15 ha de superficie et 26 m de profondeur *(voir tableau des lacs, p. 5)*. Son miroir rond et tranquille est en partie bordé de pins et de sapins, sauf à l'Est où s'étendent les pâturages et où ses eaux affleurent la lèvre du cratère. Le site a beaucoup de caractère.

Orcival★★. — *Page 135.*

Château de Cordès. — *1 km à partir du D 27. Description p. 135.*

Gagner la Baraquette et prendre à gauche en direction de Rochefort-Montagne et Murat-le-Quaire. Après Murat-le-Quaire, regagner la ville de départ, soit en prenant le D 88 pour rejoindre la Bourboule (p. 67), soit la N 496 pour le Mont-Dore (p. 123).

★★ LE TOUR DU SANCY au départ du Mont-Dore

Circuit de 83 km — compter une journée — schéma p. 101

Certaines routes risquent d'être impraticables de novembre à avril en raison de l'enneigement.

Ce circuit peut être entrepris également au départ de la Bourboule (p. 67). Quitter le Mont-Dore (p. 123) par ② du plan, N 683, et prendre à gauche le D 36 qui s'élève vers le col de la Croix-St-Robert.

Col de la Croix-St-Robert★★. — Du col, altitude 1 426 m, superbe panorama, à l'Ouest sur le plateau de Millevaches, à l'Est sur le lac Chambon, le plateau de Murol et à l'horizon, les monts du Forez et le Livradois.

La descente du col vers Besse s'effectue à travers le **plateau de Durbise** aux immenses pâturages, où a été créée la station de sports d'hiver de Chambon-des-Neiges.

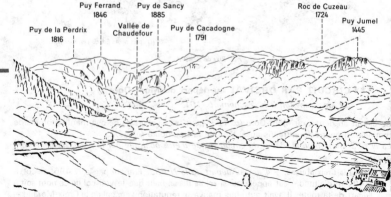

Puy Ferrand 1846   Puy de Sancy 1885   Roc de Cuzeau 1724   Puy Jumel 1445
Puy de la Perdrix 1816   Vallée de Chaudefour   Puy de Cacadogne 1791

Vue du

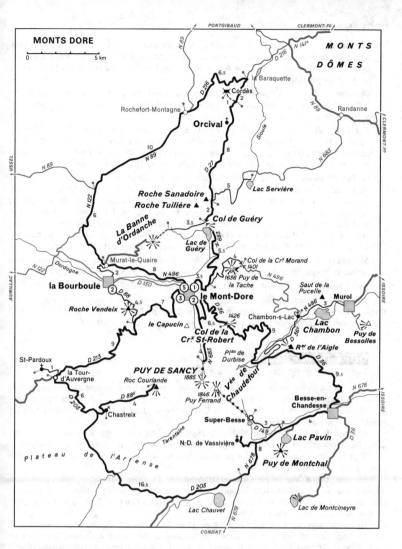

MONTS DORE

0   5 km

Rocher de l'Aigle.

Vallée de Chaudefour ★★. — *Page 82.*

Chambon-sur-Lac; Murol ★. — *10 km au départ du D 36.* Après avoir traversé Chambon-sur-Lac *(p. 77),* prendre la N 496 qui longe le **lac ★★** et conduit à Murol *(p. 132).*

Rocher de l'Aigle ★. — Très jolie **vue ★** *(illustration ci-dessous)* sur la vallée de Chaudefour et le massif des monts Dore.

Besse-en-Chandesse ★. — *Page 60.*

Super-Besse ★. — *3 km au départ de la N 678. Description p. 60.*

Lac Pavin ★★. — *Page 136.*

Puy de Montchal ★★. — *Du lac Pavin, promenade de 3/4 h AR. Description p. 136.*

Chapelle de Vassivière. — *Page 61.*

Prendre le D 203 en direction de la Tour-d'Auvergne.

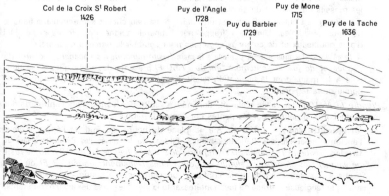

| Col de la Croix St Robert 1426 | Puy de l'Angle 1728 | Puy du Barbier 1729 | Puy de Mone 1715 | Puy de la Tache 1636 |

Rocher de l'Aigle.

Lac Chauvet. — Du D 203, le chemin d'accès traverse une prairie, puis se dirige vers une maison à la lisière d'un bois. Le lac *(voir tableau des lacs, p. 5)*, est entouré de bois et de pâturages. Il est dû à une série d'explosions volcaniques qui produisirent un effondrement du sol.

Chastreix. — 507 h. L'église est un bel édifice à nef unique. Remarquer le porche du 14ᵉ s., à l'intérieur, dans la nef à gauche, un retable du 18ᵉ s. et dans le chœur, une Vierge romane du 11ᵉ ou 13ᵉ s.

Roc Courlande. — Par le D 88, puis le D 88ᴱ à droite, route menant à la station de sports d'hiver de Chastreix-Sancy, on atteint le roc Courlande, sur la face Ouest du puy de Sancy. Du parking, à droite, **vue*** étendue sur le plateau de l'Artense au premier plan dominé par les monts du Cantal, la vallée de la Dordogne, à droite.

La Tour-d'Auvergne. — 952 h. (les Tourais). *Lieu de séjour, p. 44.* Agréable petite ville bâtie au milieu d'une nature verte et riante, sillonnée de ruisseaux tombant en cascades. Elle s'élève à 990 m d'altitude sur un plateau basaltique qui se termine en colonnes prismatiques régulières, visibles près de l'église. Le champ de foire, établi à la surface de ces prismes, semble fait de pavés géants. Les seigneurs de Latour, connus dès le 12ᵉ s., devinrent comtes d'Auvergne en 1389. De cette famille descendirent les ducs de Bouillon, les vicomtes de Turenne et les barons de Murat.

St-Pardoux. — 416 h. *1 km au départ de la Tour-d'Auvergne.* Ce bourg possède une église gothique intéressante qui a conservé des pentures de portes du 13ᵉ s.

Roche Vendeix*. — *0,5 km par le D 88 au départ du D 213. Description p. 178.*

Les touristes désirant rejoindre la Bourboule *(p. 67)* continuent à suivre le D 88 après la Roche Vendeix et ceux qui reviennent au Mont-Dore *(p. 123)* prennent à droite le D 213 qui offre sur la station, de belles vues au cours de la descente finale.

DORE (Vallée de la) ★

Cartes Michelin nᵒˢ **73** - plis 15, 16 et **76** - pli 6.

Il ne faut pas confondre, malgré l'identité de nom, la Dore torrent de montagne qui, se réunissant à la Dogne, donne naissance à la Dordogne dans le massif des monts Dore *(p. 99)*, au pied du Puy de Sancy, et la Dore, celle-ci, dont le cours encaissé sépare les massifs du Livradois et du Forez.

Affluent de la rive droite de l'Allier, la Dore prend sa source dans les monts du Livradois. Descendant vers le Sud-Est, elle s'enfonce dans les granits en gorges profondes, se dirige ensuite vers le Nord pour paresser dans la plaine d'Ambert, petit fossé effondré bordé par les monts du Forez.

En aval d'Ambert, le paysage se transforme. La Dore franchit le socle granitique d'Olliergues en gorges pittoresques aux versants modérés et boisés, et entre en Limagne, grossie du Couzon et de la Durolle, pour se jeter dans l'Allier au Sud de Vichy, au pont de Ris, après un cours de 140 km.

Des industries se sont développées au long de sa vallée. Papeterie de luxe dans le val de Laga où se fabrique du papier à la cuve, cartonnages à Giroux, fabriques de chapelets et d'objets religieux à Ambert, dentelles à Arlanc, produits pharmaceutiques à Vertolaye, scieries modernes ou simples «bancs de scie» des fermes travaillant les bois des massifs environnants. Deux usines hydro-électriques, l'une à Olliergues, l'autre à Sauviat, utilisent ses eaux.

DE DORE-L'ÉGLISE A PONT-DE-DORE

88 km — compter 1/2 journée — schéma p. 103

Dore-l'Église. — 686 h. Au confluent de la Dore et de la Dorette. Ce village possède une église du 12ᵉ s., remaniée au 15ᵉ s. Un large escalier mène à un beau porche à trois voussures dont la dernière est ornée d'animaux fantastiques, les portes ont conservé leurs pentures du 14ᵉ s. Remarquer les chapiteaux du chœur et de la croisée du transept, et à gauche de la nef, une statue de saint Pierre en bois doré du 14ᵉ s. A gauche de l'église, stèle gallo-romaine.

Par le D 202 gagner Arlanc.

Arlanc. — 2 503 h. Cette active ville-marché bénéficie d'une situation favorable entre les massifs du Forez et du Livradois.

Au «Bourg» : L'église St-Pierre est un édifice roman au chevet semi-circulaire flanqué de deux absidioles. L'intérieur frappe par l'appareil soigné des pierres et l'emploi d'arcs-doubleaux et de colonnes engagées pour soutenir le berceau de la nef.

A la «Ville» : Le **musée de la Dentelle à la main** *(visite pendant les vacances scolaires de Pâques et de juin à septembre; entrée : 1,50 F)* présente des techniques de la dentelle à la main, dont la fabrication tenait, naguère, une place importante dans l'économie de la région.

Prendre la N 106. La vallée s'élargit, dominée à droite par les premiers contreforts des monts du Forez, à gauche par les pentes boisées du Livradois.

Marsac-en-Livradois. — 1 426 h. Sur la place du bourg, au Sud de l'église, s'élève l'ancienne chapelle des Pénitents blancs. Elle abrite le **musée des Pénitents blancs du Livradois** *(visite du 1ᵉʳ juin au 30 septembre, de 9 h à 12 h et de 14 h à 18 h 30; le reste de l'année les dimanches, lundis et jours fériés seulement; entrée : 3 F)* où sont exposés des souvenirs de cette confrérie; un commentaire sonore, accompagné de musique religieuse, retrace de façon intéressante la vie et les rites des anciens pénitents.

Ambert. — *Page 51.*

Suivre la N 106, tourner à droite dans le D 66, puis encore à droite dans une petite route en direction du rocher de la Volpie.

Rocher de la Volpie ★. — *1 h à pied AR. Laisser la voiture à un groupe de maisons et prendre le sentier fléché en rouge qui s'élève, à gauche d'un bâtiment de ferme, à travers bois.* De cette aiguille rocheuse, la **vue** ★ s'étend sur les monts du Livradois avec au premier plan la plaine d'Ambert. Les personnes qui ne veulent pas faire l'ascension, pourront suivre, après le bâtiment de ferme, le chemin de droite qui mène à travers prés au pied du rocher *(20 mn AR)*. Le site est reposant.

Revenir au D 66 et tourner à droite.

Job. — 1 158 h. (les Joviens). *Lieu de séjour, p. 42.* Belle église du 15ᵉ s. coiffée d'un imposant clocher carré.

Par le D 67 gagner la N 106. La vallée se resserre, seules la rivière, la voie ferrée et la route y trouvent place.

Vertolaye. — 721 h. (les Vertolayais). *Lieu de séjour, p. 44.*

Olliergues. — 1 381 h. Bien situé sur la rive droite de la Dore, Olliergues étage ses maisons sur la colline portant les vestiges de son château ayant appartenu à la famille de Turenne. De vieilles demeures des 15ᵉ et 16ᵉ s. agrémentent la rue conduisant de la mairie à l'église. La plus intéressante, située rue du Pavé, présente des étages en encorbellement.

L'ancienne chapelle du château, du 14ᵉ s., a été agrandie aux 15ᵉ et 16ᵉ s. Elle renferme un beau tombeau en granit du 14ᵉ s. L'ancienne église paroissiale qu'elle remplace, d'un pur gothique, est située à 2 km d'Olliergues, à la **Chabasse**, au sommet d'une colline dominant la vallée, entourée d'un cimetière. Elle présente une nef unique et un chœur à abside polygonale; elle est ornée de fenêtres trilobées.

La route serpente à flanc de colline, puis redescend dans la vallée. *Dans Giroux prendre à droite le D 45ᴱ.*

Augerolles. — 1 160 h. L'imposante église a conservé un chœur roman, le clocher-porche et les bas-côtés ont été ajoutés au 16ᵉ s. Remarquer un panneau en bois sculpté du 17ᵉ s. figurant une danse macabre.

Par le D 42 gagner la N 106 où l'on tourne à gauche, puis prendre le D 45ᴱ, à droite.

Sauviat. — 318 h. Ce village bien situé sur un éperon rocheux, domine un méandre encaissé de la Dore. Du belvédère aménagé derrière la mairie, la vue se porte sur le barrage et l'usine hydro-électrique qu'il alimente. Église du 14ᵉ s., en granit, à nef unique et massif clocher carré.

Revenir à l'entrée de Sauviat et prendre à droite une petite route en très forte pente qui franchit la Dore sur un ponceau (1,5 t) en aval du barrage. Elle s'élève sur la rive gauche offrant de belles vues sur le site perché de Sauviat et la profonde vallée de la Dore.

Courpière. — *Page 93.*

Suivre la N 106 et prendre à gauche le D 223.

Château d'Aulteribe. — *Page 94.*

Par le D 44 et la N 106 à gauche, gagner Pont-de-Dore, important carrefour routier.

ÉBREUIL

Ce bourg est bâti au bord de la Sioule qui, après avoir traversé des gorges célèbres, coule dans une vallée élargie, bien cultivée.

Église St-Léger★. — Elle appartenait à une abbaye bénédictine dont la maison abbatiale derrière le chevet, est transformée en orphelinat et les bâtiments (à droite de la façade), en hospice. La nef et le transept sont romans; le chœur, à chapelles rayonnantes, est gothique. Le clocher-porche, du 12ᵉ s., est d'une pureté de lignes remarquable. Il se compose de deux étages : le premier orné de baies pleines, le second de baies ajourées. La toiture et le clocheton sont modernes. A l'intérieur, à la tribune et sur un pilier à droite de la nef, belles **fresques**★

(D'après photo Arch. Phot., Paris)

Ébreuil. — Châsse de saint Léger.

des 12ᵉ et 15ᵉ s., on reconnaît en autre saint Austremoine premier évêque de Clermont, le martyre de sainte Valérie, les trois archanges Michel, Gabriel et Raphaël, saint Georges terrassant le dragon. Derrière le maître-autel, sur une colonne de marbre, repose la superbe **châsse de saint Léger**★ (16ᵉ s.), en bois et recouverte de cuivre argenté.

EXCURSIONS

Gorges de la Sioule★★**; Châteauneuf-les-Bains**★. — *33 km au Sud-Ouest. Description p. 164.*

Forêt des Colettes; Chantelle; Charroux; Gannat. — *Circuit de 78 km — environ 3 h — schéma ci-contre. Quitter Ébreuil par le D 43. A Vicq, prendre à gauche le D 37 puis, à 1 km, à droite, le D 118.*

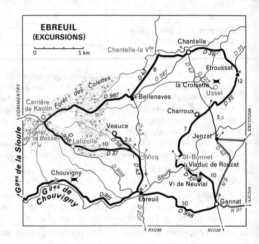

Veauce. — 44 h. En entrant dans le village, jolie vue sur le remarquable chevet de l'église (12ᵉ s.) aux belles pierres dorées. A l'intérieur, belle ordonnance du chœur et du déambulatoire sans chapelles rayonnantes. Près de l'église, dans un parc aux grands arbres, château des 13ᵉ et 14ᵉ s., fortement remanié, bâti sur un promontoire rocheux dominant le cours de la Veauce. *Visite du 15 mars au 31 octobre, de 10 h 30 à 12 h et de 14 h 30 à 18 h; le reste de l'année, le dimanche après-midi seulement. Entrée : 5 F. Spectacle Son et Lumière prévu les samedis et dimanches du 1ᵉʳ juillet au 15 septembre.*

Revenir au D 37 et le prendre à droite.

Après Lalizolle, suivre la N 698 qui s'élève en offrant des vues étendues.

Forêt des Colettes. — Elle s'étend sur 2 000 ha et présente de belles futaies de chênes et de hêtres ainsi que des plantations de résineux en altitude. Elle est dominée par le signal de la Bosse, altitude 771 m, situé non loin du carrefour N 698-N 687 où tourner à droite. Près de la route s'ouvrent des carrières de kaolin employé dans la fabrication des faïences et des porcelaines et pour le glaçage des papiers couchés.

Bellenaves. — 1 124 h. Belle église romane.

Après Bellenaves, suivre le D 43 conduisant à Chantelle-la-Vieille qui occuperait l'emplacement de l'antique «Cantilla», puis le D 42 vers Chantelle.

Chantelle. — *Page 77.*

Étroussat. — 672 h. La petite église de ce modeste village s'est enrichie d'un ensemble de **14 vitraux**★ modernes réalisés en dalles de verre, œuvre du maître-verrier Frédérique Duran. Dans des tons de bleu, jaune, orangé ou gris, ils allient la simplicité à une chaude luminosité.

Jenzat. — *3,5 km au départ du D 35 par le D 42. Description p. 183.*

Charroux. — *Page 78.*

De St-Bonnet-de-Rochefort, le D 37, très pittoresque, conduit à Gannat en offrant de jolies vues sur les viaducs de Rouzat et de Neuvial, premiers ouvrages construits par Eiffel.

Gannat. — *Page 107.*

Revenir à Ébreuil par la N 698 qui marque les frontières du Bourbonnais et de l'Auvergne, ce sont les «Portes occitanes» séparant les pays de langue d'oïl au Nord, avec leurs toitures de tuiles plates, des pays de langue d'oc, au Sud, aux maisons couvertes de tuiles creuses ou romaines.

EFFIAT (Château d') ★

Carte Michelin n° **73** - pli 5 — *Schéma p. 114.*

Sur la route d'Aigueperse à Vichy par la forêt de Montpensier, le château d'Effiat *(1)*, bel édifice de l'époque Louis XIII, présente un vif intérêt historique et artistique.

Le maréchal Antoine Coiffier-Ruzé - 17ᵉ s. — Antoine Coiffier-Ruzé, surintendant aux Finances et ami intime de Richelieu, obtient du grand ministre la récompense de ses loyaux services : en 1627, sa terre d'Effiat est érigée en marquisat. C'est lui qui bâtit le château actuel, ensemble monumental entouré d'un vaste parc. Mais sa vie militaire ne lui permet pas de jouir de sa demeure : successivement maréchal de camp au siège de la Rochelle, lieutenant-général dans la campagne du Piémont, il meurt en 1632 dans la guerre contre l'électeur de Trèves.

Cinq-Mars, le conspirateur - 17ᵉ s. — Son fils, marquis de Cinq-Mars, gai, séduisant, gagne la confiance du cardinal qui le place auprès du roi. Devenu favori de Louis XIII, Cinq-Mars n'apprécie pas la compagnie royale; cependant, prenant de l'ascendant sur le monarque, il se fait octroyer de nombreuses charges. Grisé par ses succès, il mène un train de vie tapageur et sollicite d'autres faveurs. Richelieu s'inquiète alors de son influence et brise ses projets. Blessé dans son orgueil, Cinq-Mars fomente une conspiration contre le cardinal avec Gaston d'Orléans, frère du roi, et, à l'occasion du siège de Perpignan, signe un traité secret avec l'Espagne. Mais le complot est découvert : le marquis, âgé de 22 ans, a la tête tranchée à Lyon le 12 septembre 1642.

Les autres descendants du maréchal ne font pas meilleure figure dans l'histoire : un autre de ses fils, l'abbé d'Effiat, favori de Ninon de Lenclos, mène une vie scandaleuse; son petit-fils, le chevalier d'Effiat, a été accusé d'avoir empoisonné Madame, belle-sœur de Louis XIV.

VISITE *environ 1/2 h*

Ouvert de 9 h à 12 h et de 14 h à 19 h, les samedis, dimanches et jours fériés du samedi des Rameaux au 20 juin, tous les jours du 21 juin au 30 septembre. Entrée : 5 F.

Dans le prolongement d'une large esplanade, la cour d'honneur s'ouvre par le grand portail, en lave de Volvic, dont le fronton, décoré du blason et de la couronne de marquis du maréchal d'Effiat, est surmonté d'un heaume entre des trophées d'étendards. Un corps de logis central réunit deux pavillons. La façade sur la cour d'honneur est ornée de pilastres jumelés doriques, en lave, qui lui donnent une grande noblesse.

(D'après photo Léo Pélissier)

Portail du château d'Effiat.

Les appartements. — Le mobilier, en majeure partie du 17ᵉ s., les œuvres d'art et les souvenirs historiques ont été rassemblés par la famille de Moroges qui acquit le château au siècle dernier. On remarque : dans la salle des Gardes, une cheminée du 17ᵉ s. dont le trumeau représente le port de la Rochelle, le mobilier d'époque Louis XIII ayant appartenu au maréchal d'Effiat et des peintures du 18ᵉ s.; dans le grand salon, le plafond à poutrelles et la cheminée monumentale avec une toile attribuée à Le Nain. Des vitraux, parchemins et souvenirs divers sont conservés dans deux autres salons.

Les jardins. — Une promenade dans le jardin à la française complète agréablement la visite du château. Le fond est occupé par une longue pièce d'eau précédant un terre-plein et le mur de soutènement d'une terrasse plantée de beaux chênes. Un pont franchit une pièce d'eau en son milieu, puis un nymphée. Cet ensemble est très caractéristique du 17ᵉ s.

(1) Pour plus de détails, lire : «Une demeure historique : Effiat», par P. Balme (Clermont, De Bussac).

Carte Michelin n° **73** - Sud des plis 4, 5 — *Schéma p. 114* — 1 344 h. (les Ennezatois).

Gros bourg agricole de la Limagne *(p. 113)*, Ennezat s'élève à proximité de son «marais» dans un paysage de vastes champs géométriques, séparés par des fossés de drainage et des rangées de trembles ou de saules. Les labours y font apparaître une fertile terre noire.

Les rues sont ordonnées selon une disposition régulière qui permit, à l'époque des Grandes Compagnies, de résister aux attaques des pillards.

■ ÉGLISE ★ *visite : 1/2 h*

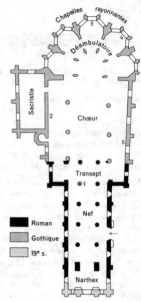

Cette ancienne collégiale, appelée parfois la «cathédrale du marais», se compose de deux parties très différentes. La nef, les bas-côtés et le transept, bâtis en arkose, pierre de teinte claire, datent du 11e s. et relèvent du pur style roman auvergnat *(voir p. 30)*; le chœur gothique, en lave, entouré d'un déambulatoire et de chapelles rayonnantes, a été reconstruit au 13e s., sur un plan plus vaste, en remplacement d'un ancien chœur roman. Extérieurement le chevet est élevé et élégant. La nef et le chœur ont été restaurés.

Intérieur. — *Entrer dans l'église par le portail droit, déplacé et refait au 19e s.*

La partie romane est très sobre et parfaitement équilibrée; remarquer parmi les beaux chapiteaux du carré du transept celui de l'avare (1).

Dans la partie gothique, outre les clefs de voûte et les culs-de-lampe, quelques œuvres d'art sont particulièrement intéressantes :
- dans la 2e travée du collatéral gauche du chœur, une fresque (2) de 1420 dont le thème est la «Rencontre des trois vifs et des trois morts»;
- près de la porte de la sacristie, une Pietà en bois du 17e s. d'une émouvante expression;
- dans la chapelle axiale, un lutrin (3) de 1773;
- dans les chapelles rayonnantes, diverses statues anciennes dont un saint Blaise (4) polychrome du 15e s.;
- dans la 1re travée du collatéral droit, une peinture à la cire (5) de 1405 représente le Jugement dernier.

Dans la sacristie, porte sculptée datée de 1699 et pyxide (coffret à hosties) en émail limousin du 13e s.

Aimez-vous la pêche?

Consultez p. 5 le tableau des Lacs et plans d'eau et la rubrique La pêche.

FOREZ (Monts du) ★★

Carte Michelin n° **73** - plis 6, 16, 17.

Les monts granitiques du Forez forment, sur environ 45 km, une chaîne de laquelle se détachent des chaînons parallèles séparant les nombreuses et pittoresques vallées qui se dirigent d'une part vers la Dore *(p. 102)*, d'autre part vers la Loire. Le versant Ouest, qui seul est en Auvergne, est plus abrupt que l'autre. Il présente de très jolis sites et de magnifiques points de vue.

Jusqu'à 800 ou 1 000 m d'altitude, la montagne est revêtue de champs (seigle, pommes de terre) et de prairies : c'est la zone des villages. Les eaux pures, abondantes, qui dévalent de toutes parts sur les pentes foréziennes, servent à irriguer les prés, d'une grande fraîcheur même au cœur de l'été, et à faire tourner les roues des moulins, des scieries, de la dernière papeterie du val de Laga et des coutelleries de Thiers. Au-dessus, les forêts de sapins et de hêtres recouvrent les pentes.

Enfin, à partir de 1 200 ou 1 300 m d'altitude, s'étendent les pâturages d'été, qu'on a appelés, par analogie avec ceux des Vosges, les «Hautes-Chaumes» du Forez. Sur les croupes dénudées qui couronnent la montagne, quelques pitons rocailleux se dressent au milieu de pierres éboulées. Pierre-sur-Haute est le plus élevé (alt. 1 634 m).

D'AMBERT A THIERS

128 km — compter 1/2 journée — schéma p. 107

Quitter Ambert (p. 51) par ② du plan, puis prendre, à gauche, le D 57 qui remonte le val de Laga.

Moulin Richard-de-Bas. — *Page 52.*

Faire demi-tour. Prendre à droite le D 67 qui s'élève en découvrant de jolies vues sur la plaine d'Ambert, le plateau de la Chaise-Dieu et les monts du Livradois. La route contourne ensuite, par d'innombrables détours, le cirque de Valcivières.

Cirque de Valcivières. — Ce très beau cirque abrite sur ses pentes sillonnées d'eaux vives, de nombreux hameaux disséminés parmi les prés irrigués et les cultures.

Prendre à droite la D 106 qui sinue en s'élevant à travers des prairies et des cultures, puis dans une forêt de hêtres, enfin sur les «Hautes-Chaumes». Avant d'arriver au col des Supeyres, beau **panorama** ∗ sur le cirque de Valcivières, les monts du Livradois et, au loin, les monts Dore et les monts Dômes.

> **Col des Supeyres.** — *Ce col, altitude 1 366 m, et ses abords sont décrits dans le guide Vert Michelin Vallée du Rhône.*

Revenir sur ses pas. Après Valcivières, la route domine un ravin sur les versants duquel pointent des rochers. Elle débouche ensuite au-dessus de la plaine d'Ambert et se déroule sur les pentes inférieures des monts du Forez.

> **Rocher de la Volpie** ∗. — *Page 103.*
>
> **Job.** — *Page 103.*

La montée au col de Chansert, altitude 1 080 m, qui offre d'abord des vues étendues, s'achève à travers de superbes sapinières. Une pittoresque descente dans la vallée boisée du ruisseau de Vertolaye lui succède.

Au cours de la montée vers le col du Béal, la route traverse une belle forêt puis atteint les hauts pâturages, où sont disséminées des jasseries — terme qui désigne dans le Forez les constructions connues sous le nom de buron *(voir p. 20)* en Haute-Auvergne.

> **Col du Béal.** — *Ce col, altitude 1 390 m, et l'excursion à Pierre-sur-Haute sont décrits dans le guide Vert Michelin Vallée du Rhône.*

Quitter le col du Béal par le D 102 qui parcourt d'immenses pâturages et offre bientôt une très belle vue sur les monts du Livradois, les monts Dore, les monts Dômes et la Limagne de Clermont.

> **Vollore-Montagne.** — 550 h. (les Vollorois ou les Chapelats). *Lieu de séjour, p. 44.*

La traversée de forêts ou de charmants paysages de prés-bois, la découverte de jolis sites tel celui de **Vollore-Ville**, à gauche, rendent le trajet constamment attrayant.

7 km après Ste-Agathe commence la descente sur Thiers, rendue très pittoresque par la vue superbe que l'on a du rocher de Borbes *(p. 169)* et par l'apparition de la ville de la coutellerie qui étage ses maisons aux toits plats au-dessus de la vallée de la Durolle, toute retentissante du bruit des marteaux-pilons. La vue sur le site de Thiers *(p. 167)* est particulièrement saisissante au coucher du soleil.

Aimer la nature,

c'est respecter la pureté des sources,
la propreté des rivières,
des forêts, des montagnes...

c'est laisser les emplacements nets de toute trace de passage.

GANNAT

Carte Michelin nº **73** - pli 4 — *Schéma p. 114* — 6 602 h. (les Gannatois).

Cette petite ville, d'origine ancienne, est bâtie à la limite de la Limagne et du socle granitique qui porte les monts d'Auvergne, au seuil de la région des Portes Occitanes *(p. 105)* qui s'étend du Broût-Vernet dans la plaine aux collines de Champs, au contact des pays de langue d'oïl et de langue d'oc.

La cité conserve quelques témoins de ses anciennes fortifications.

■ CURIOSITÉS *visite : 1 h 1/2*

Église Ste-Croix. — Elle garde d'un premier édifice roman quelques vestiges, notamment la partie Nord de l'abside où l'on remarque, à l'extérieur, le curieux chapiteau représentant la Nativité. Reconstruite à l'époque gothique, l'église a été souvent remaniée jusqu'au 17e s., époque à laquelle on refit le chevet, le déambulatoire et où l'on éleva le clocher.

Château. — Place forte au 12e s., démantelé en 1566, prison de 1833 à 1967, le château présente encore ses hautes murailles du 14e s. flanquées de tours d'angle. Il abrite le musée.

Musée des Trésors des Portes Occitanes. — *Visite les mercredis et dimanches, de 14 h 30 à 17 h 30. Entrée : 3 F.*

Les anciens appartements des gardiens et les cellules des détenus servent de cadre au musée. Parmi les trésors exposés : parchemins du 14e au 18e s. provenant des archives de la ville, crucifix en ivoire du 17e s., grilles en fer forgé du 12e s., on remarque un bel **évangéliaire**★ aux élégantes enluminures sur vélin. La reliure du 10e s., enrichie au 12e s., est recouverte de lamelles d'argent doré, ornée d'un camée antique entouré de cabochons et d'émaux cloisonnés. Sur la seconde face une plaque d'ivoire représentant la crucifixion et les Saintes femmes au tombeau est sculptée avec un archaïsme oriental (10e s.).

La sellerie du château de Veauce *(p. 104)* occupe une salle du rez-de-chaussée et offre un vaste choix de selles, harnais, bottes. Une cuisine bourbonnaise, des ateliers de sabotier, de corroyeur, des instruments aratoires, apportent la note folklorique.

(D'après photo Arch. Phot., Paris)

Gannat. — L'évangéliaire.

Église St-Étienne. — Cet édifice roman (11e et 12e s.), qui ne sert au culte que dans certaines occasions, conserve des bas-reliefs en bois du 17e s.

EXCURSIONS

Gorges de la Sioule★★. — *10 km par* ④ *du plan pour gagner Ébreuil, point de départ de l'excursion dans les gorges. Description p. 164.*

Château d'Effiat★. — *9 km par* ③ *du plan, N 9. A St-Genès-du-Retz, prendre à gauche le D 93. Description p. 105.*

GARABIT (Viaduc de) ★★

Carte Michelin n° **76** - pli 14 — *Schéma p. 175 — Lieu de séjour, p. 44.*

C'est une œuvre élégante et très audacieuse, dont les plans sont dus à l'ingénieur Boyer et la construction (1882-1884) à Eiffel. D'une longueur totale de 564 m, il élevait à 123 m au-dessus de la Truyère son tablier long de 448 m et soutenu par un arc métallique extrêmement hardi. Depuis l'achèvement du barrage de Grandval, l'eau atteint les piles de soutien de l'ouvrage qui domine encore de 95 m le niveau maximum de la retenue. C'est par l'expérience acquise à Garabit qu'Eiffel put concevoir et réaliser, à Paris, sa fameuse tour de 300 m à l'exposition de 1889.

EXCURSIONS EN AUTO

Barrage de Grandval★ ; **château d'Alleuze**★★. — *29 km au Sud-Ouest. Suivre à droite le D 13 qui longe le lac de retenue de Grandval et passe au pied du belvédère de Mallet (p. 174). A Fridefont prendre à droite le D 40 empruntant le barrage de Grandval (p. 174) et encore à droite le D 48 jusqu'au château d'Alleuze (p. 49).*

La Margeride. — *Par le D 13 au Nord, gagner Ruynes-en-Margeride et suivre l'itinéraire décrit en sens inverse p. 118.*

PROMENADES EN BATEAU

Sur le lac de retenue de Grandval : *du 15 avril au 15 octobre, de 10 h à 17 h (19 h en juillet et août). Durée : 3/4 h. Prix : 8 F.*

Au château d'Alleuze, avec visite des ruines : *en juillet et août, à 10 h et à 16 h. Durée : 2 h. Prix : 15 F.*

Pour ces promenades, s'adresser au Garabit-Hôtel.

GERGOVIE (Plateau de) ★

Carte Michelin n° **73** - pli 14.

Le plateau de Gergovie, outre la beauté de sa situation, permet d'évoquer un épisode glorieux de la résistance des Gaulois à l'invasion romaine ; c'est là que Vercingétorix tint César en échec.

LE SIÈGE DE GERGOVIE

Gergovie était une importante forteresse des Arvernes. Les fouilles ordonnées par Napoléon III et poursuivies de nos jours montrent, par le grand nombre de poteries, de pièces de monnaies, de débris de construction mis au jour, que là se trouvait, en effet, une importante cité, à la fois sanctuaire, marché, refuge en cas de danger et où l'occupation pacifique fut importante au temps d'Auguste surtout.

L'investissement. — Au printemps de 52 avant J.-C., César marche sur l'Auvergne, avec six légions (environ 20 000 hommes). Vercingétorix s'est réfugié à Gergovie, dont la position est défendue par un rempart en pierre sèche haut de 6 m et, à mi-pente, par un mur moins élevé. Du haut de ce plateau de basalte, parfaitement isolé, il domine les Romains établis au Sud-Est vers Orcet. Toutefois, César peut s'emparer de la colline de la Roche-Blanche, où il établit un petit camp qu'il relie au premier par deux tranchées parallèles.

L'attaque. — César feint une attaque dirigée à la faveur de la nuit vers le col des Goules. Les Gaulois se portent en masse vers ce point faible pour en compléter les défenses ; mais, dès le lendemain, le gros des troupes romaines se lance à l'assaut par le Sud, depuis le petit camp de la Roche Blanche. La première enceinte est franchie et les soldats de César montent à l'assaut du second rempart. A leur vue, les femmes poussent des cris de terreur et jettent de l'argent et des étoffes aux assaillants pour les arrêter.

Retour des Gaulois. — Attirés par les cris et détrompés de leur erreur, les Gaulois reviennent en hâte au vrai lieu de la bataille. Fatigués par l'effort fourni au cours de leur ascension rapide, les Romains se désunissent et bientôt se débandent. Pour leur malheur, ils prennent les Éduens, leurs alliés, qui viennent à leur secours, pour une aide gauloise et se retirent en désordre. 46 centurions et 700 légionnaires ont trouvé la mort sous les remparts de Gergovie. Sagement, Vercingétorix arrête ses troupes dans la plaine et César lève le siège quelques jours plus tard.

Ce succès sera sans lendemain. Le chef gaulois, assiégé dans Alésia (Alise-Ste-Reine, en Côte-d'Or), se livrera à César.

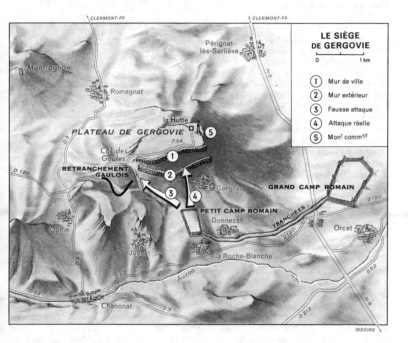

VISITE

Accès. — On atteint le plateau par une route très étroite qui prolonge le D 120, à l'Est du D 3. Elle offre une **vue** ★ superbe sur Clermont et, au-delà, les côtes de Clermont ; sur la gauche, se dresse la chaîne des Dômes en avant de laquelle on reconnaît le piton de Montrognon, le puy de Gravenoire, le puy de Charade et le puy de Montaudoux, sur la grande faille qui limite la Limagne à l'Ouest. En fin de montée se révèlent, à droite, la montagne de la Serre et les volcans de la Comté.

En arrivant au sommet du plateau et à son extrémité Est, la route longe des fragments du mur d'enceinte gaulois. Elle conduit ensuite au monument commémoratif, élevé en 1900.

Le plateau. — Long de 1 500 m et large de 500, il possède des rebords escarpés. La table de basalte qui le recouvre, épaisse de 20 à 30 m, a été formée par une coulée sur l'origine de laquelle les géologues sont partagés : les uns pensent qu'elle est issue du puy Giroux, situé à l'Ouest ; les autres, d'un volcan dont on aperçoit les débris, sur la pente Est du plateau, sous la forme d'un culot de lave qui remplissait la cheminée. Cette table, altitude 734 m, a protégé de l'érosion les assises inférieures de marne et de calcaire ; elle domine de 400 m le niveau actuel de la Limagne *(détails sur la formation de la Limagne p. 113)*.

Panorama ★. — Du monument, très belle vue étendue sur la Limagne de Clermont que ferment à l'horizon les monts du Forez, sur les volcans de la Comté et le Livradois.

Du banc placé à environ 200 m, la vue se porte sur la Limagne d'Issoire, les hauteurs de la région des Couzes, les monts Dore. On distingue particulièrement bien la longue échine de la montagne de la Serre, exemple classique d'inversion de relief *(explication p. 19)*.

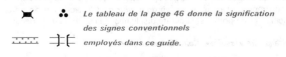

Le tableau de la page 46 donne la signification des signes conventionnels employés dans ce guide.

Carte Michelin n° **73** - plis 14, 15 — *Schémas p. 95 et 116* — 15 688 h. (les Issoriens) — *Lieu de séjour, p. 42.*

Située sur les bords de la Couze, au milieu d'une riche campagne, Issoire qui possède une des grandes églises romanes d'Auvergne est devenue, depuis la dernière guerre, un centre industriel fabriquant des appareillages électriques pour automobiles, des planeurs et avions de tourisme, des produits semi-élaborés en aluminium et alliages légers. Ces derniers ont représenté environ 50% de la production française, en 1974.

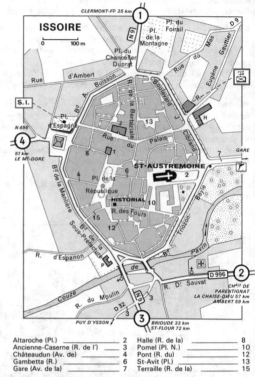

UN PEU D'HISTOIRE

Une petite Genève. — En 1540 arrive à Issoire un ancien moine jacobin allemand qui convertit les consuls à la foi luthérienne. Ceux-ci lui demandent de prêcher le Carême à la place du prédicateur local. Une rixe éclate dans l'église même : l'Auvergnat, qui se sert du bâton de la croix comme d'un gourdin, pourchasse l'Allemand jusque sur le parvis. Parmi les nouveaux adeptes se trouve Jean Brugière, le receveur du cens. Le bailli, voulant faire un exemple, le condamne à être brûlé vif. Mais sa fermeté devant la mort engendre de nombreuses conversions. Issoire devient «une petite Genève» où coule le sang de nombreux martyrs de la foi nouvelle.

Altaroche (Pl.)	2	Halle (R. de la)	8
Ancienne-Caserne (R. de l')	3	Pomel (Pl. N.)	10
Châteaudun (Av. de)	4	Pont (R. du)	12
Gambetta (R.)	6	St-Avit (Pl.)	13
Gare (Av. de la)	7	Terraille (R. de la)	15

Le capitaine Merle (1548-1590). — Issu d'une famille d'Uzès, noble mais désargentée, Merle embrasse de bonne heure la carrière des armes. Il se signale par une bravoure extraordinaire : «Avec lui, dit un de ses chefs, j'attaquerais l'Enfer, fût-il plein de 50 000 diables». Ce soldat intrépide, protestant fanatique, est, par ailleurs, cruel et rapace. Après la St-Barthélemy, il prend la campagne avec une poignée d'hommes et mène une lutte sans merci contre les Catholiques. Le 15 octobre 1575, de nuit et par surprise, il prend Issoire. Il commence par imposer aux habitants une contribution très lourde, puis démolit les tours de l'église et scie un pilier de la nef; contre toute attente, l'édifice résiste. Prêtres et moines sont soumis à d'horribles traitements. Quand Merle est de belle humeur, il se contente de facéties pesantes : il fait circuler ses victimes à califourchon sur un âne, la tête vers la queue, en donnant la bénédiction avec un jambon; ou bien, elles doivent parcourir la ville, les reins ceints d'une corde chargée de légumes avariés, sous un bombardement de tomates ou de fruits pourris.

Le carnage. — A ces horreurs succèdent d'autres horreurs. L'armée catholique du duc d'Anjou, frère du roi, commence le siège de la ville le 20 mai 1577, en l'absence de Merle. Monsieur use et abuse de l'artillerie; cependant, deux assauts ont déjà échoué; la garde, voyant entrer les parlementaires pour de nouveaux pourparlers, croit à la capitulation et abandonne les remparts. Des gentilshommes royaux s'en aperçoivent et pénètrent dans la place. L'armée les suit et un sac effroyable commence; après quoi, le feu est mis à la ville.

Les derniers troubles. — Pas complètement incendiée, la ville se relève assez vite : «Les uns bâtissent sans mortier, les autres de boue, comme l'hirondelle», si bien qu'Issoire sera assaillie deux fois encore sous la Ligue. Pendant le règne de Henri IV, le gouverneur de la place, Allègre, est fort intime avec la marquise d'Estrées, mère de la fameuse Gabrielle, favorite du Béarnais. Coquette, elle étale un luxe inouï de toilettes et de fards. Apprenant qu'une bourgeoise l'a traitée de «femme de plâtre», elle fait pendre son mari. Une nuit, la foule, excédée, envahit le palais du gouverneur et le tue au lit; la marquise est abattue à ses côtés et son corps jeté à la rue. «Nous avons tué le chien et la chienne», disent les gens d'Issoire.

■ ÉGLISE ST-AUSTREMOINE ★★ (1) *visite : 1/2 h*

Ancienne église d'une abbaye prospère, St-Austremoine fut bâtie au 12e s. Elle remplace comme église paroissiale sa voisine placée sous le vocable de St-Paul, détruite peu après la Révolution. Les clochers et la façade ont été refaits au siècle dernier.

Extérieur. — Le **chevet** ★★ se dresse sur une large esplanade. C'est la partie la plus parfaite de l'édifice, l'exemple accompli de l'art roman auvergnat *(voir p. 30)*. Nulle part, on en peut mieux goûter l'harmonie des proportions, la pureté des lignes et la sobriété de la décoration.

---

(1) Pour plus de détails, lire «Issoire», Coll. Zodiaque (Weber).

Des éléments variés composent son architecture puissante et équilibrée. Remarquer la décoration de mosaïques et les sculptures représentant les signes du Zodiaque.

Intérieur. — La nef, à deux étages, frappe surtout par ses magnifiques proportions. S'avancer dans l'allée centrale, jusqu'à hauteur de la chaire, pour contempler l'ensemble que forment le transept, soutenu par quatre puissants arcs doubleaux allégés de baies, la coupole, qui s'élève à 23 m de hauteur, et le chœur entouré de son déambulatoire. Dans le croisillon droit, deux beaux chapiteaux retiennent l'attention : la Luxure (1), l'Annonciation (2).

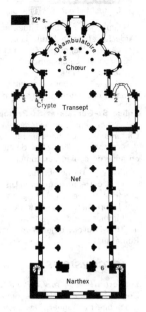

A l'entrée du déambulatoire, à droite, on jouit de l'une des vues d'ensemble les plus complètes sur l'édifice. Faire le tour du chœur dont l'intérêt réside en particulier dans les **chapiteaux**★ historiés, remarquables, évoquant le Mystère pascal (3 — célèbre pour la distribution circulaire de la table de la Cène). Du fond de la chapelle axiale, belle perspective sur le vaisseau central. Dans le croisillon gauche, deux autres chapiteaux : un homme portant un mouton, qui évoque le Bon Pasteur (4), un démon entraînant deux damnés (5).

Crypte. — C'est une des plus belles d'Auvergne. Les colonnes trapues qui soutiennent les voûtes donnent une impression de puissance que souligne l'absence de toute ornementation. Au centre, gracieuse statue de la Vierge; dans le mur du fond, protégé par une grille, martyrium contenant la châsse-reliquaire de saint Austremoine, en émaux de Limoges (13e s.).

Jugement dernier★ (6). — *A gauche, en sortant de l'église, dans une pièce aménagée dans le narthex. Visite du 1er juillet au 30 septembre, en semaine de 9 h 30 à 19 h; les dimanches et jours fériés, de 10 h à 20 h.*

Cette peinture murale du 15e s. évoquant de façon fort animée ce thème cher aux artistes de l'époque, est traitée avec beaucoup de caractère et une grande verve satirique.

■ AUTRE CURIOSITÉ

Historial. — *Visite de 8 h (9 h du 16 octobre au 31 mai) à 12 h et de 13 h à 20 h. Entrée : 2,50 F.*

Installé dans la maison des Échevins (16e-18e s.), il retrace en une dizaine de tableaux, à l'aide de personnages de cire, les faits marquants de l'histoire de la cité.

EXCURSIONS

Puy d'Ysson★**; Ronzières.** — *14 km — environ 1 h 1/2.* Quitter Issoire par le D 32 au Sud-Ouest. A Solignat, prendre une route, non revêtue, qui longe le cimetière. Laisser la voiture après 800 m et faire l'ascension à travers des pâturages et des bois clairsemés.

Puy d'Ysson★. — Ce puy, altitude 856 m, a été formé par la cheminée d'un volcan surgi à l'ère tertiaire : la lave qui la remplissait a été dégagée par l'érosion. Du sommet, très beau **panorama**★ sur les monts Dore, les puys de la Comté, la Limagne d'Issoire, les monts du Livradois, le Cézallier.

Revenir au D 32 et à Voldable, prendre, à droite, le D 124 en direction de Ronzières.

Ronzières. — *Laisser la voiture sur la place et monter à l'église par le sentier caillouteux (1/2 h à pied AR).* La région de Ronzières aurait été évangélisée par saint Baudime, compagnon de saint Austremoine. L'église romane, de la fin du 12e s. remaniée au 15e s., occupe le sommet d'un plateau basaltique. Elle abrite dans la chapelle de gauche, préservée par une imposante grille du 19e s., une belle Vierge de Majesté romane en bois maroufflé polychrome. *Un commutateur placé sur la gauche permet de l'éclairer.* Des chapiteaux archaïques ornent la nef et le mur du chœur.

De la terrasse derrière le chevet, vue étendue sur le puy d'Ysson, la Couze de Pavin et les Limagnes du Sud.

Château de Parentignat. — *4 km par* ② *du plan, D 996. Visite à Pâques, les dimanches de juin et du 1er juillet au 30 septembre, tous les jours sauf le mercredi, de 14 h à 18 h. Durée : 3/4 h. Entrée : 4 F.*

Ce château Louis XIV à pavillon central et ailes en retour d'équerre ferme une grande cour d'honneur. Depuis sa fondation il appartient à la famille de Lastic, si bien qu'un entretien constant lui a épargné toute restauration. Dans les salons on remarque de beaux meubles, un portrait du Grand Dauphin par Rigaud, un portrait de Louis XV par Carle Van Loo. La bibliothèque conserve de magnifiques reliures enserrant souvent des éditions originales. Le grand escalier, en marbre de Nonette *(p. 134)* est orné de tapisseries dites «Verdures d'Auvergne».

Vous prendrez plus d'intérêt
à la visite des belles églises romanes d'Auvergne
si vous avez lu p. 30 à 32 : L'Art roman auvergnat

Carte Michelin n° **76** - pli 17 — 4 337 h. (les Langonais) — *Lieu de séjour, p. 44.*

Langogne est bien située dans la haute vallée de l'Allier aux confins de la Lozère, de l'Ardèche et de la Haute-Loire. L'élevage constitue la principale ressource de la région.

Le vieux Langogne est un exemple intéressant d'urbanisme médiéval, avec ses maisons disposées en cercle autour de l'église. Certaines ont été aménagées dans des tours de l'ancienne enceinte.

Sur le boulevard circulaire, s'élèvent des halles à grains du 18ᵉ s., bâties sur piliers ronds et couvertes de lauzes *(voir p. 72)*.

Église St-Gervais-et-St-Protais. — *Visite : 1/4 h.* Cet édifice roman, remanié du 15ᵉ au 17ᵉ s., est construit extérieurement en moellons de grès, mêlés de matériau volcanique. L'intérieur est en bel appareil de granit. C'était à l'origine l'église d'un prieuré bénédictin. La façade, fin 16ᵉ s.-début 17ᵉ s., montre un portail à voussures inscrit sous un arc en anse de panier, surmonté lui-même d'une baie flamboyante.

Intérieur ★. — De nombreux **chapiteaux ★** sculptés, à thèmes historiés au riche décor végétal, animent cet édifice austère. Les plus remarquables ornent les piliers de la nef, notamment, première travée à gauche : les anges gardiens, et troisième travée à droite : la Luxure.

La première chapelle à droite occupe l'emplacement d'un sanctuaire plus ancien comme en témoigne son sol en contrebas; elle abrite une statue de la Vierge à l'Enfant : N.-D. de Tout-Pouvoir, objet d'une vénération séculaire, cette madone aurait été rapportée de Rome au 11ᵉ s.

EXCURSIONS

Lespéron. — 234 h. *7,5 km à l'Est. Quitter Langogne par la N 106, puis la N 102 à droite.* L'église romane, mêlant le granit et la pierre volcanique, est un exemple intéressant de sanctuaire montagnard, avec son clocher-peigne, son porche creux, les chapiteaux sculptés de la nef et surtout sa belle abside à cinq pans.

Pradelles. — 660 h. *7,5 km au Nord. Quitter Langogne par la N 106, puis suivre la N 102.* Sur un promontoire, le bourg conserve, en bas de la rue de traversée, un vieux quartier qui témoigne de l'importance de cette ancienne place forte. La place de la Halle, notamment, avec ses maisons à arceaux, ses logis Renaissance, les gros corbeaux de pierre ou de bois soutenant les toitures — certaines offrent, par contraste, un fronton à génoise (morceaux de tuiles prises dans le mortier) — et le réseau de ruelles adjacentes, descendant vers de vieilles portes fortifiées, forment un ensemble intéressant.

*Pour circuler en ville, utilisez les plans du **guide Michelin France** :*
   — axes de pénétration ou de contournement
   — carrefours aménagés, rues nouvelles
   — parcs de stationnement, sens interdits...
Une abondante documentation, mise à jour chaque année.

Carte Michelin n° **73** - pli 6 — *Schémas p. 59 et 121* — 3 775 h. (les Lapalissois).

Sur les bords de la Besbre, Lapalisse, très important centre routier, est dominé par la haute silhouette de son château.

Monsieur de La Palice (15ᵉ-16ᵉ s.). — C'est à Montaigu-le-Blin *(p. 160)* que serait né Jacques II de Chabannes, seigneur de La Palice, maréchal de France, qui s'illustra à la conquête du Milanais. Il fut fait prisonnier à la bataille de Pavie. Mais il s'éleva une contestation au sujet de sa capture entre un Italien et un Espagnol. L'Espagnol, à bout d'arguments, déchargea son arquebuse dans la poitrine du vieux guerrier. Cette mort imprévue frappa l'imagination de ses soldats, qui en firent une chanson :

> «Monsieur de La Palice est mort,
> Mort devant Pavie.
> Hélas ! S'il n'était pas mort,
> Il ferait encore envie.»

Un scribe, transcrivant ces paroles, aurait pris l'f de ferait pour un s et changé le dernier vers en «Il serait encore en vie», faisant d'un vaillant soldat un ridicule fantoche. La coquille eut du succès et à cette première «lapalissade» s'ajoutèrent d'innombrables couplets.

■ CHÂTEAU ★★ *visite : 1 h*

Ouvert des Rameaux à la Toussaint, de 9 h à 12 h et de 14 h à 18 h. Entrée : 6 F. Spectacle Son et Lumière prévu du 1ᵉʳ juillet au 14 septembre à 22 h.

La partie Nord du château, avec la tour du Maréchal, le mur méridional de la chapelle, sont les seuls témoins du château des 12ᵉ et 13ᵉ s. Le corps de logis central fut édifié sous Jacques II de Chabannes par les ouvriers florentins qu'il ramena avec lui de ses campagnes d'Italie.

Rez-de-chaussée. — Le **vestibule**, orné d'un beau primitif flamand, conduit à la **salle à manger** meublée en style Renaissance italienne. Une des six tentures des Preux que contient le château, celle consacrée à Charlemagne, orne un des panneaux de la pièce.

Le **salon de réception,** aux murs jadis tendus de cuir de Cordoue, abrite les portraits de la famille de Chabannes.

1er étage. — Dans la bibliothèque, on remarque un tableau de l'école de Véronèse : la République de Venise recevant les présents de quatre provinces.

Le **salon doré ★★** que l'on visite ensuite est orné d'un magnifique plafond à caissons dorés et de cinq tapisseries des Preux. Ces tentures hautes de 3,80 m et larges de 4 m chacune sont des œuvres flamandes du 15e s., elles représentent Alexandre, César, David, Godefroy de Bouillon et Hector.

La chapelle, réédifiée au milieu du 15e s., fut malheureusement pillée en 1793. Sa crypte renferme les tombeaux des Chabannes.

(D'après photo J. Schnapp - Agence Top)

Lapalisse. — Tenture des Preux : David.

LEZOUX

Carte Michelin n° **73** - pli 15 — *Schéma p. 114* — 4 730 h. (les Lézoviens).

C'était, à l'époque gallo-romaine, un centre très important de céramique où l'on exploitait les gisements d'argile plastique qui s'étendent dans la Limagne. Dans un rayon de 3 km autour de l'agglomération actuelle, des vestiges de 160 fours de potiers ont été découverts et l'on a retrouvé jusqu'en Prusse et en Angleterre des poteries de Lezoux.

Les spécialistes de céramique antique et les amateurs très avertis peuvent visiter une collection privée à 5 km de Lezoux, par le D 223 en direction de Courpière, à droite de la route. *S'adresser par avance à Mme Olier, château de la Gagère,* ☎ *70.43.02.*

Le bourg, où fonctionne une importante huilerie, garde un beffroi du 15e s. qui est surmonté d'un clocher et auquel est accolée une ancienne porte de ville.

Musée archéologique. — *Visite de 14 h 30 à 18 h, tous les jours en juillet et août; les dimanche et lundi de Pâques et de la Pentecôte, les dimanches en juin et du 1er au 15 septembre. Entrée : 3 F.*

Situé place de la mairie, derrière le square, il présente les poteries et fragments, des périodes gauloise et gallo-romaine, trouvés au cours de nombreuses fouilles.

EXCURSION

Moissat; Ravel. — *9 km — environ 1 h. Quitter Lezoux par le D 229 et prendre à gauche le D 10.*

Moissat. — 547 h. L'église, de style roman, conserve dans le bas-côté droit, au-dessus de l'autel de St-Eutrope, la magnifique **châsse de saint Lomer★★.** Ce chef-d'œuvre de l'orfèvrerie du 13e s. est en bois recouvert de cuivre rouge repoussé, avec personnages en relief. *Un commutateur situé à droite, à côté de la porte de la sacristie, permet de l'éclairer.* Remarquer également la coupole, sur trompes très primitives, le modeste arc triomphal, les tableaux et les anciennes statues en bois doré.

Continuer à suivre le D 10, puis prendre, à gauche, le D 20.

Ravel. — *Page 146.*

La LIMAGNE

Cartes Michelin nos **73** - plis 4, 5, 14, 15 et **76** - pli 5.

Limagne est un nom commun qui désigne en Auvergne des régions affaissées et fertiles. La Limagne de Brioude, celle d'Issoire sont des bassins assez étroits séparés par des gorges rocheuses. La grande Limagne ou Limagne de Clermont, appelée généralement et plus simplement «la Limagne», s'ouvre en aval du seuil granitique de Coudes, franchi par l'Allier. Sa longueur est de 90 km et sa largeur va croissant de 15 à 40 km.

Au Sud, la plaine est toute hérissée de pitons et de collines d'origine volcanique — il y a eu sept phases d'éruptions et une centaine de points éruptifs. Au Nord, le paysage serait monotone sans les files de peupliers, les rangées de saules, les haies d'osier, qui bordent les champs : vue des hauteurs, la Limagne apparaît comme une immense mosaïque. Dans la partie Est, les «Varennes», terrasses de graviers épandues par l'Allier, portent des forêts (Marcenat, Randan, Montpensier).

UN PEU DE GÉOGRAPHIE

Formation de la Limagne. — A l'ère tertiaire *(voir p. 15),* en contrecoup du plissement alpin, le sol granitique du massif auvergnat, aplani par l'érosion, se disloque : la Limagne s'affaisse lentement de plus de 2 000 m par rapport aux régions avoisinantes et se trouve encaissée entre un haut plateau, à l'Ouest, et la chaîne du Forez, à l'Est.

La LIMAGNE

En même temps que se produit cet affaissement, l'érosion attaque les montagnes dominantes. Dans le lac qui occupe alors la Limagne, les sédiments (sables, grès, argiles, calcaires, marnes) s'accumulent sur plus de 1 500 m d'épaisseur et comblent la plus grande partie de la dépression. Le lac comblé, l'Allier et ses affluents prennent possession du terrain sédimentaire et le creusent : l'épaisseur des sédiments déblayés est de 300 à 400 m. L'Allier couvre ensuite la plaine d'alluvions auxquelles se mêlent les poussières volcaniques entraînées par les eaux ou le vent.

Une terre fertile. — Les alluvions riches en silice, les poussières volcaniques qui apportent potasse et chaux, donnent à la Limagne une grande fertilité. La terre, noire, lourde, présente une grande épaisseur : parfois deux à trois mètres. C'est une terre à blé : on y obtient des rendements comparables à ceux de la Beauce ou de la Brie. Cette culture a cependant diminué de moitié depuis un siècle, au profit de la betterave, de l'orge, du maïs, du tabac et

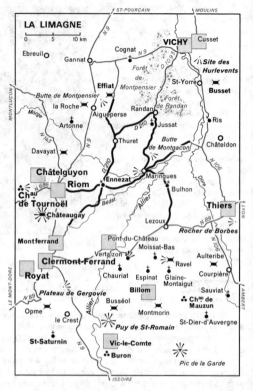

surtout des prairies et cultures fourragères car les productions animales (viande et lait) se développent constamment. La betterave alimente la sucrerie de Bourdon, à Aulnat; le tabac est destiné à la manufacture que l'État possède à Riom. Dans les frais terrains du Marais et dans les bas des pentes des collines, on pratique les cultures maraîchères. Sur la bordure de la Limagne, les fruits (cerises, pêches, abricots, poires, amandes et surtout pommes) abondent; l'angélique est presque une spécialité de la région clermontoise. Ces fruits sont expédiés sur Paris, St-Étienne, Lyon ou alimentent les fabriques de confitures, de fruits confits et de pâtes de fruits. Sur les pentes des coteaux se cultive la vigne, d'ailleurs en forte régression. Elle cède de plus en plus la place aux vergers basses-tiges et malheureusement aussi à la friche.

La population a beaucoup moins diminué que dans la montagne; elle se concentre en gros villages aux rues étroites. Les maisons blanches ont tantôt le toit plat méridional aux tuiles courbes, tantôt le toit incliné à tuiles plates des pays du Nord. Quand le paysan est éleveur, la maison est en longueur : le logis d'habitation, la grange et l'étable s'accolant sous un même bâtiment, le pigeonnier se dresse au milieu d'un pré. La maison du vigneron est en hauteur avec escalier extérieur; la cave et le cellier sont au rez-de-chaussée. Les industries de la vallée ont largement contribué au maintien de la population.

Pigeonnier.

LE TOURISME EN LIMAGNE

Comparé au pittoresque des régions montagneuses, celui de la Limagne reste modéré. Il s'y présente cependant de modestes lieux de séjour d'où l'on peut rayonner vers les villes (Riom, Clermont, Thiers) et les stations thermales (Vichy, Royat, Châtelguyon) du pourtour. On fera des excursions sur les hauteurs qui bordent la plaine.

Un des plus beaux spectacles que puisse offrir l'Auvergne au touriste qui arrive au bord des plateaux, c'est la vue plongeante sur la Limagne qui se découvre brusquement. Les panoramas diffèrent selon qu'à l'horizon se profilent les monts d'Auvergne ou ceux du Forez, selon qu'à vos pieds s'étend la Limagne du Nord ou du Sud, selon la saison, l'état du ciel, l'instant de la journée. La splendeur du soleil couchant favorise le touriste venant de l'Ouest; le soleil du matin celui qui vient de l'Est : les ombres portées des montagnes se dessinent alors sur la plaine et la lumière rasante accuse les dénivellations.

Bulhon. — 279 h. L'église possède d'intéressants chapiteaux à feuillages stylisés et historiés.

Jussat. — Très simple église romane rurale.

Lezoux. — *Page 113.*

Maringues. — 2 374 h. Les anciennes tanneries, aujourd'hui désaffectées, reflètent dans la Morge leurs pilotis, leurs étages de balcons et leurs enchevêtrements de poutres. Dans l'église, remarquer : la nef gothique (belle chaire, clefs de voûtes sculptées), le chœur roman (12ᵉ s.) et le déambulatoire aux intéressants chapiteaux, à droite, celui du Minotaure est très original. De la terrasse devant l'église, belle vue sur la chaîne des Dômes.

Montgacon (Butte de). — *5 km au Nord de Maringues.* Du sommet, couronné par la Vierge des Moissons, panorama sur la Limagne et, à l'horizon, la chaîne des Dômes.

Montpensier (Butte de). — *Page 47.*

Pont-du-Château. — *Page 138.*

Randan. — 1 383 h. (les Randannais). *Lieu de séjour, p. 42.* Petite cité en bordure de la forêt du même nom. Le château qui a appartenu à Madame Adélaïde, sœur du roi Louis-Philippe, a été incendié en 1925. Il n'a pas été relevé.

Ravel. — *Page 146.*

Thuret. — 661 h. Village natal du Frère Benilde *(p. 163)*. Établi sur une légère éminence de la Limagne, il est dominé par un donjon du 13ᵉ s., reste de l'ancien château ayant appartenu, au 18ᵉ s., au fameux financier Law, devenu seigneur de Thuret.
L'église *(1)* date en grande partie du 11ᵉ s. Voir d'abord le bel ensemble formé par le chevet et le clocher; passer devant le porche Sud en remarquant son linteau pentagonal sculpté où un beau Christ, nimbé, dans une mandorle est disposé sous une grande voussure à cordons de billettes. Entrer dans l'église par le porche Ouest et admirer, à l'intérieur, la Vierge Noire et les **chapiteaux**, sculptés et peints en faible relief, à la facture naïve : Adam et Ève, le Bon Pasteur, l'homme enchaîné à son péché, des symboles eucharistiques.

Vertaizon. — 2 020 h. Dominant un pittoresque quartier ancien, la vieille église dresse sur une terrasse les ruines de son chevet et de son transept. On jouit d'une vue étendue sur la Grande Limagne.

Le LIORAN ★

Carte Michelin n° **76** - pli 3 — *Schéma p. 71.*

La station du Lioran, altitude 1 153 m, est encerclée par de magnifiques sapinières qui couvrent les versants de la vallée de l'Alagnon au-dessus des herbages piquetés d'anciens burons et descendent par endroits jusqu'aux abords de la route. Elle plaît en été aux amateurs de promenades en montagne et en forêt, en hiver, à ceux qu'attirent les plaisirs de la neige ou la pratique du ski.

■ CURIOSITÉS *visite : 2 h*

Les tunnels. — Le **tunnel routier**, altitude 1 172 m, creusé en 1839 pour éviter le col obstrué en hiver par la neige a été longtemps avec ses 1 412 m de longueur le plus grand de France. Une nouvelle route (D 67) permet en été de franchir le col de Cère *(p. 71)*, altitude 1 294 m.
Le **tunnel ferroviaire** en amont de la pittoresque gare du Lioran est long de 1 960 m; il a été foré en 1868 à 30 m au-dessous du tunnel routier.

Gorges de l'Alagnon ★. — *2 km, en direction de Murat; puis à droite prendre un sentier qui descend vers la rivière, cours inférieur; le cours supérieur est décrit p. 48.*
En période de basses eaux, on peut s'engager à gauche dans le lit du torrent sur une distance de près de 200 m. Au fond de ce très beau défilé gisent des chaos de gros rocs.

Buron de Belles-Aygues. — *1,5 km, prendre à droite, au Nord de la gare du Lioran, en aval de la prise d'eau; après le pont sur l'Alagnon, appuyer à gauche. Visite du 1ᵉʳ juillet au 31 août, de 10 h à 18 h. Fermé le mardi. Entrée : 2 F.*
Ancien buron de montagne aménagé pour faire connaître la vie du vacher, du bouteiller et du pâtre qui se consacraient à la production de l'authentique «Cantal» de montagne.

Super-Lioran ★. — *Lieu de séjour, p. 44.* Face à la haute combe herbeuse de la Font-d'Alagnon, fermée par des sapinières, cette nouvelle station implantée dans un site très plaisant voit se développer ses installations hôtelières et sportives.

EXCURSIONS

Plomb du Cantal ★★. — *3/4 h AR de téléphérique et de marche au départ de Super-Lioran. Le téléphérique fonctionne en été de 9 h à 17 h 30, départ tous les 1/4 h. Prix AR : 9 F.*
C'est le point culminant, altitude 1 855 m, du massif du Cantal. Du sommet *(table d'orientation)*, le **panorama ★★** est immense. On découvre vers l'Ouest par-delà la vallée de la Cère les grands puys du Cantal : Griou, Peyre-Arse, Mary, Violent, Chavaroche; au Nord, les monts Dore s'abaissent à droite vers les ondulations du Cézallier, à l'Est et au Sud-Est, la Planèze au-delà de laquelle se profile la Margeride; au Sud et au Sud-Ouest, le plateau du Carladez, la Châtaigneraie et au loin le Rouergue.
Du sommet, des sentiers permettent de gagner le puy Cros (vue sur la vallée de la Cère à hauteur de Thiézac), ou par le col de la Tombe du Père, les chalets de Prat de Bouc.

(1) Pour plus de détails lire : «Thuret» de R. Chabrillat, Coll. Le Touriste en Auvergne (Clermont-Fd, De Bussac).

Le LIORAN★

Puy Griou★★★. — *4 h à pied AR au départ de Super-Lioran. Gagner les herbages de la Font d'Alagnon, puis s'élever, sous bois, sur la gauche vers les bâtiments d'une colonie de vacances; là, appuyer sur la droite.* Le sentier monte vers les hauts chaumes du col de Rombière (très belle **vue**★ sur la vallée de la Jordanne et les grands puys du Cantal) où l'on prend à gauche; bientôt apparaît alors le profil très pur du Griou dominant toute la région. La montée au sommet se fait par un sentier raide tracé dans les andésites et les basaltes phonolithiques.

Du sommet, altitude 1 694 m, remarquable **panorama**★★★ sur le puy Mary, le puy de Peyre-Arse et le Plomb du Cantal qui barrent l'horizon au Nord; vers le Sud, de part et d'autre de la ligne de crêtes de l'Elancèze, se creusent la vallée de la Cère et la vallée de la Jordanne ou de Mandailles.

*Achetez le guide Vert Michelin **Corse**.*

Le LIVRADOIS

Carte Michelin n° **73** - plis 15, 16.

Le Livradois s'étend entre la Comté et la vallée de la Dore. Il est formé d'une succession de plateaux et de croupes granitiques coupées de dépressions, qui s'élèvent peu à peu du niveau de la Limagne jusque vers 1 200 m — le point culminant, N.-D.-de-Mons, est à 1 210 m d'altitude — puis s'abaisse rapidement sur la plaine d'Ambert. Dans les parties basses, ils portent les cultures; dans les parties hautes, des bois, des prés, des landes. Partout, la région est fraîche, d'un charme doux et reposant.

D'AMBERT A ISSOIRE

66 km — environ 3 h — schéma ci-contre

Au départ d'Ambert (p. 51), suivre le D 56 qui monte sur le plateau. Très joli parcours parmi les bois et les prés, avec de belles échappées sur la plaine d'Ambert et les monts du Velay. On a l'impression de rouler dans un grand parc.

Sur le plateau, la forêt s'installe, coupée de clairières et de landes : pins aux fûts espacés, entre lesquels joue la lumière, futaies de sapins, serrés et sombres, chênes, bouleaux, hêtres par taches.

St-Germain-l'Herm. — 864 h. (les St-Germinois). *Lieu de séjour, p. 44.*

Après St-Germain-l'Herm (alt. 1 000 m), commence une longue descente vers Sauxillanges par la N 499 et le D 49 à droite qui suit la vallée de l'Eau Mère. Les cultures réapparaissent entre les bouquets de bois.

Sauxillanges. — 1 193 h. La localité possède une église du 12e s. remaniée au 15e s., et des vestiges d'un prieuré des 14e et 15e s., rattaché à l'ordre de Cluny.

Prendre la N 496 puis le D 49E à gauche.

Usson★. — *Page 177.*

Château de Parentignat. — *Page 111.*

La N 496 franchit l'Allier avant d'atteindre Issoire (p. 110).

DE BILLOM A LA CHAISE-DIEU

80 km — environ 3 h 1/2 — schéma ci-dessus

Quitter Billom (p. 61) par la N 497 à l'Est.

Château de Mauzun★. — *1/2 h à pied AR. Au village de Mauzun, suivre le sentier qui monte aux ruines.* Cette formidable forteresse, établie sur un piton basaltique et bâtie en lave, était jadis défendue par trois lignes de murailles et dix-neuf tours; il en subsiste onze dans l'enceinte et trois dans le château. Le célèbre prédicateur Massillon, évêque de Clermont, la fit démolir, faute de fonds pour l'entretien, n'en conservant que quelques chambres destinées aux prêtres détenus pour des raisons de discipline. Des ruines, magnifique **panorama**★ à l'Ouest sur les monts Dore, les volcans de la Comté et les monts Dômes, au Nord sur la Limagne, à l'Est sur les monts du Forez et du Livradois. On peut, en contournant la tour de droite du château, pénétrer à l'intérieur de la forteresse démantelée, dont les ruines sont envahies par la végétation.

Par un tracé sinueux la route descend vers St-Dier-d'Auvergne.

St-Dier-d'Auvergne. — *Page 155.*

Prendre la direction d'Ambert.

Château des Martinanches. — *Page 155.*

La route remonte les pentes du Livradois et atteint la Leyras, puis la Gravière (alt. 856 m). A ce carrefour routier tourner à droite dans le D 105 qui sinue entre le vallon de la Dolore et la forêt de Boisgrand. *Dans Fournols prendre le D 37 à droite.*

St-Germain-l'Herm. — *Page 116.*

La N 499 longe la vallée de la Dore naissante, franchit la vallée de la Senouire avant de remonter vers la Chaise-Dieu *(p. 75).*

Variante entre Billom et la Leyras par le pic de la Garde. — *Allongement de parcours : 6 km. Quitter Billom par le D 9 au Sud, puis le D 118 à droite.*

Château de Montmorin. — *Page 62.*

Par les D 7^E, D 7 et D 58 gagner le pic de la Garde.

Pic de la Garde. — *1/2 h à pied AR. Un chemin en très mauvais état conduit à une ferme isolée où laisser la voiture.* Du sommet, altitude 780 m *(table d'orientation),* belle **vue** sur les volcans de la Comté, la trouée de l'Allier et les monts Dore.

Le D 58 et la N 496 à droite mènent à la Leyras.

MANGLIEU ★

Carte Michelin n° **73** - pli 15 — *8,5 km au Nord de Sauxillanges —Schéma p. 116 —* 384 h.

Le village de Manglieu, siège d'une ancienne abbaye de Bénédictins, est bâti dans la vallée de l'Ailloux, un peu à l'écart du D 225, route de Vic-le-Comte à Cunlhat.

Église abbatiale ★. — *Visite : 1/4 h.* Fortement restaurée extérieurement, elle est surtout intéressante à l'intérieur. Entrer par la jolie porte romane. Sous le porche surmonté d'une tribune, on voit à gauche, un sarcophage et deux dalles funéraires, l'une carolingienne (à gauche), l'autre mérovingienne. La nef a été refaite au 16e s. Le chœur du 10e s., étroit, est défiguré par un badigeon et un plafond moderne. Il s'ouvre par un arc triomphal, porté par deux colonnes antiques remployées.

*Sachez tirer parti de votre **guide Michelin**, reportez-vous aux Signes conventionnels p. 46.*

La MARGERIDE

Cartes Michelin n°^{s} **76** - plis 5, 6, 15, 16 et **80** - plis 5, 6.

La Margeride, massif granitique parallèle aux monts volcaniques du Velay, s'étend entre l'Allier, à l'Est, et les hauts plateaux volcaniques de l'Aubrac, à l'Ouest; elle culmine au Signal de Randon, altitude 1 551 m.

La partie la plus élevée, la **«Montagne»,** a une hauteur moyenne de 1 400 m. Elle se présente sous forme de plateaux mamelonnés, couverts d'immenses et monotones pâtures que viennent interrompre des bois de pins, de sapins, de bouleaux. Au Nord de Mende, des plateaux (Palais du Roi, la Boulaine) sont hérissés de rochers de granit qui, sous l'action de l'érosion, sont devenus colonnades, obélisques, blocs arrondis superposés en équilibre souvent instable.

Au-dessous de la «Montagne» s'étendent les **«Plaines»,** très ondulées, d'où surgissent de nombreux pitons. La population, plus abondante, habite de grosses fermes isolées ou groupées en petits hameaux. Les principales ressources de la Margeride sont le bois et le bétail auxquels vient de s'ajouter l'uranium. Les foires de Châteauneuf-de-Randon *(p. 79)* et de Sauguès *(p. 163)* sont très importantes.

A l'Ouest de la chaîne s'étend le **Gévaudan,** plateau plus bas (1 000 à 1 200 m d'altitude), sorte de couloir dominé par l'Aubrac qui a les mêmes traits que la Margeride.

DE MARVEJOLS A RUYNES-EN-MARGERIDE

160 km — compter une journée — schéma p. 117

De Marjevols au roc de Peyre, l'itinéraire est décrit p. 119.

Roc de Peyre. — Page 119.

Faire demi-tour et prendre à droite le D 3. La route traverse St-Amans, laissant sur la gauche le signal de St-Amans (1 143 m). Elle s'élève ensuite sur la face Ouest de la montagne de la Margeride, passe au pied du Signal de Randon, point culminant de ce massif, puis pénètre, sur la face Est, dans la vallée du Chapeauroux. *Tourner à droite dans le D 985, puis encore à droite dans le D 988.*

L'Habitarelle. — Dans ce hameau a été érigé un monument à la mémoire de Du Guesclin *(voir détails p. 79).*

Châteauneuf-de-Randon. — Page 79.

Revenir au D 988 que l'on prend à droite, puis tourner à gauche dans le D 985. Après le col de la Pierre Plantée, altitude 1 274 m, la route court sur le plateau, dominant sur la droite la vallée encaissée du Grandrieu. Elle franchit les vallons de l'Ance, du Panis et de la Virlange avant d'atteindre Saugues.

Saugues. — Page 163.

Quitter Saugues par le D 589 à l'Ouest. La route s'élève doucement jusqu'à Pompeyrin et redescend, par un parcours pittoresque, dans la vallée de la Desges. *Prendre à droite le D 48 et encore à droite le D 412 qui traverse la forêt d'Auvers.*

Mont Mouchet. — Un des sommets de la Margeride, le Mont Mouchet (alt. 1 465 m), devient en mai 1944 l'un des principaux centres de la Résistance dans le Massif Central. Le 2 juin, 3 000 hommes du maquis repoussent l'ennemi au-dessus de Paulhac. Le 10, après avoir occupé Ruynes-en-Margeride, où vingt-sept civils sont massacrés, une forte colonne allemande pille et incendie Clavières, mais, arrêtée par les maquisards, rebrousse chemin vers St-Flour. Le lendemain, les Allemands attaquent de nouveau Clavières où la défense s'organise. Jusqu'à la nuit, les F.F.I. tiennent tête à l'ennemi, puis se replient.

Un Monument national aux Maquis a été érigé, en souvenir de ces combats, en face de la maison forestière du mont Mouchet, quartier général des F.F.I. d'Auvergne. Un **musée** a été installé dans une grande salle de cette maison. *Visite du 1er mai au 31 octobre, de 9 h à 12 h 30 et de 13 h 30 à 20 h. Entrée : 2 F.* Documents sur la Résistance auvergnate, lettres, journaux clandestins, photos, évoquent les risques auxquels s'exposaient les combattants.

Revenir au D 4 et tourner à droite. Le long de la route, avant Clavières *(voir détails au mont Mouchet),* de nombreuses stèles rappellent les durs combats livrés par les hommes du maquis.

Ruynes-en-Margeride. — 584 h. (les Ruynéens). *Lieu de séjour, p. 44.*

Ne voyagez pas aujourd'hui avec une carte d'hier.

MARVEJOLS ★

Carte Michelin n° 80 - pli 5 — Schémas p. 54 et 117 — 5 913 h. (les Marvejolais) — Lieu de séjour, p. 42.

Bien située dans la jolie vallée de la Colagne, Marvejols vit de ses foires.

La ville joua, au 14e s., un rôle important dans les guerres et fit cause commune avec Du Guesclin contre les routiers des Grandes Compagnies. C'est ce passé tourmenté que font revivre ses portes fortifiées.

Portes fortifiées. — Elles commandent les trois entrées de la vieille ville. Ce sont : la **porte de Soubeyran ★** (A) qui conserve une inscription relatant la reconstruction, par Henri IV, de Marvejols, place protestante détruite, en 1586, par l'amiral de Joyeuse — la reconnaissance des Marvejolais a valu à la place, que la porte ferme sur un côté, d'être gratifiée d'une très originale statue du bon roi, œuvre du sculpteur Auricoste à qui l'on doit également celle de la légendaire «Bête du Gévaudan» élevée sur la place des Cordeliers; la **porte du Théron** (B); la **porte de Chanelles** (D).

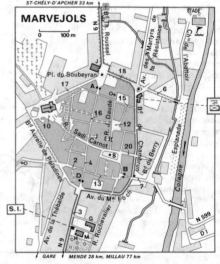

Augustins (R. des)	2	Girou (Pl.)	12
Brazza (R. S.-de)	3	Jean (R. Th.)	13
Chanelles (R. de)	4	Pénitents (R. des)	15
Cheyla (Av. du)	6	République (R. de la)	16
Cordeliers (Pl. des)	7	Révd-Père-de-Jabrun (Bd)	17
Cordesse (Pl. H.)	8	St-Dominique (Bd)	18
Coustarade (Pl. de)	10	Vidal (R.)	20

EXCURSION

Roc de Peyre; château de la Baume; parc du Gévaudan ★. — *Circuit de 52 km — environ 3 h 1/2. Carte* 🔟 *- plis 14 et 15. Quitter Marvejols, au Nord par la N 9, puis, 2,5 km plus loin, prendre à droite le D 2 qui remonte la vallée de la Colagne jusqu'à St-Léger-de-Peyre.* Au-delà, la route s'engage dans les gorges de la Crueize puis laisse sur la gauche la vallée de l'Enfer qu'enjambe un élégant viaduc. Escaladant le plateau, la route atteint un croisement, tourner à gauche et suivre le D 2. *A 3 km de ce carrefour, prendre à gauche le D 3, puis à 3 km, encore une fois à gauche, la route qui aboutit au pied du Roc de Peyre.*

Roc de Peyre. — *1/2 h à pied AR.* Du sommet (1 179 m, *table d'orientation*) que l'on atteint par un chemin et un escalier, on jouit d'un remarquable panorama sur l'Aubrac, le plomb du Cantal, la Margeride, le mont Lozère, l'Aigoual et les Causses.

Aucune trace notable ne permet d'imaginer qu'une forteresse occupait jadis ce piton à l'intérêt stratégique exceptionnel. Pourtant, il ne fallut pas moins de 2 500 boulets au général de Joyeuse pour abattre, en 1586, le donjon de ce fief protestant. Le temps fit le reste.

Faire demi-tour et suivant toujours à gauche le D 53 puis le D 3, atteindre le pont du Moulinet, au fond de la vallée de la Crueize. Franchir le pont et aussitôt après tourner à droite dans le D 73 sur lequel s'amorce, à 5 km, l'allée du château de la Baume.

Château de la Baume. — *Visite du 15 juillet au 31 août, de 10 h à 11 h 30 et de 14 h à 18 h; le reste de l'année, de 14 h à 17 h. Fermé le mardi hors saison. Prix : 3 F.* La rudesse de cette demeure du 17ᵉ s., construite en granit et couverte d'ardoises grossières, est atténuée par la douceur d'un parc ombragé inattendu sur ces plateaux. A l'intérieur, admirer l'escalier d'honneur aux balustres Louis XIV. Le grand salon s'enrichit d'un beau parquet qui représente, en bois de teintes différentes, un dessin géométrique entourant des armoiries. Le cabinet de travail est orné de lambris peints composés de motifs traités dans les tons pastel. De grandes toiles évoquant des scènes mythologiques en complètent la décoration.

Revenir au pont du Moulinet et prendre à droite la N 9, puis une route à gauche en direction de Ste-Lucie et tout de suite à droite en montée.

Parc du Gévaudan ★. — *Visite de Pâques à la Toussaint, de 9 h à 18 h. Entrée : 6 F, enfants 3 F.*
Aménagé à flanc de montagne, dans un cadre forestier, ce parc «de vision» présente en semi-liberté de nombreux spécimens de la faune européenne : bisons, bouquetins, vaches d'Écosse à longs poils, cerfs, daims, rennes, sangliers, ours bruns, loups. Des enclos plus petits abritent les rapaces, les félins, les renards, etc.

La N 9 ramène à Marvejols.

MAURIAC ★

Carte Michelin n° 🔟 - pli 1 — 4 569 h. (les Mauriacois) — *Lieu de séjour, p. 42.*

Cette petite ville, important marché agricole et centre de ganterie, groupe ses maisons de lave noire au bord d'un grand plateau basaltique.

■ BASILIQUE N.-D.-DES-MIRACLES ★
visite : 1/2 h

C'est le principal monument de l'art roman de la Haute-Auvergne. Le gros de l'œuvre est du 12ᵉ s., mais le portail Ouest et les quatre travées ne sont pas antérieurs au début du 13ᵉ s. Le clocher fut démoli et reconstruit à plusieurs reprises depuis le 14ᵉ s.

Extérieur. — L'élégant chevet, que l'on voit d'abord, a trois absidioles. A droite de la porte du flanc droit est une lanterne des Morts de la fin du 14ᵉ s. qui se dressait autrefois dans le cimetière. Le vaste portail principal qui s'ouvre à l'Ouest est le meilleur morceau de sculpture romane de la Haute-Auvergne; le tympan représente l'Ascension et l'archivolte les signes du Zodiaque.

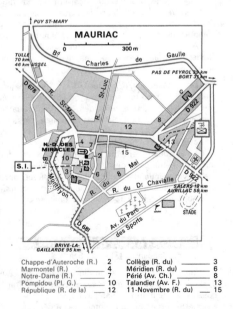

Chappe-d'Auteroche (R.)	2	Collège (R. du)	3
Marmontel (R.)	4	Méridien (R. du)	6
Notre-Dame (R.)	7	Périé (Av. Ch.)	8
Pompidou (Pl. G.)	10	Talandier (Av. F.)	13
République (R. de la)	12	11-Novembre (R. du)	15

Intérieur. — Il est simple et rude. On y voit quelques objets mobiliers intéressants, deux beaux retables des 17ᵉ et 18ᵉ s. dans les bras Nord et Sud du transept et, au fond du chœur, la statue de N.-D.-des-Miracles, Vierge en noyer (fête le dimanche qui suit le 9 mai).

Dans le bas-côté droit se trouve une cuve baptismale romane. Non loin, sont exposés les fameux «fers sarrasins», auxquels se rattache une légende : au 11ᵉ s., deux Auvergnats, qui venaient d'être faits prisonniers en Espagne par les Arabes, invoquèrent avec tant de ferveur la Vierge des Miracles que, le lendemain matin, on les retrouva, chargés de fers et endormis, devant l'église de Mauriac qui s'élevait sur l'emplacement de la basilique actuelle.

Autour de la place de l'Hôtel-de-Ville, on peut voir quelques maisons anciennes.

■ AUTRE CURIOSITÉ

Puy St-Mary. — *1/2 h de marche. Prendre la route qui se détache du D 678 à la sortie de la ville (Nord-Ouest du plan).*

500 m plus loin, tourner dans le hameau des Vaisses, franchir une barrière et monter vers la chapelle élevée au sommet du mamelon herbeux appelé puy St-Mary. De là, on découvre un vaste panorama, d'un côté sur Mauriac et les monts du Cantal, de l'autre sur les plateaux situés aux confins de l'Auvergne et du Limousin.

EXCURSIONS

Salers★★; vallée du Falgoux★. — *Circuit de 72 km — environ 3 h.*

Quitter Mauriac à l'Est par le D 922. Il offre une jolie vue sur la **cascade de Salins** formée par l'Auze qui tombe de 30 m de hauteur, d'une muraille de basalte.

A 16 km de Mauriac, tourner à gauche dans le D 680. Salers *(p. 161)* se trouve sur le circuit des monts du Cantal *(p. 70). Poursuivre le D 680 et 5,5 km avant le pas de Peyrol, tourner à gauche dans le D 12 qui descend la vallée du Falgoux (p. 72). Le D 678 ramène à Mauriac.*

Château de la Vigne. — *11 km au Sud. Quitter Mauriac par le D 681.* A l'entrée d'Ally (1 008 h. — les Allycois — *lieu de séjour, p. 42*), prendre à gauche l'allée de tilleuls menant au château.

Visite du 1ᵉʳ juillet au 31 août, de 14 h 30 à 19 h. Entrée : 4 F.

Bâti au 15ᵉ s., ce château se compose d'un corps de logis flanqué de deux tours rondes coiffées en poivrière et d'une tour carrée formant donjon à laquelle a été accolé, au 18ᵉ s., un second corps de logis. Un chemin de ronde sur mâchicoulis couronne l'ensemble.

A l'intérieur, boiseries du 18ᵉ s. et tapisseries d'Aubusson. Par l'escalier à vis du donjon, on accède à une salle voûtée dite «salle de Justice», décorée de fresques du 16ᵉ s. représentant la chasse de St-Hubert.

De la terrasse du jardin à la française, vue étendue sur les monts du Cantal.

Pour choisir un lieu de séjour à votre convenance, consultez la carte et les tableaux p. 39 à 45.

■ MAURS

Carte Michelin nº **76** - pli 11 — 2 756 h. (les Maursois) — *Lieu de séjour, p. 42.*

Située au Sud-Ouest des monts du Cantal, sur une colline au bord de la Rance, Maurs est le centre principal de la **Châtaigneraie.** Ce plateau granitique, couvert en grande partie de landes légèrement mamelonnées, est entaillé de vallées très verdoyantes qui reçoivent les habitations; des châtaigniers couvrent leurs versants et constituent, avec l'élevage en pleine extension et les cultures de seigle et de pommes de terre, les principales ressources de la région.

A Maurs, on se sent aux confins du Midi; là, débute la «Riviera cantalienne», avec les fleurs et la vigne. On a appelé la ville : la «Nice du Cantal».

Église. — *Visite : 1/4 h.* Du 14ᵉ s., à nef unique, elle est précédée d'un portail sculpté (15ᵉ-16ᵉ s.). Elle abrite, dans la chapelle de droite, une des plus remarquables pièces d'orfèvrerie du Cantal : le **buste-reliquaire★** de saint Césaire, en bois revêtu d'argent et de cuivre doré (13ᵉ s.), contenant le «chef» de l'archevêque d'Arles. Ce dernier est représenté vêtu des ornements liturgiques. La statue frappe surtout par l'étrangeté des yeux grands ouverts et l'allongement symbolique des doigts. Dans le chœur, onze statues anciennes en bois surmontent les stalles entourant l'autel.

Au presbytère est conservée une crosse à émaux du 13ᵉ s.

(D'après photo Arch. Phot., Paris)

Maurs. — Buste-reliquaire de saint Césaire.

■ La MONTAGNE BOURBONNAISE

Carte Michelin nº **73** - plis 5 à 7.

Bien qu'éloignée des massifs cristallins de l'Auvergne, la Montagne Bourbonnaise s'en apparente par ses reliefs assez énergiques offrant d'admirables belvédères, ses hauteurs boisées, ses cultures et ses pâturages.

Cette montagne aux sommets ne dépassant guère 1 000 m d'altitude (1 031 m à la Pierre du Charbonnier) a des contours géographiques peu définis. A l'Est, elle s'adosse aux monts de la Madeleine, au Sud aux Bois Noirs, à l'Ouest et au Nord elle s'abaisse doucement vers les plaines du Bourbonnais.

Vouée surtout à l'élevage, elle s'enorgueillit de riants pâturages entrecoupés de haies vives, où paissent bœufs blancs du Charolais et moutons. Peu de cultures, mais un vaste manteau forestier en majeure partie constitué de sapins, épicéas, hêtres et chênes fait vivre toute une population de bûcherons, de scieurs. L'extraction de minerais d'uranium près de St-Priest-la-Prugne, l'exploitation de la source Charrier (usine d'embouteillage) contribuent également à l'économie de la région.

DU MAYET-DE-MONTAGNE A VICHY par la vallée du Sichon

70 km — environ 3 h — schéma ci-dessous

Le Mayet-de-Montagne. — 2 309 h. (les Mayetois). *Lieu de séjour, p. 42.* C'est la capitale de la Montagne Bourbonnaise. Près de l'église, a été aménagée une maison *(ouverte en saison)* qui traite de l'artisanat local.

Quitter le Mayet par le D 49. La route court dans la campagne vallonnée.

Ferrières-sur-Sichon. — 795 h. (les Farréods). *Lieu de séjour, p. 42.*

Prendre à gauche le D 995 qui remonte la vallée du Sichon encaissée et boisée.

Pierre Encize. — Dans cette roche en surplomb sur la route, a été creusé un petit oratoire dédié à la Vierge.

Rocher St-Vincent. — *1/2 h à pied AR.* Le chemin d'accès, carrossable par temps sec, s'amorce près du Café du Rocher St-Vincent, au hameau de la Vernière. *Laisser la voiture 600 m plus loin (parc de stationnement).* Un sentier conduit au sommet, altitude 925 m. Le filon d'andésite, daté de l'ère primaire, témoigne de manifestations éruptives antérieures aux sommets granitiques de la région. Il porte encore les vestiges du château fort de Pyramont (11e s.). Du sommet, panorama très étendu *(table d'orientation).*

La route au parcours pittoresque franchit le col du Beau-Louis (alt. 824 m) et descend dans la vallée de la Besbre, laissant sur la droite les mines d'uranium.

St-Priest-la-Prugne. — *Page 64.*

Faire demi-tour et prendre à gauche le D 422 qui serpente sur les premiers contreforts des Bois Noirs.

Lavoine. — 299 h. Petite bourgade dont les habitants partagent leur temps entre les scieries et le travail des champs.

Dans la Guillermie prendre le D 122 à droite.

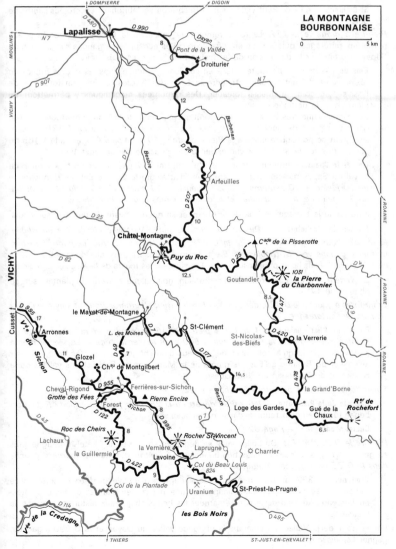

Roc des Cheirs. — *3/4 h à pied AR.* Laisser la voiture dans la Guillermie, près de l'école, et suivre le chemin fléché qui longe une coupe de bois. Du calvaire couronnant le roc se dégage une belle vue sur la Limagne et la chaîne des Dômes au Sud-Ouest, les Bois Noirs au Sud-Est.

La route sinue au milieu de prés et de champs entrecoupés de bois.

Grotte des Fées. — *3/4 h à pied AR.* Du hameau de Forest, un chemin, puis un sentier à droite descendent dans le vallon du Sichon où s'ouvre cette grotte ornée de concrétions et de cascatelles.

Dans Ferrières-sur-Sichon prendre à gauche le D 995 qui descend la vallée large et cultivée.

Château de Montgilbert. — *En cours de dégagement.* Au lieu-dit Cheval-Rigond, prendre une petite route à droite qui offre une très belle vue sur le site du château. *Laisser la voiture à un parking et gagner les ruines.* Vestiges imposants d'une demeure du 13ᵉ s. flanquée de quatre tours rondes et de deux tours carrées.

Glozel. — Dans le monde de l'archéologie, Glozel doit sa notoriété à la polémique ouverte en 1926 au sujet de l'authenticité du Champ des Morts, fouillé deux ans plus tôt. La non-ancienneté de l'ensemble des documents, briques et galets étudiés à Glozel, gravés de signes étranges a été établie par une commission internationale dès 1927. Le hameau possède un petit musée *(visite de 8 h à 12 h et 14 h à 18 h; fermé les matins des dimanches et jours fériés hors saison; entrée : 2,50 F).*

Arronnes. — 329 h. Petite église romane située près du confluent du Sichon et du Vareille.

Le D 995 passe d'une rive sur l'autre du Sichon avant d'atteindre Cusset (p. 96) et Vichy (p. 179).

★ DU MAYET-DE-MONTAGNE A LAPALISSE par le Bois de l'Assise

91 km — environ 5 h — schéma p. 121

Quitter le Mayet-de-Montagne (p. 121) par le D 7 au Sud-Est. La route longe le lac des Moines. Tourner à gauche dans le D 120 qui descend vers St-Clément, face à des collines boisées.

St-Clément. — 417 h. Petit village sur la Besbre où se fabriquent encore des sabots de bois.

Prendre à droite le D 177. La route remonte la vallée de la Besbre très boisée et aux nombreux pâturages, puis s'élève en offrant de belles échappées à gauche sur le vallon du Sapey, à droite sur la dépression de la Besbre fermée par les Bois Noirs.

Bois de l'Assise ★. — La route tracée en corniche s'enfonce dans les hautes futaies de résineux et de hêtres pour atteindre la Loge des Gardes, ou maison forestière de l'Assise, au cœur du massif forestier. Des remontées mécaniques y permettent, en plein hiver, la pratique du ski.

Pour jouir d'une très belle vue sur la forêt et l'ensemble de la Montagne Bourbonnaise, gagner le point de départ de la première piste de ski *(1/4 h à pied AR).* L'ascension peut se poursuivre jusqu'à la Pierre du Jour *(10 mn à pied AR),* altitude 1 165 m, plate-forme rocheuse d'où la vue est en partie bouchée par la végétation.

Gué de la Chaux. — Immense retenue. Un petit train à vapeur la parcourt, puis remonte le val du Sapey naissant sur 2,4 km avant d'atteindre la Grande Écluse. *Il fonctionne du 10 juillet au 10 septembre, tous les jours de 14 h 30 à 18 h 30; du 11 septembre au 2 novembre, les dimanches et fêtes aux mêmes heures. Prix AR : 8 F.*

La route longe le barrage du Gué de la Chaux et sa retenue avant de pénétrer sous bois.

Rocher de Rochefort ★. — *Description dans le guide Vert Michelin Vallée du Rhône.*

Faire demi-tour et prendre à droite le D 478, puis à la Grand'Borne, carrefour forestier, tourner à gauche vers St-Nicolas-des-Biefs. La route passe à proximité de la petite station de ski de Font Blanche et offre ensuite de belles vues sur les monts de la Madeleine, à droite.

La Verrerie. — Ce carrefour routier tire son nom d'une verrerie implantée sur ce plateau au 17ᵉ s.

Emprunter à gauche le D 420, dans St-Nicolas-des-Biefs, tourner à droite et suivre le D 477 au parcours pittoresque.

Pierre du Charbonnier ★. — *1 h 1/2 à pied AR. Au Goutandier prendre une route en montée sur la droite, la suivre pendant 500 m et laisser la voiture.* Le sentier monte à travers bois jusqu'à cet ensemble rocheux d'où l'on jouit d'une très belle **vue ★** sur le bassin de Roanne à l'Est, les monts de la Madeleine au Sud-Est, les vallées de la Besbre et du Barbenan au Nord-Ouest.

Suivre le D 477, puis prendre à gauche le D 25.

Cascade de la Pisserotte. — *1,5 km au départ du D 25, puis 1 h 1/2 à pied AR.* Le Barbenan tombe en deux rebonds dans un très beau site.

Châtel-Montagne ★. — *Page 82.*

Prendre le D 207 à l'Est. De belles vues se dégagent sur le site de Châtel-Montagne, puis au gré des virages, sur les collines bourbonnaises. *A l'entrée d'Arfeuilles, tourner à gauche dans le D 26 pour gagner Droiturier.*

Droiturier. — 392 h. Ancien prieuré dépendant de l'abbaye de Mozac, cette église romane présente un plan bénédictin avec une nef voûtée d'arêtes et des bas-côtés, en berceau. Au fond de la nef, remarquer les beaux chapiteaux historiés ou ornés de feuillages.

Par le pont de la Vallée qui enjambe la profonde vallée du Dayan et le D 990 à gauche, gagner Lapalisse (p. 112).

Le MONT-DORE ★★

Carte Michelin n° **73** - pli 13 — *Schéma p. 101* — 2 325 h. (les Montdoriens) — *Lieu de séjour, p. 44.*

Étiré sur les bords de la Dordogne naissante, à 1 050 m d'altitude, dans un magnifique cirque de montagnes dominé par le puy de Sancy, le Mont-Dore, station thermale, est devenu aussi un centre de sports d'hiver. Le domaine skiable s'étend sur la face Nord du Sancy et les pentes du Capucin.

■ LA VILLE THERMALE

Les eaux étaient exploitées déjà par les Gaulois dans des piscines sommaires dont on a retrouvé les restes sous les thermes romains. Ceux-ci étaient splendides et d'une ampleur plus considérable que l'établissement actuel, qui contient leurs vestiges.

C'est seulement sous Louis XIV que le «Mont d'Or», comme écrivait Mme de Sévigné, retrouva une clientèle, d'ailleurs méritante, puisque alors il n'y avait pas de route pour s'y rendre. La route vint au 18e s., et la vogue au 19e s., grâce aux travaux du docteur Michel Bertrand, et au séjour qu'y fit la turbulente duchesse de Berry, en 1821.

Ces eaux, les plus siliceuses de France, chargées d'acide carbonique, émergent de filons de lave, à l'intérieur de l'établissement thermal; leurs températures varient de 38 °C à 44 °C *(voir p. 23)*. Les sources les plus connues sont Madeleine, César, les Chanteurs, Ramond; les eaux sont utilisées en boissons, inhalations, pulvérisations, bains et douches, dans le traitement de l'asthme, des affections respiratoires et des rhumatismes. Saison de cure du 22 mai au 30 septembre.

Établissement thermal. — *Visites accompagnées du 22 mai au 30 septembre, de 11 h à 12 h et de 15 h à 18 h; durant les vacances scolaires de Noël, de 11 h à 12 h et de 15 h 30 à 16 h 30. Fermé l'après-midi des dimanches et jours fériés en saison, toute la journée ces mêmes jours en hiver. Entrée : 1 F.*

Il se dresse au centre de la station. Construit de 1890 à 1893, il a été récemment agrandi et modernisé. Le bâtiment principal a conservé les vestiges des thermes romains et du Panthéon.

Du Casino, vue superbe sur le cirque de montagnes.

MONT-DORE

Favart (R.)	Y 4
Panthéon (Pl. du)	Z 10
République (Pl. de la)	Z 13
Rigny (R.)	Z 15

Chazotte (R. Capitaine)	Y 2
Clemenceau (Av.)	Z 3
Flandre (Av. de)	Y 6
Libération (Av. de la)	Z 7
Montlosier (R.)	Y 8
Ramon (R.)	Z 12
Wilson (Av.)	Y 16

(D'après photo Éd. du Lys, Clermont-Fd)

Le Mont-Dore.

Le MONT-DORE★★

Promenade Melchi-Roze. — *Environ 1 h de marche.* Sentier horizontal dominant la ville ; très agréable en fin d'après-midi ou par temps frais..

Salon du Capucin. — *8 mn par funiculaire (en saison — prix : 1,80 F AR), puis 1/2 h de marche.*

Clairière pittoresque, très fréquentée pendant la saison, altitude 1 286 m.

Le Capucin★. — *1 h de marche du Salon du Capucin.* Sentier en partie sous bois ; du sommet, altitude 1 465 m, très belle vue.

Grande Cascade★. — *1 h 1/2 de marche.* Belle chute de 30 m de hauteur.

EXCURSIONS

voir aussi celles de la Bourboule, p. 67

Promenade des Artistes★. — *Environ 2 h de marche, 1 h en empruntant le sentier descendant vers les courts de tennis — schéma ci-contre.* Sous-bois avec jolies échappées sur la station.

Cascades du Saut du Loup, du Queureuilh★ et du Rossignolet. — *3 h de marche — schéma ci-contre.* Partir par ① du plan, N 496, et revenir par les hameaux de Prends-toi Garde et du Queureuilh et ⑤ du plan. La plus belle des trois cascades est celle du Queureuilh qui tombe, dans un très joli site, d'une falaise basaltique haute de 30 m.

Puy de Sancy★★★. — *4,5 km, puis 1 h AR de téléphérique et de marche. Description p. 99.*

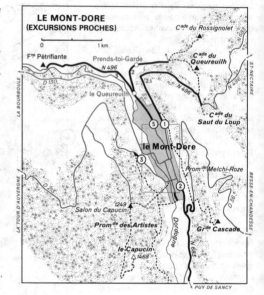

LE MONT-DORE
(EXCURSIONS PROCHES)

Monts Dore★★★. — *Deux circuits s'offrent au départ du Mont-Dore :*
- ★★★ *par Orcival.* — *52 km. Description p. 99.*
- ★★ *le tour du Sancy.* — *83 km. Description p. 100.*

Lac Chambon★★ ; St-Nectaire★★. — *25 km.* Quitter le Mont-Dore par ① du plan, N 496, route qui longe le lac Chambon (p. 77) et traverse Murol (p. 132) avant d'atteindre St-Nectaire (p. 158).

Fontaine pétrifiante. — *3 km, par ⑤ du plan. Visite en été, de 8 h à 12 h et de 13 h à 19 h.* S'adresser au café en face de la fontaine. Prix : 2 F. Détails sur la pétrification p. 89.

MONTLUÇON

Carte Michelin n° **69** - plis 11, 12 — 58 824 h. (les Montluçonnais).

Située en avant des premiers gradins du plateau de Combraille, la capitale économique du Bourbonnais se concentre autour du château des Ducs de Bourbon, mais étend ses faubourgs industriels loin vers le Nord, dans la vallée du Cher.

UN PEU D'HISTOIRE

Une reconversion réussie. — L'achèvement du canal du Berry en 1841 mettait en communication les gisements de fer du Berry et les bassins houillers de la région de Commentry. Aussi, durant tout le second Empire, avec le développement de la sidérurgie, Montluçon connut-elle un essor rapide : elle devint le centre d'un important nœud ferroviaire et ses fonctions commerciales et administratives débordèrent sur les campagnes environnantes.

Au début du siècle, l'épuisement des gisements de fer et de houille condamna les hauts fourneaux. Une crise profonde, aux dures implications sociales, toucha la ville et sa région. La reconversion industrielle, appuyée sur la chimie, les pneumatiques, la mécanique et le textile, a modifié le visage de la cité. Les avenues et boulevards, commerçants et animés, témoignent de ce renouveau.

«Poussez, poussez l'escarpolette...». — Né à Montluçon en 1853, **André Messager** est l'auteur de l'opérette «Véronique» d'où est tiré ce refrain. Connu d'abord comme chef d'orchestre au Covent Garden de Londres, puis à l'Opéra de Paris, Messager s'impose vite comme un brillant compositeur d'opérettes d'où jaillissent avec beaucoup de bonheur et d'élégance de nombreux airs, refrains ou ballets célèbres : «François-les-Bas-Bleus», «Les P'tites Michu» ou «Coup de Roulis».

Mais on ne saurait évoquer Messager sans rappeler le talent avec lequel il dirigea et conduisit au succès en avril 1902, l'opéra de Claude Debussy, «Pelléas et Mélisande».

124

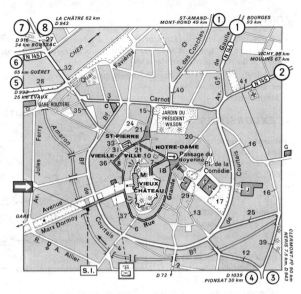

0 _____ 200 m

Barathon (R.) _____ 2
Courtais (Bd de)
République (Av. de la) 27
St-Pierre (R. du Fg)__ 35

Belfort (R. de) _____ 3
Bretonnie (R.) _____ 4
Bretonnie (Rte Pte) __ 6
Château (R. du) _____ 7
Comtesse (R.) _____ 8
Fontaine (R. de la) __ 10
Forges (R. des) _____ 12
Forges (R. Porte-des) 13
Fouquet (R. Porte) __ 15
Gironde (R. du Fg) __ 16
Jean-Jaurès (Pl.) ___ 17
Notre-Dame (Pl.) ___ 18
Notre-Dame (R.) ____ 20
Petit (R. P.) _____ 21
Piliers (R. des) _____ 23
Poterie (Pl. de la) __ 24
Presle (R. de la) ___ 25
Rouget-de-l'Isle (Quai) 28
St-Nicolas (R.) _____ 29
St-Pierre (Pl.) _____ 31
St-Pierre (Pont) ____ 32
St-Pierre (R. Porte) 33
St-Roch (R.) _____ 36
Serruriers (R. des) __ 37
Staël (R. Mme-de) __ 39
Usines (R. des) ____ 40
8-Mai-1945 (Av. du)_ 41

■ **LE VIEUX MONTLUÇON** ★ *visite : 2 h*

Partir de l'avenue Marx-Dormoy et se diriger vers le château.

Vieux château. — Il fut construit durant la guerre de Cent Ans par Louis II de Bourbon et ses successeurs. Le bâtiment précédé de massifs fleuris qui s'étagent sur les anciens remparts, est un vaste corps de logis rectangulaire, flanqué du côté ville d'une tourelle et d'une grosse tour rectangulaire au sommet crénelé.

Prendre à droite la rue des Serruriers puis la rue Grande. Cette vieille artère est bordée de demeures du 15e s. (nos 42, 39 et 27).

Poursuivre jusqu'à la place Notre-Dame bordée d'édifices du 18e s. Faire quelques pas sous le **passage du Doyenné** qui conduit à la place de la Comédie. Le samedi matin, un marché aux fleurs anime et colore cette partie de la vieille ville.

Église Notre-Dame. — Cet édifice fut construit par Louis II de Bourbon, au 15e s., à l'emplacement d'un édifice roman dont ne subsiste qu'une absidiole. Le collatéral droit, très sobre, est couronné d'une balustrade ajourée, d'un heureux effet.

A l'intérieur, on se rend bien compte de l'inachèvement de l'église. Seuls la nef et le collatéral droit furent bâtis. Côté gauche, le mur roman est percé d'arcades brisées ouvrant sur trois chapelles latérales. L'église renferme plusieurs œuvres d'art dont une Pietà en pierre, une peinture sur bois de la fin du 15e s. et deux vitraux du 16e s., l'un représentant sainte Anne et la Vierge.

Esplanade et musées. — De l'esplanade du château, la **vue** ★ s'étend sur toute la cité, ses zones industrielles et au loin sur les premiers contreforts du Massif central, la tranquille vallée du Cher et le Berry. De ce côté, le château est dominé par la tour de l'Horloge et son premier étage est agrémenté d'une galerie à colombage aux hourdis de briques rouges et noires délitées. Le château abrite les musées de la ville.

Visite du 15 mars au 15 octobre, tous les jours sauf mardi de 10 h à 12 h et de 14 h à 18 h; le reste de l'année, les mercredis, jeudis, samedis et dimanches de 14 h à 18 h. Entrée : 2 F.

Musée folklorique. — Il présente, au rez-de-chaussée, plusieurs vitrines sur la géologie, la préhistoire et la faune de la région. Des gravures anciennes et des peintures illustrent les industries passées de Montluçon et de ses environs. Une salle est consacrée au travail du bois des fendeurs de Tronçais, une autre traite du vignoble. Au premier étage, est présentée une intéressante collection de faïences.

Musée international de la Vielle ★. — Il fait connaître cet instrument folklorique et permet d'admirer de magnifiques spécimens des 17e, 18e et 19e s. de France et d'Italie. Les plus belles, incrustées de nacre et d'ivoire, comme les plus simples, évoquent les anciennes fêtes villageoises toutes résonnantes du martèlement des sabots, rythmé par la bourrée bourbonnaise.

Regagner la place Notre-Dame et prendre tout de suite à gauche la rue de la Fontaine. A droite, la rue Pierre-Petit conduit au **jardin Président-Wilson**. A gauche, la rue des Cinq-Piliers mène à la pittoresque place St-Pierre.

Église St-Pierre. — Élevée aux 12e et 13e s., cette église est masquée par les maisons d'habitation dont certaines datent du 15e s.

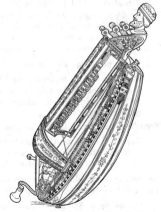

(D'après photo Blanc, Montluçon)

Une vielle.

MONTLUÇON

A l'**intérieur**∗, les imposants piliers de la croisée du transept confèrent à tout l'édifice une simplicité et une noblesse qu'on ne soupçonne pas de l'extérieur. D'étroits passages dits berrichons mènent de la nef aux croisillons.

La rue St-Roch, puis la rue des Serruriers ramènent au pied du château face à la statue de Marx Dormoy, ancien maire de Montluçon.

EXCURSIONS

Domérat ; Huriel ; Estivareilles. — *Circuit de 37 km — environ 2 h 1/2 — schéma ci-contre. Quitter Montluçon par ⑦ du plan. Prendre à gauche le D 916, après la voie ferrée.*

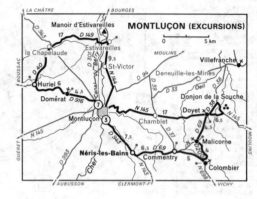

MONTLUÇON (EXCURSIONS)

Domérat. — 7 144 h. Place de l'église, un Bacchus sur son tonneau rappelle l'importance des anciens vignobles de Domérat et sa région. L'église, fortement remaniée au siècle dernier, possède une intéressante crypte *(escalier d'accès et éclairage à gauche du chœur)* du 11e s., à trois nefs voûtées d'arêtes ; sur l'autel roman, statue en pierre du 16e s. de N.-D.-de-la-Râche.

Huriel. — 2 147 h. Un donjon du 12e s. baptisé «la Toque» à cause de la charpente qui le couvrait au siècle dernier, domine une tour ronde, coiffée en poivrière, vestige d'un ancien château. Du sommet de ce donjon *(105 marches)*, beau panorama. Élevée au 12e s., l'église Notre-Dame rassemble les influences berrichonne et auvergnate. Un narthex, surmonté d'une tribune à laquelle on accède de la nef par deux escaliers droits, précède la nef unique qui communique avec les croisillons par d'étroits passages. Entre les absidioles et l'abside, des murs courbes isolent de petites pièces selon un procédé quelquefois employé dans la région. Le clocher octogonal est surmonté d'une flèche couverte de bardeaux de châtaigniers.

Le D 40 jusqu'à la Chapelaude puis les D 149, 301 et 114 mènent à Estivareilles.

Estivareilles. — 939 h. Le manoir d'Estivareilles, sur la N 144 au Nord du village, dispose d'une collection remarquable d'animaux naturalisés d'une façon originale dans les diverses attitudes de la vie animale : les jeux... la chasse... la fuite...
Dans le parc de 6 ha, où évolue une grande variété d'animaux, on peut observer un village de cobayes.
Visite de Pâques au 15 septembre, de 10 h à 12 h et de 14 h à la tombée de la nuit ; le reste de l'année, les lundis, mercredis, samedis, dimanches et jours fériés, l'après-midi seulement. Fermé en décembre, janvier et février. Entrée : 6,50 F, enfants 3,50 F.

Les anciens pays miniers. — *Circuit de 51 km — environ 3 h 1/2. Quitter Montluçon par ③ du plan.*

Néris-les-Bains∗. — *Page 133.*

Commentry. — 10 203 h. (les Commentryens). Jusqu'au lendemain de la première guerre mondiale, Commentry était au cœur d'une région minière qui s'étendait de Buxières et Noyant-d'Allier à St-Éloi. A cause d'une extraction difficile donc coûteuse, la houille est aujourd'hui abandonnée et de nombreux centres jadis très actifs sont redevenus de paisibles bourgs ruraux (Deneuille-les-Mines, Doyet). L'économie de Commentry repose désormais sur les industries sidérurgiques, mécaniques et chimiques (A.E.C. est un des premiers producteurs mondiaux d'acides aminés qui servent à l'élaboration des aliments pour le bétail).

Colombier. — 361 h. L'église est dédiée à St-Patrocle l'apôtre du Bourbonnais qui fonda au 6e s. l'église de Néris. Il mourut dans le monastère qu'il édifia à Colombier. La renommée des pèlerinages sur son tombeau explique la longueur des cinq travées de la nef et l'existence de bas-côtés. La porte principale présente un tympan polylobé fréquent dans la région. Un élégant clocher du 12e s. coiffe l'édifice.

A la sortie du village en direction de Commentry, prendre à droite le D 200.

Malicorne. — 528 h. Édifiée au 13e s., l'église est un des plus anciens édifices entièrement voûtés d'ogives de la région. Le village est connu comme le siège des activités du pépiniériste G. Delbard. *Visite des pépinières et roseraies de juin à fin septembre, tous les jours.*

Prendre à gauche de l'église, la direction de Doyet.

Doyet. — 1 282 h. L'église renferme une impressionnante collection de drapeaux de plus de 130 nations de tous les continents, offerts par les Chefs d'État. Au centre, l'étendard du 116e Régiment d'Infanterie représente la France.

Descendre la N 145 en direction de Moulins et tourner à gauche, à la sortie du village, vers Villefranche. 2 km plus loin, prendre à droite avant le passage à niveau.

Donjon de la Souche. — Seul vestige d'un château plus important du 14e s. ayant appartenu aux seigneurs de la Souche.

Poursuivre le chemin jusqu'à la N 145. Regagner Montluçon.

126

MONTSALVY

Carte Michelin n° **76** - pli 12 — 1 268 h. (les Montsalvyens) — *Lieu de séjour, p. 44.*

Montsalvy, frais séjour d'été sur le plateau de la Châtaigneraie *(p. 120),* fut jadis une petite cité fortifiée; elle a conservé, de ses anciens remparts, plusieurs portes de ville.

Église. — Elle dépendait de l'abbaye de St-Géraud d'Aurillac et remonte au 11ᵉ s., mais la façade Ouest a été reconstruite au 18ᵉ s. Les piliers de la nef sont romans, les voûtes gothiques (15ᵉ s.). Seul, le chevet avec sa chapelle axiale et ses deux absidioles est entièrement de l'époque romane. En face de la chaire, Christ en bois du 15ᵉ s.

Près de l'église, on peut voir quelques vestiges du cloître et la salle capitulaire; l'ancien réfectoire (14ᵉ s.) sert de salle des fêtes.

Puy de l'Arbre*. — *1,5 km. A la sortie de Montsalvy, sur la route d'Aurillac (N 120), prendre à droite un chemin goudronné (croisement parfois difficile) qui conduit au sommet du puy, altitude 825 m.* Beau **panorama*** sur le massif du Cantal, le Carladez et le Barrez, l'Aubrac, les Causses, la Châtaigneraie et le bassin d'Aurillac.

MOULINS *

Carte Michelin n° **69** - pli 14 — 26 906 h. (les Moulinois).

Sur les bords de l'Allier, Moulins demeure la tranquille capitale du Bourbonnais. Ses activités économiques et industrielles, très diverses, sont liées à la richesse agricole du pays moulinois : industries alimentaires, brasseries, tanneries, fabriques de chaussures, machines-outils. On prendra plaisir à flâner sur ses cours et dans sa vieille ville.

UN PEU D'HISTOIRE

Le duché du Bourbonnais. — La seigneurie de Bourbon entre dans l'histoire au début du 10ᵉ s., mais les sires, puis comtes de Bourbon, mirent plus de trois siècles à forger un état capable de rivaliser avec ses puissants voisins : le Berry et la Bourgogne. Pour ce faire, ils tirent profit de leur situation entre le domaine royal, les duchés d'Auvergne et d'Aquitaine en mettant leurs forces au service du roi. Guy de Dampierre, au nom de Philippe Auguste, dirige la conquête de l'Auvergne et s'en voit confier la garde, Archambaud VIII anime la croisade contre les Albigeois tandis qu'Archambaud IX accompagne Saint Louis en Terre sainte.

Cette alliance avec le pouvoir royal et une habile politique matrimoniale, Béatrice de Bourbon épouse en 1276 Robert de Clermont, sixième enfant de Saint Louis, facilitent la constitution d'un état vaste, permettent à la famille des Bourbons de donner huit rois à la France.

En 1327, la baronnie de Bourbon devient un duché qui, l'année suivante, est érigé en pairie par Philippe VI.

Les arts à la cour de Moulins. — Le 15ᵉ s. voit l'apogée du duché et le développement à Moulins, d'une cour brillante où des artistes viennent, sollicités par Charles Iᵉʳ, Jean II, Pierre II et Anne de France.

Jean Ockeghem, musicien flamand, chante pour Charles Iᵉʳ avant d'appartenir à la chapelle du roi. La sculpture avec Jacques Morel, puis Michel Colombe et ses disciples : Jean de Rouen et Jean de Chartres, rayonne d'un vif éclat sous Jean II. C'est pourtant la peinture qui produit les plus belles œuvres avec le Maître de Moulins, auteur du célèbre «Triptyque».

La trahison et la mort du Connétable de Bourbon. — Charles III, neuvième duc de Bourbon, se trouve par son mariage avec Suzanne, fille de Pierre II et d'Anne de Beaujeu, à la tête d'un état comprenant le Bourbonnais, une partie de l'Auvergne, la Marche et le Beaujolais. Sa fougue et son courage aux côtés de Bayard, lors de la révolte des Gênois en 1507, lui valent l'épée de connétable. Pour quelles raisons, un différend qui évolue très vite en hostilité s'établit-il entre François Iᵉʳ et Charles III : jalousie du monarque envers les fastes de la cour de Moulins? vaines avances de Louise de Savoie à Charles III? Plus sûrement la monarchie ne pouvait plus s'accommoder du dernier grand état princier de la France, après les ralliements de la Bourgogne et de la Bretagne.

Injustement condamné, ses états démantelés au profit de la Reine-Mère, le duc de Bourbon se tourne vers Henri VIII et Charles Quint en lutte contre François Iᵉʳ. Nommé lieutenant-général par l'Empereur, Bourbon se trouve à la tête des armées ennemies à Rebec, Pavie, Milan, puis à Rome. Vêtu d'une casaque blanche

(D'après photo Arch. Phot., Paris)

Le Connétable de Bourbon.

qui le désignait à tous les regards, Charles III donne assaut à la Ville éternelle le 6 mai 1527. Il meurt durant les premiers combats. Sa disparition surexcite ses soldats qui, durant huit jours, se livrent au pillage. La même année, ses états sont confisqués. Le Bourbonnais est rattaché à la Couronne en 1531.

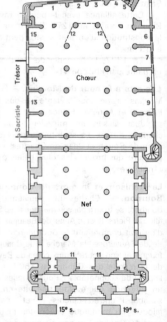

0   200 m

Allier (Pl. d')
Allier (R. d') _____ 2
Flèche (R. de la) _____ 17
Horloge (R. de l') _____ 20

Anatole-France (Cours) _____ 3
Ancien-Palais (R.) _____ 4
Banville
   (Av. Théodore-de) _____ 6
Bourgogne (R. de) _____ 7
Bréchimbault (R. de) _____ 8
Couteliers (R. des) _____ 10
Decize (R. de) _____ 12
Diderot (R.) _____ 13
Enghien (R. d') _____ 15
Fausses-Braies
   (R. des) _____ 16
Grenier (R.) _____ 19
Hôtel-de-Ville (Pl.) _____ 21
Mantin (R. Louis) _____ 23
Orfèvres (R. des) _____ 24
Paris (R. de) _____ 25
Pascal (R. Blaise) _____ 27
Péron (R. François) _____ 28
Pont (R. du) _____ 29
Régemortes (R. de) _____ 31
République (R. de la) _____ 32
Vert-Galant (R. du) _____ 33
Wagram (R. de) _____ 35
4-Septembre (R. du) _____ 36

■ PRINCIPALES CURIOSITÉS *visite : 1 h 1/2*

Partir du cours Anatole-France.

Cathédrale Notre-Dame★. — De l'ancienne halle, bâtiment à arcades du 17ᵉ s., on jouit d'une vue d'ensemble de l'édifice. Les tours et la nef, du siècle dernier, prolongent l'ancienne collégiale édifiée de 1474 à 1507, de style gothique flamboyant comprenant le chœur et le déambulatoire à chevet plat.

Pénétrer dans la cathédrale par la porte Nord. Une grenade à l'accolade du linteau évoque le souvenir de Charles Iᵉʳ de Bourbon. Les ogives à trois branches du chevet reposent sur des piliers engagés et disposés en quinconce par rapport à ceux du chœur.

La cathédrale retient l'attention par ses œuvres d'art et ses **vitraux★★**, où l'on reconnaît les célébrités de la cour des Bourbons.

1) **Vitrail de Ste Catherine ou des Ducs.** — Fin 15ᵉ s. Le cardinal de Bourbon à droite, Pierre II et Anne de France à gauche, vénèrent sainte Catherine. En haut, vie de sainte Catherine d'Alexandrie. A droite, statue (16ᵉ s.) de sainte Appoline.
2) **Vitrail du Crucifiement.** — Fin 15ᵉ s. Le sang du Christ est recueilli par des anges. Au bas du vitrail : **mise au tombeau★** (16ᵉ s.).
3) **Vitrail de la Vierge au trône.** — Fin 15ᵉ s.
4) **Vitrail de l'Arbre de Jessé.** — 16ᵉ s. A gauche, à côté de la généalogie de la Vierge, le roi David à cheval. Le haut du vitrail est consacré aux parents de la Vierge.
5) Élégant escalier tournant.
6) Vitrail de l'Église souffrante et triomphante. Début 16ᵉ s.
7) Vitrail des croisades de Saint Louis. Remise de la couronne d'épines au roi.
8) **Chapelle de la Vierge Noire.** — La Vierge Noire, réplique de celle du Puy, rappelle que Moulins était une étape pour les pèlerins en route pour le Puy et St-Jacques-de-Compostelle. Un bas-relief en bois polychrome illustre la mort de la Vierge.
9) **Chapelle du chapitre.** — Au centre du vitrail : martyre de sainte Barbe. Remarquer la Trinité au-dessus de l'autel et le Calvaire du cardinal de Bourbon.
10) **Peinture classique :** deux chartreux.
11) **Annonciation :** peinture du 18ᵉ s. disposée de part et d'autre du portail.
12) Vitraux retraçant la Vie de la Vierge.
13) **Vitrail de sainte Marie-Madeleine.** — 16ᵉ s.
14) **Vitrail du Christ en croix.** — Fin 15ᵉ s.
15) **Vitrail de sainte Élisabeth de Hongrie.** — Début 16ᵉ s.

Trésor. — *Visite de 9 h à 12 h et de 14 h à 18 h. Fermé le mardi du 1ᵉʳ novembre au 1ᵉʳ avril. Entrée : 3 F.*

Il abrite le triptyque dit de Bethléem attribué à Joes van Cleve, peintre flamand du 16ᵉ s., un Christ espagnol en ivoire et surtout le très célèbre **triptyque du Maître de Moulins★★★**. Le Maître de Moulins, longtemps confondu avec l'humaniste Jean Perreal, est identifié par certains à Jean Bourdichon, par d'autres à Jean Prévost, peintre lyonnais de la fin du 15ᵉ s. Son œuvre capitale, ce triptyque, fut réalisée pour le compte de Pierre II et Anne de Beaujeu.

La face extérieure des volets figure, en grisaille, l'Annonciation. Sur les faces intérieures, les donateurs sont présentés au Christ et à la Vierge : à gauche, Pierre II, à genoux, en grand habit ducal, par saint Pierre, paré d'un manteau richement brodé; à droite, Anne de Beaujeu, recueillie, vêtue d'un surcot brodé d'or et orné de pierres précieuses, les épaules couvertes d'une cape pourpre, est conduite avec sa fille Suzanne, par sainte Anne.

Sur le panneau central, la Vierge, les yeux baissés sur l'Enfant Jésus, très maternelle, se détache sur un fond de soleil et d'arc-en-ciel qui donne à l'ensemble une grande perspective. La lumière qui émane du Christ et de sa mère irradie sur toute la composition.

Sortir par la porte Nord, contourner le chevet de la collégiale et prendre la rue Grenier, puis la rue des Orfèvres qui conduisent à la place de l'Hôtel-de-Ville.

Jacquemart ★. — Ce beffroi, surmonté d'une charpente couverte et d'un campanile abritant les cloches et les automates, était jadis le symbole des libertés communales de la ville. De nos jours, la famille Jacquemart rythme la vie de la cité. Brûlé en 1655, de nouveau incendié en 1946, l'ensemble fut remonté l'année suivante grâce à une souscription publique. Le père Jacquemart, en uniforme de grenadier, et sa femme Jacquette sonnent les heures, tandis que les enfants Jacquelin et Jacqueline, égrènent les demies et les quarts.

Vieux château. — Il n'en subsiste qu'un lourd donjon restauré au 15e s. et surnommé la «Mal coiffée» à cause de sa toiture.

(D'après photo Gonnard)

Moulins. — Le Jacquemart.

■ AUTRES CURIOSITÉS

Musée du Folklore et du Vieux Moulins (M¹). — *Visite de 9 h à 12 h et de 14 h à 18 h 30. Fermé le jeudi. Entrée : 4 F.*

Avant de pénétrer dans le musée, passer le portail à droite : bel escalier en bois du 17e s.

Au rez-de-chaussée, atelier de sabotier et métier de cordier. Au premier étage est reconstitué l'intérieur bourbonnais de Marie Thévenin qui vécut à la fin du 19e s. à Bessay. Divers documents retracent la vie de Moulins. Dans une salle sont présentées des poupées françaises et étrangères.

Dans les deux autres étages, des costumes bourbonnais et surtout sous la charpente de châtaignier, divers outils et instruments de ferme, sont exposés.

Deux salles annexes présentent une iconographie sur les moulins en France et dans le monde.

Musée d'Art et d'Archéologie (M²). — *Visite de 10 h à 12 h et de 14 h à 18 h (17 h du 1er octobre au 31 mars). Fermé le mardi (mercredi si le mardi est férié). Entrée : 3 F.*

Il est installé dans le pavillon d'Anne de Beaujeu, qui faisait partie du château, bâtiment de style Renaissance. La façade, précédée d'un porche carré, est percée de six arcades décorées par les initiales de Pierre et Anne de Beaujeu et les emblèmes des Bourbons : ceinture d'espérance, chardon et cerf-volant.

Les salles du rez-de-chaussée présentent une intéressante collection d'armes blanches et d'armes à feu du Moyen Age et de l'époque moderne, de beaux objets provenant des fouilles archéologiques entreprises dans la région de Moulins, Vichy et Varennes-sur-Allier ainsi que des sculptures. On retiendra un buste de saint Mayeul du 15e s., une statue de Saint Louis du 15e s. en terre cuite vernissée, une tête casquée de l'atelier de Jean de Chartres et une Vierge allaitant du début du 16e s.

Au premier étage, une belle collection de faïences voisine avec des peintures du 15e au 19e s. Parmi celles-ci, remarquer le retable de saint Étienne par le Maître d'Uttenheim et Michel Pacher, «la Femme à l'œillet» et «saint Pierre et saint Paul» par Cranach; des paysages par Harpignies, des portraits par Desboutin.

Mausolée du duc de Montmorency ★. — *Situé dans la chapelle du lycée Banville* (B). *Demander l'autorisation de visiter à la concierge.*

Le duc Henri de Montmorency, vêtu d'une armure finement ciselée, et la duchesse, entourés par la Force, la Libéralité, le Courage militaire et la Foi, reposent sur un lourd sarcophage en marbre. Au fronton, le collier de l'ordre du roi entoure le blason des Montmorency.

Palais de Justice. — Ancien Collège Royal des Jésuites, c'est un bel édifice caractéristique de l'architecture bourbonnaise du 17e s.

■ YZEURE

agglomération de Moulins, 1 km à l'Est par la rue des Tanneries

Église St-Pierre. — Précédée d'une vaste place, cette église des 12e et 15e s., se signale par sa tour carrée couronnée par une balustrade, œuvre de la fin du 18e s. On remarquera les chapiteaux du portail principal et de la nef, de facture bourguignonne, et surtout la crypte des 11e et 12e s. sous le chœur.

Musée Historique du Bourbonnais. — *Visite du 1ᵉʳ avril au 30 septembre, de 9 h à 11 h et de 14 h à 17 h 30. Fermé le samedi toute la journée, les dimanches et fêtes, le matin seulement.*

Il retrace l'histoire de la province jusqu'à la fin du 19ᵉ s., à l'aide de manuscrits, cartes et photographies. Des documents aident à mieux connaître certaines figures marquantes du duché comme le «bon duc» Louis II, fondateur de l'Écu d'or et de l'ordre de l'Espérance ou Jean II, le «fléau des Anglais», premier grand mécène de la cour de Moulins. La présentation des monuments, châteaux et églises les plus caractéristiques du Bourbonnais, met en évidence l'unité et l'originalité de cette ancienne province.

EXCURSIONS

St-Menoux★; Souvigny★★. — *Circuit de 36 km — environ 2 h — schéma ci-dessous. Traverser le pont Régemortes, puis prendre sur la droite, le D 953 jusqu'à St-Menoux (p. 157). Gagner Souvigny (p. 166) par le D 953 et revenir à Moulins par la forêt de Moladier.*

Château de Pomay★; arboretum de Balaine★; Grange du Riau★ — *Circuit de 56 km - environ 3 h 1/2 — schéma ci-contre. Quitter Moulins par ③ du plan, N 73. Peu avant Lusigny, prendre à droite un chemin empierré qui mène au château de Pomay.*

MOULINS (EXCURSIONS)

Château de Pomay★. — *On ne visite pas.* Cet harmonieux château Louis XIII aux briques rouges et noires disposées en losange, est typiquement bourbonnais dans son cadre de verdure. C'est là que se retira la femme de Fouquet durant l'internement du surintendant.

Longer le château par la gauche. Le chemin côtoie un étang et rejoint la N 73. A Lusigny, prendre à gauche vers Gennetines et Aurouër. Après Guichards, tourner à gauche dans le D 433.

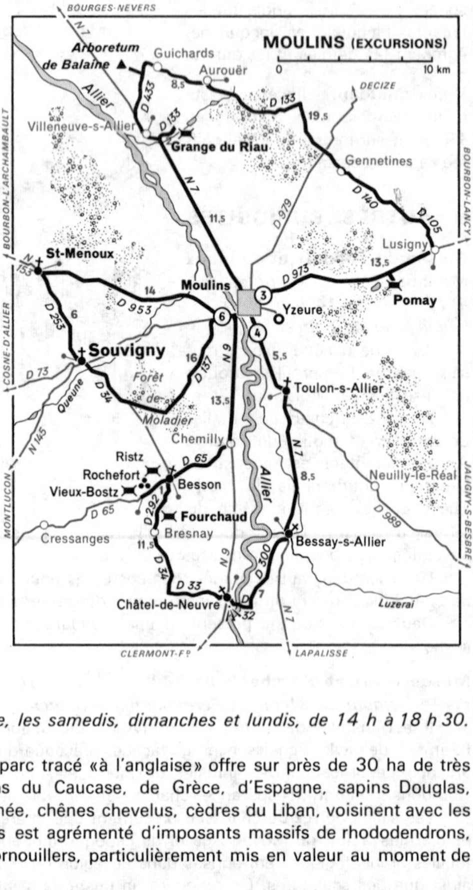

Arboretum de Balaine★. — *Visite du 1ᵉʳ mai à fin octobre, les samedis, dimanches et lundis, de 14 h à 18 h 30. Entrée : 5 F.*
Créé au début du 19ᵉ s., ce parc tracé «à l'anglaise» offre sur près de 30 ha de très nombreuses essences. Sapins du Caucase, de Grèce, d'Espagne, sapins Douglas, séquoias géants, pins de Crimée, chênes chevelus, cèdres du Liban, voisinent avec les espèces locales. Le sous-bois est agrémenté d'imposants massifs de rhododendrons, d'azalées, de bambous, de cornouillers, particulièrement mis en valeur au moment de la floraison en mai et juin.

Par le D 433 gagner la N 7 et à la sortie de Villeneuve-sur-Allier, prendre à gauche le D 133.

Grange du Riau★. — *Visite de 9 h à 12 h et de 14 h à 18 h (17 h du 1ᵉʳ novembre au 28 février). Fermé du 1ᵉʳ au 21 août et les dimanches du 1ᵉʳ novembre au 31 mars. S'adresser au château. Entrée : 2 F.*
Ce bâtiment élevé en 1584 est une ancienne jumenterie. Les écuries occupaient le sous-sol tandis que l'avoine était engrangée dans les trois salles supérieures. Du dernier étage, couvert d'une belle charpente en carène, la vue est très belle sur le château, les douves, la tour d'entrée et le pigeonnier.

Revenir à la N 7 qui ramène à Moulins.

Châtel-de-Neuvre; château de Fourchaud★. — *Circuit de 48 km — environ 2 h — schéma ci-dessus. Quitter Moulins par ④ du plan, N 7.*

Toulon-sur-Allier. — 661 h. Église romane.

Bessay-sur-Allier. — 1 157 h. Église romane dont le transept est surmonté d'un élégant clocher.

A la sortie de Bessay, tourner à droite dans le D 300, puis encore à droite dans le D 32 qui conduit à Châtel-de-Neuvre.

Châtel-de-Neuvre. — Cette petite église romane au clocher couvert en bâtière, est construite sur un promontoire qui domine la vallée de l'Allier. La **vue★** sur la rivière, encombrée de bancs de sable, et la campagne bourbonnaise, s'étend fort loin.

Traverser la N 9. Les D 33 et 34 mènent à Bresnay où prendre à droite le D 292 en direction du château de Fourchaud.

Château de Fourchaud ★. — Il apparaît dans un vallon, entouré de champs, imposant et massif mais pourtant séduisant avec ses deux grosses tours en poivrières et son solide donjon. Construit au 14ᵉ s., ce château subit des réfections au siècle suivant.

Besson. — 815 h. Intéressante église romane à nef unique.

Château de Rochefort. — Demeure en ruine.

Château de Ristz. — Transformé en exploitation agricole.

Château du Vieux Bostz. — Il conserve beaucoup de charme et frappe par ses nombreuses tourelles carrées ou rondes coiffées de fragiles campaniles.

Revenir à Besson et rentrer à Moulins par le D 65 et la N 9.

*Pour trouver la description d'une ville ou d'une curiosité isolée,
consultez l'index alphabétique à la fin du volume.*

MURAT

Carte Michelin nº **76** - pli 3 — *Schéma p. 71* — 3 005 h. (les Muratais) — *Lieu de séjour, p. 44.*

Dans la riante vallée de l'Alagnon, Murat étage joliment ses maisons grises aux flancs de la butte basaltique de Bonnevie. De l'autre côté de la rivière, un autre piton escarpé porte l'église de Bredons. La vie de la petite ville est rendue très active par son commerce de fromages et de bestiaux et son industrie du bois. Sa situation à un carrefour de routes en fait un bon point de départ pour la visite des monts du Cantal, des barrages et des lacs d'Auvergne.

Le comte d'Anterroches. — Natif des environs de Murat, le comte d'Anterroches est célèbre dans l'histoire pour avoir, au temps de la «guerre en dentelles», répondu aux Anglais qui nous proposaient à Fontenoy de tirer les premiers : «Messieurs, nous ne tirons jamais les premiers, tirez vous-mêmes». Plus que de courtoisie, il s'agissait ici de l'application du règlement qui ordonnait d'essuyer le premier feu et de marcher sur l'ennemi pendant qu'il rechargeait ses mousquets. On attribue à ce même brave soldat un autre mot historique. Devant Maëstricht, à un interlocuteur qui lui déclarait cette ville imprenable : «Ce mot-là, Monsieur, riposta Anterroches, n'est pas français».

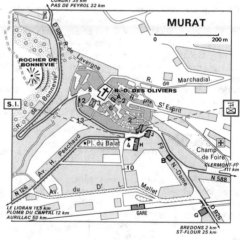

■ CURIOSITÉS
visite : 1 h

Église N.-D.-des-Oliviers. — De la fin de l'époque gothique, elle offre une façade moderne. Dans la niche gauche du retable du maître-autel, Vierge noire en bois d'olivier (fête le dimanche après le 15 août). Elle aurait été donnée par Saint Louis et préservée miraculeusement lors d'un incendie qui dévasta l'église primitive au 14ᵉ s. Dans la 2ᵉ chapelle du bas-côté droit, tableau de l'école espagnole évoquant la vie de saint Dominique.

Maison Rodier (A). — Élégante construction de style Renaissance.

Bon-Secours (R. du)	2	Planol (Pl. du)	8
Boucherie (Pl. de la)	3	République (Av. de la)	10
Hôtel-de-Ville (Pl. de l')	4	St-Martin (R.)	12
Marchande (Pl.)	6	12-et-14-Juin (Av. des)	13

Maison consulaire (B). — Elle est intéressante extérieurement.

Rocher de Bonnevie. — Sur cette butte, dont les flancs présentent de curieuses colonnades de basalte *(voir p. 19),* s'élevait un château, rasé par ordre de Richelieu.

A son emplacement se dresse une statue de Notre-Dame de la Haute-Auvergne. Beau panorama sur Murat, la vallée de l'Alagnon, le Cantal et la vallée de la Chevade.

EXCURSION

Bredons ★. — 350 h. *2 km. Quitter Murat par le D 926 en direction de St-Flour. A 1,5 km, prendre à droite la route menant à Bredons.* Ce petit village bâti sur une colline volcanique domine la vallée de l'Alagnon. Du prieuré bénédictin, seule subsiste la petite **église ★** fortifiée du 11ᵉ s. De l'esplanade, la vue est fort belle. A l'intérieur *(visite en juillet et août, s'adresser au S.I. de Murat),* remarquer le retable (17ᵉ s.) du maître-autel, les boiseries du chœur.

Des maisons souterraines furent autrefois aménagées dans les grottes qui s'ouvrent dans le rocher de Bredons. L'une d'elles, au centre du village, est assez bien conservée.

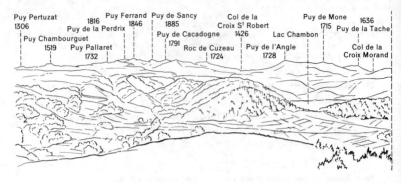

Panorama du promontoire

MUR-DE-BARREZ

Carte Michelin nº **76** - plis 12, 13 — *Schéma p. 174* — 1 499 h. (les Barréziens).

Le petit pays du Barrez, dont Mur est le centre principal, était, sous l'ancien régime, une viguerie qui dépendait de la vicomté de Carlat ou Carladez.

C'est une bourgade pittoresque campée sur une longue crête volcanique, séparant les vallées du Goul et de la Bromme.

Château. — Il ne reste que quelques ruines. La vue est très étendue sur toute la région environnante : monts du Cantal, vallée de la Bromme, planèze, monts d'Aubrac, Barrez, Carladez ; à l'Est, en contrebas, bâtiments du couvent de Ste-Claire, entourés des maisons typiques du pays, au toit en forte pente et à quatre pans.

Église. — De style gothique, elle fut démolie jusqu'au transept par les Calvinistes ; remarquer, à l'intérieur, quelques curieux chapiteaux, un retable du 17ᵉ s. et des clefs de voûte ; l'une d'entre elles, au-dessus de la tribune, est une ancienne pierre tombale.

Voir également la porte de l'Horloge, vestige de l'ancienne enceinte, et un hôtel Renaissance, décoré d'armoiries sculptées.

EXCURSION

Château de Messilhac. — *7 km au Nord-Ouest. Suivre la N 600. A 5,5 km, tourner à gauche.* Messilhac se dresse fièrement, dans un cadre vallonné et boisé, sur un mamelon dominant le Goul. Au 16ᵉ s., cet ancien château féodal a subi d'importantes transformations. *Visite du 1ᵉʳ juillet au 30 septembre, de 14 h à 18 h. Entrée : 4 F.*

La façade Renaissance, qu'encadrent deux tours carrées à mâchicoulis, coiffées de toits pointus, présente trois étages de fenêtres à croisillons. La porte et les deux fenêtres qui la surmontent, forment un bel ensemble décoratif. Elles sont encadrées de colonnes baguées et séparées par un linteau sculpté, au-dessus duquel un buste de Jean de Montamat, le bâtisseur du château Renaissance, occupe le centre d'une coquille, et par un médaillon sculpté. L'escalier, des tableaux de famille, de vieux meubles donnent de l'intérêt à la visite.

MUROL ★

Carte Michelin nº **73** - plis 13, 14 — *Schémas p. 95 et 101* — 621 h. (les Murolais) — *Lieu de séjour, p. 44.*

Niché dans un site charmant, sur les bords de la Couze de Chambon, au pied du Tartaret boisé et près du beau lac Chambon, Murol est, à 833 m d'altitude, un lieu agréable pour un séjour d'été et un excellent centre d'excursions.

Le château (13ᵉ s.) est pittoresquement juché sur une butte, recouverte d'une épaisse couche de basalte, qui commande trois grandes routes. C'est un descendant des seigneurs de Murol, Guillaume de Sam, baron lettré et ami des arts, qui termine la forteresse intérieure, en édifiant le donjon, la deuxième chapelle et les bâtiments de l'Est. Passé au 15ᵉ s. dans la puissante famille d'Estaing, le château est richement orné et, au début du siècle suivant, entouré d'une vaste enceinte flanquée de tours.

Murol résiste victorieusement à un siège lors de la ligue. Le péril conjuré, Jean d'Estaing, délaissant sa trop

vaste habitation, construit le charmant pavillon qui se trouve au pied du château central.

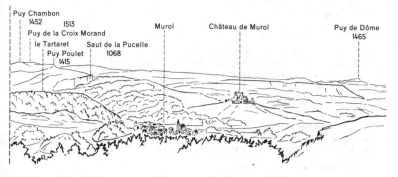

Puy Chambon
1452   1513
Puy de la Croix Morand
le Tartaret   Saut de la Pucelle
Puy Poulet   1068
1415

Murol   Château de Murol   Puy de Dôme
1465

proche du puy de Bessolles.

Abandonné quelques temps après, Murol est épargné par Richelieu, à cause de la faveur des Estaing à la cour. Il sert de prison, puis devient un repaire de brigands pendant la Révolution. Au 19e s., il tombe en ruine : les habitants de la région viennent y chercher des pierres toutes taillées. Son classement comme monument historique est venu, un peu tardivement, arrêter les déprédations.

■ **CHÂTEAU ★★** *1 h de marche et de visite*
Ouvert du 1er juin au 30 septembre, de 9 h à 12 h et de 14 h à 19 h. Entrée : 2 F.

On accède à l'enceinte extérieure par le Sud et on la franchit par une porte fortifiée (1); la tour de Murol à éperon (2) est ensuite laissée à droite. Dans la cour basse se dresse le pavillon Renaissance (3), la façade délabrée est garnie de fines moulures et de pilastres à l'antique. Par les ouvertures, jolie vue sur la tour du Capitaine (4).

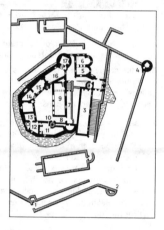

Au Nord s'élève le château central dont les murailles, hautes de 10 m, sont elles-mêmes élevées sur un socle basaltique épais de 15 m. A côté du donjon (17), relié à une tour de moindres dimensions par une courtine, sont les chapelles. La première (5) est du 13e s.; l'autre (6), du 15e s., est de proportions plus vastes, mais moins gracieuse. Une rampe d'accès (7) conduit à une élégante porte (8), décorée des armoiries des Murol et de Gaspard d'Estaing. Dans la cour intérieure, remarquer : l'ancien cloître (9) que surmontait la salle des Chevaliers, une porte du 16e s. (10), les cuisines (11), la boulangerie (12) et ses dépendances (13). En 14, 15 et 16 étaient les locaux d'habitation proprement dits. Terminer la visite par le donjon (17). On peut faire sur les courtines le tour du château central (quelques passages vertigineux) et monter ensuite au sommet du donjon. Très beau **panorama★** sur Murol, la vallée de la Couze, le lac Chambon, les monts Dore, le Tartaret et, au loin, sur le Livradois.

EXCURSIONS voir aussi celles au départ de St-Nectaire, p. 159

Lac Chambon★★. — *2 km par la N 496, à l'Ouest. Description p. 77.*

Puy de Bessolles★. — *2,5 km, puis 1 h à pied AR. Quitter Murol par le D 5, route de Besse. A 2,5 km (100 m avant le carrefour D 5 et D 5E), prendre à gauche un petit chemin cailouteux.* Ce sommet, altitude 1 045 m, constitue l'un des meilleurs belvédères de la région des Couzes sur le massif des monts Dore. Du promontoire qui domine le D 5, magnifique **panorama★**. Pour l'atteindre, il faut, en traversant un petit bois de pins, laisser sur la droite un chemin herbeux qui s'engage sous bois et conduit sur le plateau.

Pour voyager, utilisez les cartes Michelin à 1/200 000.

NÉRIS-LES-BAINS ★

Carte n° **73** – pli 2 – *Schéma p. 126* – 2 929 h. (les Nérisiens) – *Lieu de séjour, p. 42.*

Sur les plateaux qui dominent la vallée du Cher, Néris-les-Bains est une station thermale tranquille, entourée de verdure. Saison du 2 mai au 30 septembre.

Les eaux. — Les Romains, déjà, connaissaient les vertus des eaux de Néris. Des thermes alimentés par des aqueducs, des temples, l'amphithéâtre et de nombreuses «villas» faisaient d'Aquae Nerii un centre animé. La 8e légion Augusta, d'ordinaire cantonnée à Strasbourg, fut même pour un temps basée à Néris.

A la Renaissance, les bains, toujours à l'honneur, se prenaient dans des piscines en plein air. L'établissement thermal fut construit en 1830. La source jaillit à 53 °C.

Aujourd'hui, trois établissements soignent les maladies des nerfs, les rhumatismes et les affections gynécologiques. Les traitements utilisent les bains, les douches, les massages.

133

■ **CURIOSITÉS** *visite : 3/4 h*

Église. — Dominant le bourg, elle occupe l'emplacement d'un édifice gallo-romain, relevé au 6ᵉ s. au temps de saint Patrocle qui évangélisa la région de Néris. A droite du portail du mur Nord, on remarque encore un appareil cubique gallo-romain à chaînages de brique. L'élégant clocher octogonal à baies géminées est surmonté d'une flèche à pans coupés recouverte de tavaillons en châtaignier. A l'intérieur, le chevet (fin 11ᵉ s.) et la nef (fin 12ᵉ s.) voûtée en berceau brisé, sont très sobres.

Nécropole mérovingienne. — Les sarcophages, mis au jour en 1966 aux abords de l'église, appartiennent à une vaste nécropole mérovingienne du 6ᵉ s. Les corps sont, pour la plupart, enfermés dans d'anciens sarcophages romains, la tête tournée vers l'Orient.

Piscines antiques. — Derrière la piscine moderne, trois piscines antiques, deux rectangulaires et une ronde, vestiges des thermes Nord, furent mises au jour en 1925.

Arènes. — Le parc des arènes occupe l'emplacement de l'amphithéâtre dont subsistent quelques ruines. Les objets provenant des fouilles de la société archéologique Aquae Nerii sont exposés le long de la promenade du Casino.

Musée Rieckotter. — *Visite du 2 mai au 30 septembre, en semaine de 14 h à 15 h 30 et de 17 h 30 à 19 h, les dimanches et fêtes, de 14 h à 18 h. Entrée : 1,40 F.*
    Situé à gauche en entrant dans l'établissement thermal, il présente les vestiges romains retrouvés dans la région.

NOIRÉTABLE

Carte Michelin nº **73** - Nord-Est du pli 16 — *Schéma p. 107* — 1 985 h. (les Nétrablais) — *Lieu de séjour, p. 42.*

    Entre les Bois Noirs et les monts du Forez, Noirétable domine la vallée montagnarde de l'Anzon, trouant le manteau de forêts qui l'encadrent.

Couteaux et grenade. — Des usines de coutellerie-orfèvrerie, forge et moulage de matières plastiques et de petits ateliers de coutellerie constituent, avec l'industrie du bois, les principales ressources du bourg. Autre activité traditionnelle, la broderie militaire ou grenade occupe encore dans le canton quelques ouvrières à domicile, les «grenadières».

Église. — *Visite : 1/4 h.* De style gothique flamboyant dans son ensemble (15ᵉ s.), elle tire son originalité du porche s'étendant en avant de la façade. Au sommet du fronton se dresse la statue de saint Jean-Baptiste, dans une pose évoquant curieusement un empereur romain; de part et d'autre, Moïse et Élie. Cet ensemble de statues du 17ᵉ s., en pierre noire de Volvic, provient du monastère de l'Hermitage d'où elles furent apportées sous la Révolution. Le porche, autrefois beaucoup plus vaste et qui servait de marché couvert, a été réduit pour faciliter la circulation. Sous la voûte, à gauche, remarquer une statue représentant Madeleine étendue (17ᵉ s.) la main sur un crâne, provenant elle aussi de l'Hermitage.

EXCURSION

Monastère de l'Hermitage. — *8 km au Sud-Ouest. Quitter Noirétable par le D 53, direction Vollore-Montagne, puis à 2,5 km, tourner à gauche vers la Chamba. On atteint l'embranchement de l'Hermitage, à droite.* Lieu de pèlerinage à la Vierge, en particulier le 8 septembre, le monastère de l'Hermitage est situé à 1 100 m d'altitude, au cœur d'une magnifique forêt de sapins. Selon la tradition, les premiers missionnaires d'Auvergne, saint Austremoine et ses disciples, se rendant de Lyon à Clermont, évangélisent la région, dès le 2ᵉ s. Au paganisme druidique pratiqué parmi les rochers de l'Hermitage, se substitue un sanctuaire dédié à la mère du Christ. Au 17ᵉ s., une «Mission Royale» étend au loin la renommée de Notre-Dame de l'Hermitage. Du rocher-belvédère de Peyrotine, la **vue**★ s'étend sur le cirque de Noirétable, les Bois Noirs et les monts de la Madeleine.

NONETTE ★

Carte Michelin nº **73** - pli 15 — 6 km au Nord-Est de St-Germain-Lembron — *Schéma p. 116* — 305 h. (les Nonettois).

    Le village de Nonette est bâti sur un promontoire qui domine la vallée de l'Allier. Il conserve une église intéressante et les vestiges d'un château féodal perché sur une butte conique d'où l'on a un très beau panorama.

Église. — Elle est en partie romane, en partie gothique et dépendait, à l'origine, d'un prieuré de Bénédictins. Voir, sous le clocher, le portail roman sculpté et, à l'intérieur de l'église, dans la 1ʳᵉ chapelle de gauche, un superbe buste du Christ, exécuté à la fin du 14ᵉ s., et appelé «le Beau Dieu».

Château. — *3/4 h à pied AR. On y accède par une montée très raide.*
    Très facile à défendre en raison de sa position sur une butte dominant l'Allier de 200 m, le château rappelle le souvenir de ces époques d'insécurité où les seigneurs se transformaient en pillards. La dynastie des seigneurs de Nonette se distingue par quelques figures redoutables : Astorg, dit le «Taureau rouge», nom évocateur; Amblard, le «Mal Hiverné», qui, pas même l'hiver, ne consent à rester tranquille. C'est, dit-on, de l'enlèvement par celui-ci d'une jeune religieuse que Nonette tire son nom.

Il ne reste que de médiocres vestiges du château que Richelieu fit abattre; mais, de la croix plantée au sommet, le **panorama**★ est très beau sur la vallée de l'Allier, les monts Dore, les monts Dômes, le Livradois, la Margeride et le Cézallier. Un chemin permet de faire le tour de la butte.

EXCURSION

Mailhat. — *6 km par le D 123 à l'Est.* Église très ancienne, dont l'abside est décorée d'arcatures et de médaillons. Le portail de droite est orné de sculptures primitives.

ORCIVAL ★★

Carte n° **73** - pli 13 — *Schéma p. 101* — 369 h. (les Orcivaux) — *Lieu de séjour, p. 44.*

Orcival, petite localité située dans le frais vallon qu'arrose le Sioulet, conserve une superbe église romane.

■ ÉGLISE ★★ *(1) visite : 1/2 h*

Elle fut fondée, au 12ᵉ s., par les moines de la Chaise-Dieu. Au 15ᵉ s., un tremblement de terre nécessita la réfection des voûtes de la nef. La flèche, abattue à la Révolution, fut remontée au début du 19ᵉ s., sur le modèle de l'ancienne, mais raccourcie de 8 m.

Extérieur. — Le chevet, très beau, est moins orné que ceux de l'église St-Austremoine à Issoire ou de N.-D.-du-Port à Clermont. Les vantaux des trois portes ont conservé de belles pentures romanes. Sous les arcatures du bras Sud du transept sont suspendues des chaînes, ex-voto de captifs délivrés, et même, selon la tradition, de croisés prisonniers.

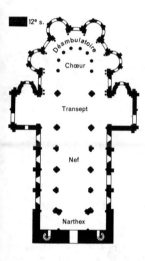

(D'après photo Léo Pélissier)

Orcival. — L'église.

Intérieur. — La merveille de l'église est le chœur, ample, lumineux; il est précédé de la lanterne octogonale de la coupole, qu'encadrent des murs ajourés de triples baies. L'élancement des piliers, l'éclairage judicieux du chœur, du déambulatoire et des chapelles produisent un très bel effet.

Les chapiteaux sont fort intéressants. Le maître-autel, taillé dans un bloc de granit de la Lozère, repose sur des pieds de serpentine *(voir p. 58)*. Derrière lui, sur une colonne, se trouve la célèbre **Vierge**★ en majesté. Une restauration, en 1960, lui a redonné son caractère du 12ᵉ s. Cette statue est l'objet de la vénération populaire et le but de nombreux pèlerinages : le plus important a lieu à l'Ascension *(voir p. 6)*.

Sous le chœur, une crypte, vaste et claire, en reproduit le plan. Remarquer l'autel en plomb doré, œuvre du sculpteur contemporain Kaepplin, et une charmante Vierge à l'Enfant, en bois, du 14ᵉ s.

EXCURSION

Château de Cordès. — *2,5 km au Nord. Quitter Orcival par le D 27 au Nord. A 1,5 km, prendre à gauche la route conduisant au château (illustration p. 35).*
Visite de 10 h à 12 h et de 14 h à 18 h. Entrée : 4 F.

Une allée mène à ce charmant manoir des 13ᵉ-15ᵉ s., restauré au 17ᵉ s.; elle est bordée de charmilles enserrant de beaux parterres à la française tracés par Le Nôtre.

A l'intérieur, on parcourt le salon au décor de gypseries, la salle à manger et la salle des gardes au vieux puits avec treuil et roue. Dans la chapelle, magnifique pierre tombale du maréchal d'Allègre, mort à Ravenne en 1512, et beau retable en marbre. C'est dans ce cadre que Paul Bourget a noué l'intrigue de son roman «le Démon de midi».

(1) Pour plus de détails, lire : «Orcival», par le Dr Balme (Clermont, De Bussac).

PARIOU (Puy de) ★

Carte Michelin n° **73** - pli 14 — *Schéma p. 98.*

C'est l'un des plus beaux volcans à cratère de la chaîne des Puys. Il est constitué, en réalité, par deux volcans emboîtés l'un dans l'autre *(voir dessin p. 18).*

Accès. — *Le puy de Pariou étant compris dans le périmètre de sécurité d'un champ de tir, on ne peut y accéder que les lundis, mercredis et jeudis après-midi (à partir de 13 h) du 1er avril au 30 septembre et les samedis et dimanches toute la journée, toute l'année. Des restrictions supplémentaires peuvent être décidées occasionnellement. Laisser la voiture sur la N 141^E à 500 m de la Fontaine du Berger, en direction de Pontgibaud, et prendre (1 h 1/2 à pied AR) un chemin à gauche (en venant de Clermont). Les automobilistes que ne rebute pas un chemin en très mauvais état peuvent gagner en auto le pied du volcan.*

Le volcan. — On franchit la paroi du premier cratère d'où est sortie la coulée, encore très visible, qui traverse la route aux abords d'Orcines. On atteint ensuite le second et superbe cratère, entonnoir régulier de 950 m de circonférence et d'une profondeur de 96 m. Du bord de ce cratère, altitude 1 209 m, très belle vue sur les monts Dômes, notamment : à l'Ouest, sur le Clierzou et le puy de Côme aux deux cratères parfaitement emboîtés l'un dans l'autre également; au Nord, sur le puy de Chopine, le puy de Chaumont et, derrière le puy des Goules, le Sarcouy; au Sud, sur le puy de Dôme.

PAVIN (Lac) ★★

Carte Michelin n° **73** - pli 13 — *Schémas p. 95 et 101.*

On y accède par le D 149, à sens unique, s'embranchant sur la N 678, route de Besse à Condat, ou par la nouvelle route «des Fraux» qui relie Besse au Pavin par la montagne couverte de pâturages. Du parking des Fraux, belle **vue★** *sur le lac.*

Lac Pavin★★. — Situé à 1 197 m d'altitude (buvette), ce lac de 44 ha, enchâssé dans des forêts et de superbes rochers, est l'un des plus beaux d'Auvergne. Ses eaux, qu'anime un léger scintillement, sont peuplées d'ombles chevaliers et de truites atteignant parfois un poids prodigieux (32 livres). On y peut pêcher et canoter *(voir tableau des lacs, p. 5).* Il est de forme presque circulaire et sa profondeur maximale est de 92 m. Son existence est due à une explosion volcanique formidable qui creusa, sur le

(D'après photo ELCÉ, Bordeaux)

Lac Pavin.

flanc Nord du puy de Montchal, le cratère où il repose aujourd'hui. On racontait naguère que l'ancienne ville de Besse y fut engloutie par punition divine et qu'y jeter un caillou déchaînait d'effroyables orages. C'est pourquoi il porte le nom de Pavin, du mot latin «pavens» (épouvantable).

Un sentier permet de faire autour du lac une promenade très agréable *(environ 3/4 h).*
C'est d'ici que s'effectue la montée au puy de Montchal.

Puy de Montchal★★. — *Accès : soit par le Sud du lac Pavin, soit par l'extrémité du chemin des Fraux — 3/4 h à pied AR.*

Du sommet, altitude 1 411 m, magnifique **panorama★★** : au Nord-Ouest sur le massif des monts Dore, au Nord sur les monts Dômes, massés autour du puy de Dôme, plus à l'Est sur les vallées des Couzes et la Comté, au Nord-Est et à l'Est sur les monts du Livradois et le Forez, au Sud-Est au loin sur le plateau de la Chaise-Dieu et les monts du Velay. Au 1er plan, sur les cascades d'Anglard, le puy et le lac de Montcineyre et les monts du Cézallier; au Sud-Ouest sur les monts du Cantal. A l'Ouest, la vue est masquée par le rebord du cratère.

POLIGNAC ★

Carte Michelin n° **76** - pli 7 — 6 km au Nord-Ouest du Puy — 1 709 h. (les Pagnas).

Sur sa butte de basalte, la forteresse de Polignac conserve, de l'Antiquité et du Moyen Age, d'imposants vestiges de sa puissance guerrière. La découverte du site, de la N 102, est superbe.

UN PEU D'HISTOIRE *(1)*

L'oracle d'Apollon. — Le rocher est illustre dès l'époque romaine; il porte alors un temple d'Apollon fameux par ses oracles. L'empereur Claude le visite en grand équipage en l'an 47. Ces oracles sont prononcés par un énorme masque d'Apollon. Le pèlerin, arrivant au pied du rocher, va déposer ses offrandes dans une salle où il prononce ses demandes et

(1) Pour plus de détails, lire : «Polignac», par A. Chanal (Paris-Le Puy, Mappus).

ses vœux. Il ignore que ses paroles, même à peine murmurées, parviennent distinctement au temple par un puits en forme d'entonnoir, creusé dans le roc. Pendant qu'il gravit péniblement les flancs de la butte, les prêtres préparent la réponse : au moment opportun, à l'aide d'un porte-voix, ils la font prononcer par la bouche de pierre du dieu, devant le pèlerin admiratif et terrorisé.

La famille Polignac. — Viennent les temps troublés du haut Moyen Age. La butte est une position défensive si forte que les seigneurs de Polignac, à l'abri dans leur forteresse, deviennent les maîtres du pays, les «rois de la montagne». L'un d'eux, le vicomte Héracle, participe à la première croisade et tombe en 1098 devant Antioche, à l'âge de 23 ans. Mais certains vicomtes de Polignac commettent excès et brigandages : c'est ainsi qu'un concile tenu au Puy en 1181 condamne un autre Héracle, à venir nu-pieds, un cierge à la main, devant le porche de St-Julien de Brioude et à y recevoir à genoux la discipline de la main d'un moine, pour prix des déprédations dont il s'était rendu coupable.

Au 17e s., Melchior de Polignac, habile diplomate, haut dignitaire de l'église et fin lettré, négocie le traité d'Utrecht, devient cardinal en 1713 et entre à l'Académie française. C'est le type même du diplomate. Le pape Alexandre VIII lui disait : «Je ne sais comment vous faites; vous paraissez toujours être de mon avis et c'est moi qui finis par être du vôtre».

Mais la fortune rapide et courte de la famille est due surtout à Yolande de Polastron, femme de Jules de Polignac. L'amitié que lui témoigne Marie-Antoinette lui fait obtenir des sommes folles, des bijoux, un titre de duc pour son mari, un comté que le roi feint de leur vendre. Cette abondance de faveurs excite la colère populaire. A la Révolution, le couple se hâte d'émigrer. Leur second fils fait prince par le pape, deviendra premier ministre de Charles X. Il contribuera indirectement à la conquête de l'Algérie. Ses ordonnances feront éclater la révolution de 1830.

(D'après cliché Velay-Photo)

Château de Polignac.

■ **CURIOSITÉS** *visite : 1 h*

Château★. — *Visite de juin à septembre, de 8 h à 12 h et de 14 h à 18 h. Prix : 1,25 F. Le reste de l'année, s'adresser à Mme Rolland : pour se rendre à son domicile, prendre la ruelle à gauche du café Fayolle; la maison se trouve à droite, après une boulangerie.*

Pour monter au château en partant de la place de l'Église, prendre le sentier entre la mairie et le café de la Mairie. Peu après, emprunter un escalier à droite, puis suivre un chemin rocailleux en forte montée; passer sous une porte en arc brisé (13e s.), fermée par un portail de bois; un peu plus loin se trouve à droite la maison où, en saison, se tient la gardienne.

Le château, qui pouvait abriter 800 soldats, en dehors de la famille et des domestiques, est perché sur une table de basalte, fragment d'une coulée volcanique. Cette table repose sur un socle de roches plus tendres qu'elle a protégées de l'érosion. Le rocher domine de près de 100 m la plaine alluviale déblayée par la Loire et la Borne. La table a des rebords abrupts, ce qui a évité d'avoir à construire de hautes murailles d'enceinte.

Visiter d'abord, au Sud du donjon, les restes des habitations des seigneurs, des 15e et 17e s., au centre desquels se creuse un large puits profond de 83 m. Au rez-de-chaussée du donjon, élevé entre 1385 et 1421, et haut de trois étages, remarquer des débris antiques, notamment le masque d'Apollon *(voir p. 136)*. Du haut du donjon, on découvre un beau **panorama★** sur le bassin du Puy, les monts du Velay, les massifs du Meygal et du Mézenc.

Revenir à la maison de la gardienne par le chemin de ronde qui s'amorce à gauche, en sortant du donjon. Remarquer au passage les «mouches» percées dans la muraille et qui permettaient aux sentinelles de surveiller les alentours.

Église. — C'est un bel édifice roman à porche gothique. A l'intérieur, remarquer la coupole romano-byzantine du 12e s.; dans le chœur et dans la chapelle à droite du chœur, des fresques du 15e s. et, au-dessus de la porte du bas-côté Sud, un vitrail moderne représentant trois des membres les plus célèbres de la famille Polignac : à droite, le vicomte Héracle mort au siège d'Antioche; au centre, le cardinal Melchior de Polignac; à gauche, le prince Jules de Polignac. Dans l'abside : deux niches abritent, l'une, un groupe en bois polychrome de sainte Anne, la Vierge et l'Enfant, du 13e s.; l'autre, un reliquaire de la vraie croix et deux chandeliers (pièces d'orfèvrerie en argent du 18e s.).

Carte Michelin n° **73** - plis 14, 15 — *Schéma p. 114* — 5 645 h. (les Castelpontins).

Ce petit bourg occupe le flanc et le sommet d'un plateau calcaire qui domine directement, en falaise, la rive gauche de l'Allier. En amont du pont, un petit barrage retient les eaux de la rivière. Au Sud de la ville, le bitume sort du sol par de nombreuses fentes. On en fait des pains d'asphalte.

Longtemps, Pont-du-Château a possédé le seul pont sur l'Allier entre Moulins et Brioude. Comme ce pont avait une grande valeur stratégique, la ville était fortifiée.

Parmi les châtelains, il y eut de tristes sires comme ce **Montboissier**, dont Fléchier a dit : «Il y a plus de soixante ans qu'il a commencé d'être méchant et n'a jamais cessé de l'être depuis ce temps-là». On levait dans ses terres la taille (impôt) de Monsieur, celle de Madame et celle de tous les enfants de la maison, que ses sujets étaient obligés de payer, outre celle du roi. Il entretenait dans des tours douze scélérats dévoués à toutes sortes de crimes, qu'il appelait ses douze apôtres, qui catéchisaient avec l'épée ou le bâton ceux qui étaient rebelles à sa loi. Montboissier fut décapité en effigie aux Grands Jours d'Auvergne (*voir p. 86*). Avant de gagner l'Espagne, sous le déguisement d'une vieille femme hydropique, il voulut assister à son exécution «d'une fenêtre voisine, trouvant fort plaisant de se voir mourir dans la rue pendant qu'il se portait bien chez soi».

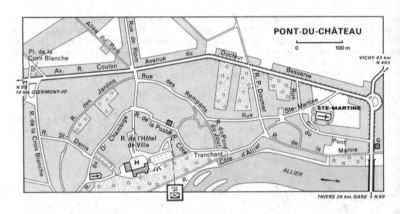

Église Ste-Martine. — Autrefois défendue par un mur d'enceinte, c'est un spécimen du style de transition. Dans le narthex et la nef, beaux chapiteaux historiés ou décorés de feuillages, jolie chaire en bois sculpté, châsse, retables.

Mairie (H). — Ancien château du 17e s. De la terrasse, vue sur les vieilles maisons du bourg dominées par l'église, l'Allier, le pont. Au fond, on découvre Ravel, les monts du Forez, les volcans de la Comté, Gergovie, les monts Dore et une partie de la chaîne des Dômes.

Carte Michelin n° **73** - pli 13 — *Schéma p. 98* — 1 015 h. (les Gibaldipontins) — *Lieu de séjour, p. 42.*

Gros bourg tranquille où les pêcheurs peuvent se livrer à leur sport favori dans la Sioule.

Château. — Une porte fortifiée précède l'allée de marronniers (*interdite aux voitures*) qui conduit au château. L'édifice, des 12e et 15e s., a été bien restauré. On ne visite pas, mais en s'adressant au gardien, on peut faire le tour de l'enceinte et admirer l'ensemble des bâtiments.

Église. — Elle abrite un mobilier provenant de la chartreuse de Port-Ste-Marie (*p. 166*) : bénitier avec piédestal en fer forgé supportant la lampe du sanctuaire, beau maître-autel en marbre de couleurs (18e s.), «Assomption», œuvre de Pierre Parrocel (derrière le maître-autel) et deux toiles du 17e s. de Guy François du Puy : «l'Adoration des mages» au-dessus de l'autel de St-Benoît et «l'Adoration des bergers» près des fonts baptismaux.

EXCURSIONS

Gorges et site de Montfermy *. — 12 km — environ 1 h. Quitter Pontgibaud par le D 121. Étroit et pittoresque, il suit les gorges de la Sioule. *A Montfermy, à hauteur du pont sur la Sioule, laisser la voiture.*
Prendre le sentier qui longe la rive gauche de la Sioule et conduit à une cascade et à un moulin en ruine, situés à l'intérieur d'un méandre qui avait été coupé artificiellement à la base pour détourner en partie les eaux de la Sioule et actionner le moulin. L'ensemble constitue un très joli site.

Panorama sur les monts Dômes. — 4,5 km. Franchir le pont sur la Sioule et suivre la N 141. De cette route, 1 km après Bromont-Lamothe, belle vue d'ensemble sur la chaîne des Puys.

Où goûter dans un cadre agréable ?
Consultez le tableau p. 38.

Le PUY ★★★

Carte Michelin n° **76** - pli 7 — 29 024 h. (les Ponots ou Podots).

Le **site**★★★ du Puy, l'un des plus extraordinaires de France, laisse un souvenir inoubliable.

Dans une riche plaine en cuvette se dressent d'énormes pitons d'origine volcanique : l'un d'eux, le plus aigu, est surmonté d'une chapelle romane qui le prolonge encore; quant au plus gros, le rocher Corneille, ce sont les maisons mêmes de la ville et la cathédrale qui l'escaladent. Vision étrange et splendide, complétée par la visite de Notre-Dame du Puy, non moins étrange, presque orientale, abritant la Vierge noire encore vénérée par de nombreux pèlerins.

Le samedi, jour de marché, la ville offre un spectacle étonnant. La place du Breuil et les vieilles rues entre celle-ci et le marché présentent une animation extraordinaire.

Le bassin du Puy. — Le bassin du Puy a la même histoire géologique que la Limagne *(p. 113)*, la Loire se substituant à l'Allier, le Devès aux monts d'Auvergne, les massifs du Meygal et du Mézenc aux monts du Forez : effondrement, comblement de la dépression par des sédiments arrachés aux montagnes, déblaiement par l'érosion, dépôts d'alluvions volcaniques, grands facteurs de fertilité.

Il doit sa formation première à l'effondrement du plateau vellave, en contrecoup du plissement alpin, à l'ère tertiaire. Puis des sédiments arrachés aux hauteurs environnantes comblent en partie le bassin où la Loire s'enfonce en gorge. A la fin de l'ère tertiaire, une série d'éruptions volcaniques bouleversent la région; le lit de la Loire se trouve déporté à l'Est.

A l'ère quaternaire, l'érosion reprend son travail, laissant en saillie des récifs volcaniques plus résistants, d'origine diverse; on reconnaît : des tables basaltiques, restes de coulées (rocher de Polignac), des cheminées de volcans (rocher St-Michel, piton d'Espaly, piton de l'Arbousset), des parties de cônes éruptifs (rocher Corneille, rocher de Ceyssac, volcan de Denise). Les coulées, en se refroidissant, ont donné naissance à des assemblages de colonnes prismatiques (orgues d'Espaly). C'est à ces phénomènes volcaniques que le bassin doit sa physionomie si originale.

Il est fermé de tous côtés, à part les deux coupures pratiquées par la Loire; celle du Sud, ouverte dans les argiles et les marnes, est plus large; celle du Nord, qui a dû s'opérer dans une barrière granitique, est étroite. Des rebords des plateaux qui le limitent, de belles vues s'offrent sur le bassin du Puy, surtout quand les tons dorés de ses vastes chaumes sont mis en valeur par les rayons du soleil couchant.

UN PEU D'HISTOIRE

La cité de la Vierge. — Au temple romain qui s'élevait sur la colline du Puy succédèrent une basilique, puis une magnifique cathédrale romane, dédiée à la Vierge (les évêques sont, en même temps, comtes du Velay). Les rois, les pages, les princes, une foule de pèlerins viennent au Puy invoquer la mère de Dieu. La Vierge noire qui, suivant l'opinion la plus généralement admise, fut offerte par Saint Louis à son retour de la croisade d'Égypte, accroît encore la célébrité du lieu. Le Puy est resté la cité de la Vierge; la haute statue de N.-D.-de-France, au sommet du rocher Corneille, évoque à la fois un passé et une destinée.

Les Cotereaux. — Au 12ᵉ s., les ravages d'un corps d'aventuriers, les Cotereaux, compromettent gravement les pèlerinages et tout ce qu'ils valent à la ville de prospérité et de renom. Les marchands du Poitou, de la Provence et d'Espagne ne viennent plus étaler leurs armes, leurs étoffes et leurs joyaux. Les troubadours n'y tiennent plus leur cour ou « puy d'amour ».

(D'après photo Léo Pélissier)

Le site du Puy.

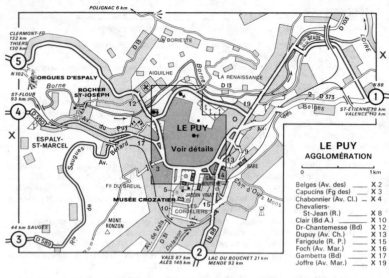

LE PUY
AGGLOMÉRATION

Belges (Av. des)	X 2
Capucins (Fg des)	X 3
Chabonnier (Av. Cl.)	X 4
Chevaliers-St-Jean (R.)	X 8
Clair (Bd A.)	X 10
Dr-Chantemesse (Bd)	X 12
Dupuy (Av. Ch.)	X 13
Farigoule (R. P.)	X 15
Foch (Av. Mar.)	X 16
Gambetta (Bd)	X 17
Joffre (Av. Mar.)	X 19

La Vierge apparue à un charpentier, nommé Durand, ordonna la guerre sainte contre les Cotereaux. Les nouveaux croisés, qui se coiffent d'un chaperon de toile blanche, courent sus aux brigands, les pendent par 500 à la fois. Malheureusement, ils prennent goût à ces expéditions et se mettent en état de révolte. Les troupes royales doivent les massacrer à leur tour.

La ville de la dentelle. — Au Puy et dans le Velay, comme dans la région d'Arlanc *(p. 102)*, la dentelle à la main a tenu autrefois une bien plus grande place qu'aujourd'hui où s'exerce la concurrence mécanique. Au début du 17e s., les femmes du pays ont avantage à travailler à la maison; elles ne veulent plus être servantes. D'autre part, d'abord réservée aux gens de qualité, la dentelle s'est vulgarisée à tel point que le Parlement de Toulouse, en 1640, en interdit le port sur les vêtements afin de faciliter la distinction des rangs sociaux. Un père jésuite, François Régis, ému de la détresse des dentellières réduites au chômage, parvient à faire annuler la mesure. Bien mieux, il invite ses confrères missionnaires à faire connaître la dentelle du Puy dans le monde entier. Ce bienfaiteur du Puy, canonisé sous le nom de saint François Régis, est devenu le patron des dentellières. La chapelle du collège des Jésuites, où il exerça pendant cinq ans son ministère, est devenue l'église St-Georges-St-Régis.

■ **PRINCIPALES CURIOSITÉS** *visite : 2 h*

Partir de la place des Tables où s'élève la gracieuse fontaine du Choriste (15e s.). La **rue des Tables** que l'on emprunte, monte vers la cathédrale. Dans cette pittoresque rue aux escaliers latéraux, bordés de quelques demeures anciennes, on peut voir encore des dentellières installées sur le pas de leur porte.

Cathédrale Notre-Dame du Puy★★★. — *Spectacle Son et Lumière prévu en juillet et août à 21 h.*

C'est un merveilleux édifice de style roman qui doit son originalité à l'influence de l'Orient. Notre-Dame du Puy était un des sanctuaires où les pèlerins de St-Jacques-de-Compostelle faisaient halte. On y retrouve également l'influence byzantine, due aux Croisés, dans les coupoles octogonaux des voûtes de la nef. L'exiguïté de l'emplacement explique les bizarreries de la construction.

L'église primitive correspond au chevet actuel. Quant, au 12e s., on entreprend de l'agrandir, la place manque bientôt. Et les dernières travées de la nef (bâties deux par deux, en deux campagnes) ainsi que le porche Ouest sont construits pour ainsi dire dans le vide, de hautes arcades servant de pilotis. A la fin du 12e s., on ajoute les porches du For et St-Jean. La cathédrale a subi au siècle dernier d'importantes restaurations.

Façade Ouest. — Un large escalier donne accès à l'étrange façade Ouest aux laves polychromes, soutenue par les arcades de ses trois portails. A gauche de la façade, derrière la chapelle de l'Hôtel-Dieu, on aperçoit une annexe de la cathédrale, le bâtiment des Mâchicoulis des États du Velay, qui faisait partie des fortifications de la cathédrale et du palais épiscopal au 13e s.

Trajet sous la cathédrale. — Les degrés se prolongent jusqu'à la «Porte Dorée» sous les quatre travées construites au 12e s. Au niveau de la 2e, deux portes à **vantaux★** ferment deux chapelles latérales. Leurs sculptures à faible relief retracent la vie de Jésus. Elles sont du 12e s. La chapelle St-Martin, à droite, restaurée depuis peu, renferme des traces de fresques des 12e et 13e s. *(visite sur demande avec le gardien ou le sacristain).* Dans la travée suivante, on voit deux fresques byzantines : la Vierge Mère (13e s.) à gauche, la Transfiguration de Notre-Seigneur, à droite. Franchir la «Porte Dorée», encadrée de deux colonnes de porphyre rouge. Sur la 4e travée se trouve la «Pierre aux Fièvres» dont la réputation date peut-être des druides : le fiévreux qui s'endormait dessus devait se réveiller guéri. Ici bifurque l'escalier qui, jadis, se prolongeait et venait déboucher dans la cathédrale devant le maître-autel, ce qui faisait dire qu'«on entrait à Notre-Dame du Puy par le nombril, et qu'on en sortait par les oreilles». *Emprunter la branche de droite, qui conduit à une porte située dans le bas-côté.*

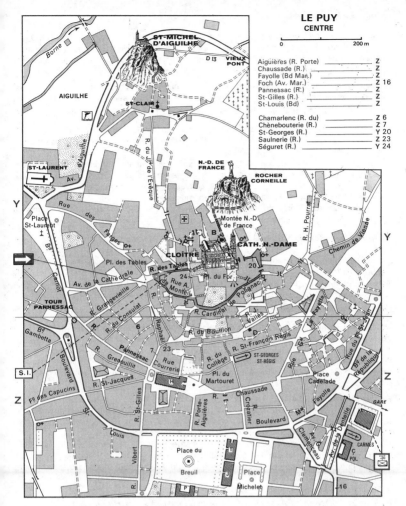

LE PUY
CENTRE

0   200 m

Aiguières (R. Porte) _____ Z
Chaussade (R.) _____ Z
Fayolle (Bd Mar.) _____ Z
Foch (Av. Mar.) _____ Z 16
Pannessac (R.) _____ Z
St-Gilles (R.) _____ Z
St-Louis (Bd) _____ Z

Chamarlenc (R. du) _____ Z 6
Chènebouterie (R.) _____ Z 7
St-Georges (R.) _____ Y 20
Saulnerie (R.) _____ Y 23
Séguret (R.) _____ Y 24

Intérieur. — *Pour une visite détaillée de la cathédrale, s'adresser à la sacristie.*

L'originalité de l'église réside dans la suite de coupoles qui couvrent la nef (celle de la croisée du transept est moderne). Remarquer la chaire (1) et le beau maître-autel (2), élevé par le Chapitre en 1723, qui porte la statue en bois remplaçant la première Vierge noire brûlée lors de la Révolution.

Sortir de la cathédrale par la petite porte à droite du chœur.

Porche du For. — Il date de la fin du 12e s.; ses chapiteaux sont très fouillés. La porte papale, la plus petite, ne s'ouvrait que devant le Souverain Pontife. Dans l'angle intérieur, les ogives retombent sur un pilastre que soutient une main ouverte sortant de la muraille.

De la petite place du For, on détaille bien le clocher accolé au chevet fortement restauré et on a une jolie vue sur la partie moderne de la ville.

Rentrer dans la cathédrale pour voir le trésor exposé dans la sacristie.

Trésor✶✶. — *Visite du 15 juin au 10 septembre, de 9 h à 12 h et de 14 h à 18 h; du 11 septembre au 14 juin, le matin seulement.*

Les plus belles pièces sont : une Pietà, peinture sur bois du 15e s., une tête de Christ en cuivre doré, également du 15e s., un Christ du 17e s., des boiseries et la célèbre Bible de Théodulfe, écrite sur vélin pourpre et parchemin blanc, et considérée comme le plus précieux exemple de la calligraphie carolingienne.

Dans le bras gauche du transept, belles fresques romanes : les Saintes Femmes au tombeau (3) et le Martyre de sainte Catherine d'Alexandrie (4), *une minuterie placée*

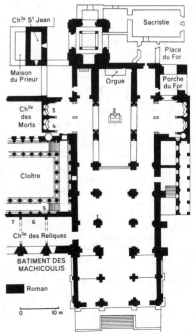

141

sur le pilier central permet de les éclairer. Un petit escalier, sur la gauche, mène à une pièce où se trouve une fresque de saint Michel (fin 11e s.-début 12e s.), la plus grande peinture connue en France représentant l'Archange *(pour la voir, s'adresser au gardien du cloître).*

Sortir par le porche St-Jean.

Porche St-Jean. — Précédé d'une grande arcade surbaissée, ce porche était destiné au passage des souverains. Il relie la cathédrale à la chapelle St-Jean (baptistère du 11e s.).

Passer entre la chapelle des Morts et la chapelle St-Jean et pénétrer dans le cloître.

Cloître★★. — *Visite du 1er mai au 30 septembre, de 9 h à 12 h et de 14 h à 18 h; le reste de l'année, de 10 h à 12 h et de 14 h à 16 h. Fermé le mardi. Entrée : 3 F en semaine, 1,50 F les dimanches et jours fériés.*

Les galeries sont d'époques différentes; la plus ancienne, au Sud, est romane mais elle possède des chapiteaux carolingiens et des colonnes renflées. La polychromie des claveaux, la corniche délicatement ouvrée, les murs couverts de riche marqueterie composent un décor dont on a souligné la parenté avec l'art musulman.

La chapelle des Morts, sur la galerie Est, contient une Crucifixion, peinture murale du 13e s. La galerie Ouest est fermée par une remarquable grille romane (5).

Chapelle des Reliques et trésor d'Art religieux. — *Mêmes conditions de visite que le cloître.*

Située dans le bâtiment des Mâchicoulis, la chapelle des Reliques est ornée de la célèbre peinture murale des Arts Libéraux — 15e s. (6). La salle des États (7) abrite le Trésor d'Art religieux. Il présente des tableaux, des statues anciennes, des tissus, la tapisserie de Jean de Bourbon (15e s.) et une châsse en émail champlevé du 12e s.

En sortant du cloître, prendre à gauche.

Maison du Prieur. — *Visite du 1er juillet au 15 septembre, de 10 h à 12 h et de 14 h à 18 h; du 1er avril au 30 juin, s'adresser au presbytère. Entrée : 2 F.*

Attenante à la chapelle St-Jean, elle abrite dans ses salles voûtées, l'**exposition « En Velay autrefois»**, remarquable collection d'outils ruraux et artisanaux, d'instruments aratoires, d'objets domestiques, de costumes. Une dentellière travaille au carreau *(illustration p. 22).*

Rocher Corneille. — *Accès en été, de 8 h à 19 h; en hiver, de 9 h à 18 h. Prix : 2 F.*

C'est un reste de cône appartenant, sans doute, au volcan dont le rocher St-Michel représente la cheminée *(détails sur les volcans p. 18 et 19).* De la table d'orientation installée sur le rocher, la **vue★** s'étend sur le bassin du Puy.

Le rocher est surmonté d'une colossale statue de N.-D.-de-France, érigée en 1860, par souscription nationale. Cette statue en fonte mesure 16 m de hauteur et pèse 110 tonnes. 213 canons prélevés sur les trophées de la prise de Sébastopol mis à la disposition des maîtres d'œuvre par Napoléon III servirent à la couler. Par beau temps, on peut monter, à l'intérieur de la statue, jusqu'à la couronne.

Revenir à la place des Tables en suivant le trajet indiqué sur le plan p. 141.

On traverse un vieux quartier qui conserve d'anciennes demeures.

■ AUTRES CURIOSITÉS

Chapelle St-Michel d'Aiguilhe★★ (1) (Y). — *Visite des Rameaux à la Toussaint, de 9 h à 12 h et de 14 h à 18 h (19 h en juillet et août); le reste de l'année, les mercredis, dimanches et jours fériés, de 14 h à 16 h. Prix : 2 F.*

Elle surmonte le rocher St-Michel, gigantesque aiguille de lave qui s'élève d'un jet à 80 m au-dessus du sol. Son fin clocher, en forme de minaret, semble prolonger le doigt rocheux. On y accède par un escalier de 268 marches.

La chapelle St-Michel d'Aiguilhe remplaça probablement un temple dédié à Mercure. La construction actuelle, de la fin du 11e s., est d'inspiration orientale avec son portail trilobé, son gracieux décor d'arabesques, ses mosaïques de pierres noires, grises, blanches. A l'intérieur, le plan, très irrégulier, épouse les contours du rocher. La complexité du système

(D'après photo Arch. Phot., Paris)

Chapelle St-Michel d'Aiguilhe.

de voûtes témoigne de l'art avec lequel les architectes ont su tirer parti du terrain. Les colonnettes, qui dessinent comme un déambulatoire autour d'une courte nef, sont surmontées de chapiteaux sculptés. La voûte de la petite abside est décorée de peintures murales du 12e s. A droite, une vitrine abrite des objets d'art trouvés sous l'autel en 1955 et notamment un petit Christ reliquaire en bois (11e s.).

On peut contourner la chapelle par un chemin de ronde, d'où l'on a de jolies vues.

(1) Pour plus de détails, lire : «Saint-Michel d'Aiguilhe» par Roger Martin (Le Puy-Lyon, Mappus).

Musée Crozatier (X). — *Visite de 10 h à 12 h et de 14 h à 18 h (16 h du 1er octobre au 30 avril). Fermé en février, le mardi toute l'année, le matin des dimanches et jours fériés en hiver. Entrée : 3 F.*

Le jardin Vinay, où il se trouve, renferme, entre autres monuments, le beau portail du prieuré de Vorey.

Le musée présente au rez-de-chaussée une belle **section lapidaire** ∗ (art roman et gothique); dans le hall d'entrée, beau carrosse du 18e s. appelé berline à la française. Au premier étage, dans la section réservée aux arts locaux, on peut admirer des bijoux, émaux, faïences et une riche

Motif de dentelle du Puy.

collection de **dentelles** ∗ à la main, du 16e s. à nos jours, magnifiques ouvrages aux fuseaux ou à l'aiguille.

Dans celle des beaux-arts : peintures du 14e au 18e s. dont la Vierge au manteau, remarquable de composition et de coloris.

Église St-Laurent (Y). — *Provisoirement fermée, restauration en cours.*

Rare exemple de l'art gothique en Velay, elle date du 14e s. et faisait partie d'un couvent de Dominicains. L'intérieur surprend par son ampleur. Dans le chœur, à droite, le tombeau de Du Guesclin, contient les entrailles du connétable, mort en 1380 pendant le siège de Châteauneuf-de-Randon *(p. 79).* Des travaux effectués dans le chœur ont amené la découverte du tombeau de l'évêque Bernard de Montaigu (13e s.).

A gauche de l'église, une ancienne chapelle du 14e s., dite salle capitulaire, a été récemment dégagée.

Chapelle des Pénitents (Y B). — On pénètre par une porte du 17e s., à colonnes torses. Cette chapelle, véritable musée de peinture locale, possède un beau plafond caissonné, orné de peintures. Nombreux bâtons de confrérie, portés à la procession des Pénitents *(voir p. 6).*

Chapelle St-Clair (Y). — C'est un édifice du 12e s., qui fut peut-être un baptistère ou la chapelle d'un ancien hôpital. A l'extérieur, décoration d'arcatures et de losanges, caractéristique du pays vellave.

Tour Pannessac (Y Z). — Elle conserve un étage garni de mâchicoulis. C'est le dernier vestige des dix-huit portes fortifiées, à tours jumelles, que possédait l'enceinte.

Atelier Chaleyé (Z D). — *Visite du 1er juin au 13 juillet et du 16 août au 30 septembre, les samedis et dimanches de 15 h à 18 h.*

Il est situé au 1er étage de la demeure dans laquelle le peintre passa les dernières années de sa vie. Post-impressionniste, il peint la nature, les fleurs; de nombreuses toiles sont exposées. Il crée également des modèles de dentelles dont certains cartons sont conservés au musée Crozatier *(voir ci-dessus).*

Maisons anciennes. — Rue Pannessac, nos 33, 42, 46, 51, 65; rue du Chamarlenc, n° 16, demeure des Cornards, joyeux compères dont le privilège était de décocher force malices aux bourgeois de la ville; on y voit deux têtes à cornes, surmontées d'inscriptions facétieuses.

Vieux Pont (Y). — Il enjambe la Borne et compte de nombreux redents.

EXCURSIONS

Polignac ∗**; orgues d'Espaly** ∗. — *Circuit de 12 km — environ 1 h 1/2. Quitter le Puy par la N 102, vers Clermont-Ferrand, et prendre, après l'hôpital, le D 13, à droite, qui offre des échappées sur le site du Puy.*

Au sommet de la montée, se dégage subitement la table basaltique de Polignac. *Gagner l'église du bourg, en face de laquelle s'amorce la rampe du château.*

Polignac ∗. — Page 136.

Le D 13F rejoint la N 102 que l'on prend à gauche.

Orgues d'Espaly ∗. — *1/2 h à pied AR. Laisser la voiture au parc de stationnement aménagé à gauche, en arrivant au col, et situé entre le volcan de Denise et sa coulée de lave. Un sentier en descente, à droite (accès : 1 F), mène au pied des colonnes basaltiques dont certaines atteignent 30 m de hauteur. A l'extrémité de la coulée, les colonnes se sont brisées et ont basculé, formant hérisson.*

Un sentier montant à travers les rochers permet de gagner le sommet de la coulée offrant un magnifique **panorama** ∗∗ *sur le bassin du Puy, creusé au cœur du plateau vellave.*

Retour au Puy par la N 102 et ⑤ du plan.

Le PUY★★★

Lac du Bouchet★. — *Circuit de 49 km — environ 2 h. Quitter le Puy par ② du plan.* La N 88 monte en serpentant sur les plateaux dominant le bassin du Puy.

A Montagnac prendre à droite le D 33 jusqu'à Cayres.

> **Lac du Bouchet★.** — *Page 65.*

Faire demi-tour. Prendre à gauche, à 500 m du lac, la route forestière puis à droite le D 33. Vues sur les pentes du Devès et les monts du Velay.

A partir de Cayres, suivre le D 31 puis le D 621 qui traversent un plateau, à plus de 1 000 m d'altitude. Sur la gauche, on voit la ligne de faîte du Devès. De Bains, le D 589 ramène au Puy en offrant de belles vues sur la ville et son site.

Espaly-St-Marcel. — *2 km, puis 3/4 h de visite. Agglomération du Puy. Accès par le boulevard Gambetta et le D 590 en direction de St-Flour. Dans Espaly, quitter le D 590 et emprunter la rue signalée «St-Joseph», jusqu'au parc de stationnement.*

> **Piton d'Espaly.** — Il était jadis couronné d'un château qui, après avoir servi de résidence aux évêques du Puy — Charles VII, dauphin puis roi de France, y reçut l'hospitalité lors de ses fréquents pèlerinages — fut ruiné durant les combats de la Ligue.
>
> **Rocher St-Joseph.** — *Accès : 1,50 F ou 2,50 F si l'on visite le diorama St-Joseph (ouvert de 7 h à 19 h).*
>
> La terrasse supérieure, aménagée au pied de la statue, offre une **vue★** sur la vieille ville du Puy, d'où émergent la cathédrale, le rocher Corneille et St-Michel d'Aiguilhe.

Vous aimez les nuits tranquilles, les séjours reposants...
chaque année
les guides Michelin **France**
Camping Caravaning France
vous proposent
un choix d'hôtels et de terrains agréables,
tranquilles et bien situés.

PUY DE DÔME ★★★

Carte Michelin n° **73** - plis 13, 14 — *Schéma p. 98.*

La montée au puy de Dôme et son extraordinaire panorama, qu'il est préférable de voir en fin de journée, laissent des souvenirs inoubliables.

Ce volcan *(voir p. 18)* est le plus ancien, le plus élevé (1 465 m d'altitude) et le plus populaire de la chaîne des Puys ou monts Dômes *(p. 97)*, dont il occupe le centre *(illustration p. 97)*. Il se dresse à plus de 1 000 m au-dessus de Clermont, mais ne domine que de moins de 500 m le plateau qui le porte. C'est seulement en 1751 que l'origine volcanique des puys fut reconnue. Jusque-là, l'imagination populaire n'y voyait que de gigantesques fortifications dues aux Romains.

Phénomènes atmosphériques. — Pendant la saison froide, on observe assez souvent «l'inversion de température» : tandis qu'il gèle à pierre fendre à Clermont, il fait presque doux sur le Dôme. C'est ainsi que le 26 décembre 1879, à 6 h du matin, on enregistrait — 16 °C à Clermont et + 4 °C au sommet du puy. Ce phénomène, qui ne s'observe que par temps calme, est dû au glissement des couches d'air froid, plus lourdes, des hauteurs vers les dépressions.

C'est pour une raison analogue que s'offre parfois, du puy de Dôme, le magnifique spectacle de la «mer de nuages». Tandis que la plaine de la Limagne disparaît sous un épais tapis de brume, les montagnes qui l'entourent émergent comme des îles étincelant au soleil. Ce phénomène se produit surtout en automne (notamment en novembre).

UN PEU D'HISTOIRE

La Montagne sacrée. — Dès les temps les plus reculés, la solitude du puy de Dôme, lieu d'accès difficile, inspire un religieux effroi. Les Gaulois en font le sanctuaire de leur dieu Lug. Les Romains lui substituent le culte de «Mercure Domien». Ils lui élèvent un temple grandiose dont on a découvert les fondations en 1872, lors de la construction de l'observatoire. Ce temple et tous ses trésors sont détruits par les invasions barbares. Un sanctuaire chrétien le remplace. Au 12e s., une petite chapelle, but de pèlerinage, est dédiée à saint Barnabé, compagnon de saint Paul. L'affluence est grande pendant les siècles, puis la ferveur faiblit ; en 1631, la générosité des pèlerins ne totalise plus que 7 francs dans l'année. La chapelle disparaît au 18e s. Sur le mont désert, l'imagination populaire fait se rencontrer tous les sorciers d'Auvergne en d'horribles sabbats.

La pesanteur de l'air. — C'est au puy de Dôme que Pascal a fait exécuter, en 1648, l'expérience prouvant la pesanteur de l'air. On avait déjà remarqué que le mercure montait à environ 76 cm dans un tube où l'on avait fait le vide. Pour expliquer le phénomène, on disait que «la nature a horreur du vide». Cet axiome ne satisfait pas Torricelli ; il émet l'hypothèse que c'est le poids de l'air qui fait monter le mercure. Pascal, frappé de cette idée, pense que, si tel est bien le cas, ce poids doit diminuer au sommet d'une montagne. Comme il est à Paris, il charge son beau-frère, Florin Périer, de l'expérience. Celui-ci choisit une belle journée, laisse un baromètre à Clermont et part avec des Pères Minimes au sommet du puy de Dôme. Il a la joie de constater que, sur la montagne, le mercure monte, en effet, 8,4 cm moins haut qu'à Clermont. La pesanteur de l'air était prouvée.

Puy-de-Dôme préféré à Mont-Dore. — En 1790, des départements vont être substitués aux anciennes provinces. Il est question de donner le nom de Mont-d'Or (orthographe du temps) à la circonscription de la Basse-Auvergne. Le député de Clermont, Gaultier de Biauzat s'alarme : cette trop riche appellation ne va-t-elle pas attirer l'attention du fisc sur ses concitoyens ? Il demande le nom, moins compromettant, de Puy-de-Dôme et trouve cette amusante image : «Dans ce pays, il est plus facile de peser l'air que les écus». L'assemblée n'y résiste point.

Le Dôme en feu. — En 1862, Napoléon III et l'impératrice Eugénie visitent Clermont. L'empereur s'informe des fouilles qu'il a fait entreprendre sur le plateau de Gergovie afin de pouvoir reconstituer la bataille où s'affrontèrent César et Vercingétorix.

Les autorités se creusent l'imagination; quel spectacle offrir à la curiosité blasée des souverains ? On décide d'embraser, à la nuit, les hauteurs qui encadrent la ville et tout spécialement le puy de Dôme. 6 000 fagots, 20 chars de bois y formeront un immense brasier qui vomira des flammes; deux cuves, contenant 8 000 kg de résine et d'huile, répandront sur les flancs du volcan des coulées de feu. Hélas ! tout se résout en fumées qui, dans la nuit, restent invisibles.

Le Grand Prix Michelin. — En 1908, au moment où Henri Farman bouclait, pour la première fois dans le monde, 1 km en circuit fermé, les frères Michelin fondaient un grand prix de 100 000 F à attribuer à l'aviateur qui, parti de Paris avec un passager de 75 kg, viendrait, moins de 6 h après son départ, atterrir au sommet du puy de Dôme, après avoir contourné la cathédrale de Clermont en la laissant à 1 500 m sur sa droite. Trois ans plus tard, le 7 mars 1911, alors que certains augures prétendaient que cette prouesse ne serait pas réalisée avant un demi-siècle, l'aviateur Eugène Renaux, avec son passager Senouque, réussit à remplir toutes ces conditions après un vol de 5 h 11 mn.

■ AU DÉPART DE LA FONT DE L'ARBRE

Grotte du Puy-de-Dôme. — *Visite du 15 mars au 1er octobre, de 9 h à 18 h 30. Entrée : 4 F.*
Une galerie souterraine a été aménagée dans une coulée de lave descendue du petit puy de Dôme. Dans des vitrines sont agréablement présentées des pierres d'Auvergne. Une petite taillerie complète la visite.

Montée par la route taxée. — *Route obstruée par la neige de décembre à avril. Renseignements ☏ 88.12.18. Péage : pour une voiture et son conducteur 2 F, plus 1 F par passager; pour une motocyclette avec son conducteur 1 F, plus 0,50 F pour un passager.*

Cette route, réservée aux voitures et aux motocyclettes, a remplacé en 1926 le petit chemin de fer à vapeur qui, durant vingt ans, conduisait les touristes sur le puy de Dôme. Bien tracée, la route garde une pente constante de 12 % sur environ 4 km. Tournant autour du Dôme, elle offre des vues très variées, dont l'amplitude s'accroît constamment.

A la sortie des bois qui occupent la partie basse du puy, la route entaille la dômite, roche volcanique blanche et poreuse, qui apparaît quand la couche superficielle s'effrite.

La première montée à bicyclette se fit en 1891, en 28 mn. En 1913, une auto de 16 CV atteignit pour la première fois le sommet, en 11 mn.

Montée à pied par la voie romaine. — *Compter 2 h AR.* Laisser la voiture au col de Ceyssat, altitude 1 078 m, situé dans un bois de sapins. *Prendre le chemin qui monte en lacet jusqu'au sommet.*

C'est par cette rude voie (pentes de 35 à 40%) que montèrent les chars, tirés par cinq à huit chevaux en flèche, qui transportaient les matériaux destinés à la construction du temple romain et, au siècle dernier, à celle de l'observatoire.

■ LE PLATEAU DU SOMMET *1 h à pied AR*

Un sentier mène au pied de l'escalier conduisant au balcon d'orientation.

Remarquer, imbriquée dans la façade principale du bâtiment de télédiffusion, la pierre commémorant l'expérience de Pascal.

Si le gardien n'est pas au balcon d'orientation, s'adresser à la loge, porte sur le terre-plein d'arrivée de la route, à gauche de l'escalier du balcon d'orientation.

Le balcon d'orientation, au premier étage de la tour de télédiffusion est à 1 468 m d'altitude.

Le panorama ★★★. — Au Nord et au Sud, sur environ 30 km, s'alignent une centaine de volcans éteints qui forment les monts Dômes, merveilleux musée de formes volcaniques, paysage lunaire unique en France et peut-être dans le monde.

On distingue nettement, au Nord, les volcans qui, de même origine que le puy de Dôme *(p. 18)*, sont de grosses taupinières sans cratère : petit Suchet, Clierzou, Sarcouy. Tous les autres sont des cônes de débris terminés par des cratères : petit puy de Dôme ou Nid de la Poule, Grand Suchet, puy de Côme, Pariou, Louchadière.

Au Sud, tous les volcans ont des cratères : Monchier, Barme, Laschamp, Mercœur, etc. Au-delà, à l'horizon, se distinguent les monts Dore. Vers l'Est, on domine la Limagne avec ses villes, villages, champs découpés, coteaux, pitons isolés. Au loin, des hauteurs limitent la plaine : Livradois, Forez. Vers l'Ouest, c'est le moutonnement des croupes du plateau limousin.

La vue s'étend sur onze départements, la huitième partie de la France, et peut aller, en de rares occasions, jusqu'à 300 km. La visibilité varie presque d'une minute à l'autre, suivant le jeu des nuages et de la brume. Les puys sont couverts tantôt de gazon ou de landes, tantôt de futaies de résineux ou de taillis de coudriers. La chaîne même est inhabitée, car l'eau, s'infiltrant à travers les roches volcaniques, fait complètement défaut. L'été, les troupeaux du plateau vont paître sur les puys. Faute d'eau, ils rentrent tous les soirs à l'étable.

PUY DE DÔME★★★

La féerie du couchant. — C'est au coucher du soleil que le spectacle est le plus grandiose. Des traînées de feu passent entre les cônes. L'ombre de la montagne est projetée dans l'Est; elle couvre d'abord le plateau d'Orcins, atteint brusquement Clermont, puis envahit peu à peu la plaine : son bord extrême va jusqu'à Thiers.

En descendant vers le parc à voitures, à gauche de la route se détache le sentier conduisant au bâtiment de l'observatoire qui surplombe les ruines du temple de Mercure.

(D'après reconstitution T. Desarménien)

Le temple de Mercure à l'époque gallo-romaine.

Le temple de Mercure. — C'était un bel édifice, deux fois plus vaste que la Maison Carrée de Nîmes. On y accédait par une série de terrasses et d'escaliers. Plus de cinquante sortes de marbre étaient employées dans la décoration. A l'endroit où s'élève la tour de relais de télédiffusion devait se dresser la monumentale statue de Mercure, œuvre du sculpteur grec Zénodore. Coulée en bronze, c'était l'une des merveilles du monde antique.

Sur la terrasse supérieure des ruines, on aperçoit le soubassement carré du sanctuaire ou *cella*. Le dessin ci-contre donne une idée de l'aspect que pouvait présenter le temple à l'époque gallo-romaine.

Le sentier contourne les ruines et passe devant le monument rappelant l'exploit de Renaux (l'atterrissage eut lieu entre la tour et l'hôtel) pour revenir à la plate-forme de stationnement.

RAVEL

Carte Michelin n° **73** - pli 15 — 6 km au Sud de Lezoux — *Schéma p. 114* — 420 h. (les Ravelois).

Ce village de la Limagne bocagère aux environs de Lezoux se signale à l'attention des touristes par le château qui le domine et par son église.

■ CURIOSITÉS *visite : 3/4 h*

Château. — On y accède soit de Ravel par une rue qui prend sur une petite place en face de l'église et comporte quelques sections en très forte montée, soit par une route en sous-bois qui se greffe sur le D 223 au Sud-Est de Lezoux.

Visite du 15 mars au 1er novembre, de 10 h à 12 h et de 14 h à 19 h. Entrée : 4 F.

(D'après photo Éd. du Lys, Clermont-Fd)

Château de Ravel.

Le château fut donné par Philippe le Bel à son chancelier Pierre Flotte et passa par voie de succession et de mariage à la famille d'Estaing qui le fit remanier au 17e s. La plus belle partie de sa décoration et la mieux conservée date du 18e s.

De la terrasse dessinée par Le Nôtre : beau **panorama**★ sur la Limagne et la chaîne des Dômes.

De cette vaste construction, les murs et les tours de la façade Est remontent à l'époque féodale, la cour d'honneur date du 17e s. et l'aile occidentale du 18e s.

L'intérieur★ abrite une partie de l'ancien mobilier du château. On visite la salle de la généalogie qui a conservé un beau dallage de terre cuite, la salle du Roi dite des Écussons, les petits appartements ornés d'une collection de faïences créées en ces lieux au 19e s., le cabinet de musique, puis la grande galerie et sa bibliothèque. Dans l'autre aile se trouve la chambre dorée, au plafond peint, et décorée de superbes verdures du 17e s.

Église. — De style gothique très pur, elle conserve dans la nef deux vitraux du 14e s., et dans la sacristie un autre vitrail de la fin du 13e s. Un curieux chapiteau roman sert de support à un bénitier en pierre du 12e s. Une porte d'escalier en bois sculpté du 14e s. est protégée par une seconde porte.

En ville, sauf indication contraire, nos itinéraires de visite sont à suivre à pied.

Sur le flanc Nord du Cantal, plusieurs cours d'eau portent le nom de Rhue. Le plus important, la Grande Rhue, se jette dans la Dordogne au-dessous de Bort-les-Orgues, après avoir franchi un seuil rocheux au Saut de la Saule *(p. 65);* mais une dérivation souterraine amène une partie de ses eaux dans la retenue du barrage de Bort.

Née dans le Sud du massif des monts Dore, près du cirque de la Biche, la Grande Rhue, grossie de la Rhue de Cheylade descendue des monts du Cantal, parcourt des gorges boisées très pittoresques.

DE BORT-LES-ORGUES A CONDAT

32 km — environ 1 h 1/4 — schéma ci-dessous

Au départ de Bort-les-Orgues *(p. 64),* le D 679 s'élève en offrant une jolie vue sur les orgues de Bort puis atteint le plateau glaciaire de l'Artense *(p. 52).*

Champs-sur-Tarentaine. — 1 331 h. (les Champsois). *Lieu de séjour, p. 42.*

Entre Champs et Sarran, la route emprunte une large vallée sèche que suivait autrefois la Rhue. Elle rejoint ensuite la rivière et en remonte la rive droite au pied de grands rochers.

Barrage de Vaussaire. – Près d'Embort. Il peut détourner annuellement, avec l'aménagement de la Haute-Tarentaine, 665 millions de m³ d'eau en moyenne qu'un tunnel long de 12 km conduit dans la retenue du barrage de Bort *(p. 64).* Une partie des eaux alimente l'usine hydro-électrique d'Auzerette au pied du barrage (productibilité annuelle : 90 millions de kWh).

Gorges de la Rhue ★★. — En amont d'Embort, la rivière coule dans de magnifiques gorges boisées qui s'élargissent un instant au confluent des deux Rhues, près de l'usine hydro-électrique de Coindre (productibilité annuelle : 100 millions de kWh).

Cascade de Cornilloux. – *1/2 h à pied AR. 50 m avant la sortie du hameau de Cornilloux, laisser la voiture et prendre à gauche un chemin de chars. Peu après, aussitôt avant un hangar de scierie, prendre à droite un chemin en montée qui*

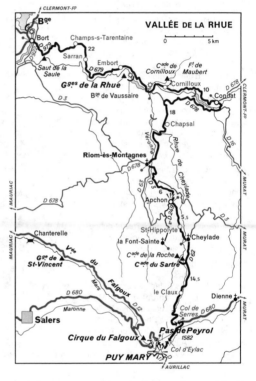

longe bientôt un petit lac-réservoir. A l'extrémité du lac, prendre à gauche pour franchir un petit pont de planches. 200 m plus loin, on atteint le haut de la cascade ; un sentier en descente rapide permet d'en approcher le bas. Dans un très beau **site ★**, en pleine forêt, le Gabacut, qui a creusé dans le roc de nombreuses marmites, se précipite en deux jolies chutes successives.

La route s'engage dans une superbe forêt de sapins et offre de belles échappées sur le lac-réservoir des Essarts. Après la sortie de la forêt, on découvre le charmant site de Condat *(p. 92).*

DE CONDAT AU PAS DE PEYROL

49 km — environ 2 h 1/2 — schéma ci-dessus

Au départ de Condat *(p. 92),* le D 678, en corniche, sous bois, ménage de belles vues sur les gorges de la Rhue, au fond desquelles apparaît le lac des Essarts. On parcourt le vallon sec de Sapchat, témoin d'un ancien cours de la Rhue, puis après avoir traversé la vallée de la Rhue de Cheylade, on suit, en la dominant, la vallée boisée de la Véronne. Riom-ès-Montagnes apparaît, au milieu d'un frais décor pastoral.

Riom-ès-Montagnes ★. — 3 920 h. (les Riomois). *Lieu de séjour, p. 44.* Son industrie fromagère et ses foires à bestiaux font de ce bourg un centre commercial. L'**église St-Georges ★** ne conserve de l'édifice primitif (11ᵉ s.) que le chœur, l'abside, la coupole et le transept. La nef est du 12ᵉ s., le clocher gothique. Remarquer le chevet et, à l'intérieur, le chœur avec ses chapiteaux romans.

A 4 km de Riom-ès-Montagnes, un beau panorama se dégage à gauche sur les monts Dore et les hauts plateaux du Cézallier. Puis l'on découvre les ruines du château d'Apchon et une partie des monts du Cantal.

RHUE (Vallée de la)★★

Apchon. — 352 h. Village cantalien caractéristique avec ses robustes maisons de pierres volcaniques. De la rue de la Porte-du-Barre part le sentier d'accès *(1/4 h de marche)* au **château d'Apchon** dont il ne reste que des murailles ruinées. Du sommet du piton basaltique où il se dresse, beau **panorama**★ sur les plateaux du Limousin, les monts Dore, les monts du Cézallier et du Cantal.

La Font-Sainte. — *4 km au départ d'Apchon par le D 249 et un chemin à gauche.* Au milieu des pâturages se dresse la petite chapelle de la Font-Sainte du 19ᵉ s. où se déroule, le dernier jeudi d'août, le pèlerinage des bergers *(p. 6)*.

Par St-Hippolyte, le D 49 descend vers la Rhue de Cheylade et la franchit. Le puy Mary, de forme pyramidale, apparaît à droite d'une longue arête partant du puy de Peyre-Arse.

Cheylade. — 505 h. (les Cheyladais). *Lieu de séjour, p. 44.* Ce bourg qui domine la Rhue est apprécié des amateurs de pêche. L'intérieur de son église a été remanié à plusieurs reprises : le chœur qui garde quelques chapiteaux sculptés, et l'abside sont les parties les plus anciennes, la nef et les bas-côtés ont été couverts au 18ᵉ s. par une voûte à caissons en chêne peints d'anges, de fleurs et d'animaux. Remarquer en outre un bénitier, des fonts baptismaux, derrière le maître-autel, un Christ en bois du 14ᵉ s. et, à gauche du chœur, une statue en bois de saint Léger (15ᵉ s.).

(D'après photo Léo Pélissier)

Cascade du Sartre.

Cascade du Sartre★. — *A 2,5 km au Sud de Cheylade, prendre à droite le D 262, puis, à droite de la route, un sentier, 100 m après un pont.* Cascade formée par la Rhue qui tombe d'une trentaine de mètres de hauteur. Poursuivre le D 262 et après un nouveau pont, prendre à droite un chemin d'où l'on a une jolie vue sur la **cascade de la Roche**, formée par un affluent de la Rhue qui descend en cascatelles sur les rochers. *Faire demi-tour.*

Après le Claux, la vue devient superbe sur le puy Mary et la vallée de Cheylade dont le fond est couvert de forêts. Bientôt, la route, qui s'élève en lacet, pénètre dans les bois, atteint les hauts pâturages, franchit le col de Serres et débouche sur la vallée de l'Impradine, creusée en «auge» par les anciens glaciers.

Le paysage prend un véritable caractère alpestre. Au cours de la montée, la route franchit le col d'Eylac, s'accroche en corniche au flanc abrupt du puy Mary et offre des vues splendides sur les vallées de l'Impradine et de la Rhue de Cheylade, les monts Dore et du Cézallier. Aucune autre route d'Auvergne ne procure des vues aussi saisissantes surtout dans la montée finale vers le Pas de Peyrol *(p. 72)*.

RIOM ★★

Carte Michelin nº **73** - pli 4 — *Schéma p. 114* — 17 962 h. (les Riomois).

Située sur une butte, au bord occidental de la Limagne, Riom est une ancienne ville qui garde, à l'intérieur de la ceinture de larges voies tracées à l'emplacement de ses remparts, le reflet de sa splendeur passée.

UN PEU D'HISTOIRE *(1)*

Saint Amable. — Amable, premier curé de Riom au 5ᵉ s., devint l'objet d'une vénération qui s'est perpétuée de nos jours dans une fête annuelle; le dimanche qui suit le 10 juin, les «brayauds» (paysans en costumes anciens) portent sa châsse en procession. Saint Amable est surtout invoqué contre les morsures de serpents et contre le feu. Ses reliques étaient l'objet d'un culte si jaloux, que lorsque l'illustre évêque de Clermont, Massillon, vint à Riom, les habitants, craignant qu'il ne les emportât, refusèrent de les lui montrer et le chassèrent sous les huées.

Riom capitale. — Au 13ᵉ s., la grande fortune de Riom fut l'expédition de Philippe Auguste en Auvergne; il établit à Riom le siège de son administration. La ville, jusque-là confinée autour de l'église St-Amable, se bâtit sur un plan régulier et s'accrût considérablement. Les maisons du 13ᵉ s. ont toutes disparu à la suite de tremblements de terre et d'incendies. Elles furent rebâties à la fin du 15ᵉ s., avec cette suite de beaux hôtels que nous admirons encore.

(1) Pour plus de détails, lire : «Riom le Beau et ses fleurons», par J. Reynouard et P. Sabatier (Clermont, De Bussac).

Le duc de Berry. — En 1360, c'est au duc Jean de Berry, fils de Jean le Bon, qu'échoient les duchés de Berry et d'Auvergne. Il a pour les arts un goût fastueux. Une cour d'artistes, les Dammartin, architectes du Louvre de Charles V, les peintres Limbourg, l'entoure. Son château, qui occupait l'emplacement du Palais de Justice actuel, avait des loges, dans la tour, pour les bêtes fauves qui suivaient partout le duc. C'est dans la chapelle du château qu'en 1389, le duc, veuf, célèbre, à 60 ans, son mariage avec une comtesse d'Auvergne, qui en a 12. Cette union disproportionnée lui vaut maints brocards. Pour subvenir à ses dépenses en bâtiments, Jean de Berry ruine ses provinces, ce qui ne l'empêche pas de mourir insolvable, à 76 ans.

Le cheveu de Jeanne d'Arc - 15e s. — Riom passe ensuite, avec le duché d'Auvergne, aux mains de la famille de Bourbon. La ville est fort attachée au roi; aussi quand Jeanne d'Arc a besoin de renforts en poudre, salpêtre et autres munitions, pour le siège de la Charité, c'est aux Riomois qu'elle en demande. La lettre est précieusement conservée à l'Hôtel de Ville, mais le cheveu de la sainte, pris dans le cachet de cire qui scellait la lettre, a disparu.

Scènes de jalousie - 16e-18e s. — Sous les règnes de Henri II et de Henri III, Riom cesse de se développer alors que Clermont prospère, avec l'appui des rois de France. Du moins, Riom garde toujours ses tribunaux. Ce sont ses magistrats qui ont bâti ces hôtels aimables et accumulé les trésors artistiques.

La jalousie de Riom pour Clermont devient intense au 17e s. : les deux villes ont alors une population à peu près égale. Elles luttent sur tous les domaines, c'est à qui remontera le plus haut dans l'histoire. Les érudits de Riom, en sollicitant des textes bien choisis, l'emportent : ils trouvent à la ville une origine grecque ! Quand les Grands Jours se tiennent à Clermont, en 1665, le premier échevin de Riom, dans une harangue, remarque aimablement que le roi a choisi la ville où il y a le plus de coquins.

La ville a gardé la Cour d'Appel, signe de sa véritable vocation judiciaire. C'est devant la cour suprême de Justice qu'en 1942 s'ouvrait le «procès de Riom». Étaient inculpés le général Gamelin, MM. Daladier, Blum, Guy La Chambre, Jacomet. Commencé le 19 février, le procès fut suspendu le 11 avril pour supplément d'enquête.

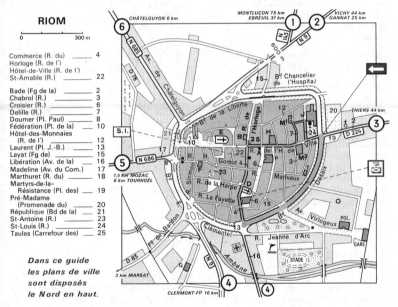

RIOM

0   300 m

Commerce (R. du)	4
Horloge (R. de l')	
Hôtel-de-Ville (R. de l')	
St-Amable (R.)	22
Bade (Fg de la)	2
Chabrol (R.)	3
Croisier (R.)	6
Delille (R.)	7
Doumer (Pl. Paul)	8
Fédération (Pl. de la)	10
Hôtel-des-Monnaies (R. de l')	12
Laurent (Pl. J.-B.)	13
Layat (Fg de)	15
Libération (Av. de la)	16
Madeline (Av. du Com.)	17
Marthuret (R. du)	18
Martyrs-de-la-Résistance (Pl. des)	19
Pré-Madame (Promenade du)	20
République (Bd de la)	21
St-Antoine (R.)	23
St-Louis (R.)	24
Taules (Carrefour des)	25

Dans ce guide les plans de ville sont disposés le Nord en haut.

■ PRINCIPALES CURIOSITÉS *visite : 2 h*

Partir de la place des Martyrs-de-la-Résistance, prendre la rue de l'Hôtel-de-Ville et, à droite, la rue St-Louis.

Palais de Justice (J). — *Visite du 15 avril au 1er octobre, de 9 h à 12 h et de 14 h à 18 h; le reste de l'année, de 10 h à 12 h et de 14 h à 16 h 30. Fermé le dimanche. S'adresser au concierge.*

La **Sainte-Chapelle ∗** (14e s.), seul reste du château du duc de Berry, offre, dans le chœur aux lignes harmonieuses, des **vitraux ∗** remarquables du 16e s. La Chambre du Conseil et une salle d'audience sont tendues de magnifiques **tapisseries ∗** du 17e s. représentant «l'Odyssée».

En sortant du Palais de Justice, suivre la rue Delille.

Musée régional d'Auvergne ∗ (M1). — *Visite de 10 h à 12 h et de 14 h à 17 h 30 (16 h 30 en hiver). Fermé en octobre et novembre, les lundis et mardis toute l'année. Entrée : 3 F.*

Ce musée régional d'Arts et de traditions populaires présente une remarquable collection d'instruments aratoires, d'outils ruraux ou artisanaux, de meubles, de jeux (boules, cabrettes, etc.), d'objets domestiques, de costumes reflétant la physionomie de la province avant la révolution industrielle. La collection de coiffes et la salle de statuaire religieuse (13e-18e s.) sont particulièrement riches.

Regagner la rue de l'Hôtel-de-Ville dans laquelle tourner à droite.

Hôtel de Ville (H). — Dans le vestibule se trouve une plaque de lave émaillée reproduisant la lettre de Jeanne d'Arc aux Riomois *(voir p. 149)*. La jolie **cour★** du 16e s. s'orne de galeries à arcades, d'un monument aux Morts par Rivoire et d'une tourelle d'escalier s'ouvrant par une porte ornée de statuettes (un homme des bois et un Hercule). Au 1er étage *(visite de 9 h à 11 h 30 et de 14 h à 17 h 30; fermé les dimanches et lundis; s'adresser au concierge)*, on voit, outre la lettre de Jeanne d'Arc, un Narcisse par Canova, des souvenirs locaux, des armes et des objets trouvés à Gergovie; plusieurs tableaux du 18e s. ornent la salle du Conseil.

Maison des Consuls★ - 16e s. (A). — Le rez-de-chaussée comporte cinq arcades. Les fenêtres du 1er étage supportent une élégante frise au-dessus de laquelle sont disposés deux bustes de femmes et deux bustes d'empereurs romains où l'imagination populaire a vu l'effigie des anciens consuls de Riom.

Carrefour des Taules. — Près de ce carrefour (Taule est un mot ancien signifiant étal) où aboutissent les rues principales du vieux Riom s'élèvent quelques-unes des plus intéressantes maisons anciennes de la ville.

A l'angle des rues de l'Hôtel-de-Ville et de l'Horloge, maisons aux fenêtres sculptées.

Rue de l'Horloge : tour de l'Horloge et, au n° 7 hôtel Arnoux-de-Maison-Rouge dont le couloir, éclairé de fenêtres ovales, donne accès à une jolie cour du début du 17e s.; de l'autre côté de la rue, voir les fenêtres du n° 4 et surtout, au n° 12, l'hôtel Guimoneau.

Hôtel Guimoneau★ (B). — *Fermé le dimanche*. Sa porte est du 16e s. Entrer dans le couloir à l'extrémité duquel se trouve une très jolie cour.

L'escalier est orné de sculptures délicates dont une «Annonciation». A gauche, la galerie présente quatre statuettes figurant, de gauche à droite, la Force, la Justice, la Prudence, la Tempérance. Remarquer, dans les murs qui entourent la cour, des médaillons dont deux (au fond) représentent le maître et la maîtresse de maison montrant leur tête à de petites fenêtres.

En sortant de l'hôtel Guimoneau, emprunter, vers l'église N.-D.-du-Marthuret, la rue du Commerce. Remarquer au n° 36, les cariatides de l'hôtel Robert-Deval.

(D'après photo Arch. Phot., *Paris*)

Riom. — Vierge à l'Oiseau.

Église N.-D.-du-Marthuret★ (D). — Elle date des 14e et 15e s. La façade Ouest a été très abîmée sous la Révolution. Une copie de la Vierge à l'Oiseau est adossée au trumeau.

A l'intérieur, on peut voir quelques vitraux intéressants et surtout dans la première chapelle à droite, la merveilleuse **Vierge à l'Oiseau★★★**. Cette œuvre célèbre du 14e s. se rattache à l'art des sculpteurs de Jean de Berry. Elle a été sauvée, sous la Terreur, par la corporation des bouchers qui la cachèrent dans une cave. La comparaison est saisissante entre cette Vierge gothique et la Vierge romane conservée dans l'église de Marsat. Ces deux statues si représentatives de l'art du 14e et du 12e s. sont reproduites l'une ci-contre et l'autre p. 151.

Sur la place J.-B.-Laurent, se dresse la fontaine Desaix. *A gauche le boulevard Desaix ramène au point de départ.*

■ AUTRES CURIOSITÉS

Musée Mandet★ (M²). — *Mêmes conditions de visite que le musée régional d'Auvergne.* Ce musée occupe un hôtel construit en 1640. Au 1er étage, quatre salles décorées de délicates boiseries, présentent quelques toiles de maîtres français et étrangers des 17e et 18e s. : Frans Hals (le mangeur d'huîtres), Regnault, Watteau, le Nain, le Lorrain, Titien, Breughel de Velours, El Rosso (autoportrait). Les dessus de portes sont attribués à Boucher. Le 2e étage est consacré à la peinture contemporaine.

Basilique de St-Amable (E). — De l'église du 12e s., il ne reste que la nef et une partie du transept. Les autres parties ont été remaniées ou reconstruites du 13e au 19e s. Voir, dans la chapelle axiale la châsse de saint Amable, dans la sacristie les belles boiseries (1687) qui entouraient le chœur du chapitre et une intéressante collection de soieries.

Fontaines. — Les 17e et 18e s. ont doté Riom de nombreuses fontaines qui contribuent beaucoup à l'agrément d'une promenade à travers la ville. L'une des plus célèbres est la **fontaine d'Adam et Ève** - 17e s. (F), décorée de cariatides dues au sculpteur riomois Languille; en face maison Renaissance à arcade.

EXCURSIONS

Mozac★★. — 2 137 h (les Mozadaires). Aux portes de Riom, Mozac est célèbre par les chapiteaux et le trésor de son église romane.

Au 7e s., une abbaye bénédictine y fut fondée par saint Calmin. Après avoir été l'une des plus puissantes du royaume jusqu'au début du 16e s., elle tomba en décadence. Il en reste aujourd'hui quelques bâtiments *(propriété privée)* et surtout l'église.

Prendre la rue de l'Abbaye qui part de la place St-Paul, en face de la mairie.

Église ∗ (1). — Visite : 1/2 h. Construite au 12ᵉ s. dans le style roman d'Auvergne, elle fut reconstruite au 15ᵉ s.

De l'époque romane a subsisté la série des beaux **chapiteaux** ∗∗ de la nef et des bas-côtés qui sont célèbres dans l'histoire de la sculpture romane. Au bas de la nef, deux d'entre eux, du 12ᵉ s., provenant du déambulatoire disparu, sont de toute beauté; l'un représente quatre vendangeurs à genoux portant des grappes. Le deuxième, le plus curieux, représente les Saintes Femmes au Tombeau, tenant dans leurs mains les vases de parfum; sur une autre face, trois soldats dorment devant le sépulcre du Christ; leurs cottes de mailles, leurs casques coniques à nasal, leurs boucliers en amande sont de précieux témoins de l'équipement militaire au 12ᵉ s.

Le chœur renferme des stalles du 15ᵉ s.; les vitraux, de la même époque, sont très restaurés. Dans le bas-côté droit, dans une chapelle fermée par une grille, on voit un curieux Christ en bois du 14ᵉ s. recouvert de toile peinte et vêtu d'une jupe et d'une calotte, et, à droite de cette chapelle, une «Vierge à l'Oiseau» également en bois sculpté, du 15ᵉ s.

Trésor ∗∗. — *Sonner à la porte de la sacristie, dans le croisillon droit.*

Les châsses sont dans une armoire grillagée dans le bras droit du transept, mais seule la visite du trésor permet de les admirer pleinement. La plus précieuse, la **châsse de saint Calmin** ∗∗, en émail champlevé, daterait de 1168. La châsse de saint Austremoine (17ᵉ s.) est l'une des rares châsses peintes que possède la France. La sacristie (ancienne salle capitulaire) renferme aussi le sceau de Pépin le Bref, qui scellait les reliques de saint Austremoine apportées par Pépin, un Christ byzantin du 11ᵉ s., deux petits reliquaires, des chapes et des chasubles du 17ᵉ au 19ᵉ s., des boiseries du 18ᵉ s., etc.

Marsat. — 807 h. *3 km. Quitter Riom par le D 83 au Sud-Ouest du plan.*

Élevée aux 11ᵉ et 12ᵉ s., l'église de Marsat, ancienne chapelle d'un prieuré de Bénédictines dépendant de Mozac, est formée de deux nefs accolées, fortement remaniées. Dans le chœur de la chapelle de gauche, remarquable **Vierge noire** ∗∗ en majesté, du 12ᵉ s., en bois peint, vénérée depuis des siècles.

Une roue, sur laquelle s'enroule un fil de cire, très fin et qui pouvait avoir à l'origine 3 km de long (distance de Riom à Marsat), est suspendue à la voûte. Chaque année, jusqu'à la Révolution, les Riomois, à la suite d'un vœu dont l'origine remonterait au siège de leur ville par les Normands en 916, offraient à la Vierge de Marsat une «roue de cire» qu'ils avaient d'abord portée à la procession de St-Amable *(p. 148)*. Une roue, ornée de fleurs, figure toujours dans cette procession; la roue de cire est solennellement portée à Marsat, le dimanche qui suit l'Ascension *(voir p. 6).*

En s'adressant à M. le Curé, on peut voir une magnifique croix reliquaire de la Sainte-Épine en argent doré et cristal de roche, semblant dater de l'époque Louis XIII.

Marsat. — Vierge noire.

ROYAT ★★

Carte Michelin n° **73** - pli 14 — 4 491 h. (les Royadères ou Royatais) — *Lieu de séjour, p. 42.*

Sur les hauteurs qui dominent à l'Ouest l'agglomération clermontoise, Royat est une importante et élégante station thermale étagée dans le frais vallon de la Tiretaine. Elle se trouve sur la faille occidentale de la Limagne et c'est à cette situation qu'elle doit ses sources. La Tiretaine descend du plateau granitique qui porte les monts Dômes. Jusqu'à sa sortie de Royat, c'est un torrent. Le fond de son lit a été rempli par une coulée de lave vomie par le petit puy de Dôme. La rivière y a scié des gorges; elle franchit de nombreux seuils par des cascades, apportant à la station un grand élément de pittoresque.

Le vieux Royat, avec son église fortifiée, domine le Royat thermal qui s'accroche aux pentes du ravin de la Tiretaine et s'étale au débouché de la rivière dans la Limagne.

Les eaux. — Connues des Arvernes, dont la capitale, Gergovie, était toute proche, les eaux de Royat furent ensuite exploitées par les Romains qui y construisirent des thermes magnifiques. L'utilisation de ces eaux connut jusqu'au milieu du 19ᵉ s. des fortunes diverses; la vogue et la célébrité dont elles jouissent depuis cette date ne se sont pas démenties. Un établissement thermal fut élevé et l'impératrice Eugénie par sa venue à Royat en 1862, lança la station.

Quatre sources sont utilisées *(détails p. 23)*. La plus abondante est la source Eugénie dont on a retrouvé le captage gallo-romain. Elle débite 1 500 litres à la minute (température 31,5 °C) et dégage en même temps une grande quantité de gaz thermaux radio-actifs. La température des autres sources décroît jusqu'à 14 °C. St-Mart, de captage celtique, porte le nom du saint qui, au 6ᵉ s., fonda un monastère sur l'emplacement actuel du parc thermal. La source St-Victor fut captée par les Romains. Existent également les sources César, de captage gallo-romain, et Velleda. Ces eaux sont employées, dans les établissements thermaux, sous forme de boisson, de bains carbo-gazeux et d'injections de gaz thermaux, pour le traitement des affections du cœur et des artères, de la cellulite et de l'arthrose.

La station offre les distractions des villes d'eaux : parcs, casino, concerts, théâtre, cinéma, tennis, golf à 9 trous à Charade (6 km). Saison du 7 avril au 24 octobre.

---

(1) *Pour plus de détails, lire : «L'abbaye St-Pierre de Mozac» (en vente à l'église).*

■ PRINCIPALES CURIOSITÉS *visite : 2 h*

Église St-Léger★. — Ce très intéressant édifice fortifié, qui s'écarte sensiblement du type classique de l'église romane auvergnate, s'apparente aux églises du Midi. Bâtie à la fin du 11ᵉ s., sur l'emplacement d'un ancien sanctuaire, elle dépendait de l'abbaye de Mozac *(p. 150)* qui l'agrandit en reconstruisant le chœur et le fortifia au début du 13ᵉ s. pour résister aux entreprises du comte d'Auvergne. Le clocher est du 19ᵉ s. L'ancien prieuré accolé au bras gauche du transept, était également fortifié. Deux belles roses gothiques sont percées, l'une dans le mur du transept droit, l'autre dans celui du chevet. On peut visiter la crypte où ont été remployés des chapiteaux du 10ᵉ s., et monter au chemin de ronde.

Royat. — L'église.

Sur la place Cohendy se dresse un calvaire, sculpté dans la lave, daté de 1486.

Parc thermal (BY). — Joli jardin dans lequel se trouve l'Établissement thermal et le Casino. On y voit les restes des thermes gallo-romains qui comportaient plusieurs piscines. L'une d'elles, mise au jour et restaurée, était autrefois recouverte de voûtes ornées de mosaïques; ses murs étaient revêtus de marbre. Des canalisations en terre cuite amenaient les eaux qui se déversaient en cascatelles dans la piscine par des hémicycles. Les autres salles, qui servaient aux étuves, et les appareils souterrains de chauffage ne sont pas dégagés.

Grotte du Chien (BY). — *Visite de Pâques au 1ᵉʳ octobre, de 9 h à 12 h et de 14 h à 19 h. Entrée : 1,50 F.*

Creusée dans le basalte, elle était prise autrefois pour un soupirail de l'enfer. Des fissures dans ses parois dégagent de l'acide carbonique qui s'accumule sur le sol jusqu'à une hauteur variable suivant la pression atmosphérique mais généralement de 50 cm environ à l'entrée, de plus d'un mètre (2,50 m par temps orageux) au fond. Un chien y étouffe, un homme ne sent rien. Si l'on y fait des bulles de savon, elles vont reposer sur la couche de gaz comme sur une table. L'expérience du chien ne se pratique plus; elle est remplacée par l'expérience de la bougie dont la flamme s'éteint dès qu'on la plonge dans le gaz carbonique. Dans cette grotte, le touriste peut voir une statuette de lave trouvée, si on en croit la légende, au Pariou (près du puy de Dôme) et représentant un dieu des volcans.

■ AUTRES CURIOSITÉS

Monument aux Morts (AZ). — Œuvre émouvante du sculpteur Mabru. Il est érigé sur une éminence boisée d'où l'on aperçoit la cathédrale de Clermont-Ferrand.

Parc Bargoin (BZ). — Parc bien aménagé dans un terrain accidenté, et jardin botanique. Du haut d'une petite tour, belle vue sur Clermont-Ferrand.

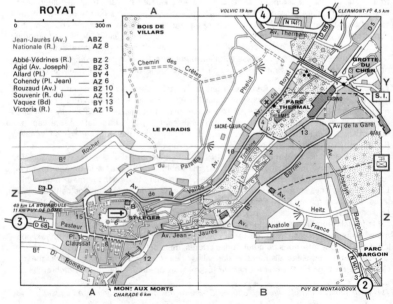

ROYAT

0   300 m

Jean-Jaurès (Av.)	ABZ
Nationale (R.)	AZ 8
Abbé-Védrines (R.)	BZ 2
Agid (Av. Joseph)	BZ 3
Allard (Pl.)	BY 4
Cohendy (Pl. Jean)	AZ 6
Rouzaud (Av.)	BZ 10
Souvenir (R. du)	AZ 12
Vaquez (Bd)	BY 13
Victoria (R.)	AZ 15

Grotte des Laveuses (AZ B). — Au bord de la Tiretaine. Plusieurs sources jaillissent des parois volcaniques et viennent accumuler leurs eaux dans une sorte de lavoir d'où elles s'écoulent dans la Tiretaine.

Taillerie de pierres fines (AZ D). — *Visite du 20 juin au 20 septembre, de 9 h à 12 h et de 14 h à 18 h. Fermé le dimanche.*

Les pierres fines : cristal de roche, agate, tourmaline, améthyste, y sont travaillées.

Le Paradis. — Offrant de jolies vues sur le parc thermal et l'agglomération clermontoise, l'avenue A.-Phelut donne accès à cet agréable site. L'avenue du Paradis domine le vieux Royat groupé autour de son église.

Bois de Villars (AY). — *1 h de marche.* Superbes sous-bois. Belles échappées sur la Limagne et les monts du Livradois. Restes bien conservés de la voie romaine reliant Clermont-Ferrand à Limoges.

Puy de Montaudoux. — *1 h de marche. Quitter Royat par ② du plan, N 141C. A hauteur de l'embranchement du D 5, prendre à gauche le chemin de terre conduisant au puy.* Du sommet, altitude 592 m, belle vue sur la Limagne.

EXCURSIONS voir aussi celles au départ de Clermont-Ferrand, p. 92

La Pépinière et bois de la Pauze. — *Environ 2 h de marche — schéma ci-contre. Quitter Royat par ③ du plan, D 68; dans le vallon de la Tiretaine, 150 m après le pont des Soupirs, prendre à gauche le chemin qui conduit, le long du ruisseau de Vaucluse, à la Pépinière de l'État. Regagner Royat par le bois de pins de la Pauze.*

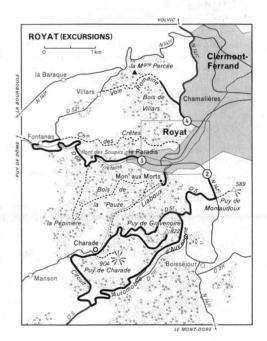

ROYAT (EXCURSIONS)

Charade et puy de Charade. — *Environ 3 h de marche — schéma ci-contre.* Suivre le chemin qui remonte le vallon du ruisseau du Liaboux et conduit au village de Charade. De là, un sentier mène au puy de Charade, formé d'un cône de basalte et dont la coulée s'étend jusqu'au puy de Gravenoire. Du sommet, altitude 904 m, vue étendue sur les monts Dômes, la Limagne, les monts du Forez et les monts Dore. De Charade, une route étroite et en très forte pente permet de regagner Royat par le bois de la Pauze.

Puy de Gravenoire. — *Environ 3 h de marche. Quitter Royat par ② du plan, N 141C. A 2 km, prendre à droite le D 5 et, 1 500 m plus loin, en face d'une carrière de pouzzolanes, prendre à droite la route du circuit (D 5E). A 2,7 km, tourner à gauche sur la route conduisant au sommet du puy de Gravenoire. Description p. 97.*

Vallée de la Tiretaine et chemin des Crêtes. — *Environ 2 h de marche. Quitter Royat par ③ du plan. Le D 68 remonte le vallon verdoyant de la Tiretaine.*

A Fontanas, franchir la Tiretaine puis prendre à droite le chemin des Crêtes qui ramène à Royat par le Paradis. Il offre de très jolies vues.

Circuit automobile d'Auvergne. — *18 km. Peut être combiné avec Charade et le puy de Gravenoire (voir ci-dessus). Quitter Royat par ② du plan, N 141C. A 2 km, suivre à droite le D 5.*

Ses 8 km offrent à la virtuosité des pilotes 51 virages et des rampes atteignant parfois 10%. Destiné aux compétitions de course pure, on envisage de l'utiliser également comme banc d'essai pour voitures de course et de tourisme. Les «Trophées d'Auvergne», principale manifestation annuelle qui se déroule sur ce circuit, ont lieu fin juin-début juillet.

SAIGNES

Carte Michelin n° **76** - pli 2 — 735 h. (les Saignois) — *Lieu de séjour, p. 42.*

Agréable petite villégiature estivale perchée au-dessus de la vallée de la Sumène.
L'église, de style roman auvergnat, et quelques maisons anciennes (15ᵉ s.), font à la petite place un décor pittoresque. Le rocher qui la domine porte encore quelques vestiges de l'ancien château et la petite chapelle Notre-Dame. De là, très belle vue sur la vallée et sur Bort-les-Orgues.

EXCURSION

Ydes. — 2 024 h. *2 km. Quitter Saignes par le D 36 à l'Ouest.*
Ce petit bourg s'élève au bord de la Sumène dans une région hérissée de pitons basaltiques. L'église, dédiée à St-Georges, est du style roman de la Haute-Auvergne (12ᵉ s.).
Le porche Ouest, surmonté d'un clocher à peigne *(voir p. 32)*, en est la partie la plus intéressante; ses sculptures représentent : les signes du Zodiaque, l'Annonciation, Daniel dans la fosse aux lions et le prophète Habacuc qu'un ange emporte en le saisissant par les cheveux. La porte Sud est décorée d'un saint Georges terrassant le dragon, le chevet de jolis modillons sculptés.

ST-CERNIN

Carte Michelin n° **76** - Sud-Ouest du pli 2 — 1 355 h. (les St-Cerninois) — *Lieu de séjour, p. 42.*

Église St-Louis. — Élevée au 12ᵉ s., remaniée au 15ᵉ s., elle est dominée par un clocher à peigne. De très belles **boiseries ★** occupent les deux côtés du chœur; étrangères au style des artistes auvergnats, elles proviennent du chapitre de St-Chamant *(voir ci-dessous)*.
Elles comprennent quatorze stalles (voir les miséricordes), encadrées par quatre grands panneaux. Près de la chaire, beau lutrin Louis XIV.
Au chevet, très beaux corbeaux sculptés dans le basalte.

EXCURSION

Gorges de la Maronne ★. — *Circuit de 55 km — environ 2 h — schéma ci-dessous. Quitter St-Cernin par le D 922 au Nord.*

St-Chamant. — 410 h. Au 15ᵉ s., une collégiale fut élevée à l'Est de la localité, mais les bâtiments conventuels furent vendus à la Révolution et l'église démolie au 19ᵉ s., seul le mobilier fut sauvé. L'église paroissiale abrite huit stalles, placées de chaque côté du chœur. Elles s'ornent de seize **panneaux ★** peints, en forme de dais incurvés; figures de saints, scènes religieuses les décorent : saint Georges, saint Martin, saint Sébastien se distinguent nettement. Accoudoirs et miséricordes sculptés complètent le décor de ces stalles.

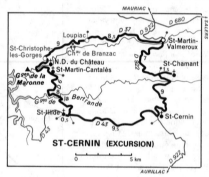

ST-CERNIN (EXCURSION)

St-Martin-Valmeroux. — 1 137 h. (les St-Martinois). *Lieu de séjour, p. 42.* Petite localité célèbre par sa ganterie. Église gothique; fontaine ancienne.

Le D 37, très sinueux, domine la vallée de la Maronne aux versants couverts de prés et de bois. En traversant les villages, remarquer la forme caractéristique des toits de la région.
Après Loupiac, apparaissent les ruines du château de Branzac.

À St-Christophe-les-Gorges, suivre à gauche le D 6 qui offre presque aussitôt de très belles vues sur deux méandres encaissés : dans l'une des boucles se dresse, sur un promontoire, la **chapelle de N.-D.-du-Château.**

St-Martin-Cantalès. — 266 h. L'église conserve un portail roman.

Gorges de la Bertrande. — Leurs méandres sont étroitement emboîtés.

St-Illide. — 802 h. La petite église romane, agrandie au 15ᵉ s., renferme dix stalles provenant de St-Chamant comme celles de St-Cernin et dont on remarquera les miséricordes. Beau lutrin.

Regagner St-Cernin par le D 43.

LES GUIDES VERTS MICHELIN

Description détaillée des curiosités
Routes touristiques
Géographie, Économie
Histoire, Art
Itinéraires de visite
Lieux de séjour
Plans de villes et de monuments

La France en 19 guides

ST-DIER-D'AUVERGNE

Carte Michelin n° **73** - pli 15 — *Schémas p. 114 et 116* — 711 h. (les St-Diérois) — *Lieu de séjour, p. 42.*

Ce bourg du Livradois occupe un point de passage encaissé, à la traversée de la vallée du Miodet sur l'ancienne route de Clermont-Ferrand à Ambert.

Église. — Intéressant édifice fortifié du 12ᵉ s. La façade Ouest est soutenue par des contreforts et ornée d'arcatures romanes où alternent des granits clairs et des latérites rouges provenant du bassin de St-Dier. La porte conserve ses anciennes pentures. A l'intérieur, curieux chapiteaux dans la nef et le chœur.

A droite de l'église se trouvent les restes d'un ancien prieuré bénédictin dépendant de la Chaise-Dieu.

EXCURSIONS

Château des Martinanches. — *5 km au Sud. Quitter St-Dier par la N 497 au Sud-Est et à 4,5 km, prendre à droite l'allée menant au château.*

Visite de Pâques au 1ᵉʳ octobre, de 14 h à 19 h; le reste de l'année, les dimanches et jours fériés, de 14 h à 17 h. Entrée : 5 F.

Nichée au fond d'un vallon et entourée de douves, cette bâtisse du 11ᵉ s., remaniée au 15ᵉ et au 19ᵉ s., servit à entreposer les armes destinées aux châteaux forts environnants. Plafonds à la française, mobilier de différents styles, porcelaines de la Compagnie des Indes, faïences des Tuileries agrémentent cette demeure.

Pic de la Garde. — *12 km, puis 1/2 h à pied AR. Quitter St-Dier par le D 58 au Sud-Ouest, puis suivre à droite le D 53. A St-Jean-des-Ollières, prendre à gauche le D 58ᴱ, puis à 1,7 km, tourner à droite. Un chemin en très mauvais état conduit à une ferme isolée où laisser la voiture. Description p. 117.*

Les guides Rouges, les guides Verts et les cartes Michelin composent un tout.
Ils vont bien ensemble, ne les séparez pas.

ST-FLOUR ★★

Carte Michelin n° **76** - plis 4, 14 — 8 776 h. (les Sanflorains) — *Sports et distractions, p. 44.*

St-Flour est perchée, à 881 m d'altitude, à l'extrémité de la planèze qui porte son nom, sur une table basaltique dominant de 100 m le cours du Lander. C'est par l'Est qu'il faut arriver pour apprécier la beauté de son **site** ★★ et voir surgir, au-dessus des escarpements rocheux, l'alignement des maisons dominées par les tours massives de la cathédrale.

La ville s'est formée autour du tombeau de saint Flour, disciple de la doctrine du Christ. Au Moyen Age, gérée par trois consuls élus, elle prend un essor tel qu'elle compte alors 7 000 habitants. En 1317, le pape en fait le siège d'un évêché. Pendant la guerre de Cent Ans, les Anglais possédant la Guyenne, St-Flour est ville-frontière, «la clef de la France devers la Guyenne». Charles VII y vient deux fois. Les attaques, continuelles, restent vaines.

Une seule fois, pendant les guerres de religion, la ville est sur le point d'être prise. Dans la nuit du 9 au 10 août 1578, le capitaine protestant Merle *(p. 110)* s'en approche; déjà quelques hommes ont escaladé les remparts, quand le consul Brisson, réveillé par le bruit, fait sonner la cloche d'alarme, rassemble les bourgeois et refoule les assaillants. Et l'on pourra dire encore de St-Flour : «Nul ne te prit jamais de force que le vent!».

■ PRINCIPALES CURIOSITÉS *visite : 1 h*

Cathédrale ★ (B A). — Elle se dresse sur la vaste place d'Armes. De style gothique sévère, aussi dépouillée à l'extérieur qu'à l'intérieur, la cathédrale rappelle la vocation de forteresse de la ville. Sa construction, entreprise après l'effondrement, en 1396, de la basilique romane qui la précéda, ne fut achevée qu'à la fin du 15ᵉ s. Le maître d'œuvre avait travaillé sous les ordres du duc de Berry, et ceci explique que la construction ne soit pas du style habituel à la région. Sur la façade Ouest, la tour de droite ou tour épiscopale est percée de fenêtres carrées à meneaux qui éclairaient deux pièces servant de prison, les seigneurs-évêques avaient droit de justice.

A l'intérieur, les cinq nefs ont grand air et l'absence de transept en accentue l'ampleur. Elles frappent par la pureté de leurs lignes. Voir à gauche dans le déambulatoire le grand **Christ** ★ en bois (15ᵉ s.), appelé le Bon Dieu noir; dans la chapelle du St-Sacrement, une Pietà du 15ᵉ s., et dans la chapelle du Tombeau, la châsse en bronze doré contenant les reliques de saint Flour.

Terrasse des Roches (B B). — De cette place, située sur les anciens remparts, on a un beau point de vue sur la ville basse, la vallée du Lander et les monts de la Margeride.

Musée de la Haute-Auvergne (B M). — *Visite de 9 h à 12 h et de 14 h à 18 h. Fermé les samedis et dimanches du 1ᵉʳ octobre au 31 mai. Entrée : 2 F.*

Il est installé dans une aile de l'Hôtel de Ville, ancien palais épiscopal édifié au 17ᵉ s. Deux salles du rez-de-chaussée sont consacrées à l'art religieux de la Haute-Auvergne. Dans l'ancienne chapelle, remarquer une statue de saint Pierre du 12ᵉ s. en bois polychrome provenant de l'église de Bredons *(p. 131)*, neuf panneaux du 16ᵉ s. en bois sculpté. Des pièces d'orfèvrerie, des manuscrits du 11ᵉ au 18ᵉ s., des ornements liturgiques composent la seconde salle.

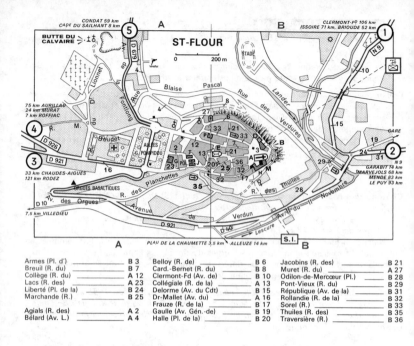

Armes (Pl. d')	B 3	Belloy (R. de)	B 6	Jacobins (R. des)	B 21
Breuil (R. du)	B 7	Card.-Bernet (R. du)	B 8	Muret (R. du)	A 27
Collège (R. du)	A 12	Clermont-Fd (Av. de)	B 10	Odilon-de-Mercœur (Pl.)	B 28
Lacs (R. des)	A 23	Collégiale (R. de la)	A 13	Pont-Vieux (R. du)	B 29
Liberté (Pl. de la)	B 24	Delorme (Av. du Cdt)	B 15	République (Av. de la)	B 31
Marchande (R.)	B 25	Dr-Mallet (Av. du)	A 16	Rollandie (R. de la)	B 32
		Frauze (R. de la)	B 17	Sorel (R.)	B 33
Agials (R. des)	A 2	Gaulle (Av. Gén.-de)	B 19	Thuiles (R. des)	B 35
Bélard (Av. L.)	A 4	Halle (Pl. de la)	B 20	Traversière (R.)	B 36

Au premier étage, le folklore auvergnat est largement représenté : intérieur cantalien, échoppe de sabotier, divers instruments aratoires.

La section archéologique retient particulièrement l'attention. Elle provient en majeure partie des fouilles de Mons et également de Laurie, près de Massiac. Un beau **brassard** * en bronze à six anneaux réunis par une tige d'assemblage, des bracelets, des épées, une importante collection de monnaies gallo-romaines en sont les pièces principales.

Une salle est consacrée à la Résistance cantalienne : cartes, manuscrits, photographies, retracent la vie secrète des combattants de cette région.

Ancienne maison consulaire (B D). — Le consul Brisson, qui sauva la ville le 9 août 1578, y demeura. La façade date du 16e s. La cour (entrée au no 17 bis), où l'on distingue nettement les trois maisons achetées successivement par les consuls aux 14e et 15e s. pour constituer leur maison consulaire, possède un vieux puits, une tourelle d'escalier du 15e s. et diverses inscriptions peintes. Cette demeure abrite le musée A.-Douet.

Musée A.-Douet. — Visite du 1er mai au 15 octobre, de 9 h à 12 h et de 14 h à 18 h (19 h les dimanches et jours fériés). Entrée : 3 F.

On parcourt le hall d'entrée avec sa collection d'armes anciennes, la bibliothèque, la salle des Gardes à la cheminée monumentale, les chambres aux plafonds peints, la salle des Consuls où sont exposés de beaux émaux limousins. Meubles flamands et espagnols, mobilier de différents styles, tapisseries d'Aubusson et verdures de St-Flour, faïences, peintures des écoles française et hollandaise des 17e et 18e s., ornent les différentes pièces de cette demeure. Dans un petit oratoire, remarquer une Pietà et un Christ aux liens du 15e s.

■ AUTRES CURIOSITÉS

Rue des Thuiles (A 35). — Elle est bordée de maisons anciennes.

Collégiale Notre-Dame (B E). — Église du 14e s., désaffectée, dont l'abside est ajourée de baies élégantes.

Rue Marchande (B 25). — *Au no 15,* hôtel Brisson avec une cour du 16e s. aux fenêtres originales séparées par des colonnes à torsades. *Au no 31,* maison du Gouverneur, hôtel Renaissance dont on voit la façade et la cour.

Butte du Calvaire (A). — Vue très étendue.

EXCURSIONS

Calvaire du plateau de la Chaumette * ; **gorges du Lander.** — *Circuit de 18 km — environ 1 h — schéma p. 157. Quitter St-Flour par le D 40 au Sud. A 2 km, prendre à gauche un chemin en montée. 1 km plus loin, dans un large virage à droite, 20 m après une ligne de transport de force, laisser la voiture.*

Calvaire du plateau de la Chaumette *. — *1/2 h à pied AR.* Prendre à gauche un chemin qui longe puis contourne un champ. Suivre la bordure de ce champ en direction du plateau et se diriger vers le calvaire d'où l'on a une très jolie **vue** * sur le site de St-Flour.

Faire demi-tour, prendre à gauche le D 40, puis encore à gauche une petite route en direction des Grisols. Elle franchit le Lander. Tourner à droite pour parcourir les gorges.

Gorges du Lander. — Continuer à longer la rivière qui coule entre des versants rocheux ou boisés. Le chemin se termine dans un méandre très pittoresque, au lieu-dit «le Bout du Monde».

Faire demi-tour et gagner St-Flour par Bellegarde et la N 9.

Villedieu. — 405 h. *7,5 km — schéma ci-contre. Quitter St-Flour par le D 10 au Sud-Ouest.*

L'église, mi-romane, mi-gothique, présente une jolie porte munie d'un heurtoir en fer forgé. Dans le chœur, remarquer le beau maître-autel, les stalles et le lutrin sculptés.

Cascade du Sailhant ou **du Babory; Roffiac.** — *Circuit de 18 km — environ 3/4 h — schéma ci-contre. Quitter St-Flour par ⑤ du plan, D 679. A 1,5 km, prendre sur la gauche le D 40. Laisser la voiture dans le hameau de Sailhant.*

Cascade du Sailhant. — *1/4 h à pied AR.* Le sentier d'accès sinue parmi les maisons puis longe de beaux rochers volcaniques qui supportent le château du Sailhant. La cascade, peu abondante, tombe dans un hémicycle de hautes falaises; dans le creux repose un petit lac.

On peut également garer la voiture près de l'entrée du château et atteindre très rapidement le bord de la falaise, d'où l'on a une vue plongeante sur la cascade et le lac dans son cadre rocheux.

Par le D 404 gagner Roffiac.

Roffiac. — 406 h. L'église est un petit édifice roman du début du 12ᵉ s. (clocher à peigne). Elle appartenait au château (14ᵉ s.) dont il ne reste qu'une tour.

Le D 926 ramène à St-Flour.

ST-MENOUX ★

Carte Michelin nº **69** - pli 13 — *Schémas p. 66 et 130* — 788 h. (les Ménulphiens).

Ce paisible village abrite un des plus beaux sanctuaires du Bourbonnais.

■ ÉGLISE ★ *visite : 1/2 h*

L'édifice actuel fut construit durant la moitié du 12ᵉ s. à l'emplacement d'un ancien sanctuaire du 10ᵉ s., élevé pour honorer la mémoire de Menulphus, évêque breton, mort dans ce village au 7ᵉ s.

Extérieur. — Le chevet s'ordonne élégamment sous la haute silhouette du clocher, flanqué de sa tourelle d'escalier. Le **narthex** du 11ᵉ s. s'ouvre par un large portail en plein cintre. Il est orné de chapiteaux primitifs et abrite un musée lapidaire dont on retiendra à gauche un bas-relief représentant dans une mandorle, un Christ bénissant entouré par les symboles des quatre Évangélistes et l'agneau pascal.

Intérieur. — *Une minuterie (1 F) placée sur le pilier gauche à l'entrée permet de l'éclairer.*

La nef du 13ᵉ s., retouchée au 15ᵉ s., et les bas-côtés, présentent de nombreuses œuvres d'art. Vierge de pitié du 16ᵉ s. dans le bas-côté droit et en face, dans le bas-côté gauche, **autel** en chêne sculpté.

Le **chœur ★★** aux proportions admirables, est fermé par des piliers coiffés de chapiteaux surmontés de sobres arcatures séparées des fenêtres hautes par un bandeau de grecques. Dans le **déambulatoire,** l'alternance des piliers et des pilastres cannelés révèle des influences bourguignonnes.

Le sarcophage placé derrière le maître-autel abrite les restes de saint Menoux qui avait aux siècles passés, la réputation de guérir les simples d'esprit (les berdins ou bredins en langage bourbonnais). Une cavité dans le flanc du sarcophage permet de passer la tête à l'intérieur, afin de se faire débrediner d'où le nom de **«débredinoire»** donné à cette curiosité.

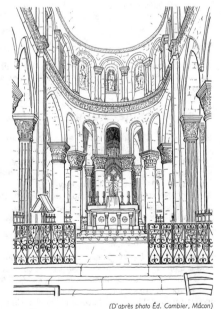

(D'après photo Éd. Combier, Mâcon)

St-Menoux. — Chœur de l'église.

Sachez tirer parti de votre guide Michelin, reportez-vous aux Signes conventionnels p. 46.

Carte Michelin n° **73** - pli 14 — *Schéma p. 95* — 678 h. (les St-Nectairiens) — *Lieu de séjour, p. 42.*

Deux villes sont réunies sous ce nom : la station thermale de St-Nectaire-le-Bas, qui s'étire sur 2 km dans une vallée verdoyante, et le vieux village de St-Nectaire-le-Haut que domine sa magnifique église.

Le mont Cornadore, qui porte St-Nectaire et dont le nom signifie «réservoir des eaux», était habité dès l'époque celtique. Les Romains y établissent des thermes. Au Moyen Age, un château, dont il ne reste plus trace, s'élève sur la butte. Il est habité par la glorieuse famille de St-Nectaire, dont la principale illustration fut une femme, **Madeleine de St-Nectaire**. Veuve de bonne heure, jeune, belle et vertueuse, toujours suivie de soixante hommes à cheval, elle prend parti pour les Protestants dans les guerres de Religion, bat le lieutenant du roi en Haute-Auvergne et finit par le tuer de sa propre main.

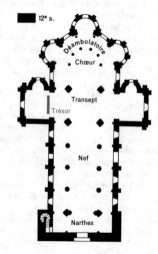

■ ST-NECTAIRE-LE-BAS

La ville thermale, qui aligne ses boutiques le long de la N 496, possède plus de quarante sources. Leurs eaux jaillissent à des températures allant de 8 à 56 °C *(détails sur les sources minérales p. 23).* Il existe trois établissements : Grands Thermes, Mont Cornadore, Bains Romains.

Les eaux sont utilisées pour soigner les affections du rein et l'anémie. Saison du 25 mai au 30 septembre.

Grande fontaine pétrifiante. — *Visite du 1er mai au 30 septembre, de 8 h à 12 h et de 14 h à 19 h; le reste de l'année, de 9 h à 12 h et de 14 h à 18 h. Fermé du 25 octobre au 15 décembre. Entrée : 3 F.*

L'eau jaillit à plus de 50 °C de failles volcaniques. *Voir p. 89, les pétrifications.*

Dolmen. — Il est situé dans la partie haute du parc.

Puy d'Éraigne. — *1 h 1/2 à pied AR. Sentier rocailleux, très pénible. Partir par le sentier qui se détache, à gauche de la route de Sachapt, D 150.* Du sommet, altitude 895 m, belle vue sur les monts Dore.

■ ST-NECTAIRE-LE-HAUT *visite : 3/4 h*

Église ★★. — Cet édifice du 12e s., superbe exemple de l'art roman auvergnat *(détails p. 30),* occupe un très beau site en bordure des monts Dore; la parfaite harmonie de ses proportions en fait une «grande église» d'Auvergne en dépit de ses modestes dimensions. Elle fut élevée en l'honneur de saint Nectaire, le compagnon de saint Austremoine. Les moines de la Chaise-Dieu en furent les premiers desservants.

Pour jouir d'une belle **vue** sur cette église, gagner le chemin de la Pare.

Extérieur. — La façade Ouest rude, presque pauvre, s'orne d'une humble porte en plein cintre. Le chevet, en revanche, d'une magnifique ordonnance, qu'il faut considérer de trois-quarts, est couronné d'un clocher reconstruit au 19e s. La décoration de l'abside est sobre : délicate frise de mosaïques figurant des rosaces, arcatures aveugles aux fines colonnettes, petits murs-pignons sur lesquels viennent prendre appui les toits des chapelles.

Intérieur. — Il est remarquable par l'harmonieuse unité de son style. Précédée d'un narthex à la robuste arcature à trois baies décorant l'étage, la nef voûtée en berceau sans doubleaux est flanquée de bas-côtés étroits à voûtes d'arêtes, surmontés de tribunes. Moins élevé que la nef, le chœur avec ses six élégantes colonnes portant une admirable série de chapiteaux et son déambulatoire sur lequel s'ouvrent trois chapelles rayonnantes, est très homogène.

De magnifiques **chapiteaux**★★ ornent la nef et le chœur, ils valent par la vivacité d'imagination et le sens de la composition déployés par l'artiste. Si les personnages en sont lourds, la verve avec laquelle ils sont traités leur donne une vie intense. La Vie du Christ, l'Ancien et le Nouveau Testament, les scènes de l'Apocalypse, les miracles de saint Nectaire, fournissent la plupart des thèmes traités.

Trésor★★. — *Deux minuteries permettent de 10 h à 12 h et de 14 h 30 à 18 h, l'éclairage des plus belles pièces.*

Pillé à la Révolution, ce trésor possède encore de belles œuvres : le **buste-reliquaire de saint Baudime**★★, en cuivre émaillé; la Vierge du mont Cornadore (12e s.), en bois marouflé polychrome; un bras-reliquaire de saint Nectaire en argent repoussé; deux plats de reliure d'orfèvrerie, décorés d'émaux de Limoges (12e s.).

(D'après photo Arch. Phot., Paris)

St-Nectaire. — Chapiteau.

Marchidial (A). — Belle croix en pierre du 15e s. De l'esplanade : belle vue sur le puy de Châteauneuf, le château de Murol, la chaîne des monts Dore et le puy d'Éraigne.

Puy de Châteauneuf. — *1 h 1/2 à pied AR. Montée assez dure. Emprunter le chemin qui passe devant l'établissement du mont Cornadore. Prendre ensuite à gauche un sentier rocailleux.* Il conduit au sommet du puy (alt. 934 m) : jolie vue sur les monts Dore.

Le flanc de la montagne est creusé de neuf grottes qui furent probablement habitées, comme celles de Jonas *(p. 94)*, par les hommes de la préhistoire.

EXCURSIONS voir aussi celles de Murol, p. 133

Puy de Mazeyres★. — *3 km, puis 1/2 h à pied AR. Quitter St-Nectaire-le-Haut par le D 150.* Du sommet (alt. 919 m - *table d'orientation),* très beau **panorama**★ sur les monts Dore.

Cascade de Saillant. — *3 km. Quitter St-Nectaire-le-Bas par la N 496 qui suit la vallée de la Couze de Chambon.* Dans le village de Saillant, la rivière franchit en cascade une coulée de basalte; jolie vue du pont franchi par la D 26E.

ST-PAULIEN
Carte Michelin n° **76** - pli 7 — 1 626 h. (les Ruessiens).

St-Paulien fut, à l'époque gallo-romaine, sous le nom de Ruessium, la capitale du Velay et le siège d'un évêché jusqu'au 6e s.

Église. — *Visite : 1/4 h.* C'est un édifice roman dont la disposition et la décoration du chevet attestent la filiation auvergnate. L'**intérieur**★ a été profondément modifié au 17e s. par la réunion des trois nefs primitives en un seul vaisseau et, peut-être aussi, par le regroupement sous une voûte unique du chœur et d'un ancien déambulatoire. A ces aménagements, l'édifice a gagné beaucoup d'ampleur et un grand dépouillement. Beaux chapiteaux romans dans les absidioles.

EXCURSION

Château de la Rochelambert. — *3 km à l'Ouest. Quitter St-Paulien par le D 13, puis prendre à gauche le D 25. A 2 km, à droite, s'amorce la route d'accès.*

Visite de 9 h à 12 h et de 14 h à 18 h. Fermé en octobre et le jeudi hors saison. S'adresser au gardien, maison à droite avant la grille du château. Entrée (château et grottes) : 5 F.
Ce château, accroché sur la rive droite de la Borne, est une très gracieuse construction des 15e-16e s. dans un beau cadre de verdure. George Sand y situa les personnages de son roman «Jean de la Roche».

Les salles aménagées pour la visite abritent des meubles et des œuvres d'art.
Près du château, on peut voir *(1/4 h à pied AR)* des grottes préhistoriques et celtiques. Elles communiquent entre elles et constituent une véritable maison souterraine à plusieurs étages. Du balcon de la salle supérieure, jolie vue sur la vallée.

ST-POURÇAIN-SUR-SIOULE ★
Carte Michelin n° **69** - pli 14 — 5 567 h. (les St-Pourcinois) — *Lieu de séjour, p. 44.*
Plan dans le guide Michelin France de l'année.

Cette petite ville commerçante et important nœud routier sur les rives de la Sioule, est recherchée par les amateurs de pêche à la truite, et d'excursions à travers la campagne.

Un des plus anciens vignobles de France. — La tradition fait apparaître la vigne sur les coteaux ensoleillés de la Bouble et de la Sioule, un peu avant l'ère chrétienne. Les sols pierreux de cette région conviennent particulièrement à cette culture qui se développe rapidement, grâce à la présence romaine, puis à la demande des monastères et seigneurs locaux. A la fin du 18e s., la superficie cultivée était de 8 000 ha. Toutefois, plus soucieux de qualité que de quantité, les viticulteurs ont ramené ce chiffre à 890 ha; une cave coopérative commercialise la production composée de vins blancs, rosés et rouges. On peut déguster à la **maison du Saint-Pourçain** au pied de la cave coopérative.

■ ANCIENNE ABBATIALE STE-CROIX ★ *visite : 1/2 h*

L'abbaye fut fondée à la fin du 9e s. pour abriter le tombeau de l'esclave Pourçain qui défendit l'Auvergne des ravages de Thierry, fils de Clovis. Cette église, très vaste, porte les marques de nombreuses transformations du 12e au 16e s.

Partant de la place Clemenceau, contourner le chevet avec ses deux chapelles latérales en hémicycle du 12e s. et les deux autres pentagonales du 13e s. Un passage débouchant sous une travée de l'ancien cloître permet de gagner la cour des Bénédictins d'où l'on jouit d'une belle vue sur le clocher et l'imposante toiture de la nef.

L'église étant encastrée dans les maisons d'habitation, franchir le passage menant à la place du Maréchal-Foch, passer au pied du **beffroi** de l'ancien monastère et pénétrer dans l'église, par le narthex et l'ancien portail du 11e s.

A l'intérieur, le chœur, élevé tardivement, n'est pas dans l'axe de la nef dont les grands arcs brisés sont surmontés d'un faux triforium. Le bras Nord du transept abrite un «Ecce Homo» du 16e s. Les stalles du 15e s. sont agrémentées de curieuses miséricordes.

La sacristie aménagée dans les cinq travées qui subsistent du cloître, présente des chapiteaux sculptés et une Pietà en pierre du 15e s. (mutilée).

EXCURSION

Le Vignoble; Montaigu-le-Blin; Billy; abbaye de St-Gilbert ★. — *Circuit de 74 km — environ 3 h — schéma ci-dessous.* Carte **73** - pli 5. *Quitter St-Pourçain par* ④ *du plan.*

Prendre à droite le D 1, au carrefour que domine, sur la gauche, le château de Montfand.

Saulcet. — 519 h. L'église de ce village, coiffée d'un très haut clocher octogonal, en pierre, possède de belles fresques murales des 12e, 13e et 14e s.

Poursuivre, par le D 415, à travers le vignoble jusqu'à Verneuil.

Verneuil-en-Bourbonnais. — 290 h. Ce bourg conserve un aspect médiéval très plaisant. Non loin de l'ancienne collégiale St-Pierre, dotée d'un clocher massif, Notre-Dame-sur-l'Eau domine le cours du Douzenan. Ce sanctuaire du 10e s. *(restauration en cours)* se révéla trop petit au 15e s. et fut abandonné au profit de St-Pierre.

Regagner le D 18 que l'on prend à droite. Traverser la N 9. A gauche, les D 532 puis 232 débouchent sur le D 46. Prendre à gauche jusqu'à Chazeuil, puis tourner à droite sur la N 7 en direction de Varennes-sur-Allier.

A la sortie de Varennes, tourner à gauche dans le D 21.

Hospice de Gayette. — Imposant ensemble où l'on pourra voir un donjon du 15e s. incorporé dans des bâtiments de style classique.

Suivre les D 521, 268 et 172.

Château du Méage. — *Visite de l'extérieur autorisée tous les jours, de 9 h (10 h hors saison) à 12 h 30 et de 14 h à 19 h (18 h hors saison).* Cet élégant manoir des 15e et 17e s., flanqué de deux tours rondes et d'une tour carrée agrémentée d'une échauguette, se mire dans l'eau des douves.

Montaigu-le-Blin. — 475 h. Le château *(visites suspendues)* fut élevé au 13e s. par les seigneurs de St-Gérand-le-Puy. Sa position et son système de défense lui permirent de résister aux Anglais qui, en 1356, prirent St-Gérand-le-Puy, Beauvoir et Puyfol. Jacques II de Chabannes, futur Maréchal de La Palice, serait né dans cette forteresse *(voir p. 112).*

Gagner St-Gérand-le-Puy, traverser la N 7 en direction de **Magnet** et **Seuillet** qui possèdent d'intéressantes églises romanes, avant de rejoindre Billy.

Billy. — 912 h. Le château, élevé au 13e s., était jadis protégé par une double enceinte fortifiée. Il domine fièrement la ville et la vallée de l'Allier. *Visite de 10 h à 12 h et de 14 h à 18 h 30. S'adresser à la maison en face de la porte d'entrée.*

Le D 130 traverse la belle chênaie de la forêt de Marcenat.

Abbaye de St-Gilbert ★. — *Visite du dimanche des Rameaux à la Toussaint, de 10 h à 20 h. Entrée : 5 F.*

De l'ancienne abbaye, la salle capitulaire, aux belles croisées d'ogives, le chauffoir, les salles conventuelles, forment un ensemble architectural intéressant. Dans le cellier, exposition consacrée aux «Actualités de la Belle Époque» et présentation de produits d'artisanat complètent la visite.

Pour voyager, utilisez les cartes Michelin à 1/200 000.
Elles sont constamment tenues à jour.

Carte Michelin n° **73** - pli 14 — 861 h. (les Saturninois).

Ce bourg, très ancienne cité bâtie dans la vallée de la Monne, fut la résidence des barons de La Tour d'Auvergne qui devinrent comtes d'Auvergne. C'est de cette famille qu'est issue Catherine de Médicis, fille de Laurent de Médicis et de Madeleine de La Tour d'Auvergne, devenue reine de France par son mariage avec Henri II.

St-Saturnin a attiré une colonie de peintres et quelques écrivains, dont Paul Bourget.

■ CURIOSITÉS *visite : 1/2 h*

Suivre la petite rue qui part du D 213 à hauteur du monument aux Morts. Sur la place, on voit une charmante fontaine du 16ᵉ s. et le château *(on ne visite pas).*

Église ★. — Bâtie au 12ᵉ s., elle est très simple. Bien que l'abside n'ait pas de chapelles rayonnantes, le chevet n'en est pas moins très beau avec son décor de billettes, de modillons et d'arcatures aveugles; le clocher est le mieux conservé d'Auvergne. L'intérieur est clair et sobre. Beau maître-autel en bois doré provenant de la chapelle du château et marqué aux chiffres de Henri IV et de Marguerite de Valois, la reine Margot *(p. 177),* dame de St-Saturnin. Sous le chœur, la crypte renferme une belle Pietà en pierre de la fin du 14ᵉ s.

Derrière le chevet se trouve la chapelle Ste-Madeleine (11ᵉ s.), restaurée, à côté de l'ancien cimetière dont subsiste la porte avec inscription de 1668, aménagé en jardin public.

EXCURSION

Abbaye N.-D.-de-Randol; Olloix. — *9,5 km au Sud-Ouest. Quitter St-Saturnin par le D 28 et à 400 m, prendre, à droite, une route non revêtue.*

Abbaye N.-D.-de-Randol. — En arrivant, on jouit d'un beau coup d'œil sur cette architecture moderne, achevée en 1971, qui domine la vallée de la Monne.

L'église se signale par l'harmonie de ses proportions et la hauteur de son vaisseau. De fins piliers, une belle élévation et une abondante clarté obtenue par des grisailles modernes confèrent au **chœur ★,** ovale, une grande élégance.

La chapelle de droite est consacrée à saint Benoît. Dans celle de gauche, dédiée à la Vierge, remarquer les vitraux représentant les Mystères du Rosaire.

Une crypte de même plan et aux mêmes voûtes mais surbaissées, s'ouvre sous le chœur. *Messe en chant grégorien à 10 h et vêpres à 17 h (17 h 30 en semaine).*

Faire demi-tour, reprendre le D 28 à droite, puis encore à droite le D 119. Il offre de belles échappées sur le bassin d'Issoire et les monts du Livradois.

Olloix. — 170 h. C'était autrefois le siège de la commanderie des chevaliers de St-Jean de Jérusalem (ordre de Malte) dont dépendait la commanderie hospitalière de la Sauvetat. Dans l'église, est conservé le tombeau avec gisant d'Odon de Montaigu.

SALERS ★★

Carte Michelin n° **76** - pli 2 — *Schémas p. 70 et 147* — 541 h. (les Sagraniers ou Salersois) — *Lieu de séjour, p. 44.*

Une des villes les plus attirantes de la Haute-Auvergne. Située à 951 m d'altitude sur sa planèze *(p. 70),* elle garde intact, de son passé militaire et judiciaire, un ensemble rare de remparts et de vieux hôtels, groupés sur un piton, d'où l'on domine magnifiquement le confluent de l'Aspre et de la Maronne.

A la sortie de Salers, sur la route du pas de Peyrol, s'élève la chapelle N.-D.-de-Lorette (pèlerinage le dimanche de la Trinité — *voir p. 6).*

Les armes et la toge - 15ᵉ-16ᵉ s. — Le double caractère des constructions de Salers s'explique par l'histoire de la ville. Tout d'abord ouverte, elle subit cruellement les ravages des Anglais et des routiers, et sent le besoin de s'entourer des remparts qu'elle possède encore. A la fin du 15ᵉ s., Salers devient chef-lieu de bailliage des Hautes-Montagnes d'Auvergne et c'est alors que les familles de bonne bourgeoisie, d'où sortaient les juges, font élever de charmants logis à tourelles.

De pieuses orgies - 18ᵉ s. — La grande fête de Salers était la Nativité de la Vierge. A cette occasion, on vendait aux enchères le titre envié de roi de la fête. Un bourgeois glorieux, à qui avait échu cette royauté, imagina de faire couler le vin à flots dans les fontaines publiques; générosité qui fut très appréciée et tourna en coutume. Mais, au cours du pèlerinage ainsi compris, rixes, bastonnades, blessés et morts ne se comptaient plus. Il fallut interdire ces largesses, fermer les cabarets et mettre à l'amende les querelleurs : le nombre des pèlerins diminua sensiblement.

■ CURIOSITÉS *visite : 1 h*

Église ★. — Un beau porche du 12ᵉ s. subsiste encore de l'édifice roman qui précéda la construction actuelle, commencée à la fin du 15ᵉ s. et consacrée en 1552. Le clocher, incendié par la foudre, a été rebâti au siècle dernier.

Entrer par le porche Ouest. L'église contient de remarquables œuvres d'art. A droite, **Mise au tombeau ★** qui fut donnée à l'église en 1495. C'est une œuvre en pierre polychrome, inspirée de l'art bourguignon. Autour du chœur, cinq tapisseries d'Aubusson : deux placées en regard immédiatement avant la clôture du chœur, les trois autres derrière le maître-autel. De chaque côté du chœur, tableaux attribués à Ribera. Dans le chœur, beau lutrin datant de la fin du règne de Louis XIII.

Sortir de l'église par le porche Ouest. Laissant à gauche une fontaine, prendre la rue du Beffroi, en montée. Passer sous la tour de l'Horloge ou porte du Beffroi (A), flanquée d'une tourelle ronde à mâchicoulis. Aussitôt après la porte, à droite, maison de Pierre Lizet (B) avec une fenêtre gothique et un portail Renaissance. On débouche sur la Grande-Place.

Grande-Place★★ (place Tyssandier-d'Escous). — *Illustration, p. 34.* Ses vieux logis de lave sombre aux lignes nettes et sobres, flanqués de tourelles en encorbellement, rondes ou polygonales, coiffées de toits en poivrière ou à pans, font un véritable décor de théâtre, une fontaine le complète.

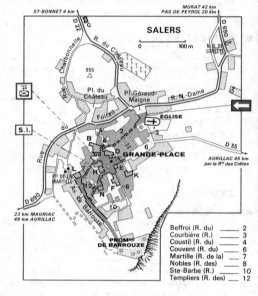

Sur la place, un monument a été élevé à Tyssandier d'Escous qui, au 19e s., améliora la race bovine du pays et la rendit célèbre sous le nom de «race de Salers».

Ancien Bailliage (D). — *Visite de 9 h à 12 h et de 14 h à 19 h. Fermé de Noël à Pâques. Entrée : 3 F.*

Cette maison Renaissance se dresse à l'angle de la rue du Beffroi. C'est une vaste demeure à la belle architecture, flanquée de deux tourelles d'angle. Dans la cour intérieure, une puissante tour octogonale avec échauguette est accolée au logis.

Maison de Flojeac (E). — Elle possède une tourelle à pans coupés.

Hôtel de la Ronade (F). — Une tour de cinq étages commande cette maison.

Hôtel de ville (H). Cette construction neuve, pastiche du 15e s., remplace une ancienne maison de ce style, le «château de Salers», détruite par un incendie en 1898.

A l'entrée de la rue du Couvent, après le premier groupe de maisons, un portail de bois donne accès à une grande cour.

Maison de Bargues (K). — *S'adresser à la concierge au fond de la cour. Visite de Pâques au 1er novembre, de 9 h à 12 h et de 14 h à 19 h. Entrée : 3 F.*

On atteint la charmante cour d'honneur (16e s.) en passant par un escalier à vis. Sur cette cour, dominée par un balcon sculpté, s'ouvre un joli passage voûté en ogive. A l'intérieur, on peut voir entre autre deux très jolies chambres entièrement lambrissées, du 17e s., avec lits à baldaquin.

Prendre la rue de la Martille.

Maison Bertrandy (L). — Elle possède une tour ronde et une jolie porte.

Laissant à droite une rue vers la porte de la Martille, prendre à gauche l'avenue de Barrouze.

Promenade de Barrouze. — Du bord de cette esplanade, on a une très belle **vue**★ sur les vallées de la Maronne, du Rat et de l'Aspre et sur le massif du puy Violent.

Revenir sur ses pas et prendre à droite le passage sous voûte par lequel s'amorce la rue des Templiers.

Maison des Templiers (N). — *Visite du 10 juillet au 10 septembre, de 10 h à 12 h et de 14 h à 19 h. Entrée : 2 F.*

Elle abrite une exposition consacrée au folklore et au passé de Salers.

Revenir à la Grande-Place, d'où la rue du Beffroi ramène à la place Géraud-Maigne.

*Avec ce guide, utilisez les **cartes Michelin** à 1/200 000 indiquées sur le schéma p. 3. Les références communes faciliteront votre voyage.*

SARRANS (Barrage de)★★

Carte Michelin n° 76 - pli 13 — Schéma p. 174.

Le barrage de Sarrans, l'un des principaux ouvrages hydro-électriques du Massif Central, transforme en lac une partie des gorges de la Truyère *(p. 173).*

Le barrage★★. — Long de 225 m, haut de 105 m, épais de 75 m à la base, le barrage de Sarrans est du type «barrage-poids», c'est-à-dire qu'il résiste par sa masse à la poussée des eaux, mais une légère courbure à l'amont fait effet de voûte. Le lac-réservoir qu'il retient est long d'environ 35 km; sa superficie atteint 1 000 ha et sa capacité 296 millions de mètres cubes *(voir tableau des lacs, p. 5).*

Usine de Sarrans. — *On ne visite pas.* Établie au pied du barrage, elle compte trois groupes principaux, d'une puissance de 38 500 kW chacun, télécommandés de l'usine de Brommat.

Belvédère. — Pour avoir une vue d'ensemble des installations de Sarrans, emprunter, sur la rive gauche de la Truyère, le D 98 jusqu'à un belvédère aménagé *(1,5 km)*.

L'ensemble Sarrans - Brommat. — Cet ensemble constitue une des réalisations hydro-électriques les plus importantes de France. Sa puissance installée totale est de 532 700 kW et sa production peut dépasser un milliard de kWh par an.

A 5 km en aval de Sarrans, le **barrage de la Barthe,** haut de 70 m, dérive, par un canal souterrain long de 10,5 km, les eaux de la Truyère. Trois conduites forcées, établies dans des puits verticaux de 250 m de hauteur, amènent ces eaux à l'**usine souterraine de Brommat,** construite en plein granit. *On ne visite pas.*

Après passage dans le poste d'interconnexion de Rueyre, le courant est évacué à 150 000, à 220 000 et à 380 000 volts sur le réseau français de répartition.

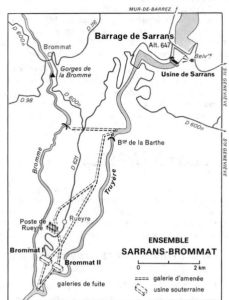

ENSEMBLE
SARRANS-BROMMAT

==== galerie d'amenée
usine souterraine

SAUGUES

Carte Michelin n° **76** - pli 16 — *Schéma p. 117* — 2 649 h. (les Saugains) — *Lieu de séjour, p. 44.*

Saugues, située dans un paysage agréable, est une petite ville appréciée des pêcheurs et où se tiennent d'importants marchés. Elle est dominée par un vieux donjon, appelé tour des Anglais.

Église. — Surmontée d'un clocher octogonal, elle abrite une Vierge auvergnate du 12e s. et une Pietà du 15e s. ainsi que la châsse de saint Benilde (1805-1862), frère des Écoles chrétiennes, premier instituteur public de Saugues, canonisé en octobre 1967. Trois belles croix de procession en orfèvrerie sont conservées à la sacristie.

Le Jeudi saint, la très ancienne procession des Pénitents attire à Saugues de nombreux assistants. Elle se déroule dans les rues de la petite ville, le soir, à la tombée de la nuit. Elle rappelle la Passion : entre les Pénitents blancs, munis de leurs lanternes et des bâtons de leur confrérie, s'avancent, vêtus de rouge, voilés de la cagoule et pieds nus, d'autres pénitents, porteurs de la Croix et de la colonne aux Outrages *(voir p. 6).*

La SAUVETAT

Carte Michelin n° **73** - pli 14 — 8 km au Nord-Est de Champeix — 522 h. (les Sauvetatois).

Laisser la voiture sur la place de cet ancien bourg fortifié dont les ruelles, bordées de maisons abandonnées, s'enchevêtrent en un véritable labyrinthe.

Emprunter la ruelle située en face de la fontaine, tourner ensuite à droite, puis à gauche pour atteindre l'église.

Église. — Au croisillon gauche, dans une niche protégée par une grille, est placée une curieuse Vierge à l'Enfant en cuivre doré et émaillé du 13e s.

Donjon. — La porte est surmontée des armoiries de l'ordre de St-Jean et du grand prieur d'Auvergne, Odon de Montaigu.

Passer sous une porte, vestige des anciens remparts, en laisser une deuxième sur la droite, et tourner à gauche pour regagner la voiture.

EXCURSION

Montpeyroux. — 284 h. *4 km au Sud-Est par le D 96, la N 94 et le D 96*[F]. Petit village fortifié bâti sur une colline au bord de l'Allier et dominé par son donjon du 13e s.

SERRE (Montagne de la)

Carte Michelin n° **73** - pli 14 — *Schéma p. 92.*

La longue échine de la Serre, qui s'avance en promontoire dans la Limagne, est un exemple classique «d'inversion de relief» *(voir schéma p. 19).* Une coulée de basalte a rempli une vallée creusée dans la plaine alors que celle-ci se trouvait à peu près de niveau avec le plateau granitique; la coulée se trouvait donc dominée par les terrains avoisinants. Mais l'érosion ayant fortement déblayé les marnes tendres de la région, la coulée et les terrains sous-jacents, protégés par elle, se trouvent maintenant en saillie.

SERRE (Montagne de la)

Château de la Batisse. — *Visite de 8 h à 20 h. Durée : 1/2 h. Entrée : 5 F.*

Vestige du château fortifié du 15ᵉ s., deux tours d'angle surmontées d'un lanternon encadrent cette imposante demeure du 18ᵉ s. qui renferme d'intéressantes pièces de mobilier classique, des tapisseries, des armes. Les jardins à la française ont été reconstitués d'après le plan en couleur du 18ᵉ s. exposé dans la salle de réception du château. Une belle allée mène, au fond du parc, aux **cascades** de l'Auzon.

Le Crest. — 507 h. Le village est bâti à l'extrême pointe de la montagne de la Serre. Il possède une église du 13ᵉ s. remaniée aux 14ᵉ et 15ᵉ s.

Au Sud se dresse la vieille tour du Crest. De cette tour, beau **panorama** * : au Nord, sur le plateau de Gergovie et la Limagne de Clermont; à l'Est, sur la vallée de l'Allier et les montagnes du Livradois; au Sud et au Sud-Ouest, sur les contreforts des monts d'Auvergne, les monts Dore, le Sancy; à l'Ouest et au Nord-Ouest, sur la chaîne des Dômes.

SIOULE (Gorges de la)★★
Carte Michelin nº **73** - plis 3, 4.

Descendant des monts Dômes, le cours supérieur de la Sioule est accidenté. Il s'oppose au cours inférieur, plat et encombré d'îles dans la Limagne. A mesure que cette plaine calcaire voyait son niveau s'abaisser sous l'action de l'érosion, la Sioule, de plus en plus rapide, s'enfonçait sur place, dans le plateau granitique sur lequel elle coulait en amont, creusant ainsi, entre les abords d'Ébreuil et Châteauneuf-les-Bains, des gorges très pittoresques.

D'ÉBREUIL A CHÂTEAUNEUF-LES-BAINS
30 km — environ 2 h 1/2 — schéma p. 165

A 4 km d'Ébreuil (*p. 104*), la N 715 en corniche, domine la Sioule. Le versant droit, plus abrupt et sévère, laisse apparaître le granit et se couvre de bruyère. Après Péraclos, la route descend jusqu'au bord de la rivière.

Château de Chouvigny. — *Visite de Pâques au 1ᵉʳ octobre, de 9 h à 12 h et de 14 h à 19 h. Entrée : 5 F.*

Ce château, construit en 1250 sur un éperon dominant la Sioule et commandant le passage des gorges, a été restauré en 1960. Pendant trois siècles il appartient à la famille La Fayette.

Gorges de Chouvigny ★★. — A l'entrée des gorges, la route coupe, par une tranchée, un cap rocheux, dont la partie gauche, détachée, se nomme le **Roc Armand**. On peut en atteindre le sommet par un escalier taillé dans le roc. De là, belle vue, en amont, sur les gorges dont les versants boisés sont hérissés de pointes de granit, en aval, sur le château de Chouvigny.

(D'après photo Éd. du Lys, Clermont-Fd)

Gorges de Chouvigny.

De l'autre côté de la route, en face du Roc Armand, se dressent de belles pyramides de granit. Le travail de l'érosion est ici saisi sur le vif. Ces aiguilles ont été dissociées, sculptées par l'action continue des agents atmosphériques et aussi, dit-on, de main d'homme à l'époque préhistorique. Au-delà du Roc Armand, les gorges deviennent très pittoresques.

A l'entrée d'un petit tunnel, nouveau **belvédère**, à gauche : vue sur un coude de la Sioule que dominent de hautes falaises. Ici encore, l'érosion se manifeste par le dégagement de pointes de granit et les éboulis de cailloux. C'est ainsi que, peu à peu, les versants d'une vallée s'ouvrent en forme de V. Le creusement du lit de la Sioule s'opère sous les yeux du touriste.

De l'amont, la Sioule arrive silencieusement, sans remous. Sous le belvédère, elle coule, rapide et bruyante, au milieu des cailloux; elle est en train d'user un seuil qui rompt la pente naturelle. La vallée, tour à tour élargie ou étranglée en gorges sauvages et en courts défilés, se poursuit, très verte et pittoresque.

Pont de Menat. — *Lieu de séjour, p. 42.*

En traversant la rivière, on a un joli coup d'œil à droite sur le vieux pont en dos d'âne. Bientôt, devant soi, au bord d'une falaise abrupte, apparaissent subitement les ruines romantiques de **Château-Rocher** (13ᵉ s.). A l'aplomb de ces ruines, la vue est très jolie sur un coude de la Sioule, exemple typique de méandre encaissé : la rive concave (celle où l'on se trouve), creusée par l'attaque directe du courant, est abrupte; la rive convexe (celle d'en face), qui reçoit les alluvions est basse et porte des cultures.

La route s'élève ensuite, dominant de plus en plus le lit de la rivière. Elle atteint son point culminant un peu avant sa jonction avec le D 99 venant de St-Rémy-de-Blot. Tracée en corniche, au-dessus d'un petit moulin en activité, elle offre un point de vue remarquable sur toute la vallée.

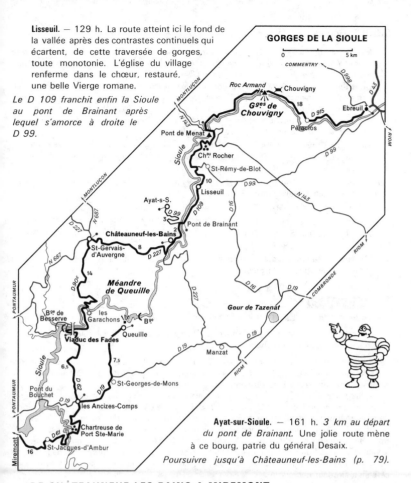

Lisseuil. — 129 h. La route atteint ici le fond de la vallée après des contrastes continuels qui écartent, de cette traversée de gorges, toute monotonie. L'église du village renferme dans le chœur, restauré, une belle Vierge romane.

Le D 109 franchit enfin la Sioule au pont de Brainant après lequel s'amorce à droite le D 99.

GORGES DE LA SIOULE

Ayat-sur-Sioule. — 161 h. *3 km au départ du pont de Brainant.* Une jolie route mène à ce bourg, patrie du général Desaix.

Poursuivre jusqu'à Châteauneuf-les-Bains (p. 79).

DE CHÂTEAUNEUF-LES-BAINS A MIREMONT
60 km — environ 3 h — schéma ci-dessus

Quitter Châteauneuf-les-Bains (p. 79) par le D 109 au Sud-Ouest, puis prendre à droite le D 227.

St-Gervais-d'Auvergne. — 1 781 h. (les Gervaisiens). *Lieu de séjour, p. 42.* Le village est bâti sur un mamelon. Son église gothique conserve des parties romanes : un portail au transept et, sur le flanc droit, une échauguette avec une curieuse gargouille. Beaux tilleuls sur la terrasse de l'église.

Emprunter le D 90^E. La route serpente au milieu des bois offrant de belles échappées sur la Sioule avant de franchir la rivière au pied de l'usine hydro-électrique des Garachons. Elle longe ensuite la rive gauche de la Sioule qui décrit de nombreux méandres et contourne les filons de porphyre qui entravent son cours.

Viaduc des Fades ⋆. — *Lieu de séjour, p. 42.* Construit par l'ingénieur Vidard au début du 20e s., cet ouvrage, d'une longueur totale de 470 m, est le plus haut viaduc ferroviaire d'Europe. Son tablier métallique est porté par deux piles de granit espacées de 144 m et hautes de 92 m. Il domine la Sioule de 133 m.

Barrage de Besserve. — Il s'élève en amont du viaduc; c'est un ouvrage-poids qui résiste, par sa masse, à la poussée des eaux. D'une largeur de crête de 8 m et

(D'après photo Éd. Combier, Mâcon)

Viaduc des Fades.

d'une hauteur de 68 m, son couronnement est de 235 m. *Voir tableau des lacs, p. 5.*

Suivre le D 62 au Sud.

Les Ancizes-Comps. — 1 983 h. (les Ancizois). *Sports et distractions, p. 42.* Petite cité industrielle dont l'activité principale est le traitement des aciers spéciaux.

Par le D 19 à l'Est et une route, à gauche, à la sortie de St-Georges-de-Mons, gagner Queuille.

Méandre de Queuille★★. — *Laisser la voiture à l'église de Queuille. Passer derrière le chevet (bouquet de superbes tilleuls) et continuer à travers un sous-bois accidenté dont le sol est rendu glissant par les aiguilles de pins.*

On atteint *(1/4 h à pied AR)* le belvédère situé à l'extrémité du promontoire et dominant immédiatement le méandre de Queuille, dessiné par la Sioule qu'un barrage a élargie. On se trouve sur la rive concave de la boucle, haute, abrupte, hérissée de rocs; en face, du côté convexe, la rivière enserre étroitement une longue échine, portant des champs et des prés. Le site est d'une sauvage grandeur.

Barrage de Queuille. — En aval du méandre, ce barrage est du type «barrage-poids» de 116 m de longueur de crête. Son épaisseur de 5 m au sommet atteint 24,30 m à la base où est installée une usine électrique. *Voir tableau des lacs, p. 5.*

Faire demi-tour, aux Ancizes-Comps tourner à gauche dans le D 61. Il offre une magnifique descente sur la vallée de la Sioule.

Chartreuse de Port-Ste-Marie. — Au fond de la vallée, accrochés à un rocher, se trouvent les vestiges de la chartreuse de Port-Ste-Marie, fondée au 13e s. Le site est remarquable.

La route remonte sur le plateau, traverse St-Jacques-d'Ambur et descend dans la vallée du Sioulet.

Miremont. — 417 h. L'église romane au puissant clocher carré se dresse sur un piton dominant une boucle du Sioulet.

SOUVIGNY ★★

Carte Michelin n° **69** - pli 14 — *Schéma p. 130* — 2 119 h. (les Souvignyssois).

Au centre d'une riche région agricole, Souvigny conserve de sa splendeur passée le plus beau sanctuaire du Bourbonnais.

Le St-Denis des ducs de Bourbon. — En 916, Aymard, lieutenant du duc d'Aquitaine, cède sa terre de Souvigny aux moines de Cluny; par ce geste il assure à l'ancienne villa carolingienne, un destin hors du commun.

Deux illustres abbés de la puissante abbaye bourguignonne meurent dans le monastère : saint Mayeul en 994 et saint Odilon en 1049. La sainteté des deux hommes, bientôt réunis dans le même tombeau, attire à Souvigny, de nombreux pèlerins et le plus ancien des prieurés de Cluny, comblé de bienfaits, connaît une extension considérable. Les sires de Bourbon, descendants d'Aymard, forgent autour de Souvigny, un état qui allait devenir le duché du Bourbonnais *(voir p. 127).* Aux 14e et 15e s., le monastère subit de nouvelles transformations lorsque les ducs de Bourbon, Louis II et Charles Ier, décident de faire de ce sanctuaire leur nécropole.

■ PRIEURÉ ST-PIERRE ★★
visite : 3/4 h

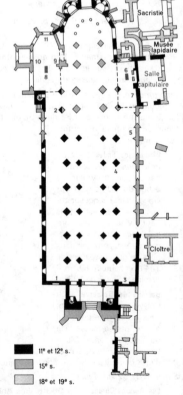

La façade de l'édifice roman, dont ne subsiste que la porte gauche, est depuis le 15e s. précédée d'un avant-corps percé d'un portail et d'une large baie flamboyante. Deux clochers romans reliés depuis le 15e s. par un pignon ajouré d'une rose, dominent le prieuré. Le troisième étage du clocher de gauche a été modifié au 14e s. A droite de cette façade, les trois travées romanes appartenaient à l'édifice primitif consacré en 1064.

Le flanc Nord permet de suivre les étapes de construction de l'église : les tours, le deuxième bas-côté et le déambulatoire au 12e s., la partie supérieure de la nef, les transepts au 15e s.

Nef et bas-côtés. — L'intérieur surprend par ses grandes dimensions : 87 m sur 28 m. Les doubles bas-côtés entourant la nef, le double transept, soulignent l'influence de Cluny.

Les premiers bas-côtés, élevés au 11e s., sont très étroits et voûtés en berceau, tandis que les seconds, postérieurs, sont voûtés d'arêtes ou d'ogives.

1) Tombeau de saint Mayeul finement sculpté.
2) Chapiteau des moines monnayeurs rappelant l'ancien privilège du prieuré de battre monnaie.
3) Fragment de tombe d'évêque du 13e s.
4) Bas-relief de l'Immaculée Conception.
5) Armoire à reliques en pierre, du 15e s., fermée par quatre volets de bois ornés de peintures consacrées aux vies de saint Mayeul et saint Odilon.

Visite des chapelles et du musée lapidaire, de Pâques à la Toussaint. Entrée : 5 F. S'adresser au guide ou à la maison paroissiale.

Chapelle vieille ★. — Elle est fermée par une belle clôture de pierre de style flamboyant.
6) Tombeau de Louis II de Bourbon et de sa femme, Anne d'Auvergne. Les deux gisants en marbre sont d'un grand réalisme malgré les mutilations.
7) Mise au tombeau du 15e s.

Chapelle neuve ★★. — De dimensions plus vastes que la vieille chapelle, elle est ceinte d'une très légère clôture.

    8) Tombeau de Charles Ier et de sa femme Agnès de Bourgogne, œuvre de Jacques Morel, formé à l'art bourguignon. Les gisants, revêtus de manteaux aux plis amples, reposent sur une dalle de marbre noir.
    9) Gracieuse sainte Madeleine de la fin du 15e s.
    10) La Vierge, l'Enfant et saint Jean du 16e s.
    11) Petite Pietà du 15e s.

L'absidiole gauche, dans le déambulatoire, abrite une œuvre polychrome du 13e s. : N.-D.-de-la-Joie. La sacristie, construite au 18e s., possède de belles boiseries et un Christ en ivoire.

Cloître et musée lapidaire. — *Accès par le bas-côté droit de l'église ou les bâtiments conventuels élevés au 17e s. à droite de l'église.*

Il ne subsiste qu'un côté de ce cloître du 15e s. voûté d'arêtes à trois branches en raison de la disposition des piliers.

Traverser la **salle capitulaire** (fin 12e s.) pour gagner le musée lapidaire aménagé sous la sacristie. On y admirera le **calendrier ★★** du 12e s., œuvre la plus marquante ; ce pilier octogonal présente à côté des travaux des mois, les signes du Zodiaque correspondants, puis les animaux fabuleux et sur sa dernière face les symboles des peuples mystérieux.

(D'après photo Arch. Phot., Paris)
Souvigny. — Le Calendrier.

■ AUTRE CURIOSITÉ

Église St-Marc. — Elle fait face au flanc Nord du prieuré St-Pierre et relève du style roman bourguignon. Elle sert actuellement de garage.

THIERS ★★

Carte Michelin n° **73** - pli 16 — *Schémas p. 103, 107 et 114* — 17 828 h. (les Thiernois).

Le **site ★★** de la ville, étagée sur les flancs du ravin où coule la Durolle, une vue magnifique sur la grande Limagne et les monts Dômes, de vieux quartiers fort pittoresques méritent d'attirer le touriste à Thiers. Ce sont les eaux de la Durolle qui ont fait la fortune de Thiers. Les industries du papier et des couteaux y sont pratiquées depuis le 15e s., et si la première a presque disparu, la seconde maintient le renom de la cité.

La ville s'établit d'abord sur la rive gauche de la Durolle, autour de la première église du Moutier. Pillée et incendiée par les Francs en 532, elle se relève de ses ruines tandis que l'évêque de Clermont, Avitus, bâtit un sanctuaire sur l'autre rive, autour du tombeau du martyr saint Genès. Plus tard, un château fort est édifié près de cette église et dès lors, la ville se développe sur la rive droite, elle devient le siège d'une baronnie.

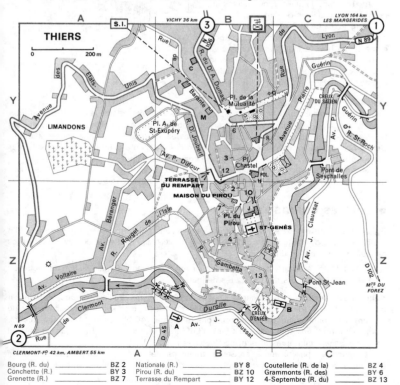

Bourg (R. du)	BZ 2	Nationale (R.)	BY 8	Coutellerie (R. de la)	BZ 4
Conchette (R.)	BY 3	Pirou (R. du)	BZ 10	Grammonts (R. des)	BY 6
Grenette (R.)	BZ 7	Terrasse du Rempart	BY 12	4-Septembre (R. du)	BZ 13

La coutellerie à Thiers. — Thiers est, depuis plusieurs siècles, le plus grand centre français de coutellerie. L'origine de cette industrie remonte au Moyen Age : les croisés auvergnats, lors de la 1re croisade, rapportent d'Orient le secret de la fabrication. Le développement de la coutellerie permet à Thiers l'exportation de ses produits, dès le 16e s., en Espagne, aux Pays-Bas et en Lombardie. Des lames de toutes sortes sont repassées sur les meules actionnées par la Durolle. L'essor de cette industrie se poursuit de nos jours; mais le travail du coutelier s'est modernisé et l'on ne voit plus, comme le représentait une image populaire, l'émouleur allongé à plat ventre au-dessus de sa meule, son chien couché sur les jambes pour lui tenir chaud. Les progrès de la technique et l'électricité ont donné naissance à de puissantes usines. Cependant Thiers possède encore quelque 450 fabricants ou artisans. Outre la coutellerie traditionnelle, la fabrication s'étend aux instruments de chirurgie, articles en matière plastique, couverts, articles de cuisine et plats en acier inoxydable, au décolletage et aux pièces détachées pour automobiles.

■ **PRINCIPALES CURIOSITÉS** visite : 1 h 1/2

Terrasse du Rempart★ (BY). — Elle offre un très beau **panorama★** sur la Limagne, les monts Dore et les monts Dômes. De cette terrasse, la vue de certains couchers de soleil est magnifique. Belle table d'orientation en lave émaillée.

Maisons anciennes (BZ). — A Thiers, de nombreux logis à pans de bois, des 15e, 16e et 17e s., ont conservé le caractère populeux et industriel de la ville. La rue du Bourg garde de vieilles demeures : nos 10 et 14 (portes du 15e s.); no 20 (16e s.).

La pittoresque place du Pirou est dominée par la **maison du Pirou★**, du 15e s., aux pignons aigus. Avec ses façades à croisillons de bois, c'est un très beau spécimen de l'architecture civile du Moyen Age.

Au no 11 de la rue du Pirou, maison des Sept Péchés capitaux, ainsi appelée en raison de la décoration des sept poutres supportant le 1er étage; au no 9, logis à encorbellement.

(D'après photo Éd. du Lys, Clermont-Fd)

Thiers. — Le Pirou.

Plus loin, une ancienne tour du château féodal de Thiers; puis c'est le «Coin des Hasards», carrefour dominé par la tour de maître Raymond (15e s.).

Au no 8 de la rue Grenette, maison dite de Lauzun (16e et 17e s.).

Dans la cour du no 4 de la rue Conchette, escalier du 16e s. Dans celle du no 10, belle façade intérieure sur piliers. Au no 18, dans la petite cour avec tourelle, deux médaillons du 16e s.

Dans la rue de la Coutellerie, aux nos 12 et 14, curieux logis, le dernier pourvu de corbeaux de bois, sculptés avec une verve un peu libre. Au no 21, maison de l'Homme des Bois, du 15e s., décorée d'un géant hirsute (probablement saint Christophe).

Église St-Genès (BZ). — C'est un édifice roman très remanié. Si la façade Ouest et le clocher ont été refaits, le croisillon droit possède encore une très intéressante décoration polychrome à son pignon et de gracieuses fenêtres : pour le voir, s'engager dans l'impasse Jean-Brugère qui longe l'église à droite. L'entrée Nord, qui donne place du Palais, est précédée d'un porche du 18e s. dans le mur duquel a été encastré un enfeu du 14e s., élégamment sculpté.

La coupole qui couvre la croisée du transept est la plus grande de toute l'Auvergne. *Visites momentanément suspendues en raison des travaux de restauration.*

■ **AUTRES CURIOSITÉS**

Église du Moutier (BZ A). — L'église fit partie d'une puissante abbaye bénédictine. Elle a été diminuée de hauteur en 1882. A l'intérieur, voir les chapiteaux de l'avant-nef et les bas-reliefs dans le mur du chevet.

A l'angle de l'avenue Joseph-Claussat s'élève le «château», dernier vestige de l'abbaye : il en subsiste deux tours du 15e s. très défigurées.

Vallée de la Durolle. — A gauche de l'église du Moutier, prendre l'avenue Joseph-Claussat ou «route de la Vallée», qui longe la Durolle dont les chutes successives actionnent de nombreuses coutelleries. On ne compte pas moins de 140 chutes sur 3 km de parcours. Les plus pittoresques sont celle du Creux d'Enfer, qui précède le pont St-Jean, et celle du Creux du Salien, peu après le pont de Seychalles (15e s.).

La légende rapporte que saint Genès, traqué par des soldats, aurait fait sauter la vallée à sa mule, à hauteur du Creux d'Enfer. Le point où le saint retomba avec sa mule est dit le «Saut du Moine».

Église St-Jean (CZ B). — Cette église du 15e s., restaurée, est pittoresquement située au-dessus de la Durolle. Du cimetière voisin, belle vue sur la plaine et les monts d'Auvergne.

Musée de la Coutellerie et d'Art local (BY M). — *S'adresser 8 rue de Barante, au fond du petit square. Sonner pour appeler le gardien. Visite de 14 h à 17 h sauf lundis, mercredis et jours fériés; en août, tous les jours de 10 h à 12 h et de 14 h à 17 h. Entrée : 2 F.*
Il retrace l'histoire des industries locales; on peut y voir des œuvres d'artistes régionaux. Une section est consacrée au folklore.

EXCURSIONS

Les Margerides ★. — *Circuit de 16 km — environ 3/4 h. Quitter Thiers par ① du plan, N 89.* Du belvédère aménagé à l'embranchement de la route de St-Rémy, joli coup d'œil à droite sur les gorges de la Durolle, Thiers et la Limagne. La rive opposée est dominée par les rochers des Margerides.
Traverser Château-Gaillard et Bellevue, puis prendre à droite la D 102E qui franchit la rivière et s'élève dans un paysage verdoyant. A la sortie de Vernières, belle vue sur la vallée de la Durolle, le bourg de St-Rémy, à flanc de montagne et, à l'arrière-plan, les Bois Noirs. Au cours de la descente sur Thiers, le D 102 décrit un virage à droite, à hauteur du rocher de Borbes qui se dresse à gauche.

Rocher de Borbes. — On découvre une **vue ★** très étendue sur la Limagne, les monts Dômes et les monts Dore, le Livradois et, par temps clair, les monts du Cantal.
Du belvédère installé 2 km plus loin, vue superbe sur Thiers et la vallée de la Durolle.

St-Rémy-sur-Durolle. — *8,5 km. Quitter Thiers par ① du plan, N 89, et bientôt prendre, à gauche, le D 201.* La route, pittoresque, sinue à travers bois et atteint St-Rémy.

St-Rémy-sur-Durolle. — 2 009 h. (les St-Rémois). *Lieu de séjour, p. 44.* Ce centre cou-telier est bâti sur le flanc méridional de la «Montagne de Thiers» prolongement du massif des Bois Noirs. *Dans St-Rémy, prendre à gauche une rue en montée, vers le calvaire. Laisser la voiture en bordure du stade et gagner à pied le sommet de la falaise (1/4 h AR).* Du calvaire, **panorama ★** *(table d'orientation)* étendu sur les monts du Forez, les Margerides, le Plomb du Cantal et les monts Dômes.
Au Nord de St-Rémy, à droite du D 201, par route en sens unique et à péage *(2 F),* un vaste plan d'eau *(voir tableau des lacs, p. 5)* permet de pratiquer différents sports nautiques, voile, canotage. Sur les pentes environnantes, un village de bungalows a été aménagé.

THIÉZAC

Carte Michelin n° **76** - plis 12, 13 — *Schéma p. 71* — 789 h (les Thiézacois) — *Lieu de séjour, p. 44.*

Situé dans un élargissement de la vallée de la Cère, Thiézac est une charmante station estivale bien ensoleillée.

Église. — Cet édifice gothique abrite, au bas de la nef, à gauche, une curieuse statue en bois peint du «Christ assis au Calvaire», du 15e s., la chaire et un beau retable en bois doré, du 17e s. Dans la 2e chapelle à gauche, on peut voir deux fragments d'un devant d'autel, en dentelle, offert à l'église par Anne d'Autriche.

Établissement de pisciculture. — *Prendre la route de Raulhac et après le pont, tourner à droite.*
Visite de 15 h à 16 h 30. Entrée : 2 F. Parking.
Profitant des eaux de la Cère, cet établissement est consacré à l'élevage de truitelles destinées au repeuplement des rivières. En 1974, pour 1 500 000 œufs de truites mis en incubation, la production a été de 950 000 truitelles.

Chapelle de N.-D.-de-Consolation. — Située au Nord de Thiézac, sur une butte ombra-gée de vieux tilleuls et creusée d'une grotte, la chapelle, d'un aspect très rustique, domine le village. Anne d'Autriche, désolée sans enfant au bout de vingt-deux ans de mariage, accomplissait tous les pèlerinages suivis par les femmes stériles. Elle vint y faire une neu-vaine. Sa persévérance fut récompensée par la naissance du futur Louis XIV.
L'intérieur se signale par les 45 tableaux ou médaillons encadrés de rinceaux, de feuil-lages et de têtes d'anges, peints sur bois au 17e s., qui ornent la voûte tout entière.
Pèlerinage, toute la semaine du 15 août, à l'église où la statue miraculeuse est descendue.

EXCURSION

Cascade de Faillitoux. — *5 km. Quitter Thiézac par la route de Vic, N 126, et, aussitôt après le cimetière, prendre à droite le D 59.*
3 km plus loin, la route traverse le village de Las Moneyries et offre une vue en avant sur la cascade de Faillitoux tombant d'un rebord de basalte.

*Actualisée en permanence
la carte Michelin au 200 000e
bannit l'inconnu de votre route.*

Équipez votre voiture de cartes Michelin à jour.

Carte Michelin n° **73** - pli 4 — 7 km à l'Ouest de Riom — *Schémas p. 81 et 114.*

Le château est l'un des plus intéressants d'Auvergne. Dans un véritable décor romantique, ses ruines sont campées sur la crête d'un éperon rocheux qui part du puy de la Bannière, magnifique situation qui permet de découvrir toute la Limagne.

La route d'accès (1,5 km) s'embranche sur le D 986, à hauteur de la gendarmerie de Volvic. Étroite et en forte montée, elle s'élève à travers les châtaigniers jusqu'au pied des ruines.

UN PEU D'HISTOIRE

La Circé de Tournoël. — Au 12e s., le château appartient aux comtes d'Auvergne, lorsque Philippe Auguste, au cours de son expédition punitive en Auvergne, le prend et le détruit presque complètement (1213). Mais Hugues de la Roche le reconstruit au 14e s. et le rend très fort, notamment en empâtant le bas des tours, pour éviter les sapes ennemies. Vers 1500, Tournoël connaît une période brillante. Une veuve de 21 ans, **Françoise de Talaru,** use de toute sa séduction pour y attirer la brillante société de Riom : chasses, festins, jeux, danses se succèdent au château. Les musiciens, les baladins, les comédiens, les jongleurs s'y précipitent. Hélas ! la jolie veuve doit faire front à la cupidité de son beau-frère, co-tuteur de sa fille. Elle le chasse du château, mais le vertueux bailli de Montferrand, saisi de l'affaire, se croit obligé de sévir : il blâme sévèrement celle qu'il appelle «Circé, Mélusine, magicienne, sorcière» et la dépossède de sa tutelle. Mais la rusée Françoise fiance sa fille, âgée de 7 ans, au fils du bailli et... réussit à ensorceler le vieux bailli qui l'épouse et meurt quelques semaines plus tard.

Le siège de 1595. — En 1594, un parti de ligueurs s'empare de Tournoël sans coup férir et en chasse la châtelaine, Lucrèce de Gadagne, dont le défunt mari avait pris le parti du roi. Lucrèce n'a de cesse qu'elle n'ait repris son bien. Dès l'année suivante, sur ses instances, les troupes royales, commandées par Châteauneuf d'Urfé, gouverneur intérimaire d'Auvergne, viennent mettre le siège devant Tournoël. Mais les ligueurs refusent de livrer la place. Il faut que le canon éventre le donjon et que les assaillants pénètrent par la cave dans la forteresse pour que la garnison se rende. Le château est ruiné, brûlé, pillé, mais Lucrèce recouvre son bien.

Le trop galant seigneur. — Tournoël ne fait plus parler de lui, dans l'histoire, que par la condamnation, aux Grands Jours d'Auvergne *(voir p. 86),* de son seigneur Charles de Montvallet. Celui-ci avait tant de bâtards qu'il les faisait élever au château, afin de se fournir parmi eux de domestiques. L'un d'eux portait le titre de chef des bâtards et jouissait d'une certaine autorité. Par un juste retour du destin, cet homme avait trouvé plus fort que lui : sa femme le battait.

(D'après photo Éd. du Lys, Clermont-Fd)

Château de Tournoël.

VISITE *environ 1/2 h*

Près de l'entrée du château se trouve une table d'orientation d'où l'on a une belle vue sur la plaine de la Limagne, les monts du Forez et du Livradois.

Laisser à droite la tour des Miches (16e s.) qui défendait l'entrée. Elle est ainsi appelée en raison des bossages de ses murailles de lave, en forme de gros pains.

Ouvert de Pâques au 31 octobre, de 9 h à 12 h et de 14 h à 19 h. Fermé le mardi. Entrée : 4 F. Sonner à la porte fortifiée.

Le château présente trois ensembles : un massif donjon carré, protégé par une double enceinte, un haut donjon circulaire, isolé par une enceinte triangulaire et, entre les deux, groupés autour d'une cour, les corps de logis.

Rez-de-chaussée. — Une rampe, comblant en partie le fossé qui séparait autrefois les deux enceintes, mène à la porte de la première cour. Là se dresse le donjon carré dont les soubassements remontent au 10e s.

Passer dans la cour d'honneur. Une tourelle (15e s.) très ornée attire le regard. A droite de cette tourelle se trouve le «Cuvage» avec son pressoir et, derrière un gros pilier, le foudre de pierre pouvant contenir 13 000 litres. A gauche, se tiennent la cuisine, à la cheminée impressionnante, et les communs. En face, une partie des appartements seigneuriaux.

Passer dans la cour suivante qui est l'ancienne Grande Salle, privée de toiture. Belle cheminée et, devant la fenêtre, une pierre, présentant deux cavités inégales, qui aurait servi à prélever, à titre de contribution, le dixième du grain récolté sur le domaine.

Dans la cour attenante, dite du Jet-d'eau, on se trouve au pied de l'imposant donjon du 14ᵉ s. haut de 32 m, entouré, à mi-hauteur, d'une ceinture de mâchicoulis ajoutés au 15ᵉ s. De l'autre côté de la Grande Salle se tiennent les appartements de la châtelaine (Lucrèce de Gadagne y mourut en 1615).

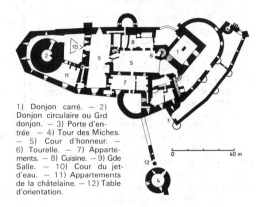

1) Donjon carré. — 2) Donjon circulaire ou Grd donjon. — 3) Porte d'entrée — 4) Tour des Miches. — 5) Cour d'honneur. — 6) Tourelle. — 7) Appartements. — 8) Cuisine. — 9) Gde Salle. — 10) Cour du jet-d'eau. — 11) Appartements de la châtelaine. — 12) Table d'orientation.

Étage. — Monter l'escalier ménagé dans la tourelle de la Cour d'honneur. Au 1ᵉʳ étage au-dessus des communs se trouve une chambre, autrefois peinte ; dans le donjon carré, la salle où l'on pénètre n'a plus de plafond et l'on voit la salle supérieure et les deux belles cheminées superposées. La galerie qui donne sur la cour est celle de la chapelle : au revers de sa porte d'entrée est sculptée une Annonciation. Dans la chapelle, remarquer une statue en bois de sainte Anne.

Grand donjon. — A droite, dans la galerie, un escalier conduit au chemin de ronde de l'enceinte. Une passerelle mène à l'entrée du donjon circulaire dont les trois étages sont desservis par un escalier creusé dans la muraille, épaisse de 4 m.

De la plate-forme, le **panorama**★ est très beau : il embrasse la Limagne, le Forez, la Comté, le Livradois. On aperçoit très bien les trois plateaux qui forment de longs promontoires détachés du plateau des Dômes : le plus proche est celui de Châteaugay, le suivant est la côte de Clermont, le plus éloigné est le plateau de Gergovie. Ils ont tous les trois la même origine : des coulées de basalte ont recouvert des sédiments et les ont protégés de l'érosion.

TRONÇAIS (Forêt de) ★★★
Carte Michelin n° 69 - pli 12.

Au contact du Berry et du Bourbonnais, la forêt de Tronçais développe sur 10 520 ha un peuplement remarquable. Ses étangs et ses sites en font un centre de détente apprécié.

La forêt de Colbert. — La forêt de Tronçais, après avoir été administrée par les ducs de Bourbon, fut confisquée en 1582 avec les autres terres du connétable *(voir p. 127)*. Mal surveillée, laissée à l'abandon, la forêt subit une lente dégradation. Les dévastations des troupeaux, les appropriations abusives de certaines parties de la forêt par les paroisses ou seigneurs voisins, l'abattage incontrôlé des arbres, font que vers 1670, les trois quarts de la forêt de Tronçais étaient ruinés.

Pour pallier les besoins du pays en bois de marine, Colbert entreprit de faire protéger et réensemencer la forêt. Ces nouvelles séries aménagées ne devaient être exploitées qu'à l'âge de deux cents ans.

En 1788, l'ouverture des forges à Tronçais entraîna une nouvelle destruction de la forêt et son retour à l'état de taillis sous futaie sur les deux tiers de la surface en vue de la production de charbon de bois. En 1832, des mesures conservatrices sont heureusement prises et la forêt fut de nouveau aménagée en futaie pleine, exploitable à l'âge de 160 ans. Cet âge fut porté à 180, puis à 225 ans en 1928.

La forêt se cultive. — La forêt de Tronçais est partagée en séries, elles-mêmes divisées en parcelles. Son peuplement est composé pour les 7/10ᵉ de chênes, puis de hêtres et de pins sylvestres, ces derniers surtout présents à l'Ouest du massif.

L'objet essentiel de la forêt demeure la production de bois d'œuvre de haute qualité. Ainsi, les sujets les plus recherchés sont de dimensions exceptionnelles, offrant des fûts qui dépassent parfois 20 m de haut. Pour atteindre un tel épanouissement, les chênes les plus prometteurs durant leur croissance doivent être entourés par d'autres arbres et peu à peu dégagés par des coupes successives.

Les grumes de 50 cm de diamètre et plus, tranchées loin de la forêt, dans l'Aube, le Bas-Rhin ou même en Allemagne, alimentent les industries de l'ébénisterie en placages qui sont finalement dirigés vers l'étranger, Suède, U.S.A., Belgique. Les chênes de diamètre moindre fournissent du merrain, des bois de mine et de feu ou sont exploités sous forme de palettes, de panneaux, etc.

L'équilibre de la forêt nécessite des coupes qui permettent le remplacement des arbres, par parcelles entières, au moment où cet ensemble a atteint sa maturité.

« Les arbres ne doivent pas cacher la forêt ». — La forêt offre aux promeneurs d'autres attraits que la contemplation des chênes. Les amateurs de champignons trouveront des cèpes, girolles, pieds de mouton ou russules. Par ailleurs, les cerfs, biches, chevreuils et sangliers peuplent la forêt en assez grand nombre. Des chasses à courre sont régulièrement organisées. Enfin, sur l'étang de Pirot, l'observateur saura surprendre les grèbes huppées.

Des visites guidées de la forêt sont organisées durant un mois chaque été, au départ du rond du Vieux Morat. S'adresser à l'Office National des Forêts, à Moulins.

DE CÉRILLY
A ST-BONNET-TRONÇAIS
21 km — environ 2 h — schéma ci-contre

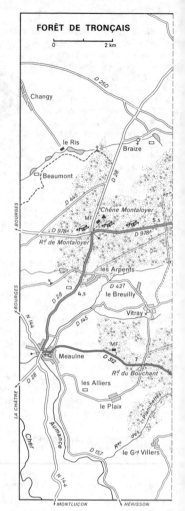

Quitter Cérilly au Nord par le D 111 d'où se révèle la partie orientale du massif forestier. Après le Rond de Brot et le D 978^A*, prendre la première route goudronnée à gauche, la ligne de Cros-Chaud.*

Étang de Pirot★. — Le rond des Pêcheurs offre une belle **vue** d'ensemble de ce vaste plan d'eau.

Des cartes de pêche (carpes, tanches, gardons, brochets) peuvent être retirées dans les cafés de Cérilly, Ainay-le-Château, Isle-et-Bardais et Couleuvre.

Par la route des Pêcheurs gagner le D 978^A *que l'on prend à droite.*

Fontaine Viljot. — *Laisser la voiture au rond Viljot.* Autour de l'eau très claire, chênes et résineux composent un décor charmant. Une aimable légende veut que les jeunes filles qui désirent se marier, lancent une épingle dans la fontaine. Si l'aiguille se plante au fond, la jeune fille a «piqué un cœur».

Au Sud de la route, gagner à pied le **chêne Carré** (A).

Rond de la Cave. — *0,8 km au Nord du D 978*^{A}, *puis 10 mn à pied.* Il occupe le cœur de la «zone de silence».

Chênes Émile-Guillaumin (B) et **Charles-Louis-Philippe** (C). — Tout près de la route, au Nord, ils honorent deux romanciers locaux *(voir p. 66).*

Après le rond Gardien, la route longe l'usine de Tronçais établie en bordure d'un étang. *Prendre le D 250, à droite.*

Étang de St-Bonnet★. — A gauche de la route, il occupe un site très plaisant. Sa baignade *(non surveillée)* et le sentier qui le contourne en font un agréable but de promenade.
(Des cartes de pêche peuvent être prises à St-Bonnet.)

St-Bonnet-Tronçais. — 1 003 h. (les St-Bonnitains). *Lieu de séjour, p. 42.* Charmant village en bordure de la forêt.

Futaie Colbert★. — Circuit de promenade *(1/2 h à pied)* au départ du rond du Vieux-Morat. Beau peuplement de chênes vieux de 300 ans dans un site vallonné et frais au cœur d'une zone protégée.

Chêne Stebbing (D). — *1,5 km au départ du rond du Vieux-Morat.* Isolé au milieu des semis, il donne la mesure des chênes tricentenaires (37 m de haut, 3,95 m de circonférence).

Rond de Buffevent. — *2 km au départ du rond du Vieux-Morat.* Au Sud-Ouest de ce rond, la route forestière de Buffevent permet d'admirer, au prix de courtes promenades, les magnifiques chênes tricentenaires **Jacques-Chevalier** (E), les **Jumeaux** (F) et la **Sentinelle** (G) dans les cantons de la Pelloterie et de Richebourg.

Promeneurs, campeurs, fumeurs...
soyez prudents !
le feu est le plus terrible ennemi de la forêt.

DE ST-BONNET-TRONÇAIS A MEAULNE
28 km — environ 1 h — schéma ci-dessus

Quitter St-Bonnet-Tronçais (voir ci-dessus) au Sud par le D 250 et prendre à droite à hauteur de l'usine de Tronçais. Au-delà de la maison forestière, tourner à droite vers le rond du chêne Aragon.

Étang de Saloup★. — Il est coupé en deux parties par le D 145.

Le D 39 à gauche, puis la route forestière des Lurons mènent à la **chapelle St-Mayeul** dominant un ravin.

Rond de Meneser. — Des sentiers permettent de boucler d'agréables circuits *(compter au minimum 1/2 h à pied AR).*

La route forestière des Vauves contourne ce ravin et offre de belles échappées sur la chapelle St-Mayeul.

Prendre à gauche le D 110 vers le Brethon, là, le D 312, à gauche, parcourt la forêt avant de gagner Meaulne et la vallée de l'Aumance *(p. 56).*

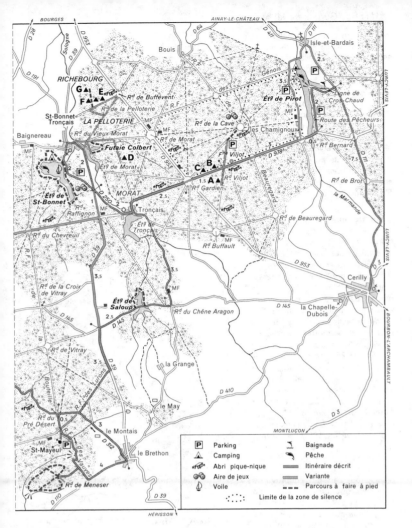

Légende de la carte :

P	Parking	(symbole)	Baignade
(symbole)	Camping	(symbole)	Pêche
(symbole)	Abri pique-nique		Itinéraire décrit
(symbole)	Aire de jeux		Variante
(symbole)	Voile	- - -	Parcours à faire à pied
		::::::	Limite de la zone de silence

QUELQUES TERMES FORESTIERS

CHÊNE. — Le chêne rouvre est prédominant en forêt de Tronçais. Il est susceptible d'atteindre l'âge de 250 à 300 ans.

FUTAIE. — Peuplement formé par des arbres issus de semences (à la différence de taillis, issus de rejets de souches). La futaie est dite régulière, lorsque sur une même parcelle, les arbres ont sensiblement le même âge.

GRUME. — Tronc d'arbre abattu, ébranché, propre à la production de bois d'œuvre.

MERRAIN. — Planche de chêne qui sert à la confection des fûts pour le vieillissement des cognacs.

PEUPLEMENT. — Ensemble des arbres situés sur une surface déterminée.

ROND. — Nom donné aux carrefours routiers. Ils portent le nom d'anciens responsables de la forêt ou évoquent le souvenir de quelques événements.

TRUYÈRE (Gorges de la) ★★

Carte Michelin n° **76** - plis 12, 13, 14.

La Truyère a creusé, dans les plateaux granitiques de la Haute-Auvergne, des gorges étroites, profondes, sinueuses, souvent boisées et sauvages. Elles figurent parmi les plus belles curiosités naturelles de la France centrale. Des barrages, créés pour l'industrie de la houille blanche, les ont transformées en lac sur une grande longueur, modifiant ainsi leur aspect sans nuire à leur pittoresque, sauf en période de basses eaux. Aucune route ne permet de suivre longtemps la vallée, mais beaucoup la coupent et offrent, sur ses sites, de très beaux points de vue.

UN PEU DE GÉOGRAPHIE

Un détournement. — Autrefois, la Truyère coulait vers le Nord; elle était un affluent de l'Alagnon et, par là, tributaire de l'Allier. On peut suivre encore, jusqu'aux environs de St-Flour, les traînées d'alluvions anciennes de son cours supérieur; leur altitude diminue en allant vers le Nord; elles sont constituées de cailloux de plus en plus roulés. Actuellement, cet ancien lit est abandonné; la rivière fait un coude brusque près de Garabit, coule vers le Sud-Ouest et va se jeter dans le Lot; elle est ainsi tributaire de la Garonne.

Ce détournement est dû à une «capture» de l'ancienne haute Truyère par un affluent du Lot dont la source remontait vers le Nord-Est et dont le lit était à une altitude inférieure à celui de l'Alagnon. Le contrecoup du plissement qui a fait surgir les Pyrénées, a

173

fortement exhaussé le plateau où coulait la rivière et a fracturé le socle primitif du Massif Central. Les grandes éruptions du Cantal *(voir p. 19)* ont épanché leurs laves autour du massif volcanique et une coulée est venue se figer dans l'ancienne vallée de la Truyère, contribuant ainsi au détournement de la rivière vers le Sud-Ouest.

Après le coude de Garabit, la Truyère creuse profondément son lit et s'enfonce dans des gorges sinueuses pour rétablir son «profil d'équilibre» détruit par ce détournement.

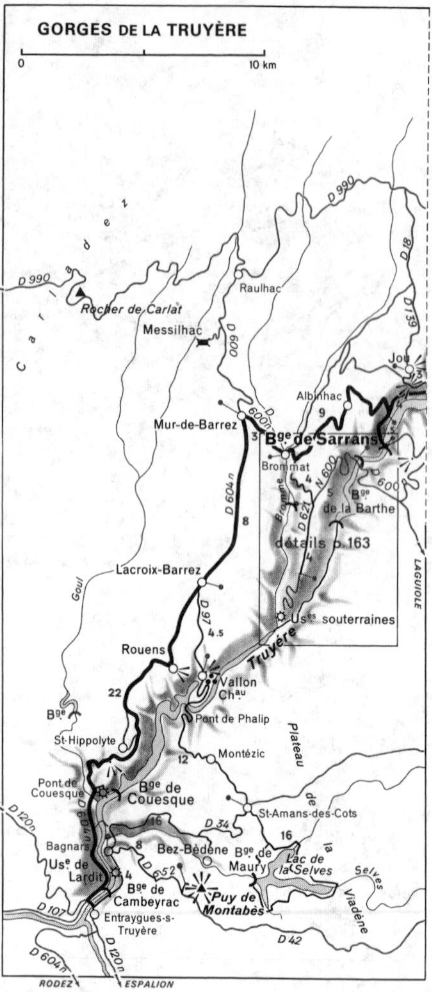

L'équipement hydro-électrique. — Par son étroitesse et par la résistance des roches granitiques qui constituent ses versants, la vallée de la Truyère se prêtait fort bien à la construction de barrages-réservoirs. D'autre part, le fait que la plupart des villages et des routes se trouvaient à l'écart du fond de la vallée facilitait l'acquisition des terrains et permettait la création de vastes retenues.

En 1928 commençaient les grands travaux. Dès 1933, l'usine de Brommat était réalisée et en 1934, le barrage de Sarrans construit *(p. 162)*. Ce lac-réservoir s'étend sur 35 km jusqu'au pont de Lanau. Un second grand ouvrage a été achevé en 1950 : le barrage de Couesque *(p. 176)*, dont la retenue a une quinzaine de kilomètres de longueur. Le barrage de Cambeyrac, qui sert de régulateur de débit des ouvrages amont, a été terminé en 1957; celui de Grandval *(voir ci-dessous)* en 1960. La construction, en 1963, d'un nouvel ouvrage, en amont du pont de Lanau, permet l'utilisation intégrale de la différence d'altitude existant entre Garabit et Entraygues-sur-Truyère.

Complété par d'autres installations sur certains de ses affluents, comme la Bromme, le Goul et la Selves, l'aménagement hydro-électrique de la Truyère peut produire environ 1 milliard 500 millions de kWh par an.

GORGES DE LA TRUYÈRE

DU PONT DE GARABIT A CHAUDES-AIGUES par le château d'Alleuze

53 km — environ 2 h — schéma ci-dessus

Du pont suspendu routier de Garabit, long de 165 m, apparaît l'audacieux viaduc lancé par Eiffel au-dessus de la Truyère.

Viaduc de Garabit★★. — *Page 108.*

Les versants de la vallée, profondément encaissés, sont couverts soit de bois, soit hérissés de rochers. A la sortie Sud du pont de Garabit, prendre à droite le D 13 vers Faverolles. La route franchit le ravin rocheux de l'Arcomie, affluent de la Truyère, noyé aux plus hautes eaux, par la retenue de Grandval; puis, longeant le lac de barrage, traverse le ruisseau d'Arlincq et s'élève sur le plateau vers Faverolles d'où l'on aperçoit successivement les monts du Cantal, de la Margeride et de l'Aubrac.

Après Auriac-de-Faverolles, du D 13, belle vue des vallées inondées, de la Truyère et du Bès à leur confluent.

Après avoir franchi le Bès, la route s'élève, offrant des vues, à droite, sur deux îlots rocheux témoins des célèbres pitons qui caractérisaient le cirque de Mallet et le site du village noyé lors de la mise en eau.

Belvédère de Mallet★★. — Laisser la voiture après un virage prononcé à gauche et gagner à pied *(10 mn AR)* le promontoire d'où l'on jouit d'une très belle **vue**★★ sur la retenue de Grandval.

Lorsqu'on arrive en vue de Fridefont, abandonner le D 13 et prendre à droite le D 40 qui traverse ce village, descend en lacet dans la vallée et passe sur la crête du barrage de Grandval.

Barrage de Grandval★. — Cet ouvrage du type «à voûtes multiples», long de 400 m, haut de 85 m, comporte six voûtes de 50 m de portée s'appuyant sur d'épais contreforts. Sa construction a nécessité 190 000 m³ de béton, soit moins de la moitié du volume qu'aurait exigé celle d'un barrage-poids équivalent. La voûte centrale abrite une usine

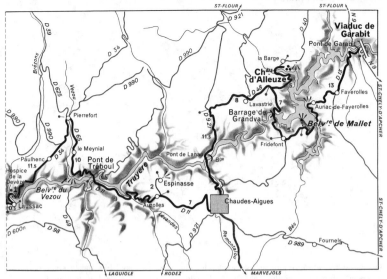

circulaire couverte d'une coupole métallique, équipée de deux groupes de 24 000 kW chacun, et qui assure une production annuelle de 125 millions de kWh. D'une capacité de 290 millions de mètres cubes, la retenue s'étend sur une longueur de 27 km à l'amont du barrage et recouvre une surface de 1 000 ha *(voir tableau des lacs, p. 5).*

Après Grandval, suivre le D 40 puis, à droite, le D 48 qui conduit à Alleuze. Après un virage très marqué à gauche, la route descend dans la vallée boisée du ruisseau d'Alleuze, noyée par la retenue de Grandval, et offre des vues pittoresques sur les ruines féodales du château d'Alleuze qui se dressent sur l'autre versant.

Château d'Alleuze ★★. — *Page 49.*

Faire demi-tour dans Alleuze et reprendre le D 48 vers Lavastrie et la N 121. Suivre celle-ci à gauche. Elle descend, pittoresque, dans la vallée de la Truyère que l'on franchit au pont de Lanau.

Lanau. — *Lieu de séjour, p. 42.*

Par le vallon du Remontalou, aux flancs dénudés, la route atteint Chaudes-Aigues *(p. 83).*

DE CHAUDES-AIGUES A MUR-DE-BARREZ par le barrage de Sarrans

57 km — environ 2 h 1/2 — schéma ci-dessus

Quitter Chaudes-Aigues (p. 83) par la N 121 au Sud et prendre bientôt, à droite, le D 11 vers le pont de Tréboul. La route, pittoresque, escalade le versant gauche de la vallée du Remontalou. Elle court ensuite sur un plateau d'où les vues sont étendues sur la planèze de St-Flour, les monts du Cantal et de la Margeride.

Espinasse. — 149 h. *2 km au départ du D 11.* Belle vue plongeante sur la Truyère.

Après le village d'Auzolles, la route s'accroche aux flancs abrupts de la vallée du Lévandes qu'elle domine d'abord de très haut. Une longue descente en corniche offre des vues saisissantes sur la vallée dont le fond et le versant gauche sont couverts de forêts. Franchissant le Lévandes, la route commence à longer la retenue du barrage de Sarrans qui forme, par hautes eaux, au confluent du Lévandes et de la Truyère, un très beau lac.

Pont de Tréboul ★. — Ce pont suspendu, long de 159 m entre les piles, est un remarquable ouvrage moderne. Il remplace un pont gothique construit par les Anglais au 14e s. et submergé par la retenue en même temps que le village de Tréboul. En période de basses eaux, le vieux pont, encore intact, apparaît.

Franchir la retenue sur le pont de Tréboul et prendre à gauche vers Pierrefort.

Sur la rive droite, la route continue à suivre la retenue puis, après quelques lacets, elle s'élève dans les bois.

600 m après le passage sous une ligne de transport de force, après un virage à droite par lequel la route, s'écartant de la vallée de la Truyère, remonte celle du Vezou, laisser la voiture pour gagner le belvédère du Vezou.

Belvédère du Vezou ★. — *1/4 h à pied AR.* Un sentier conduit, à travers genêts et bruyères, sur une éminence rocheuse dominant le confluent du Vezou et de la Truyère. La **vue ★** est très belle sur le lac et sur les **rochers de Turlande,** très dentelés, qui descendent du haut du versant opposé jusqu'au fond de la vallée.

Le D 65 remonte la vallée du Vezou, d'abord profonde et boisée, puis plus doucement modelée et couverte de prés et de landes. Après le Meynial, des roches volcaniques se dressent de chaque côté de la route.

Pierrefort. — 1 344 h. *Lieu de séjour, p. 44.*

Quitter Pierrefort par le D 990, vers Aurillac. La route parcourt un plateau d'où l'on aperçoit au loin les monts d'Aubrac. *A 3 km de Pierrefort, prendre à gauche le D 34 vers Paulhenc.* Passé ce village, la route revient dans la vallée de la Truyère, extrêmement boisée, et domine de haut le lac-réservoir. Tracée au flanc de la montagne, elle descend presque au

175

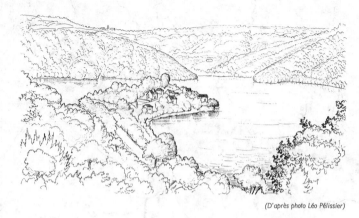

(D'après photo Léo Pélissier)

La Truyère à Laussac.

niveau du lac et offre une jolie vue sur le village de Laussac. Elle passe ensuite devant l'hospice de la Devèze (du calvaire, belle vue sur la retenue de Sarrans) et franchit le Brézons sur un pont suspendu moderne, long de 121 m, avant d'atteindre Laussac.

Laussac. — Le village est bâti sur un promontoire que l'immersion de la vallée a transformé en presqu'île.

Belvédères de Jou. — *3 km au départ de Laussac. Suivre le D 537, puis à droite le D 98. A 1,5 km, on découvre un panorama sur la presqu'île de Laussac et l'hospice de la Devèze, à droite, la retenue de Sarrans, à gauche. Prendre le D 139, à droite, à 400 m de la bifurcation, nouvelle vue.*

Quitter Laussac par le D 537 qui longe le lac-réservoir, puis prendre à gauche le D 98 qui conduit au barrage de Sarrans.

Barrage de Sarrans★★. — *Page 162.*

Faire demi-tour et, à 1,5 km du barrage, suivre à gauche le D 166 passant par Albinhac. Il offre des vues étendues sur le pays de Barrez, les monts du Cantal et l'Aubrac. Remarquer les jolis toits à quatre pans de la région, avec leurs lauzes *(voir p. 72)* en forme d'écailles.

Atteindre Brommat en continuant sur le D 166 jusqu'au D 600n.

Gorges de la Bromme et ouvrage de Brommat. — *11 km au départ de Brommat par les D 600n et D 621.* La Bromme, affluent de la Truyère, a creusé dans le basalte des gorges profondes et sauvages dont la route offre un bon aperçu. Le D 621 conduit au poste de Rueyre et à l'usine de Brommat, laissant sur la gauche le barrage de la Barthe. *Pour plus de détails sur l'aménagement de Sarrans-Brommat, voir p. 162.*

Quitter Brommat au Nord-Ouest par le D 600n qui conduit à Mur-de-Barrez (p. 132).

DE MUR-DE-BARREZ A ENTRAYGUES par le pont de Couesque

30 km — environ 1 h 1/2 — schéma p. 174

Quitter Mur-de-Barrez (p. 132) par le D 604n au Sud. La route, droite et rapide, court sur le plateau barrézien entre les vallées du Goul et de la Bromme.

Lacroix-Barrez. — 613 h. C'est le pays natal du cardinal Verdier, archevêque de Paris, qui fit construire autour de la capitale, de 1930 à 1940, plus de cent églises ou chapelles. Au centre du village, un monument a été élevé, en 1949, à la mémoire du «Cardinal des Chantiers».

A 3 km de Lacroix-Barrez, le D 604n offre des vues lointaines, à droite sur la Châtaigneraie *(p. 120)*, à gauche sur le plateau de la Viadène. Laisser la voiture à l'entrée du hameau de **Rouens**, à gauche, qui offre en contrebas, après avoir dépassé l'église, une vue pittoresque sur le lac de Couesque et le pont de Phalip.

Quelques kilomètres plus loin, laissant à droite la route de St-Hippolyte, le D 604n commence une descente en corniche offrant de belles vues plongeantes sur les gorges très profondes de la Truyère, le barrage de Couesque et son lac de retenue, puis sur la vallée du Goul.

Avant le pont de Couesque, sur le Goul, prendre à gauche une route qui, bifurquant presque aussitôt, conduit, à droite, à l'usine et au barrage de Couesque.

Barrage de Couesque★. — *Visite sur autorisation spéciale.* Ce barrage du type voûte-mince, en surplomb vers l'aval, est haut de 60 m. Sa retenue *(voir tableau des lacs, p. 5)* s'étend jusqu'au confluent de la Bromme et de la Truyère, où débouche le canal de fuite de l'usine souterraine de Brommat *(p. 163)*. D'une capacité de 56 millions de mètres cubes, la retenue emmagasine également les eaux du Goul, amenées par une dérivation souterraine longue de 3,3 km. L'usine construite à 300 m en aval du barrage produit annuellement 220 millions de kWh.

Revenir au pont de Couesque. Le D 604n suit le lac de retenue du barrage de Cambeyrac sur la Truyère. La vallée devient plus accueillante : des prés, des vignes, des arbres fruitiers s'installent sur les versants à côté des châtaigniers.

Plus loin, peu après le confluent de la Selves et de la Truyère, on aperçoit, sur l'autre versant, l'usine hydro-électrique de Lardit.

Usine hydro-électrique de Lardit. — Cet ouvrage, dont la productibilité annuelle est de 110 millions de kWh, utilise les eaux de la Selves et de son affluent le Selvet, retenues par le barrage de Maury *(voir ci-dessous)* sur la Selves, au Sud de St-Amans-des-Cots. Les eaux sont amenées à l'usine de Lardit par un tunnel de 6 km auquel font suite deux conduites forcées.

Un peu en aval de l'usine de Lardit, un dernier ouvrage barre la vallée de la Truyère : le **barrage de Cambeyrac.** Régulateur de la rivière, il mesure 11 m de hauteur et possède deux groupes «bulbes» de 5 000 kW. Sa productibilité annuelle est de 30 millions de kWh.

On atteint Entraygues-sur-Truyère *(description dans le guide Vert Michelin Causses)* en franchissant la rivière par le pont gothique.

Variante entre Lacroix-Barrez et Entraygues par le D 97 et le D 34. — *Allongement de parcours : 31 km. Route accidentée et sinueuse mais parcours encore plus pittoresque que par le pont de Couesque.*

A la sortie de Lacroix-Barrez, prendre à gauche le D 97 qui descend dans un profond ravin boisé. Au hameau de Vallon, un belvédère aménagé offre un beau point de vue sur les gorges de la Truyère. Contournant les ruines du château de Vallon, perchées sur un éperon dominant la vallée, la route débouche dans les très belles gorges de la Truyère.

Franchir la retenue de Couesque sur le pont suspendu de Phalip. La route s'élève en lacet sur le versant boisé et atteint le plateau granitique de la Viadène. *Dans Montézic, prendre à droite vers St-Amans des Cots.*

Le D 97 mène au barrage de Maury.

Barrage de Maury. — Il a été construit en 1948, au confluent de la Selves et du Selvet. Sa retenue de 166 ha et de 35 millions de m³ est située dans un paysage varié et très coloré.

Poursuivre le D 97 et tourner à gauche dans le D 599. La route sinueuse longe en grande partie les rives du lac de barrage; elle rejoint ensuite le D 97 que l'on prend à droite.

A l'entrée de St-Amans-des-Cots, suivre à gauche le D 34. A Volonzac, prendre à gauche une petite route menant à Bez-Bedène.

Bez-Bedène. — Dans un site sauvage et solitaire, ce caractéristique village rouergat aligne ses quelques maisons sur une arête rocheuse que contourne un méandre de la Selves. Petite église du 12ᵉ s. à clocher à peigne et pont du 14ᵉ s. à une seule arche *(1/4 h à pied AR).*

Faire demi-tour et prendre à gauche le D 34 en direction d'Entraygues. Au cours de la descente très pittoresque, la route serpente dans les vallées de la Selves et de la Truyère.

Puy de Montabès★. — *8 km au départ de Bagnars par le D 652, puis 1/4 h à pied AR.* Très beau **panorama★** sur les monts du Cantal, l'Aubrac, le Rouergue (la cathédrale de Rodez est visible par temps clair), la vallée du Lot que la vue prend en enfilade en aval d'Entraygues, et le plateau de la Châtaigneraie.

La route, longeant ensuite la Truyère, passe en vue de l'usine hydro-électrique de Lardit *(voir ci-dessus).*

Un dernier ouvrage barre la vallée de la Truyère : le barrage de Cambeyrac, puis le D 34, passant près du pont gothique, atteint Entraygues.

USSON ★

Carte Michelin n° **73** - pli 15 — 4 km au Sud-Ouest de Sauxillanges — *Schéma p. 116* — 178 h. (les Ussonnais).

Usson a porté sur son roc basaltique un formidable château dont il ne reste rien, si ce n'est le souvenir de Marguerite de Valois.

UN PEU D'HISTOIRE

La tiare d'Usson. — «Usson est une ville située en une plaine où il y a un roc, et trois villes l'une sur l'autre en forme d'un bonnet du pape», dit un vieux texte. Construit par le duc de Berry, le château passait pour imprenable. Aussi y avait-il sur la porte : «Garde le traître et la dent !». Entendez que seule la trahison ou la famine pouvait en venir à bout.

La reine Margot - 16ᵉ-17ᵉ s. — Cette princesse, popularisée par Alexandre Dumas, est la sœur de Charles IX, qui l'a donnée en mariage au roi de Navarre, futur Henri IV, disant que, par ce moyen, «il l'avait donnée à tous les huguenots du royaume». Allusion peu discrète aux galanteries de la jeune reine. Sa conduite la fait reléguer à Carlat *(voir p. 73)*, où elle a comme favori le jeune seigneur d'Aubiac. Fuyant Carlat où le roi a donné l'ordre de l'appréhender, Marguerite s'est réfugiée dans son château d'Ybois. Henri III envoie le marquis de Canillac assiéger la forteresse. Canillac s'empare de la reine et d'Aubiac; sur les instructions de la Cour, il fait exécuter le favori. Marguerite est enfermée à Usson, sous la garde du marquis.

Le geôlier dupé. — La prisonnière, qui pleure Aubiac, le venge par un tour de sa façon. Elle donne à Canillac, en bonne et due forme, un hôtel à Paris avec 2 000 livres de rente, couvre sa femme de bijoux. Le marquis, tout heureux, court à la capitale pour entrer en possession; mais une lettre de la reine Margot à son notaire l'y a précédé, annulant la donation. Le légataire dupé est la risée de la cour, même du roi de Navarre; sa femme, dépouillée des bijoux et renvoyée avec sa courte honte, fait pouffer, derrière leur éventail, toutes les dames d'Auvergne.

Galante, savante et dévote. — Vingt ans durant, la reine Margot mène à Usson une vie de galanteries, d'études et de dévotion; car le mélange ne la choque point. A toutes les avenues du château, elle fait élever de petites chapelles où elle se rend en oraisons. Finalement, les ressources lui manquent; elle est obligée d'engager ses pierreries à Venise, de fondre sa vaisselle d'argent, et de «n'avoir rien de libre que l'air». Le roi, son mari, par cette gêne où il la tient, veut obtenir d'elle la dissolution du mariage. Elle n'y consent qu'à la mort de Gabrielle d'Estrées, ne voulant pas voir à sa place, écrit-elle à Sully, «une telle décriée bagasse». Elle peut alors revenir à Paris. Peu après finit Usson : Richelieu le fait abattre en 1633, en même temps que la plupart des grands châteaux forts d'Auvergne.

■ **CURIOSITÉS** visite : 3/4 h

Église. — Elle date des 15e et 16e s. et abrite un beau mobilier.

Franchir le passage voûté sous le clocher et monter quelques marches à droite.

Belvédère. — Belle vue★ sur la Limagne d'Issoire et les monts d'Auvergne.

Pic d'Usson. — Par un sentier facile, gagner le sommet surmonté d'une chapelle portant une statue colossale de la Vierge (pèlerinage le dernier dimanche de mai). Beau **panorama**★. Au cours de la montée se découvre, dans une ancienne carrière, une très belle rangée d'orgues basaltiques.

VACHE (Puy de la)

Carte Michelin n° **73** - plis 13, 14 — *Schéma p. 98.*

Ce volcan (alt. 1 167 m), qui offre, avec son voisin le puy de Lassolas, un des spectacles les plus évocateurs de la chaîne des Dômes, est encore si bien formé qu'on le croirait surgi d'hier *(illustration p. 18).*

Accès. — *3 km au départ de Randanne par le D 5.* On laisse à gauche le château de Montlosier. Le comte de Montlosier, retour d'émigration, au début du 19e s., entreprit de démontrer qu'il était possible de faire pousser la forêt en des endroits considérés jusqu'alors comme stériles. L'expérience fut pratiquée sur son domaine. Traité de fou au début, il finit par conquérir un grand prestige quand les résultats de ses efforts devinrent tangibles. Ses travaux furent repris et étendus par l'administration des Forêts.

Le chemin d'accès au cratère éguelé du puy de la Vache (1 h à pied AR) part sur la gauche du D 5. Il longe la cheire d'Aydat.

Le volcan. — Son cratère a d'abord lancé des cendres et des scories qui ont formé le cône (exploitation de pouzzolanes), puis la lave a monté, remplissant le cratère. Sous sa pression formidable, le flanc Sud du cône a cédé, le volcan s'est ouvert et un véritable torrent de matières en fusion s'est épanché sur le plateau; c'est l'actuelle cheire d'Aydat *(p. 97)*, longue de 6 km, qui, en obstruant la vallée de la Veyre, a donné naissance au lac d'Aydat *(p. 58).*

Les collectionneurs pourront rapporter de cette promenade quelques beaux échantillons de pierres volcaniques.

VENDEIX (Roche)★

Carte Michelin n° **73** - pli 13 — *Schéma p. 101.*

Quitter le D 88 à hauteur d'une auberge et suivre le sentier qui conduit au sommet (1/2 h à pied AR).

La roche Vendeix, dont les flancs abrupts laissent voir les prismes basaltiques, constituait un emplacement de choix pour une forteresse. Celle qui y fut élevée au Moyen Age et servit de repaire à Aimerigot Marcheix n'a laissé que des traces. Du sommet de la roche (alt. 1 131 m), beau panorama sur la Bourboule et les monts Dore.

Aimerigot Marcheix, «roi des Pillards» - 14e s. — Cet Aimerigot, ou encore Mérigot, était d'une bonne famille du Limousin. Engagé dans les troupes anglaises, il combat sous le Prince Noir, vainqueur de Jean le Bon à la bataille de Poitiers (1356), puis se met à la tête d'une troupe d'aventuriers. Pendant dix années, profitant de l'état de guerre (la guerre de Cent Ans), il prend des châteaux qu'il revend ensuite un bon prix, rançonne les habitants, brûle le pays.

La bonne vie d'un capitaine de brigands. — Écoutons-le peindre cette «bonne vie» : «Comme nous étions réjouis quand nous chevauchions à l'aventure, et que nous pouvions rencontrer par les champs un riche abbé, un riche prieur, un riche marchand ou une caravane de mules, chargées de drap ou de pelleterie ou d'épices ou de draps de soie d'Orient ! Tout était nôtre ou rançonné à notre volonté... Les vilains d'Auvergne et de Limousin nous amenaient en notre châtel les blés, la farine, le pain tout cuit, l'avoine pour les chevaux et la litière, les bons vins, les bœufs, les brebis et les moutons tout gras, la poulaille et la volaille. Nous étions gouvernés et étoffés comme rois et quand nous chevauchions tout le pays tremblait devant nous».

Aimerigot à la roche Vendeix. — Des trêves — «Maudites soient-elles !», dit Aimerigot — sont signées entre la France et l'Angleterre, mais un tel homme ne peut se résigner à la paix. Il avise le château de la roche Vendeix, l'enlève, le fortifie; tous les mécontents le rejoignent et, de nouveau, reprend la vie de pillages et d'expéditions. Mais, cette fois, la mesure est comble. En 1390, les troupes du roi de France, Charles VI, s'emparent du château. Aimerigot est conduit à Paris, mis au pilori, décapité en place des Halles, puis écartelé, et chacun des quartiers mis sur un poteau aux maîtresses portes de Paris. Les populations d'Auvergne respirent plus librement.

Carte Michelin n° **69** - pli 3 — 713 h. (les Veurdrois).

Ce village bâti sur la rive gauche de l'Allier, est au cœur d'une région bocagère. Ses environs proposent d'intéressants buts d'excursions.

Château de St-Augustin. — *2 km au Nord du Veurdre à Château-sur-Allier. Visite du 1er juin au 30 septembre tous les jours, de 14 h à 19 h; le reste de l'année, les mercredis, samedis, dimanches et jours fériés aux mêmes heures. Entrée : 8 F, enfants 2,50 F.*

Un très vaste parc de 35 ha abrite de nombreuses espèces animales de la région (cerfs, sangliers, oiseaux...) ou exotiques (ours, singes, zèbres, dromadaires...). Les amateurs de photos, ceux qui désirent approcher au plus près les animaux, pourront se promener dans le parc à daims où évoluent des animaux.

Le hall du château, 18e s., est décoré de trophées de chasse.

*Actualisée en permanence,
la carte Michelin au 200 000e bannit l'inconnu de votre route.*

Elle permet de choisir d'un seul coup d'œil :
— une route principale pour un grand itinéraire,
— une route de liaison régionale ou de dégagement,
— une petite route où il fait bon flâner.

Équipez votre voiture de cartes Michelin à jour.

VICHY ★★★

Carte Michelin n° **73** - pli 5 — *Schéma p. 114* — 32 251 h. (les Vichyssois) — *Lieu de séjour, p. 44.*

Dans un paysage agréable sur les bords de l'Allier, Vichy, illustre station hydrominérale, étale le luxe de ses thermes, de ses hôtels, de ses magasins, le charme de ses parcs et l'attrait de ses mille distractions.

Durant toute la saison, de mai à octobre, des spectacles et des galas sont donnés au Grand Casino; ils ont un éclat que pourrait souvent envier Paris. Des théâtres, des cabarets, des cinémas, des dancings offrent encore un vaste choix de distractions auxquelles s'ajoutent les fêtes de toutes sortes, festivals, concerts, expositions, conférences, etc.

Dans un parc de 100 ha ont été regroupées les installations sportives de Vichy qui figurent aux premiers rangs de l'équipement français. Un vaste plan d'eau *(voir tableau des lacs, p. 5),* le lac d'Allier, a été créé par la construction, sur l'Allier, d'un pont-barrage en aval de la ville. Ses aménagements le vouent aux sports nautiques et aux compétitions internationales (aviron, régate, ski nautique, etc.).

UN PEU D'HISTOIRE

La ville fortifiée. — Déjà connue des Romains, Vichy devient au Moyen Age une petite ville fortifiée qui souffre comme ses voisines des maux du temps et notamment des guerres de Religion. Sa prospérité date de Henri IV et, depuis lors, son histoire se résume en celle des baigneurs illustres qu'elle abrita, si l'on excepte les quatre années (2 juillet 1940 - 20 août 1944) durant lesquelles Vichy fut le siège du gouvernement.

La journée d'une baigneuse au Grand Siècle. — Écoutons Mme de Sévigné, venue soigner des rhumatismes : «J'ai donc pris des eaux ce matin, ma très chère. Ah ! qu'elles sont mauvaises ! On va à 6 h à la fontaine; tout le monde s'y trouve; on boit et l'on fait une fort vilaine mine, car imaginez-vous qu'elle est bouillante et d'un goût de salpêtre fort désagréable. On tourne, on va, on vient, on se promène. Enfin, on dîne. Après dîner, on va chez quelqu'un. A 5 h, on se promener dans des pays délicieux. A 7 h, on soupe légèrement. On se couche à 10. J'ai commencé aujourd'hui la douche. C'est une bonne répétition du Purgatoire... Et l'on se met ensuite dans un lit chaud, et voilà ce qui guérit».

D'illustres baigneurs. — Au siècle suivant, ce sont les filles de Louis XV, Mmes Adélaïde et Victoire, qui viennent y faire une saison. Une source porte encore leur nom (source Mesdames). En 1799, on y trouve Marie-Laetitia Bonaparte, mère de Napoléon, qui lui-même, en 1810, crée le parc des Sources. En 1821, la duchesse d'Angoulême pose la première pierre de l'établissement thermal. Napoléon III vient à plusieurs reprises faire une cure à Vichy et la station connaît alors une vogue extraordinaire. Pour sa résidence, on élève, en bordure du nouveau parc de l'Allier, une série de chalets, dont la façade est, à la demande de l'empereur, tournée vers les jardins, afin d'éviter les ovations obsédantes. Depuis le Second Empire, on ne compte plus les célébrités de tout ordre et de tous pays qui y sont venues chercher, avec la santé, une villégiature agréable. Les aménagements municipaux sont de tout premier ordre et la ville est en progression constante.

■ LA STATION

Les sources minérales et thermales de Vichy *(renseignements sur leur origine p. 23)* sont surtout chargées de bicarbonate de soude et d'acide carbonique. Les principales, citées ci-après, appartiennent à l'État et sont exploitées par une Compagnie fermière fondée en 1853. On soigne à Vichy surtout les affections du foie, de la vésicule et de l'estomac, le diabète, les migraines et les troubles de la nutrition et de la digestion. Les eaux de la Grande Grille, de l'Hôpital et des Célestins sont expédiées en bouteilles dans le monde entier.

[Map of Vichy agglomeration with roads and place names: ST-POURÇAIN-SUR-SIOULE, AÉROPORT, MOULINS VARENNES-S-A., LAPALISSE, BEAUSOLEIL, CHATEL-MONTAGNE, PALAIS DES CONGRÈS, CENTRE OMNISPORTS, STADE, VICHY Voir détails, CUSSET Voir détails, YACHT CLUB, GANNAT, BELLERIVE, LE MAYET-DE-MONTAGNE, AIGUEPERSE RIOM, PLAGE, ALLIER, LE VERNET, SITE DES HURLEVENTS, FERRIÈRES, RANDAN CLERMONT-FERRAND, THIERS]

Sources chaudes. — Elles sont à la base du traitement (cures de boisson). Trois d'entre elles jaillissent dans le hall des Sources :

— **Grande Grille** : ainsi appelée parce qu'une grille la protégeait autrefois contre les bestiaux assoiffés. Elle vient d'une profondeur de 1 000 à 1 200 m et sort à gros bouillons. Température : 41,9 °C.

— **Chomel** : porte le nom du médecin intendant des Eaux qui la fit aménager en 1750. C'est la plus chaude : 43,3 °C.

— **Lucas** : le baron Lucas, médecin inspecteur au début du 19e s., acheta la source pour le compte de l'État. Température : 28,1 °C.

Une quatrième source chaude, celle de l'**Hôpital** (température : 32,9 °C), sourd dans un pavillon en forme de rotonde, situé derrière le casino.

Sources froides. — Leurs eaux sont utilisées aussi en cures de boisson. La source du **Parc**, qui jaillit dans le parc des Sources, est à 23 °C, celle des **Célestins** à 17,8 °C. Celle-ci se trouve dans un parc qui contient une collection remarquable de conifères. Il reste quelques vestiges du couvent des Célestins dont la source porte le nom.

Établissements thermaux. — Ils comprennent : le Grand Établissement thermal *(ouvert de mai à octobre),* complété par l'institut de mécanothérapie, des services d'esthétique, d'oxygénothérapie, de relaxation et de diététique; l'Établissement Callou *(ouvert toute l'année).* L'hôpital militaire possède aussi des installations thermales.

■ **PRINCIPALES CURIOSITÉS** *visite : 1 h 1/2 — voir plan p. 181*

Parc des Sources ★ (AY).
— Marronniers et platanes l'ombragent. Le soir, il est tout brillant de lumière. Une galerie couverte le borde sur les deux grands côtés. C'est le centre de la vie thermale et des distractions : dans le parc et sur ses lisières se groupent le hall des Sources, le Grand Établissement thermal, la galerie Napoléon, le Grand Casino, les plus beaux hôtels, restaurants, cafés et magasins de luxe. Le matin, avec le va-et-vient des curistes, les groupes qu'ils

Vichy. — Parc des Sources.

forment autour des sources dans l'attente du «verre d'eau», c'est l'atmosphère si particulière des stations thermales. L'après-midi et les soirs de galas, c'est l'animation mondaine, le défilé des élégances.

Parcs de l'Allier ★ (AY Z). — Créés par Napoléon III, ils ont été gagnés sur la rivière et sont protégés par une digue. Ce sont de beaux jardins à l'anglaise ornés d'arbres d'essences variées, de pièces d'eau où nagent cygnes et canards de Barbarie, de rocailles, de roseraies, de massifs fleuris. Un parc réservé aux enfants comporte toutes sortes de jeux et une piscine.

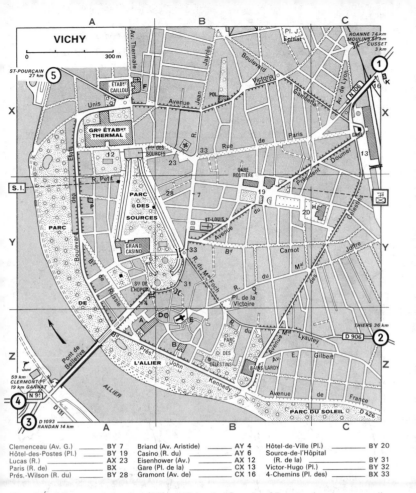

Grand Établissement thermal (AX). − *Visite du 12 mai au 25 septembre, les mercredis, jeudis et samedis, de 15 h 30 à 17 h. Prix : 1 F. Entrée avenue Général-Dwight-Eisenhower.*

Son confort est raffiné et ses installations thérapeutiques sont dotées des derniers perfectionnements.

■ AUTRES CURIOSITÉS

Maison de Madame de Sévigné (AZ A). − Construction de l'époque Louis XIII, fortement restaurée et transformée en hôtel (Pavillon Sévigné). La marquise de Sévigné, qui fit plusieurs saisons à Vichy *(voir p. 179),* y habita.

Maison du Bailliage (BZ B). − *Visite du 5 mai au 29 septembre, les mercredis et vendredis, de 14 h 30 à 18 h.*

Construite au début du 16ᵉ s., la maison du Bailliage, dite le «Chastel Franc», abrite des collections gallo-romaines, d'histoire locale et de folklore bourbonnais.

Tour de l'Horloge (BZ D). − Seul vestige d'un château fort du 15ᵉ s.

Église St-Blaise (BZ E). − Elle comprend deux édifices accolés. La vieille église souvent remaniée conserve une Vierge noire très vénérée, dite Notre-Dame-des-Malades ; seule la tête de la statue est ancienne (12ᵉ s.). *Procession aux flambeaux le 15 août.*

La nouvelle église présente une belle décoration de vitraux modernes et de mosaïques. On peut accéder au clocher : belle vue.

Maison du missionnaire (AX F). − *Visite du 15 mai au 1ᵉʳ octobre, de 15 h à 18 h 30. Fermé le lundi.*

Elle abrite un musée colonial des missions dont les collections exotiques sont intéressantes.

Pastillerie (CX K). − *Visite du 10 mai au 30 septembre, de 9 h à 12 h et de 14 h à 17 h. Fermé les samedis, dimanches et jours fériés.*

Les ateliers d'embouteillage et d'expédition des eaux des sources Vichy-État. tout proches, peuvent traiter quotidiennement plus de 400 000 bouteilles.

■ AGGLOMÉRATION VICHYSSOISE *voir plan p. 180*

Bellerive. − *1,5 km.* 7 619 h. (les Bellerivois). *Lieu de séjour, p. 42.* Franchir le pont sur l'Allier et quitter Vichy par ④ du plan. On entre aussitôt dans Bellerive.

A gauche, dans un petit parc, une source intermittente *(voir p. 23)* jaillit toutes les 3 heures 10 minutes, durant 1/4 h, en une gerbe d'eau que l'acide carbonique dissous rend toute blanche.

181

Cusset. — *3 km. Quitter Vichy par* ① *du plan, N 106. Description p. 96.*

Site des Hurlevents. — *4,5 km de Vichy ou de Cusset. Quitter Vichy par* ② *du plan, rue du Maréchal-Lyautey. Aussitôt après avoir franchi la voie ferrée, tourner à gauche, puis à droite pour suivre le chemin du Vernet. 1 km plus loin, prendre à droite le D 126 puis à gauche le D 270. A l'entrée du Vernet, tourner à droite à angle aigu dans un chemin conduisant au bord du plateau, appelé site des Hurlevents, altitude 433 m.*
De là, *(table d'orientation),* **vue**★ étendue sur le bassin de Vichy, la vallée de l'Allier, la Limagne, les monts Dômes et les Bois Noirs.

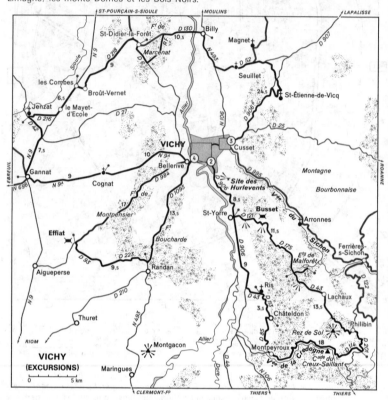

EXCURSIONS

Vallée de la Credogne★. — *Circuit de 73 km — environ 2 h 1/2 — schéma ci-dessus. Quitter Vichy par* ② *du plan, D 906.* Il offre à droite quelques points de vue sur la vallée de l'Allier.

St-Yorre. — 3 154 h. La ville est située au centre d'un bassin hydrominéral donnant naissance à plus de 100 sources dont la plus connue est la source Larbaud, du nom d'un pharmacien qui, au siècle dernier, lança la station. La verrerie et l'embouteillage des eaux minérales constituent les principales industries de la localité.

Prendre à gauche le D 121. Il monte à Busset et offre, à droite, de jolies vues sur la vallée de l'Allier et la forêt de Randan.

Busset. — 820 h. Le **château**★ *(visite du 1er avril au 1er juillet, les samedis et dimanches de 15 h à 18 h; entrée : 1 F),* restauré, qui domine le village, constitue un bel ensemble. Construit au 14e s. par les sires de Vichy, il devint ensuite, et est encore, la propriété des Bourbons.

Tourner à droite dans le D 175 qui parcourt les premiers contreforts de la Montagne bourbonnaise (p. 120).

Étang de Malforêt. — *1,5 km.* Peu après avoir laissé, à droite, une route vers Ris, prendre à gauche un chemin qui descend vers l'étang. Au creux d'un joli site boisé.

Le D 43 vers Lachaux, offre à droite des vues sur la chaîne des monts Dômes. Après Lachaux, prendre à gauche le D 43E qui s'élève en bordure des Bois Noirs.

Rez de Sol. — *1 km, puis 1 h à pied AR.* A hauteur d'une ferme isolée, prendre un chemin à droite. Beau panorama sur la Limagne et les monts Dômes. Filons de quartz.

A Philibin, emprunter à droite le D 201, très pittoresque, puis bientôt à droite le D 114.

Vallée de la Credogne★. — Petit affluent de la Dore, la Credogne parcourt une pittoresque vallée, dont le D 114 permet de suivre la plus grande partie. Au début du parcours, la route étroite, sinueuse, longe le Creuzier, affluent de la Credogne, jusqu'à la jonction du D 43. Surplombant la rivière, elle est très pittoresque.

Plus bas, la gorge se resserre entre des parois rocheuses. 400 m après l'embranchement du D 43, à hauteur d'un rocher isolé au bord de la route où une plate-forme de stationnement a été aménagée, la Credogne forme la **cascade du Creux-Saillant** qui tombe d'une hauteur de quelques mètres, sur de gros blocs. 5 km plus loin, après plusieurs élargissements et rétrécissements de la vallée, on remarque à gauche un bon exemple de méandre recoupé : la rivière ayant scié la boucle du méandre, celui-ci, abandonné, est occupé par un fond de prairies.

A Montpeyroux, prendre à droite le D 85 puis le D 63 vers Châteldon.

Châteldon. — *Page 80.*

Par le D 113 qui court dans un paysage de vignes et d'arbres fruitiers, gagner Ris.

Ris. — 727 h. Curieuse église romane avec une nef très étroite et restes d'un prieuré clunisien.

Revenir à Vichy par le D 43 et le D 906.

Gannat; Jenzat. — *Circuit de 77 km — environ 3 h — schéma p. 182. Quitter Vichy par le pont sur l'Allier et ④ du plan. La N 9^A traverse Bellerive, puis oblique à gauche.*

Cognat. — 501 h. 300 m au-delà du village, prendre à gauche un chemin vers l'église, intéressant édifice du 12e s., bâti sur un tertre. Belle vue sur la Limagne et les monts Dômes.

Reprendre la N 9^A vers Gannat.

Gannat. — *Page 107.*

Quitter Gannat par ① du plan, N 9. Le D 42, à gauche, conduit à Jenzat.

Jenzat. — 451 h. (les Jenzatois). *Lieu de séjour, p. 42.* L'église, de la fin du 11e s., est ornée, dans le bas-côté droit, de peintures à la détrempe, exécutées au 15e s. et désignées sous le nom de fresques des «maîtres de Jenzat». Réalistes et naïves, elles retracent la Passion du Christ et le martyre de sainte Catherine.

Regagner la N 9 par le D 216, peu avant le Mayet-de-l'École.

Aux Combes, prendre à droite une route vers Broût-Vernet, puis le D 218, pittoresque. Le D 6 à droite traverse St-Didier-la-Forêt. 2 km plus loin, à hauteur d'un petit monument aux Morts de la Résistance, prendre à gauche une route forestière traversant la forêt de Marcenat.

Billy. — *Page 160.*

Par la N 493 et à 4 km, le D 52 qui traverse **Seuillet** (belle église romane) et le D 262, gagner St-Étienne-de-Vicq.

St-Étienne-de-Vicq. — 419 h. Cette bourgade possède une petite église romane intéressante par son architecture. A l'entrée du chœur, remarquer deux beaux chapiteaux historiés.

Gagner le D 906^B qui ramène à Cusset et Vichy.

Château d'Effiat★. — *Circuit de 41 km — environ 1 h 1/2 — schéma p. 182. Quitter Vichy par le pont sur l'Allier et ④ du plan, N 9^A. Dans Bellerive, prendre à gauche le D 984 qui traverse la forêt de Montpensier et mène à Effiat (p. 105).*

Quitter Effiat par le D 93 vers Randan où tourner à gauche, la route pittoresque traverse la forêt de Boucharde et ramène à Vichy.

VIC-LE-COMTE ★

Carte Michelin n° **73** - pli 15 — *Schémas p. 114 et 116* — 3 186 h. (les Vicomtois).

Vic-le-Comte est au centre de la **Comté**, région qui comprend un ensemble de volcans surgis en Limagne à la fin de l'ère tertiaire *(détails p. 15)*. Ils forment transition entre la plaine et les monts du Livradois. Le plus élevé atteint 807 m d'altitude, c'est-à-dire 400 m de plus que la Limagne. La plupart de ces volcans sont démantelés et réduits à une cheminée, parfois en relation avec des lambeaux de coulées. Des forteresses ruinées les surmontent souvent. Il y a plus de cinquante points éruptifs, couverts de bois, parfois de vignes sur les pentes bien exposées.

D'origine romaine, Vic-le-Comte fut, au 8e s., doté d'un prieuré par les moines bénédictins de Manglieu *(p. 117)*. Par son mariage avec une héritière auvergnate, un descendant des rois d'Écosse, le comte de la Marche Jean Stuart, entra en possession du comté et

embellit le château que ses prédécesseurs avaient élevé à Vic-le-Comte. Il y construisit, au début du 16e s., une Sainte-Chapelle, imitée de celle de Bourges. Il ne reste aucun vestige du château.

C'est à Vic-le-Comte que se fabrique le papier filigrane qui sert à l'impression des billets de la Banque de France, à Chamalières *(p. 91)*.

■ CURIOSITÉS *visite : 1 h*

Sainte-Chapelle★. — Belle œuvre gothique annonçant la Renaissance. La corniche est enrichie de sculptures : animaux fantastiques, choux frisés, chardons, personnages.

Entrer par la porte Ouest. La chapelle ne comprenait tout d'abord que le chœur. La nef est du 19e s.

Bargoin (Bd)	2	Jeu-de-Paume (Bd du)	7
Beussat (Bd)	3	Roche (Pl. de la)	8
Boste (Bd A.)	4	St-Jean (Pl.)	10
Guyot-Lavaline (Bd)	6	Vieux-Marché (Pl. du)	12

Dans le chœur, les statues d'apôtres, abritées sous les dais placés aux retombées des ogives, datent de la Renaissance. Plusieurs ont été refaites. Catherine de Médicis, qui détint quelques temps Vic-le-Comte, fit ajouter la balustrade qui entoure le chœur.

Les **vitraux★**, aux riches couleurs, sont des œuvres remarquables, très restaurées. Ils représentent des scènes de l'Ancien et du Nouveau Testament.

Le très beau **retable★** de pierre (1520) est l'œuvre d'artistes florentins qui exécutèrent la balustrade : en bas, les 4 Vertus cardinales (l'une d'elles a été remplacée par un saint Antoine en bois); en haut, les 3 Vertus théologales. Mais les statues d'Adam et d'Ève, qui surmontaient le portique, trop peu vêtues, furent changées, au 19e s., contre des anges en plâtre entre lesquels une Vierge prit la place du Père Éternel. Cette nouvelle décoration a maintenant disparu.

Remarquer en outre, un lutrin en bois, des stalles du 17e s. et, dans le chœur, à droite, un polyptyque peint sur bois, œuvre intéressante du 15e s. dont le thème est la Passion et la Mise au tombeau.

Église St-Jean. — Édifice roman remanié à l'époque gothique. Jolie porte du 14e s.

À l'intérieur, de chaque côté du chœur, admirer un ensemble de fresques des 13e et 14e s. représentant la vie de saint Jean-Baptiste et de saint Blaise; dans la nef, à gauche, beau Christ en croix du 15e s.; dans la chapelle de gauche, statue de N.-D.-de-Pitié du 16e s.

Maisons anciennes (A). — Tout près de la place du Vieux-Marché, à l'entrée d'une ruelle, deux maisons à encorbellement sont assez curieuses.

Porte Robin (B). — Reste de l'enceinte fortifiée.

EXCURSIONS

Château de Buron★. — *4,5 km, puis 1 h à pied AR. Par le D 49 au Sud, atteindre Buron, puis prendre à droite le chemin en montée raide vers l'église.* Ce modeste édifice est surmonté d'un clocheton qui renferme la plus ancienne cloche d'Auvergne (1322); sur l'autel, Vierge du 17e s. en bois doré.

Longer l'église à gauche et prendre à droite un chemin qui mène aux ruines du château. Ces ruines occupent le sommet d'un piton basaltique. Du tertre, situé au centre du château, beau **panorama★** sur les monts Dore, les monts Dômes, Clermont-Ferrand, les monts du Livradois, les volcans de la Comté, la vallée de l'Allier et la Limagne.

Puy de St-Romain★. — *6,5 km, puis 3/4 h à pied AR. Par le D 81 au Nord, gagner St-Maurice. A l'arrivée dans le village, tourner à droite et suivre la route en remontée. A la sortie de la localité, prendre à droite, le chemin carrossable du puy de St-Romain; laisser la voiture 1 km plus loin à un carrefour identifié par une croix. Poursuivre à pied, en face.* Sa situation est saisissante : il domine directement l'Allier de près de 450 m. Du sommet, altitude 779 m, où se dressait autrefois un ancien lieu de culte, ample **panorama★** sur les puys de la Comté, les monts du Forez, les monts du Livradois, le bassin de Vic-le-Comte, la vallée de l'Allier, les monts du Cézallier et du Cantal, les monts Dore, les monts Dômes, Clermont-Ferrand et la Limagne.

Château de Busséol. — *6,5 km. Par le D 229 au Nord, puis le D 4 à gauche, atteindre Busséol. Laisser la voiture au parking. Visite du 15 juin au 15 septembre, tous les jours de 10 h à 12 h et de 14 h 30 à 19 h; le reste de l'année, les dimanches et jours fériés, de 14 h 30 à 18 h. Durée : 3/4 h. Entrée : 4 F.*

La petite route qui s'embranche sur le D 118 entre St-Georges-sur-Allier et Lignat offre la meilleure vue sur ce château féodal qui coiffe un piton volcanique de la Comté.

Le château, l'un des plus anciens d'Auvergne, vit passer en mars 1566 Catherine de Médicis et Charles IX. Ses charpentes et toitures furent enlevées sur l'ordre de Couthon en 1792, puis il servit de carrière aux habitants de la région. Sa façade principale, effondrée en 1963, a été relevée et percée de fenêtres de style roman. Au cours de la visite, on remarque dans la salle à manger une curieuse cheminée à manteau rond, la chambre circulaire à coupole aménagée dans la tour ronde et des meubles anciens.

Du chemin de guet, entre les merlons restaurés, vue sur une partie des monts Dore, des monts Dômes et de la Limagne : «Je suis Busséol, près de Billom, dit un vieux manuscrit, je vois du pays largement».

VIC-SUR-CÈRE ★

Carte n° **76** - pli 12 — *Schéma p. 71* — 2 048 h. (les Vicois) — *Lieu de séjour, p. 44.*

Dans la vallée de la Cère, Vic, dont le vieux bourg conserve autour de l'église des maisons pittoresques, est une station à 681 m d'altitude possédant une source minérale *(buvette).* Son site, dans le «pays vert» du Cantal, lui amène chaque année de nombreux séjournants.

Le «fol moine». — Au 12e s., un cadet de famille de la ville, Pierre de Vic, jeté au cloître sans vocation religieuse, obtient très jeune un riche prieuré, dont il fait une petite abbaye de Thélème, y composant des chansons d'amour et des chansons à boire. Mais cette vie sédentaire le lasse malgré tout; il se met à voyager et va chanter ses vers à la cour de Philippe Auguste, de Richard Cœur de Lion et du roi d'Aragon. Le «fol moine», comme il se nomme lui-même, remporte le prix du tournoi littéraire des cours d'amour et gagne l'épervier d'or de celle du Puy.

Les tonneaux vainqueurs - 16e s. — C'est près de Vic que se place un épisode des guerres de Religion qui montre toute l'astuce du capitaine Merle *(p. 110).* Il escorte un convoi de vivres destiné aux huguenots, quand les catholiques, embusqués dans une gorge, l'assaillent. Merle ordonne de couper les traits des mulets et de fuir. A quelques distances de là, il arrête la débandade; il a calculé que les catholiques se jetteraient sur les tonneaux de vin au lieu de le poursuivre. Merle a vu juste; à la tête de ses hommes rassemblés, il revient à la charge et extermine ses adversaires avinés. C'est vers cette époque que fut établi à Vic le bailliage dont les magistrats ont construit les demeures du vieux Vic.

Mademoiselle de Fontanges - 17ᵉ s. — Marie-Angélique d'Escorailles, favorite de Louis XIV, est née au château de Cropières (Sud-Est de Vic). «Belle comme un ange, sotte comme un panier», sa vogue fut éphémère. Faite duchesse de Fontanges, à la naissance d'un fils, elle mourut des suites de couches, en 1681, âgée de 20 ans à peine, «blessée dans le service», comme dit malicieusement la marquise de Sévigné. On ne peut dire que le roi la regretta; Mme de Maintenon vint à point pour l'en consoler.

■ **CURIOSITÉS** *visite : 1/2 h*

Maison des Princes de Monaco (A). — Cette maison, du 15ᵉ s., servit à plusieurs reprises

de résidence aux princes de Monaco, qui avaient reçu de Louis XIII, en 1642, le Carladez *(p. 73),* dont Vic était le chef-lieu; ils le gardèrent jusqu'à la Révolution.

Elle possède une tourelle percée d'une fenêtre à meneaux et une porte surmontée d'un bas-relief, très mutilé, représentant l'Annonciation.

Église (B). — C'est un édifice en partie roman, très remanié. Remarquer la gracieuse abside et les curieux modillons à la façade Sud.

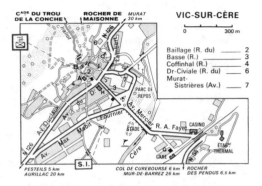

VIC-SUR-CÈRE

0   300 m

Baillage (R. du) _____ 2
Basse (R.) _____ 3
Coffinhal (R.) _____ 4
Dr-Civiale (R. du) _____ 6
Murat-
Sistrières (Av.) _____ 7

Cascade du Trou de la Conche ★; rocher de Maisonne. — *1 h à pied AR. Prendre derrière l'église la rue conduisant à une passerelle sur l'Iraliot.*

Le torrent franchi, gravir un chemin en forte montée. Au haut du raidillon, le chemin bifurque : le sentier de gauche mène à la **cascade du Trou de la Conche ★**, dans un joli site; celui de droite conduit au sommet du rocher de Maisonne, surmonté d'une croix : belle vue sur Vic et sa vallée.

EXCURSIONS

Rocher des Pendus ★★. — *Circuit de 27 km — environ 2 h. Quitter Vic par le D 54 au Sud-Est du plan.* En s'élevant, la route offre de jolies vues sur la vallée de la Cère.

Rocher des Pendus ★★. — *Au col de Curebourse, altitude 997 m, laisser la voiture et prendre, à droite, un chemin de chars; à 50 m de la route, quitter ce chemin et monter à droite en longeant l'arête.* Du haut du rocher, très beau **panorama ★★** sur la vallée de la Cère, les monts du Cantal, le Carladez, la Châtaigneraie, le bassin d'Aurillac.

Jou-sous-Monjou. — 202 h. Intéressante église romane de Haute-Auvergne avec un beau clocher à peigne *(voir p. 32)* et un porche soutenu par une fine colonne.

Faire demi-tour et, au col de Curebourse, prendre le D 59. Du pas de Mougudo, à hauteur du Bruget, cette jolie route offre des vues étendues.

Thiezac. — *Page 169.*

La N 126, à gauche, ramène à Vic-sur-Cère.

Château de Pesteils. — *5 km par la N 126 vers Aurillac. Visite du 1ᵉʳ mai au 15 juin, de 14 h à 18 h; du 16 juin au 30 septembre, de 10 h à 12 h et de 14 h à 18 h. Accès à la terrasse : 3 F. Visite complète : 5 F.* Cette belle demeure féodale surplombe le bourg de Polminhac. De la terrasse, on découvre une jolie vue sur la vallée de la Cère. A l'intérieur du château, plafonds peints du 17ᵉ s. et, dans l'une des salles de l'imposant donjon (14ᵉ s.), fresques du 15ᵉ s. Beau mobilier et tapisseries d'Aubusson du 17ᵉ s. Des scènes du film «L'Éternel Retour» ont été tournées sur le domaine du château.

VILLENEUVE (Château de)

Carte Michelin nᵒ **73** - Sud-Est du pli 14 — *Schéma p. 95.*

Au début du 16ᵉ s., Rigault d'Aurelle, qui servit Louis XI, Charles VIII et Louis XII, rebâtit en partie le château familial et le fit décorer.

Visite de 10 h à 12 h et de 14 h à 17 h 30 (13 h 30 à 16 h du 1ᵉʳ octobre au 30 avril). Fermé le mardi. Entrée : 3 F en semaine, 1,50 F les dimanches et jours fériés.

On peut voir de belles boiseries Renaissance, de magnifiques plafonds à la française et de grandes cheminées des 15ᵉ et 16ᵉ s. Dans la galerie qui, au rez-de-chaussée, longe la cour d'honneur, de savoureuses peintures laissent à penser aux déboires de Rigault.

Chideface, monstre décharné à tête de louve, qui se nourrit de femmes soumises à leur mari, risque l'inanition; la Bigorne, elle, ventrue, se repaît des époux qui viennent, nombreux, l'implorer de les dévorer, pour échapper à la tyrannie de leur femme : l'indigestion la guette.

Carte Michelin n° **73** - Nord du pli 14 — *Schéma p. 98* — 3 543 h. (les Volvicois) — *Lieu de séjour, p. 44.*

Ce bourg est bâti à l'extrémité de la cheire (coulée de lave), descendue du volcan de la Nugère. On y exploite une source dont l'eau, filtrée par d'épaisses couches de roches volcaniques, est d'une grande pureté; mais c'est aussi à l'extraction et à l'industrie de la lave que Volvic doit son activité.

La lave de Volvic. — L'andésite, qu'on extrait des carrières à ciel ouvert, est résistante et légère à la fois; elle a été utilisée comme pierre à bâtir dès le 13ᵉ s. et de nombreux édifices auvergnats lui doivent leur couleur noire. Le cimetière de Volvic constitue un curieux ensemble de monuments taillés dans cette pierre.

La résistance de la lave et la propriété qu'elle présente de pouvoir être émaillée à haute température la font utiliser également depuis plus d'un siècle pour la confection des plaques indicatrices destinées à être soumises d'une façon permanente aux intempéries : cadrans d'horloges, plaques de noms de rues, échelles de niveau, etc. Les propriétés exceptionnelles de cette roche la firent choisir comme matériau des appareils (bornes d'angle, poteaux, plaques murales...) en lave émaillée réalisés de 1920 à 1970 par les services de Signalisation routière Michelin. On exploite également la lave pour la fabrication des appareils employés dans l'industrie chimique, en raison de la propriété qu'elle a de résister aux acides.

■ **CURIOSITÉS** *visite : 1 h 1/2*

Église. — D'origine romane, la nef et la façade ont été reconstruites au siècle dernier. Le vaste chœur du 12ᵉ s. est entouré d'un déambulatoire sur lequel s'ouvrent trois chapelles rayonnantes; une belle grille forgée, d'époque romane, ferme la chapelle axiale. Intéressants chapiteaux historiés.

À l'entrée du chœur, à gauche, remarquer une Vierge à l'oiseau du 14ᵉ s.

Maison de la Pierre. — *Visites accompagnées du 15 mars au 15 novembre, à 10 h 30, 11 h 15, 14 h 30, 15 h 20, 16 h 10, 17 h, 17 h 45 et 18 h 30. Fermé le mardi. Durée : 3/4 h. Entrée : 5 F.*

Une ancienne carrière souterraine sert de cadre à la maison de la Pierre. On pénètre au cœur de la **coulée de lave ★** descendue du puy de la Nugère, tandis qu'une sonorisation concrétise les différentes phases d'une éruption volcanique.

La voûte tourmentée atteste l'extraction; elle est supportée par trois énormes piliers taillés directement dans la lave dont l'un épouse la forme d'un croissant de lune. Une projection de diapositives termine la visite.

Centre d'embouteillage. — *Visite du 15 mai au 30 septembre, de 9 h à 12 h et de 15 h à 19 h. Fermé les matins des dimanches, lundis et jours fériés.*

Une promenade a été aménagée autour des installations d'embouteillage. Dans le chalet d'accueil, sont commentés le captage des eaux et la mise en bouteilles des eaux minérales et des boissons fruitées.

Statue de N.-D.-de-la-Garde. — *Accès par la rue de la Bannière et la rue du Calvaire, puis laisser la voiture près du château d'eau.* Un sentier *(1/4 h à pied AR)* mène à la statue monumentale de N.-D.-de-la-Garde (pèlerinage le dernier dimanche de mai), d'où l'on jouit d'un très beau panorama.

EXCURSION

Château de Tournoël ★★. — *1,5 km au Nord, par une petite route en forte montée. Description p. 170.*

INDEX ALPHABÉTIQUE

NOTES

MANUFACTURE FRANÇAISE DES PNEUMATIQUES MICHELIN
© Michelin et Cie, propriétaires-éditeurs, 1976
Société en commandite par actions au capital de 500 millions de francs
R. C. Clermont-Fd B 855 200 507 (55-B-50) - Siège social Clermont-Ferrand (France)
ISBN 2 06 100 051-7

BUSSIÈRE Arts Graphiques - Printed in France. 9-76-120 - Dépôt légal : 4e trimestre 1976.

VOS 3 AMIS **inséparables**
LE GUIDE VERT
LE GUIDE ROUGE
LA CARTE

2 NOUVEAUX GUIDES VERTS
TOURISTIQUES
Corse Rome

à paraître
été 1977

CONSULTEZ CHEZ VOTRE LIBRAIRE
LE CATALOGUE COMPLET DES ÉDITIONS
MICHELIN